海尔管理创新发展历程
（1984~2019）

许庆瑞　刘海兵　等　著

中国工程院工程管理学部咨询项目（2017-XY-39）
国家自然科学基金面上项目（71572177）

科学出版社
北京

内 容 简 介

海尔取得高质量发展的一个很重要的原因是持续的管理创新，即以用户为中心，不断突破组织的桎梏，不断向前发展。从网络化战略开始，海尔已进入创新引领发展阶段。本书从战略演进、创新模式、企业文化、创新能力及人才培养等五个方面，以一种全新的视角，努力解读海尔1984~2019年管理创新发展的历程，深入剖析管理创新背后的逻辑和对创新能力提升的效应，同时回应中国制造如何实现由创新驱动到创新引领的理论诉求。

本书适用于从事创新管理研究的学者阅读，也适用于企业家参考学习。

图书在版编目（CIP）数据

海尔管理创新发展历程：1984~2019/许庆瑞等著. —北京：科学出版社，2020.10

ISBN 978-7-03-066118-0

Ⅰ.①海… Ⅱ.①许… Ⅲ.①海尔集团公司-企业管理-研究 Ⅳ.①F426.6

中国版本图书馆 CIP 数据核字（2020）第 176038 号

责任编辑：陈会迎 / 责任校对：杨 赛
责任印制：张 伟 / 封面设计：无极书装

科学出版社 出版
北京东黄城根北街 16 号
邮政编码：100717
http://www.sciencep.com

北京虎彩文化传播有限公司 印刷
科学出版社发行 各地新华书店经销

*

2020 年 10 月第 一 版 开本：720×1000 B5
2020 年 11 月第二次印刷 印张：16 3/4
字数：350 000
定价：165.00 元
（如有印装质量问题，我社负责调换）

序　言

本书的主要内容是浙江大学创新管理研究团队近几年承担的中国工程院课题和国家自然科学基金课题所做研究的成果，但不限于此，也包含了浙江大学创新管理研究团队 30 多年来的研究成果。

习近平同志于 2018 年 5 月 28 日在中国科学院第十九次院士大会、中国工程院第十四次院士大会上的讲话中，指出"科技实力正处于从量的积累向质的飞跃、点的突破向系统能力提升的重要时期。"[1]习近平同志提出"创新是引领发展的第一动力"[2]。并多次在重要会议上强调创新是引领发展的第一动力。换言之，只有重视创新引领的作用，才有助于实现《中国制造 2025》中提出的"力争用十年时间，迈入制造强国行列"，"新中国成立一百年时，制造业大国地位更加巩固，综合实力进入世界制造强国前列"[3]的宏伟目标。

在创新战线上孜孜以求的浙江大学创新管理研究团队，秉承 30 多年研究传承，满怀激情地以传统家电企业海尔集团为案例对创新引领的问题做了进一步的探索和研究。当然，今天的海尔已不再仅仅是一家传统家电企业，而是正在向智慧家庭转型的生态型企业。这本书凝结着团队同志们的辛勤付出，更离不开海尔的同志们 30 多年来对我们团队研究工作的支持。

在对海尔长期的观察、追踪和研究中，我们团队形成了代代相传的三个研究特色。其一，研究要与社会经济发展需要解决的问题相结合，我们的研究紧密结合国家的实际发展需要、社会发展需要及经济发展需要，而不是各种分散的研究。因为只有立足于祖国大地及企业做研究，才能真正找出在中国发展过程中需要解决的问题，从而发挥研究的作用。其二，理论与实践相结合，我们始终遵循理论和实践相结合的研究方法，"顶天立地"是基本的研究要求。"立地"是要立足于实践，坚持去企业蹲点；"顶天"是要上升到新的理论，要紧跟国际理论前沿。其

---

[1] 《习近平：在中国科学院第十九次院士大会、中国工程院第十四次院士大会上的讲话》，http://www.xinhuanet.com/politics/leaders/2018-05/28/c_1122901308.htm。

[2] 《习近平以创新点燃改革引擎》，http://www.xinhuanet.com/2018-08/13/c_1123260544.htm。

[3] 《国务院关于印发〈中国制造 2025〉的通知》，http://www.gov.cn/zhengce/content/2015-05/19/content_9784.htm。

三,结合人才培养做研究,我们和西方学术研究有个不同的特点,那就是结合人才培养做研究。因为没有新生力量,就不会有新的研究成果和研究贡献。我们团队的很多创新思想都是后来第一批、第二批、第三批学生共同创造出来的。在创造这些新思想、新理论的过程中,我要求学生必须去企业蹲点,获得一手资料,正如习近平同志所说,"把论文写在祖国的大地上"①。在结合人才培养做研究时,也需要与实践相结合。我们团队每年都要赴海尔蹲点调研,每次调研时间都在 1~2 个月。

这些年来,我们的创新研究主要分为四个阶段,且每个阶段都在解决不同的问题。第一个阶段是 20 世纪五六十年代,主要研究多品种生产与新产品发展管理问题,解决企业"吃不饱又吃不了"的问题。这一时期,社会呈现产品多元化的趋势,但当时很多企业并没有生产多品种的能力,企业出现了"吃不饱又吃不了"的问题。"吃不饱"主要指很多企业接不到订单,无法维持企业的经营活动;"吃不了"则指没有能力去接别人的订单,无法生产出客户想要的东西。例如,上海机床厂当时就面临了这样的问题。为此,需要重点解决生产技术准备问题,新产品研究发展管理问题。这一阶段,我们的研究主要解决重要的技术准备问题,新产品研究发展管理问题,解决企业"吃不饱又吃不了"的问题。

第二个阶段是 20 世纪 80 年代,当时出现了科技与经济脱节问题,我们在 1982 年提出以企业为创新的主体。20 世纪 80 年代,从中国科学院、省市级研究院到学校,再到工厂,都不能拧成一股绳以满足国家发展的需要。比如,企业缺乏创新主体意识和自主创新动力;科研单位研发的成果主要是论文和奖项,并不追求通过创新解决发展实践难题等。国家当时出现了科技与经济"两张皮"问题,科技成果向现实生产力转化不力。而且在"以研究院所为创新主体,还是以企业为创新主体"这个问题上,很多人都认为应该是以研究院所为创新主体。针对这一问题,我们在 1982 年提出以企业为创新主体。即便如此,那时候大家也只是认识到,并没有做到。真正做到是在 21 世纪初,从海尔的例子就能看出来。那时候,海尔的总裁张瑞敏听我说"创新是以企业为主体",觉得很好,就让我去海尔给高管讲课。因为当时的中国企业非常需要创新知识,而中国没有这样系统的知识。

第三个阶段是 20 世纪 90 年代,我们开始参与国家技术创新工程的服务研究。20 世纪 90 年代中后期,开始研究具有我国创新特点的道路。20 世纪 90 年代,国家经济贸易委员会(以下简称国家经贸委)牵头提出"技术创新工程",当时国家选了六个试点企业,大部分是国有企业,如北大方正集团有限公司、四川长虹电器股份有限公司、华北制药股份有限公司、江南造船(集团)有限责任公司、宝

---

① 《习近平治国理政"100 句话"》之:把论文写在祖国的大地上》,http://politics.people.com.cn/n1/2016/0611/c1001-28425302.html[2016-06-11]。

山钢铁（集团）公司，同时选取了一个较小的企业——海尔，自此我们开启了与海尔长达30多年的合作研究，当时我被杨绵绵邀请到海尔上课，给他们讲技术创新方面的内容。

第四个阶段是21世纪初，针对企业创新能力不够，我们主要研究了两大规律性问题，首先是企业经营管理的四条规律，即战略制胜、全面创新、人企合一、自我积累。其次创造性地提出了全面创新管理理论，我们逐渐构建了"二次创新—组合创新—全面创新"的中国管理理论体系，走出了一条中国特色的自主创新道路。

每过两年，国家重要领导都会去中国工程院讲话。习近平同志给我们做报告时强调，实施创新驱动发展战略，最根本的是要增强自主创新能力[①]。于是在中国工程院领导的协助和支持下，我们一起做了一系列有关创新能力的研究，比如，企业创新能力提升的路径：从单一技术能力到组合创新能力，再到全面创新能力。此外，我们今后也会把创新能力研究作为重点。

2015年，习近平同志提出了"创新是引领发展的第一动力"[②]。我的体会是，"创新引领"这个概念是创新驱动战略的上一个层次。它要求我们不仅要在行动和力量上让创新跑得更靠前，还要引领。比如，我们研究了多年的海尔，它在创新的每一个阶段，都有一个东西在引领。目前，我们团队已开始从多个角度进行创新引领的研究了。

第一是技术创新引领。1984年海尔从德国引进冰箱技术，奠定了自己的品牌。网络化战略阶段开始又通过技术创新引领行业升级，并创新引领"空气洗"趋势。第二是市场创新引领，这是海尔的强项。从1985年张瑞敏砸冰箱严控产品质量、为客户提供放心可靠产品开始，海尔逐步以顾客为中心深化品牌内涵建设，抓住用户需要，为用户真诚服务，所以能够取得成功。第三是文化创新引领，"以人为本"是海尔文化不变的核心，通过与战略相适应的文化创新尽最大可能调动员工积极性，实现海尔人由"内部员工"到"企业合伙人"的身份转换，进行全员创新。正是因为这样，海尔才能走到今天，因为它把人的力量发挥出来了。所以未来，我们要重点研究与关注的是如何更好地创新引领，因为这是当下国家发展的迫切需要。

1984年至2019年，经过35年的发展，海尔的发展经历了"由小变大""由大变强"的过程，在品牌价值、经营能力、创新能力、管理模式创新等方面都取得了行业内令人瞩目的成绩。我们团队认为，支撑海尔由小变大、由大逐渐变强

[①]《习近平：在中国科学院第十七次院士大会、中国工程院第十二次院士大会上的讲话》，http://cpc.people.com.cn/n/2014/0610/c64094-25125594.html。

[②] 引自《习近平关于科技创新论述摘编》。

最重要的因素是管理创新的发展。而管理创新发展，又植根于创新引领、战略导向、海尔文化、创新能力、人才培养等具体的路径中，这是形成管理创新发展的基本经验。本书围绕这五个方面进行了纵向梳理和讨论。当然，本书在其他可能的经验上未能做研究，因而尚不完备，望读者不吝指正。

参加本书具体编写的有赵晓庆副教授（第4章），刘海兵副教授、博士后（第1章，2.6~2.7节，第7章），陈政融（2.1~2.5节，2.8节），李杨（第3章），吴画斌（浙江财经大学东方学院）（第5章，6.1~6.3节），王莉华（6.4节）。刘海兵副教授负责总纂全书。

本书的完成离不开海尔的大力支持，感谢杨绵绵、王晔、王袭等给予我们团队合作研究的支持，感谢赵娜、张岩、孙继等在团队调研时所做的热心而又周到的协调工作，感谢汲广强、吕佩师、曹冠忠、滕东晖、贾国伟、劳春峰、韩永庆、万新明、韩伟、朱文印、许升等长期默默耕耘在第一线的技术骨干们，为我们呈现了海尔波澜壮阔发展历程中的一个个生动案例和鲜活素材。当然，文责自负。

同时，也感谢团队的吴晓波教授（长江学者）、陈劲教授（长江学者）、魏江教授（长江学者）带领团队成员赴海尔参与调研，取得了深入的一手资料，也为本书的撰写提供了重要思路。

感谢科学出版社魏如萍编辑在出版过程中给予的帮助和支持。

限于作者水平，书中难免有疏漏、不足之处，敬请读者批评指正。

许庆瑞

2019年7月20日

目　　录

第 1 章　概述 ·········· 1
　1.1　引言 ·········· 1
　1.2　海尔历史简介 ·········· 3
　1.3　海尔创新引领高质量发展的主要成就 ·········· 5
　1.4　海尔管理创新发展的基本经验 ·········· 17
　1.5　本书的章节结构 ·········· 26

第 2 章　创新引领下的海尔战略演进 ·········· 28
　2.1　名牌化战略（1984～1991 年） ·········· 30
　2.2　多元化战略（1991～1998 年） ·········· 43
　2.3　国际化战略（1998～2005 年） ·········· 56
　2.4　全球化战略（2005～2012 年） ·········· 67
　2.5　网络化战略（2012～2019 年） ·········· 81
　2.6　从战略引领到创新引领 ·········· 94
　2.7　创新引领下的战略管理 ·········· 99
　2.8　结论与启示 ·········· 101

第 3 章　创新驱动海尔全面发展 ·········· 103
　3.1　技术创新驱动海尔品牌建设 ·········· 103
　3.2　市场创新驱动海尔多元化发展 ·········· 108
　3.3　组织创新驱动海尔的国际化进程 ·········· 112
　3.4　管理创新驱动海尔做大做强 ·········· 114
　3.5　全面创新驱动海尔平台化转型 ·········· 132
　3.6　结论与启示 ·········· 145

第 4 章　海尔的文化创新 ·········· 147
　4.1　创新文化的内涵与文化演化的框架 ·········· 148
　4.2　海尔文化的创新与变革过程 ·········· 151
　4.3　结论与启示 ·········· 172

第5章 创新引领下的海尔能力提升···175
- 5.1 海尔创新能力提升的路径···175
- 5.2 海尔创新能力的优势体现···188
- 5.3 海尔核心能力的培育与提高··197
- 5.4 海尔能力提升的机制··209
- 5.5 企业能力提升的相关对策···223

第6章 创新时代背景下创新人才的培养·····························226
- 6.1 海尔集团创新人才培养的路径分析·································226
- 6.2 海尔集团创新人才培养的机制··232
- 6.3 创新人才培养的模式··238
- 6.4 创新人才培养的对策建议···244

第7章 海尔管理创新经验总结··247
- 7.1 注重发挥战略的导向作用···247
- 7.2 全面创新驱动发展··248
- 7.3 从创新驱动到创新引领···248
- 7.4 持续的文化创新···249
- 7.5 不断提升创新能力··249
- 7.6 重视创新人才培养··250

参考文献···252

第1章 概 述

1.1 引 言

习近平同志于2018年5月28日在中国科学院第十九次院士大会、中国工程院第十四次院士大会上的讲话中,科技实力正处于从量的积累向质的飞跃、点的突破向系统能力提升的重要时期。习近平同志认为,"这些年来,在党中央坚强领导下,在全国科技界和社会各界共同努力下,我国科技事业密集发力、加速跨越,实现了历史性、整体性、格局性重大变化,重大创新成果竞相涌现,一些前沿方向开始进入并行、领跑阶段,科技实力正处于从量的积累向质的飞跃、点的突破向系统能力提升的重要时期"[①]。然而,我国科技在视野格局、创新能力、资源配置、体制政策等方面存在诸多不适应的地方。我国基础科学研究短板依然突出,企业对基础研究重视不够,重大原创性成果缺乏,底层基础技术、基础工艺能力不足,工业母机、高端芯片、基础软硬件、开发平台、基本算法、基础元器件、基础材料等瓶颈仍然突出,关键核心技术受制于人的局面没有得到根本性改变。我国技术研发聚焦产业发展瓶颈和需求不够,以全球视野谋划科技开放合作还不够,科技成果转化能力不强。我国人才发展体制机制还不完善,激发人才创新创造活力的激励机制还不健全,顶尖人才和团队比较缺乏。

如今,国际制造业竞争加剧,曾经公认的世界一流制造强国为了抢占21世纪制造业的制高点,纷纷启动了工业再造战略,如美国启动了"先进制造伙伴计划",英国实施了"英国工业2050战略",德国推出了"工业4.0",日本开始实施"再兴战略",韩国推出了"制造业创新3.0",法国也提出了"新工业法国"方案。可以看出,抢占制造业的高地已成为21世纪世界制造强国竞争的焦点。

---

① 《习近平:在中国科学院第十九次院士大会、中国工程院第十四次院士大会上的讲话》,http://www.xinhuanet.com/politics/leaders/2018-05/28/c_1122901308.htm。

针对这样的现状和问题，习近平同志提出"创新是引领发展的第一动力"[①]。要推进互联网、大数据、人工智能同实体经济深度融合，做大做强数字经济。要以智能制造为主攻方向推动产业技术变革和优化升级，推动制造业产业模式和企业形态根本性转变，以"鼎新"带动"革故"，以增量带动存量，促进我国产业迈向全球价值链中高端。

2010年以后，我国500种主要工业品中有220多种产量位居全球第一。华为、海尔、联想，一批中国制造业品牌已经成为国际市场上的"中国名片"。尽管短期内取得了耀眼夺目的成绩，但仔细审视这些发展成绩的背后，则不难发现中国制造企业的关键技术仍需要大力突破，它们所走过的发展路径，距离"创新引领"的发展目标还有较长的路。迄今为止，梳理清楚创新引领企业创新能力的机制和路径依然是很困难的，一方面，以华为技术有限公司（简称华为）、海尔、联想集团为代表的"中国名片"式企业，形成行业内的话语权并逐步掌握主导权的时间并不长，创新引领企业能力提升的路径和模式还不成熟，另一方面，作为一种与"战略导向""创新管理"范式相区别的理论体系，"创新引领"的理论框架还没有搭建好。

浙江大学管理学院许庆瑞院士领衔的创新管理研究团队，持续跟踪海尔30多年，研究总结了海尔遵循了一条什么样的路径，帮助其由小变大、由大变强，并成长为业界的领先公司。之前，人们对于海尔的解读强调了战略的重要性，认为战略为海尔的技术创新、组织变革、市场开拓、人才培养提供了指引，并以此逐渐建立了较为显著的创新能力。正是这些使海尔成为传统家电行业转型的领导者、智慧美好生活的倡导者、物联网（Internet of things，IOT）时期生态品牌的构建者。但是，随着我们每年坚持不懈、从未中断的田野式调查，我们越来越深刻地认识到，海尔取得高质量发展的一个很重要的原因是它将创新作为自身基因，以用户为中心不断突破组织的桎梏，不断向前发展。也可以说，在求变与不变的辩证统一中，海尔用组织惯例将创新稳定地融入了海尔人的认知，使其成为所有员工的共识，在各自的岗位上求变创新以满足用户需求，形成了独特的创新文化。

基于这些发现，许庆瑞院士决定写一本海尔自1984年建厂发展至2019年所进行的创新引领下的发展历程的书。一方面，努力以一种全新的视角解读海尔之所以取得高质量发展的根本所在；另一方面，回应中国制造如何实现"创新引领"的理论诉求。因而，我们的目标是使这本书成为对管理学研究者和企业家都有用的书，对中国本土管理实践有所研究的学者能够通过本书详细了解海尔创新引领下高质量发展的细节，而对于追赶中的中国企业家而言，可以通过本书近距离观

---

① 引自《习近平关于科技创新论述摘编》。

察海尔是如何一步一步成长起来的。海尔的做法能够给相似情境下的企业家和经营者提供一个可参考的范本，当然，如果问题和情境很不一样，则他们需要十分谨慎地处理从海尔中学习到的启示。

这本书致力于展示创新引领下海尔高质量发展的历程，其中描绘了很多细节，作为学者，我们和海尔相互支持，保持了持久的合作往来。这些研究工作得益于海尔高层领导及创新研发部门负责人的深度访谈，以及海尔集团的内部资料。

秉持着创新引领下中国制造企业创新能力怎样提升的初心，也许海尔的经验不足以解释如华为、联想等其他"中国名片"企业发展的奥秘，但呈现海尔创新引领的高质量发展历程，不仅有利于为中国更多企业的创新引领发展带来有益的借鉴，而且有助于在全球创新治理中贡献中国智慧。"在路上，我们一直在努力。"

1.2 海尔历史简介

1984 年，被称为中国改革的小高潮年。1984 年 10 月召开的中共十二届三中全会通过了《中共中央关于经济体制改革的决定》，明确了"有计划的商品经济"。正是这样一次思想的大解放，释放了沉寂已久的社会消费热潮。处处凭票购买，处处排着长队，空前的消费热情甚至让一些厂商无力招架。这时的中国还没有摆脱短缺经济，据俞雷在其著作中写道，广州冰箱厂在 1984 年举办的次年度订货会上收到的订单，如果以次年计划的生产能力来计算，起码得生产 20 年（俞雷，2009）。

然而，1984 年的青岛电冰箱总厂几近倒闭，由于经营不善亏空 147 万元，600 人的工资也拿不出来。这一年 12 月，张瑞敏来到该厂，严寒的天气更增添了心里的寒意，只见工厂一片乱象和萧瑟，工人不干活，也没活干。在张瑞敏的心里，"资金没有，可以弄到；产品没有，也可以生产出来；但信心没有，创新就难"。"管理十三条"整顿劳动纪律因势颁布，打响了海尔管理变革的第一枪。

始终以用户为中心，将创新作为企业文化和企业变革的动力，及时调整战略是海尔 30 多年来积累的经验。1984~1991 年名牌化战略的实施，帮助海尔确立了在行业内的品牌优势，在 1987 年世界卫生组织进行的招标中，海尔冰箱战胜了 10 多个国家的冰箱产品，第一次在国际招标中中标。

1991~1998 年的多元化战略阶段，海尔注意到单一产品已经无法满足消费者需求，以 1995 年收购青岛红星电器股份有限公司（简称红星电器）为标志开启了多元化经营之路，先后以低成本扩张的方式兼并了广东顺德市①爱德洗衣机厂、莱阳市家用电器总厂、国营风华电冰箱厂、合肥黄山电子集团公司等 18 家企业，使海尔进入了一个更广阔的发展空间。兼并以后的原企业，在海尔文化的催化下绽放勃勃生机，如合肥黄山电视机厂，在兼并它时一年只生产 4 万台电视机，兼并过来两年后，就已经年生产 60 万台。

1998~2005 年，通过海尔的国际化战略，海尔建立了海外工厂 18 个、营销公司 17 家、研发中心 9 家，研发和海外制造、海外营销配合起来实现"三位一体"，成功进入欧、美、日三大市场，海尔一跃成为国际名牌。

2005~2012 年，为了更快响应家电行业市场需求，海尔继续推动组织变革，于 2010 年开始推行自主经营体，同时开始搭建全球研发资源整合平台，这个平台整合了全球 10 万个知名高校、专家学者、科研机构，涉及电子、生物、动力、信息等诸多领域。此时的海尔在全球拥有五大研发中心，这些研发中心都是平台型的研发中心，依次形成"世界就是我的研发部"的开放体系，而五大研发中心的独立运营和相互协同使海尔拥有了开放式的全球研发体系，这个体系使其具备了领先行业的创新速度，进而创造着全球用户资源。2008 年，海尔成为全球白色家电第一品牌。

从 2013 年开始，海尔把"人单合一"模式的变革推向纵深，继续进行颠覆式的探索，打造出一个动态循环，并加快推进互联网转型和商业模式创新。为把海尔由传统企业变为互联网企业，其最典型的就是三大颠覆，即员工创客化、企业平台化、用户个性化。2018 年 1 月 1 日世界权威市场调查机构欧睿国际（Euromonitor International）正式签署发布的 2017 年全球大型家用电器调查数据显示，海尔大型家用电器品牌零售量占全球的份额为 10.5%，LG 次之，达到 6.0%，三星市场份额占比为 5.3%，Whirlpool（惠而浦）为 4.6%，美的则为 4.1%。2018 年海尔营业收入达到 2661 亿元。2017 年，海尔以 1786.76 亿元的品牌价值连续 16 年蝉联中国最有价值品牌榜首。在过去的 30 多年，海尔的成长并不能简单解释为外部环境的机遇，因为外部环境并不总是有利的，同时对所有竞争者都是一样的，海尔的很多竞争对手都衰退了，而海尔变得越来越强。这主要归因于无论外部环境如何变化，海尔始终坚持以用户为中心的理念，持续创新，理解并满足用户需求的创新能力得到了不断的提升。

2018（第 24 届）中国品牌价值 100 强研究报告在芬兰赫尔辛基第十届欧洲论坛揭晓，海尔品牌价值达 2092.08 亿元，连续 17 年居首。海尔已先后拥有海尔、

---

① 2002 年 12 月 8 日，国务院批准调整佛山市行政区域，撤销顺德市，设立佛山市顺德区。2003 年 1 月 8 日，并入佛山市，成为佛山市辖区。

GE Appliances（美国通用家电，GEA）、Fisher & Paykel（斐雪派克）、三洋品牌，2019年1月8日则开始拥有意大利Candy公司的Candy、Hoover及Rosieres品牌。可以认为，无论从家电品牌价值还是引领家电行业发展看，海尔已处于该行业中的领先地位。

今天的海尔，已经不仅仅是一家家电企业，而是融合了通信、数码产品、家居、物流、金融、房地产、生物制药等领域的物联网企业和平台化企业。据海尔集团轮值总裁周云杰介绍，海尔集团董事局主席张瑞敏早在2000年就提出了"不触网，就死亡"的观点，海尔是国内最早提出向互联网、物联网转型的制造企业之一。也可以说，海尔正在构建一个以生活方式为核心的生态品牌，已经转型为一个可以供全员创新创业的平台，这个平台的核心就在于创新引领、催化创新，以此满足用户对美好生活的追求。周永杰解释：

> "从消费者角度来说，海尔的探索，是可以让用户参与整个产品设计、企划，甚至可以定义自己的生活方式。"

海尔的发展史是一部中国企业迎难而上、砥砺前行的创新史，也是一部海尔人全员创新的奋斗史，在经历了单一创新、组合创新、全面创新的创新路径后，其创新成果受到了国家和社会的肯定，赢得了消费者的尊重。

1.3 海尔创新引领高质量发展的主要成就

1.3.1 由传统的家电品牌转型为物联网时期的生态品牌

由于跨界与颠覆带来行业格局大洗牌，所有行业都将互联网化。只有掌握了互联网的两大命门——跨界和颠覆，才能在未来的商业格局中占据优势。跨界与颠覆是互联网行业最普通的商业模式：苹果跨界进入智能手机行业，取代传统手机诺基亚的老大地位；微信跨界进入移动通信领域，抢占了三大移动运营商的市场；互联网金融的出现让传统银行战战兢兢……跨界与颠覆无处不在，互联网正以前所未有之势跨界、颠覆着所有行业。

10年前当我们谈论百度时，我们谈论的是它的搜索，而今天提到百度，如果你的思维还停留在搜索层面,说明你还不够了解百度。如今的百度早已发展成集搜索、推广、导航、社区、游戏、娱乐、广告、云计算等业务模式于一体的综合生态互联网平台,2013 年就以 319.44 亿元的营业收入超出央视 40 亿元的总营收,一跃成为中国最大的媒体。2014 年,营业收入更是达到 490.52 亿元,比 2013 年增长 53.6%。所有行业都要积极与新技术实现融合,通过融合,布局企业的产业生态,不仅有利于企业发展,也有利于抵御可能的风险。

海尔集团从 2012 年开始实施的网络化战略即是在信息技术发展背景下,关注到传统产业面临的机遇和挑战之后做出的发展部署,海尔集团提出"网器"的概念,要求产品都要联网成为一个网器,不能仅仅是一个有某种使用属性的产品。例如,海尔推出的馨厨冰箱就是这样一种"网器"[①],馨厨冰箱发布行业首创场景商务平台,并与生鲜电商联合打造"互联网冰箱+生鲜配送"的差异化消费模式,承载了基于厨房生活这一场景产生的购物、娱乐等商务行为。2016 年 4 月,馨厨与易果生鲜签订战略合作协议,在上海某小区试点了三种硬件少付或免费的模式,均受到了用户喜爱,小微成员目前正在根据用户交互的需求优化免费的商业模式。2017 年 4 月前后,已开始有外部资源主动找到馨厨平台寻求合作,并愿意支付广告费。按照目前馨厨冰箱近 6 万台的预约量,资源方广告费最高出价为 5 万元/年,当然这家资源方也在倒逼小微:一旦馨厨能销售 50 万台/年,那么它们就愿意出 100 万元/年的广告费。从馨厨冰箱不难看出,带给海尔的收入不仅仅是卖了冰箱之后的收入,还有卖了冰箱之后的场景收入,比如,目前的广告费,未来可能还有与生鲜等食品蔬菜供应商的销售收入的分成,相比产品收入,场景收入是动态的、连续的、长期的。

围绕用户需求,做互联互通的产品、构建物联网时代的生态品牌是海尔近年来创新的主要方向。经过 5 年的努力,海尔的物联生态取得了初步进展,且成绩喜人。网络化战略阶段海尔的物联生态致力于构建智慧客厅、智慧厨房、智慧浴室、智慧卧室、智慧阳台五位一体的智慧家庭,智慧家庭由食联网、衣联网、好空气、水联网、全屋安防、全屋美食、全屋娱乐等 7 个物联载体运行,N 代表个性化定制需求。在"5+7"平台支撑下,用户可根据需求定制 N 类个性化场景,见图 1.1。据海尔介绍,海尔智家是物联网时代美好生活方式解决方案提供商,提供物联网时代下的衣、食、住、娱等全场景的生活方案,一站式服务,并为用户提供可定制、可迭代的解决方案。

---

① 网器指的是由互联网智能驱动产品,将产品引入物联网,最终成为互联网的数据终端。

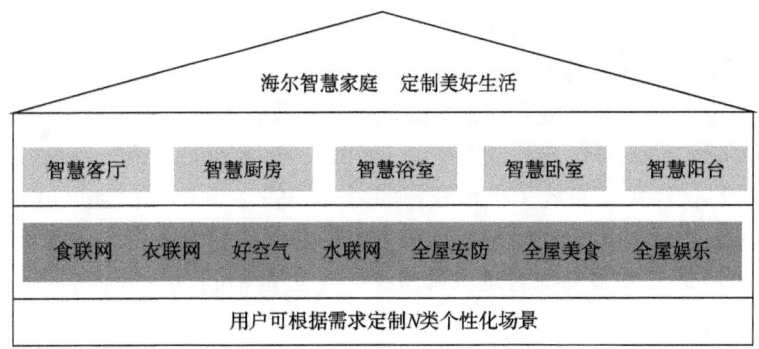

图 1.1 海尔的物联生态

以其中的衣联网生态为例,在衣联网云平台上,通过物联网技术将洗衣机与洗护衣物匹配实现洗护存搭购,用户全流程跟踪衣物的设计、采购、生产、运输、仓储和销售环节,在这个平台中,洗衣机不再仅是过去单纯洗衣服的机器,还是用户的护理柜、智能衣柜、试衣镜和网器,见图 1.2。据 2018 年半年报,物联生态下的智慧家庭业务呈倍速增长,与 2017 年同时期相比,2018 年智慧家电激活量增长了 32.8%,智慧家庭用户增长了 30.4%,全屋成套解决方案增加了 134%,而物联网收入则增长了 13 倍,达 12.6 亿元。

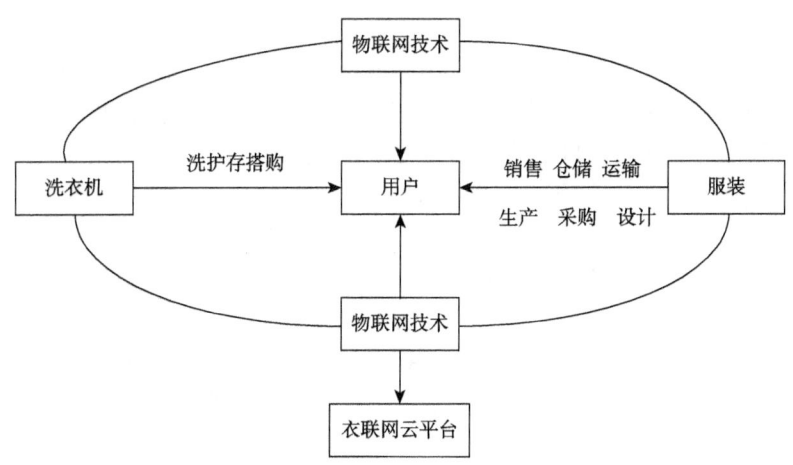

图 1.2 海尔的衣联网生态

海尔为什么要去做生态品牌的转型呢?"生态"一词原本用以解释自然领域的"平衡"。当企业规模进入超大规模后,为了防御"颠覆性创新"对在位企业的颠覆性破坏,企业内部和外部的平衡、中心与周边的平衡是必须引起企业层面重视的问题(刘海兵和许庆瑞,2018)。海尔首席执行官(chief executive officer,CEO)张瑞敏用大树来解释新阶段的战略,"一棵大树很容易被大风折断,但一片树林就可以抵御"。海尔在网络化战略期间，提出"企业无边界，管理无领导，供应链无尺度"，将员工创客化、企业平台化、用户个性化。"人人都是 CEO"，企业平台化以后转化为三类小微（创业小微、用户小微、转型小微），企业内部运转遵循市场化机制，借助海尔开放创新中心 HOPE（Haier open partnership ecosystem，海尔开放合作伙伴生态系统）平台和智能制造云平台（cloud of smart manufacture operation plat，简称 COSMO 平台）。将大规模制造转型为体现用户参与、用户交互的大规模定制。人力资源管理大师戴维·尤里奇曾问过张瑞敏这样一个问题，"你怎么把每一个人变成创客"？简单的问题背后暗含着一个假设——人人都适合成为创业者，但现实中却是很多人在工作中更适合扮演执行者的角色。对此，张瑞敏（2018）解释道：

> "这个问题可以倒过来看，我不是要把每一个人变成创客，我要把每一个创业者变成我的员工，我要把全世界的创业者吸引到海尔这个平台上来。"

这与兴起于 20 世纪 90 年代公共行政领域的"治理"（governance）在本质上比较相符。相比动态能力观，生态观能更好地解释海尔的网络化战略（治理型战略）。

物联网时代的生态品牌，有别于传统品牌。按照海尔集团董事局主席、CEO 张瑞敏的说法，"传统品牌靠产品溢价，平台品牌靠流量溢价，物联网时代是生态品牌，生态品牌不是企业自己能够创造的，是要共同进化的"。工业互联网是构建生态品牌的基础，产业之间互联互通构成一个网状的组织形态，资源在组织间能够自由流动，对于中心企业而言，能够以用户需求为中心有效整合企业内外部资源。海尔生态品牌的构建借助于 COSMO 平台实现，海尔人将其定义为全球领先的工业互联网平台，拥有自主知识产权，是全球首个引入用户全流程参与体验的大规模定制解决方案平台。当用户需求按照一定的优先级被筛选后，将会有服务资源、软件资源、业务资源和硬件资源支撑满足用户需求的产品设计和开发，同时产品之间通过数据共享形成满足用户需求的产品包，如衣联网、食联网、农业等，见图 1.3。究其本质，这是一个以用户需求为中心、多方资源共同参与产品创新、使供应链流程由过去的串联改变为并联的平台，其提高了海尔供应链管理的能力，提高了响应市场需求的敏捷性，同时提升了组织的战略柔性（strategic flexibility）。

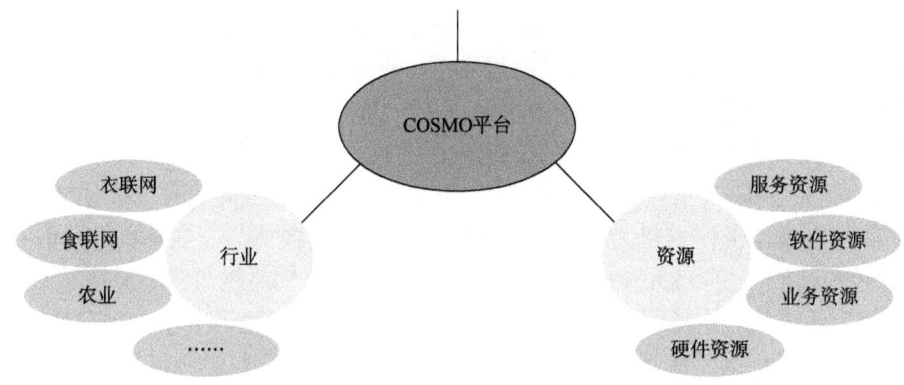

图 1.3　海尔 COSMO 平台

"金乡大蒜"品牌产销模式的创新就是一个例证。"金乡大蒜"品牌素有"世界大蒜看中国,中国大蒜看金乡"的美誉,但大蒜品牌价值、价格和品质层次的混乱,一直给蒜农、蒜企和用户带来极大困扰。海尔 COSMO 平台经分析后认为,问题的原因是用户和蒜农无法实现零距离交互。借助海尔 COSMO 平台后,COSMO 平台通过物联网标识等手段,实现了原产地大蒜的可溯源,清晰了原产地大蒜的身份,提升了金乡大蒜的品牌价值。同时,COSMO 平台通过去除中间环节,顺畅了大蒜的供销流程,提高了蒜农收入。截至 2018 年底,已有 200 多家蒜企进入 COSMO 平台。

2018 年前三个季度 COSMO 平台共实现收入 47 亿元,不入库率达 71%,目前,海尔被国际三大权威标准机构 IEEE[①]、ISO[②]、IEC[③]指定牵头主导制定大规模定制模式及工业互联网平台方面的国际标准。

1.3.2　以用户需求为中心的产品创新居行业前列,引领行业趋势

尽管物联网品牌已是海尔转型的目标,但并不意味着海尔在核心产业上放松。据 2018 年 8 月发布的《青岛海尔 2018 中报业绩一览》,冰箱、洗衣机、空调、厨电、热水器等核心产业收入分别增长 17%、20%、25%、30%、21%。从市场份额看,冰箱达 34.88%,是第二名的 3.1 倍,洗衣机达 32.94%,是第二名的 1.9 倍;从高价值品类的市场份额看,冰箱市场份额为 39%,洗衣机市场份额则高达 74%,空调为 45%。

---

① 即 Institute of Electrical and Electronics Engineers,电气电子工程师学会。
② 即 International Organization for Standardization,国际标准化组织。
③ 即 International Electrotechnical Commission,国际电工委员会。

也可以说，成就物联网品牌与实现核心产业高市场份额不是"顾此失彼"，而是相得益彰。最重要的是，从长期来看，海尔核心产业高市场份额的获取离不开以用户需求为中心的产品创新。以用户需求为中心进行产品创新已然形成了海尔的创新文化，渗透在海尔的管理层和一线员工的价值观中，从"用户永远是对的"到"用户的难题就是我们的课题"，尽管表达有所不同，但以用户为中心的商业逻辑却未改变。

我们以海尔的洗衣机为例来说明海尔的产品创新模式。海尔洗衣机的前身是1995年并购的红星电器。在洗衣机发展历程中，海尔始终跟消费者保持零距离，不断挖掘用户需求，以用户需求推动产品创新，先后研发生产了小小神童洗衣机、双动力洗衣机、滚筒洗衣机、免清洗洗衣机和空气洗洗衣机。并入海尔15年后，根据欧睿国际调查数据，2009年海尔洗衣机零售量首次获得全球第一后，截至2018年已经连续十年牢牢占据全球洗衣机市场品牌零售量第一位置。

20世纪90年代，一到夏天洗衣机厂就关门，后来通过用户调研，发现市场上缺少适合洗夏天衣服的洗衣机。1996年，上海机械学院的两位教授发来一封信，反映洗衣机笨重不方便移动且价格昂贵，提出了能不能生产一台适合老年人的洗衣机建议。为此，海尔专门研发了一款既能满足洗夏天衣服又能满足教授需求的洗衣机，这就是小神童洗衣机。

从1995年开始，海尔在消化吸收红星电器技术的基础上，开始进行自主创新，其标志性的产品是双动力洗衣机。1911年美国人发明了搅拌式洗衣机，1928年欧洲人发明了滚筒式洗衣机，1953年，三洋发明了波轮式全自动洗衣机。根据三代洗衣机各自的优点和缺点，海尔在思考能否整合三种洗衣机的优点而最大可能避免其缺点，以带给用户更好的体验。于是，海尔开始尝试"将搅拌棒放置到筒壁上，转速减小到50转，一个动力驱动桶，一个动力去驱动波轮"，利用这样的设计思想，海尔发明了双动力洗衣机，并把它纳入到了国家洗衣机的标准，获得山东省科学技术进步奖二等奖，也被誉为"世界上第四种洗衣机"。

2004年以前，大约80%的用户使用洗衣粉，洗衣粉的残留问题十分严重，不仅使洗衣服的体验较差，对环境的污染也很大，尤其是洗衣粉里含磷酸的排放，增加了水体的生态环境保护压力。注意到这样的市场痛点后，海尔洗衣机产品线就开始思考如何少用或不用洗衣粉也能将衣服洗得干净。当时，海尔在日本的一家合作伙伴在水处理领域有较好的技术积累，在2000年左右，就可以通过对水的电解使其能直接饮用。于是，海尔与这家企业合作，开始寻求将水的电解技术运用在洗衣机上的技术方案。经过合作研发，海尔生产制造了"不用洗衣粉的洗衣机"。

从2009年开始，海尔洗衣机每年推出一款解决用户痛点、满足市场需求的产品，创新速度更快、识别市场需求和用户痛点更准，引领行业发展的力量更强。表1.1为海尔洗衣机2009～2018年产品创新简况。海尔在洗衣机产品不断迭代创新的同时，还注意将产品创新嵌入在整体的行业趋势中。2018年7月，由海尔主导的《智慧家庭体系框架和总体要求》《衣联网通用要求和互操作规范》两项国际标准正式通过 IEEE 评审并成功立项。作为海尔与 IEEE 签署战略合作协议后首批成功立项的标准项目，这标志着海尔在智慧家庭领域的创新实践获得国际权威标准组织的认可。这说明，作为智慧家庭的重要构成部分，海尔洗衣机已经由过去的单品向物联网生态转型。

表1.1 海尔洗衣机2009～2018年产品创新简况

年份	要解决的市场痛点	洗衣机产品
2009	滚筒弯腰取放衣物	卡萨帝复式大滚筒洗衣机
2011	专属洗护缺乏	海尔 mini 全自动洗衣机
2012	噪声问题	海尔直驱洗衣机
2013	衣物烘干问题	海尔热泵干衣机
2014	脏桶难题	海尔免清洗洗衣机
2015	大人孩子衣物无法同时洗护	卡萨帝双子云裳洗衣机
2016	桶间污垢污染问题	海尔子母免清洗洗衣机
2017	洗涤方式的问题	卡萨帝空气洗纤见洗衣机
2018	费时费电问题	海尔双直驱洗衣机

资料来源：根据海尔集团提供的资料整理

除了洗衣机，冰箱、热水器等产品均在不断地根据用户需求进行产品持续创新。在创新过程中，海尔十分注重与用户的交互，通过收集用户需求、收敛并定义用户有效需求后进入产品设计环节。纵观海尔 30 多年的发展历程，创新始终是其不变的动力。海尔的发明、专利、标准无论数量还是质量都发生了剧烈的变化，"量变引起质变"，没有数量方面的积累，就不可能有质的飞跃。自 2012 年网络化战略开始，海尔的发明、专利居于传统家电行业前列，见图 1.4。

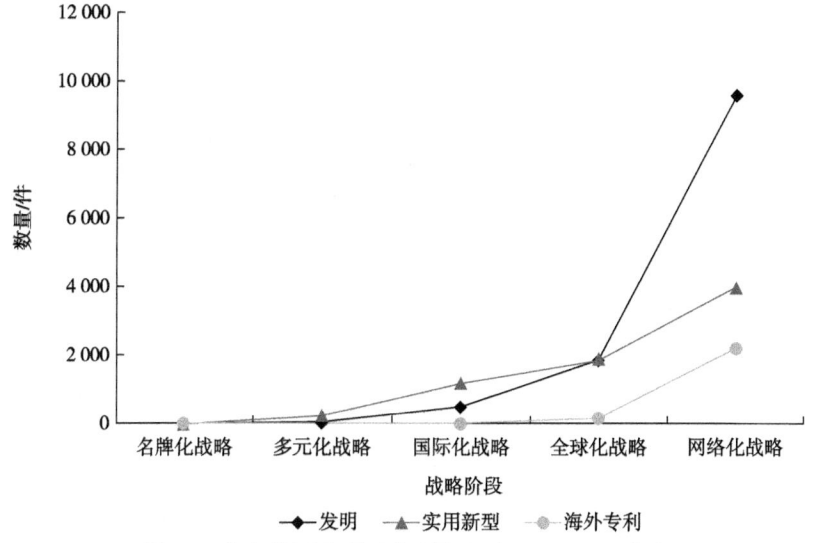

图 1.4 海尔集团发明及专利情况（1984～2018 年）

从数量变化看，发明由多元化战略时期的 28 件增长到了网络化战略时期的 9579 件，实用新型由多元化战略时期的 256 件增长到了网络化战略时期的 3988 件，海外专利则由多元化战略时期的 0 件增长到了网络化战略时期的 2197 件。发明、实用新型及海外专利在全球化战略时期出现"拐点"，一方面反映了前期的"干中学"（learning by doing）等组织学习积累了海尔的核心资产，使海尔的吸收能力（absorptive capability）明显增强。吸收能力能够使不同的组织在复制外界新知识的能力方面有所差异（Cohen and Levinthal，1990），是企业感知、消化和应用外部知识的能力，具体包括对知识的获取、消化、整合和利用（Zahra and George，2002），吸收能力的强弱会影响到企业以专利和发明为基础的竞争优势，可以说，海尔在全球化战略阶段出现的专利发明的拐点正是得益于长期的吸收能力的储备。另一方面，则反映了中国本土公司在国际化发展中遇到的"合规性"问题，即既要遵守本国的知识产权法律法规，还要遵守当地的知识产权法律法规，这促使像海尔一样的中国本土公司更加重视发明专利布局，更加重视运用知识产权获取并维持自身竞争优势。

从质量变化看，发明及专利正在经历"由量变到质变"的过程。发明和实用新型在完成一定数量的积累后，逐步向家电行业的高端技术迈进，如 2013 年"低温冰箱系列化产品关键技术及产业化"攻克了当时国外垄断的低温冰箱核心技术，研发出的 -86 摄氏度低温冰箱达到了世界领先水平，这项技术获得了国家科学技术进步奖二等奖，2018 年"滚筒洗衣机分区洗护关键技术及产业化"研发出了"分区洗护"的洗衣机，达到国际领先水平，荣获国家科学技术进步奖二等奖。从 1993 年到 2018 年，海尔已累计获取 15 个奖项，获奖数占行业的 70%。

在创新能力居于传统家电行业前列的同时，海尔洞察到智能制造、互联网、大数据等新技术带给传统家电行业的机遇与挑战，提出了物联网时期智慧家庭的转型目标，通过布局该领域的标准引领传统家电产业的发展趋势。2018 年 7 月，由海尔主导的《智慧家庭体系框架和总体要求》《衣联网通用要求和互操作规范》两项国际标准正式通过 IEEE 评审并成功立项，这标志着海尔在智慧家庭领域的创新实践和创新能力获得国际权威标准组织的认可。2019 年 3 月 26 日至 28 日，全国家用电器标准化技术委员会制冷、清洁、厨房、保健、噪声 5 个分技术委员会在河南开封召开 2018 年度工作会议，海尔主导的《电冰箱保鲜性能测试方法》定义了冰箱保鲜的失重率、凝露量、维生素 C 含量、挥发性盐基氮含量、汁液流失率等技术性测试指标，主导了对《家用和类似用途电器的抗菌、除菌、净化功能 电冰箱的特殊要求》和《家用和类似用途电器的抗菌、除菌、净化功能 空调器的特殊要求》的修订，对冰箱和空调的抗菌、除菌和净化功能及抗菌防霉指标做出了重新定义。这对中国智能家电领域的标准体系建设做出了积极贡献。

1.3.3 以"人单合一"为基础的管理创新持续释放创新活力

据海尔创新生活展的员工介绍,每年去海尔集团学习管理模式的单位有近1000家,但由于容量限制,很多单位的预约都不能满足。这足以说明,海尔以"人单合一"为基础的管理模式产生了积极的社会反响,引起了企事业单位管理者及高校研究者极大的兴趣。

2018年11月16日,海尔大学的会场座无虚席。掌声过后,海尔大学执行校长孙中元发布企业大学的新标准,这是"人单合一"管理模式推动下的海尔大学的战略规划,是海尔大学要去接的"单"(what to do)。为了对接物联网时期海尔集团的整体战略,海尔大学认为物联网时期企业大学要成为企业创新的孵化者、知识平台的构建者、智能方案的提供者、全球资源的整合者、对外赋能者。

"如今这个快速变化的时代在不断催生新的机会,而对于企业的经营者来说,怎么能把机会、想法转变为商业结果,怎么能共享智慧,如何搜集好的想法和创意,这需要做很多商业形式的辅导。可是到底商业实践怎么去做,怎么去探索,这就需要把智慧转为商业成果,将企业大学从企业培训变成企业创新孵化器。"

"对于企业来讲,企业大学数量是非常多的,而对于企业可用的资源也很多,但是对于企业大学知识重构是个难题,因此现在我们要做的是满足用户个性化的需求。在这个不确定的时代,员工管理也是不确定的,这就需要非线性的管理,解决用户个性化学习的问题,即需即供。知识需要快速沉淀,比如微课大赛链接了很多好的资源,学员自己寻找课程,学习意愿高,也会有一定成果,所以我们想做好快速迭代,就必须要共创,建立一个共创共享的平台。"

像海尔大学这样的小微,在组织边界模糊化后,寻求并整合外部资源,积极回应用户需求,在海尔已经最普遍不过了,不仅快速准确响应了用户需求,而且积累了自身的资源整合能力。海尔将组织结构扁平化后,形成了200多个小微,每一个小微就像独立的触角,伸向市场。小微中的每一位员工都被最大限度地激活,通过赋能让每一位员工成为创业的主体。

"人单合一"的管理模式下,催生了海尔集团一系列的组织创新和制度创新,代表性的如财务领域的共赢增值表、技术研发领域的 HOPE 平台、孵化创业的海创汇等,"人单合一"的管理模式正持续释放着创新活力。

自 Chesbrough(2003)提出"开放式创新"(open innovation)概念以来,以开放程度(Laursen and Salter,2004;Keupp and Gassmann,2009)和开放类型(Chesbrough and Crowther,2006;Su et al.,2009;Lichtenthaler,2010;Felin and Zenger,2014)为内核的开放式创新范式不断建构,并在全球范围内逐渐应用。其被广泛地认为是一种在信息技术快速发展(Chesbrough,2003)、知识型员工快速流动(Vanhaverbeke et al.,2008)、产业生命周期缩短(Gassmann,2006)、技术创新加速的背景下,企业通过开放边界能够"获得更多外部资源"(Chesbrough and Crowther,2006;Chesbrough and Schwartz,2007),从而在整合内外部创新资源基础上实现创新效率提升的创新范式。大量实证研究证实了开放式创新对创新绩效有显著正向影响(Spithoven et al.,2010;Rass et al.,2013;Mina et al.,2014)。

HOPE 成立于 2009 年 10 月,最初是海尔基于"世界就是我的研发部"理念成立的开放式创新团队,经过十多年的发展,目前已经成为海尔旗下独立的开放式创新服务平台。HOPE 平台目前的定位是一个创新者聚集的生态社区,一个全球范围的庞大资源网络,也是一个支持产品创新的一站式服务平台。HOPE 把技术、知识、创意的供方和需方聚集到一起,提供交互的场景和工具,促成创新产品的诞生。自成立以来,HOPE 平台支持海尔各个产品研发团队和超前研发团队创造了众多的颠覆性产品,如控氧保鲜冰箱、净水洗衣机、传奇热水器、固态制冷酒柜、小焙烤箱等,受到消费者喜爱,在市场上迅速成为明星畅销产品。目前,HOPE 对外创新服务进一步拓展,合作对象跨汽车、新能源、健康、食品养生、新材料和电子等行业,提供的服务有技术竞争情报、技术专家咨询、消费者洞察、开放创新模式转型、新兴科技资源寻源、创新路演与对接活动等。2019 年解决各类创新课题 500 项以上、支撑上市新品 60 余项、平台创新增值 20 亿元、创新网络节点数 350 万个、创新网络覆盖的技术领域 100 余个(刘海兵,2019)。

海创汇是海尔集团由制造产品向孵化创客转型的创业平台,依托海尔集团大企业产业资源及海创汇开放的生态资源为中小企业提供产业资源支持,由海创汇云、海创汇、海创汇 VC(venture capital,风险投资)、产业资源构成。通过海创汇云平台,在线为创客提供创新创业的孵化加速服务。海创汇是一个以开放的海尔资源面向创客进行一站式一流资源在线对接,帮助创客解决找资金、找人、找空间、找渠道销售、找培训、找法务等综合孵化问题,加速服务的创新创业的孵化平台。海创汇在全球布局 20 多个创业创新基地,实现全球创业者和创业资源的互联互通。国内布局在青岛、北京、上海、广州、深圳、成都、南京、杭州、武汉等城市。同时海外布局以色列、美国、芬兰、日本、德国、澳大利亚、新加坡、瑞典 8 个国家。海创汇成立专门的天使及 VC 基金，定位于生态投资，重点针对智慧家庭相关（物联网、智能制造、智慧物流）、企业增值服务（B2B[①]、高科技、企业服务、IT 增值服务）、医疗大健康（生物技术、医疗器械、医疗服务）、节能环保（清洁能源、环保技术、节约能源）等领域进行投资布局。

1.3.4 管理模式贡献中国智慧

海尔每一个战略阶段管理模式上的创新，不仅给海尔的发展注入了巨大的推动力，还被其他企业学习模仿，产生了积极的社会影响。

在海尔的名牌化战略阶段，张瑞敏借鉴车间管理的经验，摸索出了一整套 OEC 管理法（overall every control and clear），也就是"日事日毕，日清日高"，每天的工作每天完成，而且每天的工作质量都有 1%的提高。这套管理方法于 1995 年荣获全国企业管理现代化创新成果一等奖。

1995 年，张瑞敏率领 5000 名员工提出"二次创业"的口号，先后兼并了 18 个企业，盘活了 18 亿元资产，企业全部扭亏为盈。文化是海尔兼并的利器。海尔文化激活"休克鱼"的案例成为佩恩教授的研究对象，并进入哈佛大学商学院，成为商学院师生学习研究的内容。

2005 年，张瑞敏提出"人单合一"全球竞争模式，人单合一就是每个人都有自己的订单，而且要对订单负责，而每一张订单都要有人对它负责。很多订单之所以变成孤儿订单，就是因为没有人对它负责。订单在市场创造的价值，体现的是人的价值。因此，每个人的收入就应该和订单结合在一起。人单合一，就是人与市场结合在一起，每个人都对市场经营负责。日本神户大学教授吉原树英对这种管理模式给予了高度评价，认为海尔的市场机制管理比日本和美国的更为彻底。

2013 年，海尔提出更为彻底的"人单合一"管理模式，认为企业无边界、管理无领导、供应链无尺度。2014 年，张瑞敏进一步提出"人人创客"的口号，即企业平台化、员工创客化、用户个性化。"人单合一"和员工创客的管理思想促使海尔向小微化转型，企业内部有三类小微，分别为用户小微、转型小微、创业小微。在这场轰轰烈烈的改革中，涌现出了一批引爆市场的小微，如雷神笔记本、有住网等。雷神是海尔旗下的一个游戏笔记本品牌，也是海尔平台上的一个创业项目，它诞生于 30 万个评论与 6 个 QQ 群之中，2014 年雷神发布第

[①] business to business，企业对企业电子商务。

二代产品的时候,京东商城上的预约用户达到18万,京东商城根据预约用户到实际购买用户的转化率,认为可以保证3000台产品都卖掉,于是京东商城买断了3000台产品的配额,并且是提前打款。最终计划的3000台产品在21分钟内就被抢光。

随着"人单合一"模式的不断实践和探索,张瑞敏创新提出了"用户乘数""创客所有制""共赢增值表""生活X.0""生态品牌"等众多管理新概念、新工具,丰富并完善了海尔的管理实践。张瑞敏也由于在管理实践、管理模式的探索中取得了重要成绩,于2018年12月18日,荣获党中央、国务院颁发的改革先锋奖章,是百人获得者之一。

海尔的管理创新经验不仅促进了海尔自身发展,值得其他企业借鉴效仿,更对管理理论的推进提供了大量有价值、有养分的素材,特别是对中国情境的管理理论构建贡献了中国企业的智慧,也对中国各高校的管理学院、商学院本科生培养起到了积极作用。代表性的如中国工程院院士许庆瑞教授根据对海尔30多年的发展的持续跟踪调查,创新性地提出了全面创新管理理论。在近几年的管理学术讨论中,学者对包括海尔在内的一批中国领先企业进行了热烈的讨论,并普遍认为应基于中国领先企业发展构建中国情境的管理理论,如陈劲教授提出的"第四代管理学"(陈劲和尹西明,2019)、吴晓波教授提出的"C"理论等。2019年4月,在北京召开的第十期教育部马克思主义理论研究和建设工程重点教材任课教师示范培训班上,与会的管理学科教师对中国企业案例进管理学教材和课堂达成高度共识。

1.3.5 创新引领高质量发展步入轨道

习近平同志在2018年的两院院士大会上的讲话中提出"我国科技领域仍然存在一些亟待解决的突出问题","关键核心技术受制于人的局面没有得到根本性改变"[①]。中国企业在发展过程中大多经历了由小到大的过程,以规模化发展、市场因素驱动为主要发展模式,但在由大变强的过程中,遭遇到行业关键核心技术的壁垒,一些企业望而却步。创新引领中国企业高质量发展已成为实现"中国梦"的良好夙愿。

但如何实现创新引领,如何实现创新引领下的高质量发展,却是企业界和学术界的一大困惑。我们认为,创新引领既不同于传统的战略先导、战略引领,也

---

① 《习近平:在中国科学院第十九次院士大会、中国工程院第十四次院士大会上的讲话》,http://www.xinhuanet.com/politics/leaders/2018-05/28/c_1122901308.htm。

不同于过去的创新驱动，创新引领将创新的作用提高到比战略更重要的位置。实施创新引领，是摆脱"低端锁定"、实现高质量发展的必由之路。

实施创新引领的其中一个思路是联合行业内的企业进行联合攻关，其基本逻辑是研发投入共担、研发成果共享，目的是推动行业内企业更加重视中长期基础技术创新，力争在原始创新方面取得重要突破，掌握行业的主动权和话语权。在这样的背景下，海尔积极成立行业的创业中心，力争协同行业企业共同探索行业共性关键技术研发、智能制造人才培养，并向行业输出技术趋势、市场预测、人才实训与培养等服务。

2017年5月，海尔集团技术研发中心联合中国海洋大学、中国石油大学、中科院软件研究所、西南交通大学、互联网数据中心（Data Center of the China Internet，DCCI）等单位共同建设的"青岛市智慧生活科技创新中心"正式立项。2017年11月，海尔联合工信部成立了全国首个智能制造创新中心，该中心致力于探索智能制造的模式、人才培养、技术服务等。2019年3月11日，海尔牵头组建的高端智能家电制造业创新中心顺利通过评估，被认定为山东省高端智能家电制造业创新中心，该中心重点建设五大研究中心，即智能共性技术研究中心、关键零部件研究中心、产品创新设计中心、标准规范研究中心、智能装备研究中心。

这些创新中心的成立，无疑对推动家电制造业向价值链中高端跃升，进一步做大做强家电产业，促进数字经济创新业态的资源集聚和发展有重要的示范和借鉴作用。

1.4 海尔管理创新发展的基本经验

1984年发展至2019年，经过35年的发展，海尔的发展经历了"由小变大""由大变强"的过程，在品牌价值、经营能力、创新能力、管理模式创新等方面都取得了行业内瞩目的成绩，如今的海尔已经由过去的传统家电企业转型为平台型的生态企业，我们团队认为，支撑海尔由小变大、由大逐渐变强最重要的因素是管理创新的发展。而管理创新发展，又植根于创新引领、战略导向、海尔文化、人才培养及能力提升等具体的路径中，形成了管理创新发展的基本经验。

1.4.1 从创新驱动到创新引领

成立 35 年以来,海尔履行着创新发展的思路,一步一步成为当今全球品牌销售量第一的白电制造商。海尔的持续发展与其一直以来对创新模式的不懈探索息息相关。为支持不同战略阶段的企业发展需求,海尔采用了相应的创新模式,走出了一条具有鲜明时代特色的海尔创新路径。

截至 2019 年,海尔已在全球建立了 24 个工业园、10 个综合研发中心、108 个制造中心、66 个营销中心,全球"在册员工"总数超过 6 万人,"在线员工"总数超过 300 万人。海尔正从传统制造家电产品的企业转型为面向全社会的"创客孵化平台"。在互联网时代,海尔致力于成为互联网企业,颠覆传统企业自成体系的封闭系统,变成网络互联中的节点,互联互通各种资源,打造共创共赢新平台,实现攸关各方的共赢增值。

回顾海尔的发展历史,我们发现创新巨擘的成长并非一蹴而就。海尔在不同阶段的创新模式选择与其阶段性战略目标及资源禀赋密切相关。海尔的创新活动受限于其有限的资源基础,但同时这种有限的资源基础也为其创造着新的商业机遇。可以说,海尔的创新路径就是海尔发展史的缩影。

总体上,海尔经历了由创新驱动到创新引领的大的创新范式的变迁。创新驱动是战略导向下的要素驱动,创新作为实现战略的必由手段,服务于战略目标的达成,不同的战略选择决定了不同的创新驱动方式。而创新引领将创新的重要性、必要性提升到企业经营的思想和文化中,形成了相对稳定的企业价值观,创新作为直面环境、直面用户的必由手段服务于用户价值的实现,可以说,创新引领嵌入在企业经营哲学中指导企业具体实践,其地位和重要性高于战略导向。由创新驱动到创新引领的创新范式的变迁,并非一蹴而就,而是一个持续的过程,海尔集团在其经历的名牌化战略、多元化战略、国际化战略、全球化战略阶段基本依靠创新驱动,而在网络化战略阶段,则正在探索创新引领高质量发展的路径。

从 1984 年到 2005 年,海尔先后经历了品牌化、多元化、国际化三个战略阶段。面对日益复杂的市场环境,海尔人凭借卓越的创新精神,依靠创新,一次次完成了自己的战略使命,解决了每个阶段企业面临的主要矛盾。从改革开放初期濒临破产的街道小厂到代表中国先进制造力的民族企业,海尔面临的战略挑战不断升级。环境要求海尔具备不断演进的创新模式以应对日益复杂的战略问题。从单要素创新到组合创新再到全面创新就是海尔在这三个阶段走出的一条具有自身特色的创新道路。品牌化、多元化和国际化三个战略阶段的创新,总体上经历了从单要素创新到全面创新的量变路径。

2005年以后，面对竞争日益激烈的市场环境和用户个性化的需求，海尔坚持以用户为中心的创新理念，通过"人单合一"的管理变革，使海尔组织、人力、制度、技术等要素方面发生了又一次深刻的变革。全员创新、全方位创新、全时空创新开启了海尔创新范式的重大变化，逐渐由创新驱动迈入创新引领。

比如，2004年以前，大约80%的用户使用洗衣粉，洗衣粉残留问题十分严重，不仅使洗衣服的体验较差，对环境的污染也很大，尤其是洗衣粉里的含磷酸排放，给水体的生态环境保护造成较大压力。注意到这样的市场痛点后，海尔洗衣机产品线就开始思考如何少用或不用洗衣粉也能将衣服洗得干净。当时，海尔在日本的一家合作伙伴在水处理领域有较好的技术积累，在2000年左右，这家合作伙伴可以通过电解水形成可直接饮用的纯净水。于是，海尔与这家企业合作，开始寻求将水的电解技术运用在洗衣机上的技术方案。经过合作研发，生产制造了"不用洗衣粉的洗衣机"，其技术的基本原理就是将水电解为酸碱两种离子水，污垢一般都是弱酸性的，因为正常人的皮肤是弱酸性的，只有弱碱性水才能有效分解衣服上的油渍和污垢，在洗涤的时候将碱性的水加入桶中，漂洗的时候将酸性的水加入到桶中，而洗涤结束后的水则是中性水。根据国家家用电器质量监督检验中心提供的检测数据，按国标要求加洗衣粉的洗衣机洗净比为0.7，海尔这款洗衣机的洗净比达到0.875，洗净比比使用洗衣粉的普通洗衣机提高了1/4。

2009年开始的开放式创新平台HOPE平台，更是通过开放创新边界、拓展创新网络使创新能力大大提升。2019年，HOPE平台解决各类创新课题500项以上、支撑上市新品60余项、平台创新增值20亿元、创新网络节点数350万个、创新网络覆盖的技术领域100余个。

1.4.2 坚持战略导向

以用户需求为导向，根据内外部环境的变化及时做出公司战略转型是海尔管理中的一大特色。纵观海尔发展历史，每一次战略转型的背后都是外部环境、内部环境正在发生着深刻的变革，而不变的是始终以用户需求为导向。可以说，海尔的战略为其发展提供了充分的导向功能。具体表现在以下四方面。

第一，十分重视战略的选择。海尔在成立初期，面对国内供需矛盾突出这个状况，选择了以质量创名牌为其战略发展方向，为后续的发展奠定了基础。改革开放以后，消费者对多元产品的需求逐渐增多，海尔开启了多元化的战略计划。之后，随着改革开放的深入、市场经济的深化和经济全球化的发展，海尔紧跟时代步伐，先后开启了国际化和全球化战略。互联网的迅速发展导致物联网概念的诞生，海尔依然紧握时代脉搏，选择了以创新创业为焦点的网络化战略。

第二，通过战略构建竞争优势。战略是企业比较了和主要竞争对手的资源能力后，对构建竞争优势的策略安排，不同的战略选择，将带来不同的竞争优势度。海尔在其30多年的发展过程中选择了差异化战略，注重服务质量、品牌塑造和用户体验，每个阶段的差异化具体表现在：在海尔的成长阶段（1984~1995年），所有家电厂商大都只重视产量，其选择了质量创牌；在海尔的扩张阶段（1995~2005年），国内家电市场产品单一，缺乏生产规模，海尔通过兼并扩张和国外设厂的战略成为世界名牌；在海尔的转型阶段（2005~2019年），海尔颠覆了传统的组织管理模式，改变传统的家电行业为互联网企业。

第三，战略影响资源配置。任何企业的资源都是有限的，若将资源分散到各个领域，将导致企业在各个领域都无法形成竞争优势，战略确定了方向，资源必将重点投向相应的领域。这点在海尔网络化战略阶段表现尤为明显，海尔通过整合分布于全球的10个综合研发中心、世界各地技术资源建立HOPE平台，通过技术和设想的不断交互，为用户提供更个性化的产品。

第四，战略凝聚力量。战略通过绘制未来蓝图，给予全体员工希望，激励大家克服困难，同心协力为未来而努力工作；战略为企业经营管理活动提供科学依据，促进内部组织各司其职，提高运营效率。此点贯穿海尔发展的各个阶段，从最开始的自主管理班组、直线职能制到事业本部制，从后来的市场链制度、让每一个人成为SBU（strategic business unit，战略经营单位）到自主经营体、"倒三角"模式，再到现在的企业平台化、员工创客化和用户个性化。海尔从最初发展到转型阶段的组织机构改革都是在凝聚力量，提高效率，创造效益。随着全球经济的进一步发展，信息革命的不断深入，物联网时代的到来，一个企业要生存发展乃至基业长青，必须增强战略意识，用战略正确引领其发展。

海尔不同的发展战略并不是独立的，而是有内在的逻辑。我们认为，尽管各个战略阶段的战略意图和举措存在或大或小的差异，但创新是贯穿始终的战略核心。纵观海尔战略的演进路径，以矛盾论的视角分析，特定阶段的矛盾从积累到转化对海尔战略演进起到了关键作用，具体体现在其推动海尔战略由量变引起质变的过程。

1.4.3 重视文化聚力

海尔的文化场始终是由以向心文化的协调一致为主、部分兼容了离心文化的变异性的创新文化构造而成。海尔文化创新在企业技术创新管理中的作用体现在：①通过文化氛围的营造，培养员工个人的创新素质；②在此基础上，通过整合企业员工的创新能力，并且在企业内各创新要素的协同作用下，形成创新文化场，从整体上提高企业的创新绩效。观察海尔的创新体系，我们发现海尔企业文化作用于企业各创新要素（战略创新、组织创新、制度创新、管理创新、市场创新、技术创新），并形成创新动力、创新激励和创新能力的方式，与"场"效应极为类似（许庆瑞等，2004）。如果说组织是一个具有物质世界特性的平台，那么企业文化就是将组织平台凝聚在一起的量子场，而员工和用户就是在场中不断波动的量子。如果说泰勒管理模式是试图用科层组织结构和管理控制来使这些量子成为在预定位置或路径上运动的被动客体，那么海尔管理变革的终极目标就是恢复量子的主动性动能。量子力学的不可测原理证明了海尔模式符合量子管理的基本原理。

从 20 世纪 80 年代中期开始，海尔经历了五个战略阶段。与此相伴随的是海尔的五个文化创新阶段，海尔的发展是创新引领的战略变革过程，而海尔的创新总是以观念和文化的创新为引导，由此不断推动技术创新、市场创新和组织制度创新的全面创新。第一阶段是在 1984～1991 年，在海尔的名牌化战略实施过程中，海尔形成了质量与规则文化；第二阶段是 1991～1998 年，在海尔的多元化战略实施过程中，形成了市场适应性文化；第三个阶段是 1998～2005 年，在海尔的国际化战略实施过程中，形成了基于战略愿景的向心型的创新型文化；第四个阶段是 2005～2012 年，在海尔的全球化战略实施过程中，伴随着开放创新平台的建设，形成了跨文化融合的开放式创新文化；第五个阶段是 2012～2019 年，伴随着海尔的网络化战略，开始形成了创客、交互与生态、共创、共赢的生态意识和基于"人单合一"模式的创客主导的创新生态文化。

从文化创新的轨迹可以清晰地看到，"以人为本"是海尔文化不变的核心，即要通过与战略相适应的文化创新，尽最大可能开发员工积极性，实现海尔人由"内部员工"到"企业合伙人"的身份置换。由此可见，文化创新不仅解决了大企业当中员工惰性、部门主义的"大企业病"，更重要的是通过机制设计最大限度激发员工潜能，为海尔集团未来生态型发展奠定了基础。

1.4.4 提升全面创新能力

全面创新管理实质是组合创新管理的进一步发展。海尔的成功离不开它的"全面"管理理念，为了更快更好地满足市场上用户的个性化需求，提高创新的绩效和核心能力，海尔逐步实施了以全方位（战略、组织、制度、管理、市场、技术、文化）创新为基础、以全时空创新和全员创新为主要特色的全面创新管理，全面创新管理与核心能力的关系如图 1.5 所示。

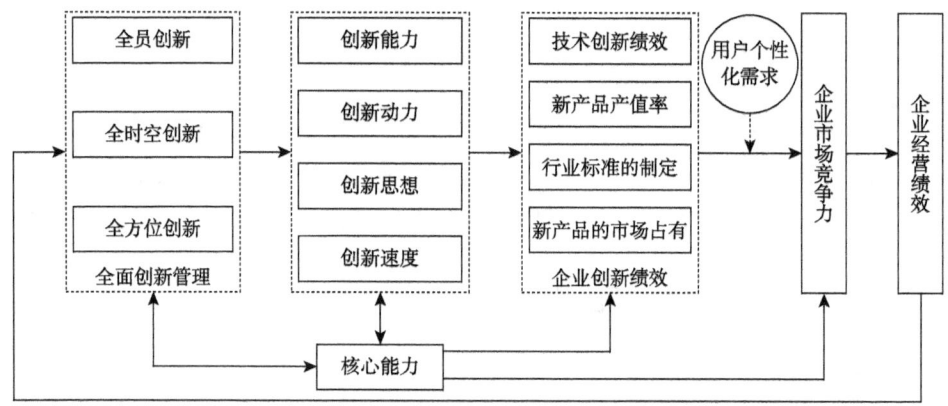

图 1.5　全面创新管理与核心能力关系框架

企业的经营绩效、核心能力、全面创新管理三者之间存在密切的正相关联系。全面创新管理的实施有助于提高企业和员工的创新能力、创新动力、创新思想、创新速度，在此基础上企业的创新绩效也会随之得到提高，如果创新绩效提高的同时能满足用户的个性化需求，那么企业的市场竞争力无疑会提高，进而企业经营绩效得到提高。在全面创新管理框架中，全方位创新能力是内容，全员创新能力是主体，全时空创新能力是实现的形式。

1.4.5　持续人才培养

人始终是海尔管理的第一要素，是企业最重要也最宝贵的资源，员工的创新是企业最有价值的资产。人是目的不是工具，人与组织是共同成长的利益共同体，每个人的价值实现最大化，可以使组织价值最大化，这些在海尔都得到了充分的证明。海尔的成功在一定程度上可以说是人力资源开发和利用上的成功。张瑞敏在海尔一直强调领导者的主要职责不是去发现人才，而是要去建立一个能够培养人才的机制，给每个人相同的竞争机会，发挥自我价值。人才培养机制巩固了海尔领导层的实力，为海尔领导层输送了大量的优秀人才，还激活了组织结构，使组织变得更加灵活。在不同的战略阶段，海尔对人才的培养拥有不同的机制，核心思想也在一直变化，具体如表 1.2 所示。

表1.2　海尔人才培养机制的双螺旋结构

战略阶段	核心思想
名牌化战略阶段	标准化思想的人
多元化战略阶段	有竞争意识的人
国际化战略阶段	市场效率的人
全球化战略阶段	自主管理的人
网络化战略阶段	自驱动的创客

20世纪80年代，中国企业面临着纪律松懈、管理混乱的问题，当时的海尔正处于创名牌阶段。张瑞敏上任厂长以后，做的第一件事就是抓纪律、改观念，制定了著名的"管理十三条"规定。名牌化战略阶段实际上就是海尔的创牌阶段，核心是要创造出高质量的产品，对员工的管理主要体现在强调纪律、执行、纠偏、改进等方面，要生产出符合质量标准、符合国际标准、符合国家标准、符合德国标准的产品，要把标准化的思想植根于员工心中。

海尔进入多元化战略阶段以后，实行了"赛马不相马""三工并存、动态转换"的人才培养机制。传统的"伯乐相马"制度并不能最大限度地选拔出优秀人才，"赛马"理念则可以通过公平、公开、公正的竞争机制，以员工创造的市场价值和效用来评价员工创造价值的大小，这样有利于优秀人才的涌现。1992年，海尔在人力资源制度上进行了创新，在合同制的基础上将员工分为三个等级，即试用员工、合同员工、优秀员工，并且按照1∶4∶5的比例实行差别待遇。根据考核评比的结果，对那些绩效好的员工进行"上"转，绩效差的员工进行"下"转，甚至是淘汰。这种人才竞争机制的引进，为海尔留下了优秀的人才。

1997年，海尔首次提出"海尔中国造"的口号。海尔于1998年进入国际化战略阶段。海尔为了克服内部一些人员的惰性，进行了基于市场链的流程再造，提出了"人人都是SBU"的经营模式。市场引入组织内部以后，原来上下级之间的关系就变成了市场关系，每个员工都可以感知到市场的温度，极大地提高了员工的积极性，也提高了海尔在市场上的竞争力。进入全球化战略阶段后，当时家电市场上供大于求的矛盾日益突出，"大企业病"的表现也越来越明显，为此海尔在2007年发起了一场为期1000天再造，构建与市场对接的整套信息化系统，采取了"1+1+N"的人才模式，并在2010年将原来所有部分划分为2000多个自主经营体。员工从过去被动地听领导指挥，变成了和领导一起听用户指挥、创造满足用户需求的产品，在满足用户需求的过程中来实现自己的价值，其实这个机制就是"人单合一"。

随着互联网时代的到来，海尔进入了网络化战略阶段，张瑞敏提出要让海尔员工"人人都是CEO"，要让员工具有强大的自我驱动、自我管理的能力。2014

年，在明确了海尔的发展方向是"平台型组织"后，张瑞敏进一步提出了"人人创客"的口号。在员工创客化的基础上，海尔实行了按单聚散、官兵互选的"动态合伙人制"，员工从原来的被雇用者、执行者，变成了创业者、合伙人，调动了员工的创新积极性和创新能力。

1.4.6 创新引领与海尔未来发展

自海尔于 2005 年实施"人单合一"管理模式以来，社会各界对海尔的关注从未间断，对海尔的平台化转型有支持者，也有反对者。支持者认为，企业以创造客户为目的，符合杜拉克所说的"企业作为一种组织，其目的一定在企业之外，而不在企业之内，也就是说，员工、股东、经理人员的利益都不应该是企业的目的。在企业外部，唯一目的就是创造客户"。企业要生存和发展，必须随市场环境的变化而变化。正如达尔文的那句名言："能够生存下来的，既不是最强壮的，也不是最聪明的，而是最能够适应变化的。"海尔正是由于为了适应互联网带来的变化而实施了平台化转型，去中心化的结果是企业的每一个人都成为一个中心，个体和小企业的竞争优势比以前更加明显（刘杰，2014）。

反对者认为，互联网时代的小微转型并没有预想的那么好，小微的整体可以用"冰火两重天"来形容（宋佳楠，2016）。体现在人员方面的尴尬境地是，原有的大量中层尚不能完全互联网化，而新进入的外聘人员又很难适应海尔的传统制造业的工作氛围，大部分人都在为了冲业绩而想各种办法，在产品研发上很容易与市场脱离。一个比较具有代表性的例子是，海尔内部有各种各样的平台均在开发智能家居系统和产品，但它们之间却无法做到互联互通。例如，购买 U+ 平台的智能产品需要下载匹配的 APP 来控制，但如果购买非 U+ 平台的空调、热水器等产品，则需要下载另外一个独立的 APP 进行控制。这样的"分布式"体验只会带来更多的不便（宋佳楠，2016）。

不论支持者还是反对者，对海尔平台化战略的争论一直存在。借助持续的管理创新，海尔取得了一系列令人瞩目的成就，2018 年海尔 CEO 张瑞敏为此还获得党中央、国务院颁发的改革先锋奖章这一殊荣。然而，一个不争的事实是，中国制造业整体上大而不强，"从 0 到 1"的原始创新稀缺，"重大原创性成果缺乏，底层基础技术、基础工艺能力不足"，"关键核心技术受制于人的局面没有得到根本性改变"[①]，作为传统制造业的典型代表，海尔在今后的发展中思考并应对这些

[①] 《习近平：在中国科学院第十九次院士大会、中国工程院第十四次院士大会上的讲话》，http://www.xinhuanet.com/politics/leaders/2018-05/28/c_1122901308.htm。

问题责无旁贷。正如前文所述，解决的根本路径是由传统的战略导向提升到创新引领，由传统的创新驱动提升到创新引领。实施创新引领高质量发展，对海尔、对中国制造都是一项十分复杂而艰巨的任务，需要在以下几个方面下功夫。

第一，开放式创新下的企业自主创新能力需要加强。开放式创新下的利益链条建立在松散的合作基础之上，每个员工都是利益主体，短期利益成为合作中关注的重点，容易促使企业忽视中长期技术，尤其是底层技术的研发。利益共同体很难形成命运共同体，追逐短期利益成为员工的本能，看似庞大的企业利益体类似一片草原，远看挺美，近看则令人担忧。这类企业没有类似于森林企业那样复杂而充满生机的生态系统，因为森林的食物链（网）远远强于草原的食物链（网），各自的生命力必然出现天壤之别（吴兴杰，2018）。自中美贸易战后，海尔愈发认识到自主创新能力的重要性，因此，更加重视自主创新能力的积累和培养，实施了研发平台的一系列变革措施，例如，在超前研发平台布局了未来要重点突破的技术领域，优化了"人单合一"管理体制下对研发部门的考核体系，设立了以阶段性节点目标为基础的长周期考核制，通过高差异化、高性价比"两高"标准筛选研发项目，为未来技术和创新人才铺路。这些变革进一步协同了海尔自主创新与开放式创新的关系，提出了"自主可控的开放式创新"。

第二，制造业服务化转型后的制造能力需要继续提升。特别是在核心技术专利优势、产品品质把控能力、高附加值制造方面要形成可持续的竞争优势，避免"去制造化"后的"产业空心化危机"。目前，海尔一方面调整研发战略加强对核心技术的把控，另一方面力图通过构建智慧家庭生态体系提高产品附加值。

第三，企业公共利益需要通过机制引起重视。1968年英国加勒特·哈丁教授（Garrett Hardin）在 *The Tragedy of the Commons* 一文中首先提出"公地悲剧"理论模型。他说，作为理性人，每个牧羊者都希望自己的收益最大化。在公共草地上，每增加一只羊会有两种结果：一是获得增加一只羊的收入；二是加重草地的负担，并有可能导致过度放牧。经过思考，牧羊者决定不顾草地的承受能力而增加羊群数量。于是他的收益便会因羊群数量的增加而增多。看到有利可图，许多牧羊者也纷纷加入这一行列。由于羊群的进入不受限制，牧场被过度使用，草地状况迅速恶化，悲剧就这样发生了。企业平台化以后，大量的小微在短期利益或短期目标考核的驱使下，无暇顾及企业公共利益，而且都抱着"及时捞一把"的心态加剧事态的恶化，最终可能会造成集体力量的削弱。

第四，全球化浪潮中创新资源治理和企业合规性问题亟待重视。全球化已经成为中国企业发展中的必然趋势，收购兼并国外企业以后，如何有效治理创新资源是一个难题。收购兼并后面临的最大难题不是资产的重组，而是处于第一线的技术人才价值观的整合。如果无法将原有企业的创新型人才有效整合，收购的效果必然大打折扣，全球化也必然困难重重。在全球化过程中的另外一个重要议题是合规性问题，走出去的企业需要拿起法律法规和知识产权的武器开拓市场并保护自己的利益。

第五，创新型人才培养还需要提升。"人人都是 CEO""人人创客"下的员工变成了侧重产品创新、服务创新、商业模式创新，以及追求短期市场绩效的创新组织者，但其中缺乏以技术变革为核心的颠覆性创新，加之在"世界就是我的研发部"理念的推动下，"拿来主义"快捷而省事，长此以往使员工丧失了"坐得住冷板凳"的研发精神，创新型人才"招不来""长不大""留不住"，创新型人才的培养、使用和管理机制乏力。而创新型人才是推动中国制造走向高附加值制造的基础，作为企业创新过程中的关键核心资源，我们应该认识到，在中美贸易战、贸易保护主义抬头的今天，创新型人才是买不来的，需要踏踏实实地去培养，宽容他们的失败，鼓励他们做中长期创新。海尔对创新人才的培养，自 2018 年下半年后开始逐步调整，总体看来，与先前战略相比，鼓励研发特别是中长期研发、宽容失败成为一大亮点。当然，创新型人才的培养，非一朝一夕，还需要企业持之以恒的坚持方能奏效。除此之外，还离不开地方政府的人才激励政策。

1.5 本书的章节结构

先前关于海尔的书籍如《海尔是海》《海尔创新史话》等已经很详细地介绍了海尔自 1984 年开始发展至网络化战略初期的管理创新。其中的管理模式对如何经营一家企业无疑有重要启示。

本书则沿着海尔的战略发展脉络，从创新、战略、文化、人才等要素方面，深刻反映海尔管理创新的缘由、困惑、选择和路径。

第 1 章系统梳理了海尔 35 年来的发展成绩，总结了成绩背后的创新管理基本经验，同时探讨了海尔管理模式应对未来发展挑战的突破路径；第 2 章分析海尔战略在海尔管理创新发展中的重要作用，并描述在海尔 35 年的发展历程中，海尔战略是如何演进的，图 1.6 为海尔战略演进的时间点和规律；第 3 章分析海尔在不同战略发展阶段采取的创新模式，并探讨其变化的规律和趋势；第 4 章分析文化在海尔管理创新中发挥的作用，并描述文化在海尔发展中的变革；第 5 章分析海尔创新能力提升的过程；第 6 章分析海尔是如何进行人才培养的，以支持其持续的管理创新；第 7 章对全书分析的海尔管理创新的经验进行了总结。

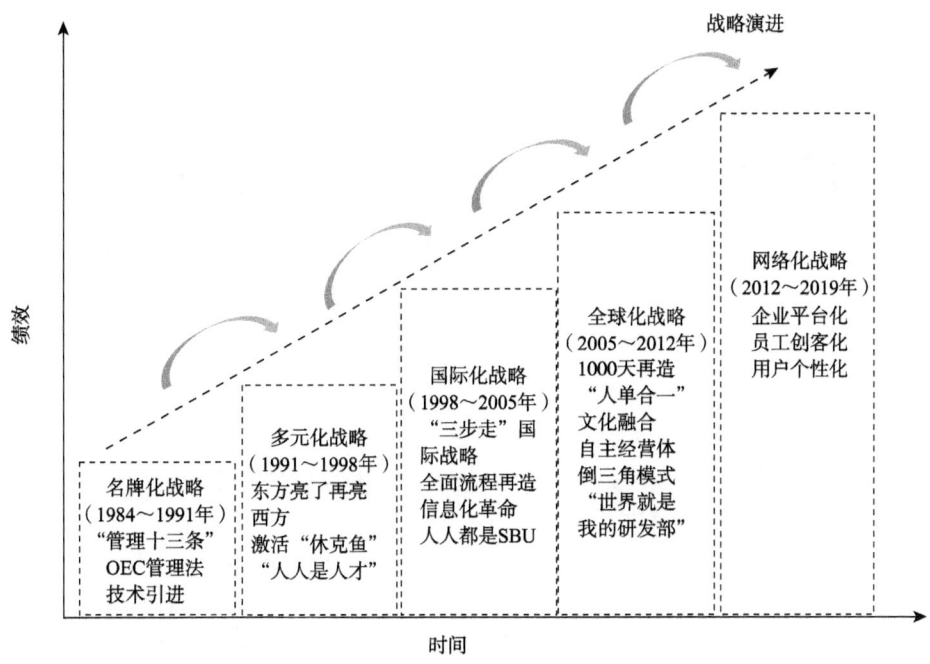

图 1.6　海尔战略演进轨迹

资料来源：刘海兵和许庆瑞（2018）

全书力图准确刻画海尔 35 年发展历程中的管理创新路径，使读者能够看到海尔由小变大、由大逐步变强的基本逻辑。

第 2 章　创新引领下的海尔战略演进

海尔在其管理创新发展过程中，十分重视根据环境的变化做出战略调整，以用户需求为中心的战略演进共经历了五个发展阶段，创新在战略演进中发挥了由驱动到引领的功能。

如今的海尔，已成为中国乃至世界人民心目中的名牌，从 1984 年成立至 2019 年已经走过了 30 多年，从最开始的一家资不抵债、濒临倒闭的集体小厂，经过持续的创新创业，已然成为全球白色家电第一制造商、中国最具价值品牌，图 2.1 为 1984~2019 年海尔集团营业收入变化。

纵观海尔的五个战略发展阶段，每个阶段的变化其实就是主要矛盾的转化，各项战略措施就是依据海尔不同发展阶段的主要矛盾而部署和展开的，海尔具体的五个战略发展阶段见图 2.2。

海尔集团在 CEO 张瑞敏的战略指导下，历经 30 多年的艰苦奋斗和努力经营，历经名牌化战略、多元化战略、国际化战略、全球化战略和网络化战略阶段，逐步成为具有国际影响力、竞争力和话语权的全球知名企业。

第 2 章 创新引领下的海尔战略演进

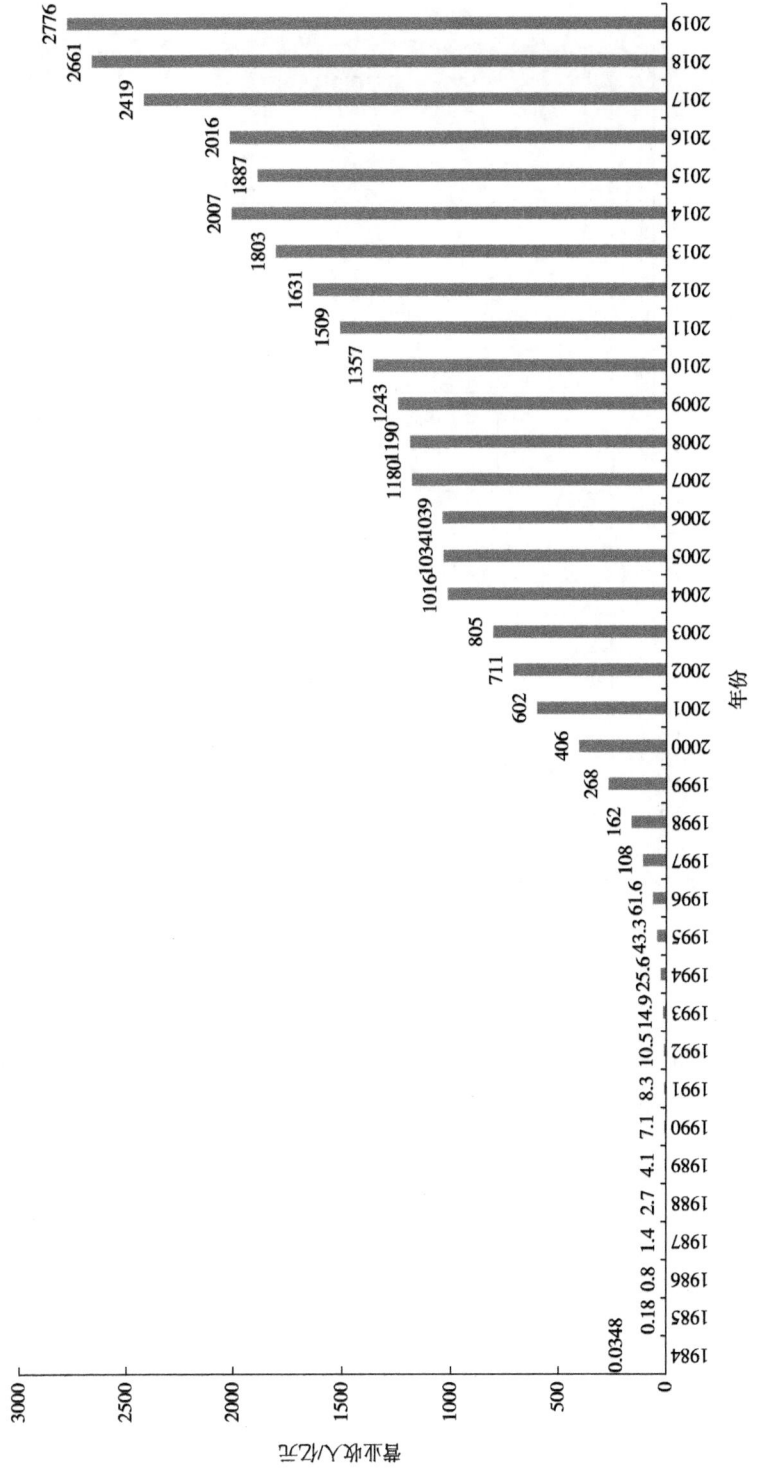

图 2.1 海尔集团 1984~2019 年营业收入

资料来源：海尔官网

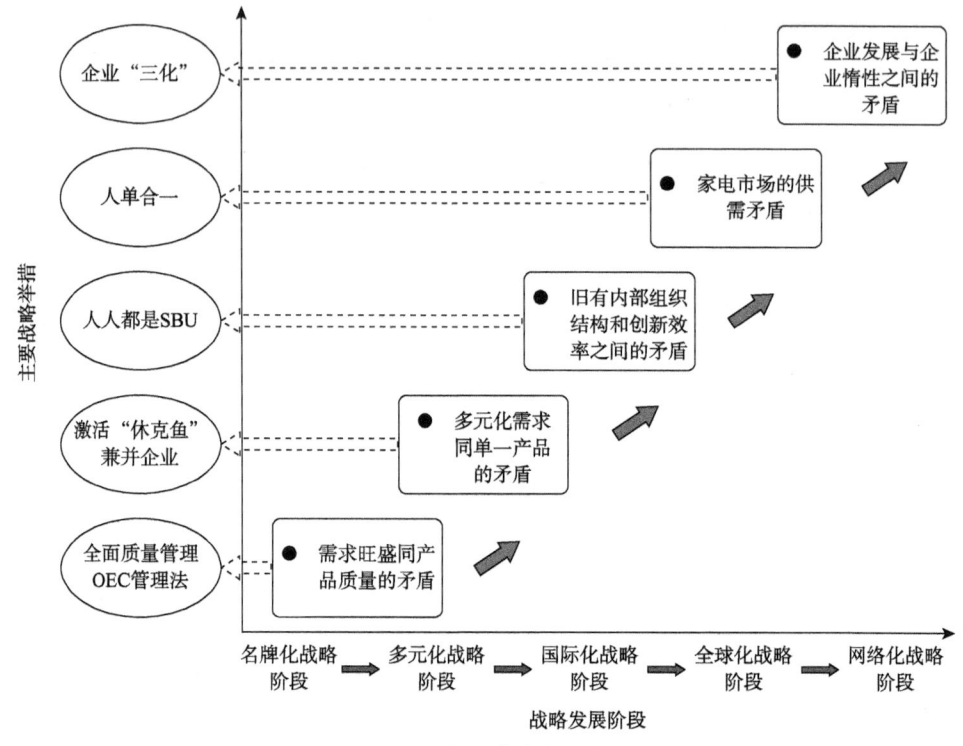

图 2.2 海尔的战略发展阶段

2.1 名牌化战略（1984～1991 年）

1978 年《实践是检验真理的唯一标准》在光明日报刊登之后，被当时国内的几家重要报社转载，随即引发了全国人民关于真理标准问题的大讨论，深刻影响了中国的历史进程。1978 年 12 月，中共十一届三中全会召开，做出了把工作重点转移到社会主义现代化建设上来和实行改革开放的战略决策，打破了中国原有的计划经济，逐步引入了市场机制，开始了从计划经济向现代市场经济的转型。

20 世纪 80 年代初中国诞生了一种特殊的企业——乡镇企业。改革开放之后，乡镇企业异军突起，在 1984～1988 年和 1992～1998 年经历了两次发展高峰，成为当时中国经济最活跃的部分之一。

1984 年堪称中国的改革小高潮年，这一时期中国的改革重心从农村转移到了城市，以扩大企业自主权、推行厂长负责制为主要内容的第一轮高潮初现，此时的海尔开始在青岛起步。

在改革开放初期，由于国内长期实行计划经济，商品物资都需要凭票和介绍信供应，这种传统的、特殊情况下的流通体制同商品经济的流通体制形成巨大的反差。同时，国内人民消费需求日益高涨，但是国内对于一些名牌产品的供应还是不能满足人民的需求，拿钱难买和彻夜排队的现象屡见不鲜。

从最初的"三转一响"（自行车、手表、缝纫机、收音机）到20世纪80年代"新三件"（电视机、洗衣机、电冰箱）开始进入中国的城市家庭，广大消费者对于高档家用电器的需求与日俱增，落后的生产根本就无法满足当时国内人民的消费需求。

面对如此庞大的消费市场，国内大部分的家电企业普遍认为，只要不断地提升产量，推向市场就能赚取更多的利润，毕竟"皇帝的女儿不愁嫁"，且国外的技术是最好的，只要是引进国外先进的设备就一定可以生产出完美的产品，质量也是没话说。这两个"只要"促使当时大量的家电项目不断上马，"唯产量论"的观念冲昏了当时中国大多数企业的大脑，巨大的市场缺口不断刺激国内家电生产厂家大量盲目生产，国内一些家电企业抱着"捞一把就撤"的想法，大搞进口散件组装，造成产品质量基本都不合格，此时广大人民群众旺盛的需求同产品质量就成为一对凸显的主要矛盾。

为了解决这一矛盾，当时的海尔从消费者的角度考虑，认为只有高质量的产品才能获得客户的信任，才能建立起品牌的忠诚度。用户在购买产品时更关注的是质量，在海尔人的观念中，质量的概念要远远大于产量的概念。但是产品的质量不是单单通过引进先进的技术就能解决的，设备和生产线的最终操作者还是人，员工的素质是高质量产品产出中至关重要的因素，高质量的产品是良好素质的人干出来的。

海尔起初并不叫这个名字，其前身可以追溯到1955年，也就是青岛电冰箱总厂的前身，当时人们组织成立了手工业生产合作社。随着当时国民经济的改组和调整，逐渐过渡成为合作工厂——青岛电机厂，后来更名为东风电机厂，刚开始主要生产直流电动机、电葫芦，在成功研发了小台扇和民用吹风机之后，开始进入家电行业。1980年3月经当时的青岛市第二轻工业局批准，青岛东风电机厂、青岛工具四厂合并成立青岛日用电器厂。当时的青岛日用电器厂在计划经济体制下采用传统和粗放的生产策略和经营方式，产品存在较大的缺陷和问题。1983年10月，为了改变落后的技术和经营管理并根据国家、山东省及青岛市的指示精神，当时的青岛日用电器厂着手进行电冰箱生产技术方面的国内市场考察和生产的准备工作。1984年元旦，经青岛市经济委员会批准，企业正式启用青岛电冰箱总厂的名称。

1984年12月时年35岁的张瑞敏以青岛电冰箱总厂上级公司青岛家电公司副总经理的身份来到工厂，开始担任厂长职务。当时，张瑞敏面对的是一家破败不堪的亏损工厂，从内到外的重重困境裹挟而来，人心浮动，大部分人都想从这里调走，剩下的人也无心干活，人员素质极差，在寒冷的冬天员工甚至把车间的木头窗户卸下来烧火；破旧的厂房距离厕所比较远，所以车间里随处大小便的现象屡见不鲜，工人们都见怪不怪。破旧的工厂里仅有几台陈旧的机器，虽然每天都在轰轰地转，但管理非常松懈，工人们经常旷工，接私活。因为是集体企业，国家不给钱，银行也不愿意借，连基本的员工工资都发放不下来。国内家电生产企业林立，国外家电产品也蜂拥而入，各种家电挤满市场，而当时的工厂则是听说什么好卖，就赶紧生产什么，可是质量却很差，根本卖不出。

要在一个几乎瘫痪、杂乱无序的企业基础上进行发展，在外人看来基本是不可能的事情，而对于当时的张瑞敏而言，也绝非易事。西方的一位管理大师的思想对张瑞敏的影响尤为巨大，这个人就是德鲁克。20世纪末德鲁克提出了管理范式的革命，即创新活动和企业家精神是企业的根本能力。受到德鲁克的启发，张瑞敏从工厂管理入手，解决"人"的问题，整顿企业，同时引进国外先进技术，以管理创新和技术创新引领工厂走出困境，实现发展。

众所周知，清晰的战略目标对于企业而言极为重要，即究竟什么样的市场定位才能让企业盘活并强大。在改革之初，张瑞敏在认真分析市场形势之后发现，尽管市场上的家电品牌林立，但是并没有真正的"名牌"产品，反而进口的商品成为"名牌"产品的代言。于是，张瑞敏果断提出，"要么不干，要干就要争第一，创名牌"，"名牌"的概念从此开始嵌入企业发展的血脉里，并由此确立了走专业化名牌发展的道路。

2.1.1 "管理十三条"成为管理变革的开端

为了创造一个初步的生产环境，张瑞敏当时的想法是，"资金没有，可以弄到；产品没有，也可以生产出来；但是信心没有的话，创业就很难，做事很难达到第一流。"当时张瑞敏让人制定了十三条纪律，又称"管理十三条"，这后来被海尔人形象地称为"十三诫"。

"管理十三条"在现在看来有些夸张，但当时的情况的确如此。其中有一条也是重要的一条就是"不准在车间随地大小便"，这就为以后的生产提供了一个卫生干净的环境。其他的规定还有"不迟到、不早退、不旷工""工作时间不准喝酒""不准用面纱、柴油烤火"等。"管理十三条"颁布之后初有成效，车间内随地大小便的现象基本没有了，工人们也都做到了不迟到、不早退、不旷工，但是还有一个现象没有禁止,那就是随意带走公物。之前为了防止工人偷拿公物都是把大门锁起来,但是窗户却不能锁起来,工人就从窗户把公物弄出去,张瑞敏就让人把"管理十三条"用大字报的形式贴在了工厂的门口,并且再发现这种现象当场开除。第二天上午十点多依然还有工人从车间拿走东西,结果不到 12 点张瑞敏就让人贴出了这个人的开除通知。

"管理十三条"的颁布,标志着海尔变革的开始,张瑞敏从规范和约束员工的日常行为入手,其本质就是对人的观念和行为的变革。"管理十三条"改变了人们对事物的看法,将员工的思想高度统一起来,重新思考企业未来的目标和方向,并且为企业未来的生产创造了一个初步合适的环境。

2.1.2 引进吸收国外先进技术

根据对当时国内家电市场进行的详细调查和分析,并经过青岛市经济委员会的权力"把脉",张瑞敏认为虽然有分布在全国的近 100 家电冰箱厂来瓜分家电市场,但是还没有具有导向性的名牌电冰箱,因此,青岛电冰箱总厂将产品定位为能够影响并带领整个行业发展的龙头产品。

要想打造出名牌产品且能带领这个行业的发展就需要强大的技术,但是国内电冰箱生产厂家的技术参差不齐,且水平普遍较低。此时只有通过引进国外的先进技术才能实现工厂的起死回生,并且领跑行业。

1984 年 10 月国家轻工业部将青岛电冰箱总厂定为我国电冰箱最后一个定点生产厂家。当时德国在工业制造方面享誉全球,产品质量、品质都很好。在经过市场考察之后,确定与德国利勃海尔公司签订电冰箱制造技术合同。张瑞敏在引进技术之初就制定了"起步晚、起点高"的技术引进原则。海尔引进了德国利勃海尔公司电冰箱生产技术和设备来生产当时亚洲市场上还没有的四星级双门冰箱,同时也引进了德国 DIN[①]标准。

1984 年 12 月 23 日青岛电冰箱总厂与德国利勃海尔公司正式签订了技术引进合同,但是当时轻工业部批的资金很少,只有 460 万德国马克,当时折合人民币 1000 万元左右,这些资金根本买不到全套生产线,所以后来只是买入了几台关键的设备,中间所需要的自动门全都给去掉了,本来是生产线机械自动上料,全部变成了人工上料。人工上料所带来的错误和误差比机器要大很多,如何不断地缩小误差,提高技术,减少错误的发生,也是张瑞敏不断思考的问题。因此,在合同签订后,海尔派出了三批技术人员到德国利勃海尔进行培训学习,海尔的前总

---

① 即 Deutsche Institut für Normung,德国标准化协会。

裁杨绵绵当时是青岛电冰箱总厂的总工程师，作为第一批前往德国利勃海尔学习团的团长，带领负责冰箱产品设计、制造工艺和产品质量检测的同事接受德国利勃海尔的技术培训。为了能通过德国利勃海尔的考核，顺利地将技术学习好，他们放弃休息的时间，反复学习，不断巩固。他们晚上不睡觉，几个人互相提问，直到把知识背得滚瓜烂熟才罢休，终于他们顺利通过了考核，成为工厂日后发展不可缺少的技术力量。

海尔在此后六年的时间，通过委派技术人员学习、自我摸索等方式，消化并吸收了2000余项国外先进的冰箱生产方面的技术知识，为海尔过硬的产品质量提供了技术支持。

2.1.3　一把大锤砸出质量意识

都说新官上任三把火，如果说"第一把火"是"管理十三条"，"第二把火"是引进德国利勃海尔的生产技术，那"第三把火"就是被载入海尔创业史的"砸冰箱"事件，这把火把海尔凭借产品质量生存的信条烙印在员工的心里。

当时我国还处于计划经济时代，国内家电商品相对匮乏，加之当时人们的收入低，电冰箱、彩电对于普通人而言已经是高档电器了，一台电冰箱的价格相当于一个普通工人两三年的收入。虽然那些国际品牌的家电质量好、品质高，但是国内产品价格低，质量虽然差点但也不愁卖不掉。

海尔在刚开始生产冰箱的时候，由于生产技术方面的问题，虽然生产出的电冰箱质量参差不齐，但是销售依然火爆，这让张瑞敏暂时松了一口气，不过随着卖出去的冰箱数量越来越多，随之而来的客户投诉也不断增多，张瑞敏舒展的眉头又皱了起来。有一天，一位中年妇女来到青岛电冰箱总厂，找到厂长并且强烈要求退货。虽然之前接到了很多投诉，但大部分都是要求维修，在那个买冰箱都需要找关系的年代，还真没有谁要求退货，这个中年妇女的一番哭诉，让张瑞敏沉默了好久。他深刻、清醒地意识到，如果不提高商品的品质，给老百姓质量过关的商品，好不容易引进来的电冰箱事业随时会失败，而他对轻工业部、省里的承诺都要落空。

为了给老百姓一个好的印象，提升工厂的知名度，建立起品牌的忠诚度，同时不忘当时"创立名牌化战略"的初心，张瑞敏承诺只要有问题就坚决退货，绝不推脱。之后的很长一段时间里，退货成为当时工厂的主要工作。退货虽然给企业带来了损失但是快速而有效地缓解了群众的不满情绪，在群众中树立了良心企业的美好形象。

张瑞敏认为产品的质量问题跟生产线的关系不大，主要还是人的问题，在那个供不应求的年代，工人心里只想着每天的产量，多生产就能多卖钱，且员工的技能素质也不高。他召集了厂领导对工厂仓库的库存产品进行了一次全面清查，结果一共有76台冰箱存在着不同程度的质量缺陷。

为了警示和教育员工，张瑞敏让人把这些存在缺陷的冰箱搬到了工厂的空地上弄了一个"展览会"，在每一台冰箱的最显眼的位置贴了一张纸条，纸条上写着这个产品有什么缺陷，是哪个人负责生产和安装的。他让全体员工都来参观。之后他抛给了大家一个问题，就是这些产品如何处理。当时员工们有两种意见。一种是作为福利品处理给厂里的员工，另一种就是送礼送出去，但是张瑞敏却认为如果按照这两种方法处理了，将来可能会出现760台、甚至7600台继续存在缺陷的产品，张瑞敏做出了一个决定：砸！把76台不合格的冰箱全部销毁！

张瑞敏一把大锤砸向有质量问题的冰箱，随后是总公司派来的负责人，接下来就是谁生产的冰箱谁自己来砸毁。工人们眼睁睁地看着一台台从自己手里生产出来的崭新的电冰箱在瞬间化为废铁，十分心疼。砸完冰箱之后，张瑞敏和当时的总工程师杨绵绵承担了责任，扣发了当月的工资，工人的工资一分不扣。

一把铁锤砸下去，砸向的不仅是冰箱，更是工人的内心，让工人牢记质量就是生命。"砸冰箱"事件不仅告诉工人"有缺陷的产品就是废品"，如果让有缺陷的产品出厂，这个产品就不会有生命力，以后也永远无法问津名牌；同时使员工内心深处受到震动，认识到产品质量是可以决定企业命运的。他让员工明白了"你做的产品不应该有任何问题，如果有问题的话，不是产品本身有问题，而是你的工作态度、素质有问题"。此次"砸冰箱"事件使员工的生产责任心迅速增强。此后，海尔推行了全面质量管理，始终坚持"零缺陷、精细化"的生产标准，为日后的名牌产品奠定了基础。海尔集团至今依然保留着这把大锤，并在海尔工业园的创新生活展览馆中向各地游客展出，诉说海尔这段影响深刻的历史。

海尔正是通过"砸冰箱"事件把质量第一的观念融入员工的血液，并从道德观的高度来看待产品质量，从而形成了自己独特而卓越的质量文化。

2.1.4　从泰勒制到OEC管理法

张瑞敏在创业之初深受德鲁克思想的影响，德鲁克的专著《卓有成效的管理者》引发了张瑞敏最初的思考，德鲁克在其中提到，传统的管理人员是拥有下属的人，现在应该是拥有成果的人（Drucker, 1967）。管理好的工厂，总是单调乏味的，前文中已经提到，张瑞敏用管理创新引领企业发展，但张瑞敏的目的不只于此，他想要悟出一套适合中国企业的管理模式，而不是一味地引进海外的模式，因为这些模式到中国可能会"水土不服"。

"泰勒制"的创立者是泰勒（F. W. Taylor），泰勒在《科学管理》一书中指出，科学管理如同节省劳动的机器一样，其目的在于提高每一单位劳动的产量，而提高劳动生产率的目的是增加企业的利润或实现利润最大化。泰勒制的内容主要有四点：第一是研究工人操作的时间和劳作构成，制定出标准操作方法和时间定额；第二是实行差别计件工资制；第三是按照标准操作方法对工人进行训练；第四是明确划分管理职能和作业职能，使管理工作专业化。泰勒制的出现促使工厂生产管理从经验管理走上了科学管理的道路。泰勒的科学管理理论是管理思想发展史上的一个里程碑，它是使管理成为科学的一次质的飞跃。

泰勒将科学引入管理领域，提高了管理理论的科学性，为管理理论的系统形成奠定了基础。从本质上来讲，科学管理理论突破了工业革命以来一直延续的传统的经验管理方法，是将人从小农意识、小生产的思维方式转变为现代社会化大工业生产的思维方式的一场革命。

OEC管理法最初是从车间流水线管理发轫，可以说是源于泰勒制，张瑞敏从创业之初就在车间流水线上分解操作动作，他在管理中借鉴了泰勒制，摸索出了一整套管理方法。张瑞敏用了一个很现实的、具有鲜明对比的例子来说明新的管理模式的重要性。如果你训练一个日本人，让他每天擦六遍桌子，他一定会照办；但是你要让一个中国人每天擦六遍桌子，可能一开始会擦六遍，慢慢觉得五遍、四遍也可以，最后索性直接认为不擦也可以！张瑞敏可谓一针见血地指出了中国人做事的最大毛病——不认真，做事不到位，每天工作欠缺一点，天长日久就成为落后的顽症。OEC管理法就是专门用来克服这一毛病，同时承担着维持和保障领导在与不在企业照样良性运转这一功能。

OEC管理法中的"O""E""C"代表不同的含义。其中，"O"代表"overall"，意思为"全面的"，"E"代表"everyone, everything, every day"，意思是"每个人、每件事、每一天"，"C"代表"control and clear"，意思是"控制和清理"。OEC管理法的含义其实就是全方位地对每个人每一天所做的每件事情进行控制和清理，做到"日事日毕，日清日高"，每天的工作每天完成，而且每天的工作质量都有一点（1%）提高。这样的话，海尔的每一个员工都能知道自己每天都应该干些什么，甚至是可以自己考核自己的工作，进而发现自身不足并弥补不足。这一管理方法可以概括为五句话：总账不漏项，事事有人管，人人都管事，管事凭效果，管人凭考核。

张瑞敏曾经给员工打了一个比喻来说明"OEC"的概念和内涵：就好比把一块钱人民币存进银行里，如果计算利息不是单利而是复利，假如利息率为1%，那么70天的时间，这一块钱就会变成两块钱。这说明，企业管理应该把所有的目标分解到每个人身上，每个人的目标每天都有新的高度，这就可以使整个工作有条不紊、连续不断地进行。

"斜坡球理论"是 OEC 管理法的源头。众所周知，张瑞敏很喜欢学习和阅读，涉猎古今中外，他在中国传统的"吾日三省吾身"的自律方法中，感悟出了一个道理。那就是企业在市场上所处的位置，就如同斜坡上的一个球体，它受到来自市场竞争和内部员工惰性而形成的压力，如果没有止动力，就会下滑，为了使企业在斜坡上的位置保持不变，就需要强化内部基础管理这一止动力（图2.3）。

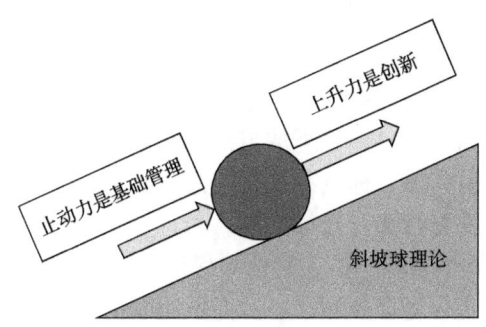

图 2.3 "斜坡球理论"示意图
资料来源：海尔集团

"斜坡球理论"在海尔被称为"海尔发展定律"。张瑞敏提出的 OEC 管理法就是解决企业从斜坡往下滑的问题。

OEC 在管理上的深层含义包含以下三点：一是管理是企业成功的必要条件。没有管理，没有止挡，企业就会下滑，就不可能成功。二是抓管理要持之以恒。管理工作是一项非常艰苦而又细致的工作。管理水平容易反复，也就是说止挡自己也会松动下滑，需要不断加固。管理是一项笨功夫，没有一种一劳永逸的办法，只有深入细致地反复抓，抓反复，才能不滑坡，上档次。三是管理是动态的，永无止境的。企业向前发展，止挡也要跟着提高。管理无定式，需要根据企业目标调整，根据内外部条件的变化进行动态优化，而不能形成教条。

OEC 管理法的精髓就是"日事日毕，日清日高"，其实海尔在 1989 年最初提出这个口号的时候，主要是针对当时企业管理中普遍存在的一个问题，那就是当时大多数企业在管理方面对过程控制不够详细。生产的投入和产出比不合理，企业资源被严重浪费。为了解决这一问题，海尔提出搞日日清，即每天对各种消耗和质量进行清理，找出原因和落实责任，这就是 OEC 管理法的雏形。在实际的运用过程中，张瑞敏发现这种方法可以很好地解决每天工作中的遗留问题，同时有助于提高产品的质量，于是便加以推广，并开始慢慢地应用到其他的工作中。经过后期不断地完善，经过 ISO 9001 认证以后，形成了后来的 OEC 管理法。

OEC 管理法主要由目标体系、日清控制体系和有效激励机制三个体系构成。基本的流程是首先由目标体系确立目标，然后由日清控制体系来保证完成目标的基础工作，为了使基础性工作能朝着对企业有利的方向进行，必须对日清的结果进行有效的激励，这便是有效激励机制所要达到的目标。这三个体系恰好形成了一个闭环的管理过程。

一是目标体系。目标体系体现了企业发展的方向和要达到的目的，它是企业做好各项工作的指南。目标提出的高度必须依据市场竞争的需要，低于竞争对手就毫无意义了。1984年海尔上马电冰箱时是全国最后一家冰箱定点生产厂家，在落后的情况下，海尔审时度势，根据自身实力和市场竞争的需要，提出了以质量取胜，走创名牌产品的道路，确定了争中国第一的目标，并在全厂形成共识。目标实施首先是将总目标运用目标管理的方法，分解为各部分的子目标，其次由子目标分解为每个员工的具体目标值，从而使总目标落实到具体的责任人身上。目标的建立有以下三个重要特征：指标具体，可以度量；目标分解时坚持责任到人的原则；做到管理不漏项。目标体系的建立保证了企业所有的工作，任何的事情，每一件物品都处于有序的管理控制状态。企业内所有人员都十分清楚自己每天的工作，工作的标准，以及工作的结果，从而保证了企业各项工作的目的性和有效性，减少了浪费和损失。

二是日清控制体系。"日清"是"日事日毕，日清日高"的概要，是海尔OEC管理法的核心和精髓，日清控制体系是目标系统得以实现的支持系统。它主要包括两个方面：一是"日事日毕"，即对当天发生的各种问题，当天弄清原因，分清责任，及时采取措施进行处理，避免问题积累，保证目标顺利实现。二是"日清日高"，即不断改善、不断提高工作中的薄弱环节。要求职工坚持每天提高1%，70天工作水平就可以提高一倍。要让日清控制体系有效地进行，必须坚持三个原则，分别是比较分析原则、闭环原则、不断优化原则。比较分析原则即对所做的事情与目标或计划相比较，分析现状与目标或计划的偏差。对于任何一个有进取心的员工而言，只有分析了偏差，才能进一步采取有针对性的措施。闭环原则即凡事都要善始善终，都必须要有"PDCA"（plan、do、check、action）循环原则，而且是要螺旋上升的。P（plan，计划）是指要根据用户要求并以取得最佳经济效果为目标，通过调查设计，制定技术经济指标、质量指标、管理项目指标及达到这些目标的具体措施和方法。D（do，实施）是指要按照所制订的计划和措施付诸行动。C（check，检查）是指在实施了一个阶段之后，对照计划和目标检查执行的情况和效果，及时发现问题。A（action，处理）是指根据检查的结果，采取相应的措施，或修正改进原来的计划或寻找新的目标，制订新的计划。其中，关键的一点是日清必须要找出原因并拿出有针对性的解决方案。不断优化原则即对明天（或下一步）的目标提出更多的要求。如果一直考评为"A"，则说明措施有力；如果是"B"，说明措施还需要优化和改进；如果是"C"，说明距目标要求相差较大。

三是有效激励机制。激励机制是日清控制体系正常运转的保障条件，激励机制能使海尔人达到自主管理和进入自觉状态。激励的目标是向自主管理过渡。海尔在激励政策上坚持两个原则：一是公开、公平、公正，通过"3E"[①]卡可以计算出职工的日收入状况，不搞模糊工资，使员工对工作中的"所得与所失"心中有数；二是要有合理的计算依据，如海尔实行的计件工资，就是从多个方面对每个岗位经历过半年多的测评，并且根据工艺等条件的变化不断调整优化。在激励的方法上，海尔更多采用及时激励的方式。例如，在质量管理中使用质量责任价值券，员工每人一本质量价值券手册，在这个手册中汇总了企业以往生产过程中出现的所有问题，并且针对每一个缺陷，明确规定了自检、互检、专检三个环节应负的责任价值，即每个缺陷应扣的钱数，质检员如若发现缺陷，可以当场撕毁价值券，然后由责任人签收，操作工互检发现的缺陷经过质检员确认后，质检员当场可以获得奖励，同时对漏检的操作工和质检员进行罚款。质量券有两种，一种是红券用于奖励，另一种是黄券用于处罚。

在上述框架之下，OEC管理法的具体形式和内容表现为"三本账"和"三个表"。

"三本账"是指公司管理工作总账，分厂、职能科室管理分类账和员工个人的管理工作明细账。"三个表"指日清栏、"3E"卡和现场管理日清表。

在海尔的总装车间，有一块新颖的、醒目的牌子，上面写着班组每个员工的名字，名字底下分别贴着一些绿色、黄色或红色的圆标签，这就是海尔实行的"绿色工位认证"。名字下边是绿色，说明该工位处于正常状态；出现黄色，说明该工位有偏差，需要尽快纠正；出现红色，说明该工位工作质量距离标准差距很大，需要马上下岗整顿。

专栏2.1　OEC管理法

OEC管理法的运行程序一共分为三段九步。其中第一段包含以下三个步骤。
1. 召开班前会，明确当天的目标及要求。
2. 按目标和标准工作。
3. 填写日清栏。

第二段，即班后清理，分五步，按组织体系进行纵向清理。

4. 自清。
5. 考核。
6. 审核。
7. 分厂厂长审核各车间的"日清工作记录"，登记分厂日清台账，并将分

[①] "3E"即effectiveness（效益）、efficiency（效率）、economy（经济）。

厂运行情况汇总上报公司经理助理,将工作中出现的问题、解决的措施、遗留的问题、拟采取的方法汇总报公司副总经理。

8. 公司副总经复审后签署意见和建议,反馈各管理者,并汇总报总经理。第三段,即整改建制。

9. 由各职能部门会同有关部门、岗位,根据"日清"中反映的问题进行分类分析,在提出解决措施的基础上,制定和完善与功能相适应的管理制度,提高薄弱环节的目标水平,并作为下一循环的依据。

从以上内容中我们可以发现,OEC 管理法具有三个特点:第一就是经营以市场为中心,管理以人为中心;第二就是管理上坚持高质量、高效率、高标准;第三是管理精细化、系统化。

毋庸讳言,海尔的 OEC 管理法的确从泰勒的科学管理方法中吸取了养分,海尔的 OEC 管理法像泰勒一样分解操作员的工作,对任务的量化是下达指标、考核工作质量并实现奖惩的基础。OEC 管理法中的一个重要内容就是事事、物物都有人管,并有人监督检查管的执行情况,以保证整个企业的各个环节的运行不出偏差和纰漏。

OEC 管理法为海尔初创阶段及其后续的发展提供了巨大的推动力,张瑞敏进行管理创新,开创了全新的、具有中国特色并且适用于海尔的管理办法,引领企业的发展,以管理创新开路,指引新的战略方向和目标。从 OEC 管理法实施以后,海尔实现了经营规模和市场地位的飞越,实现了基础管理的精细化和规范化,实现了基础管理的科学化和标准化,实现了基础管理的目标化和效率化,提高了流程的控制能力,完善了企业激励机制,并培育了高素质的员工队伍,为海尔日后的腾飞积聚力量,并且成为日后海尔进行流程再造的基础。

2.1.5 自主管理班组

泰勒不相信人的主动性,只相信科学的管理动作。海尔承认泰勒制包含的道理,但也强调调动员工的主动性。德鲁克在其书中写道,泰勒的动机不是效率,不是为所有者创造利润。他坚持认为,生产力成果的主要受益人是工人,而不是所有者。他的主要动机是建立一个社会,在这个社会中,所有者和工人、资本家和无产者在生产力方面有共同利益,即把知识应用于工作方面,从而建立一种和谐管理(Drucker,1956)。

张瑞敏带领的海尔人充分领悟了泰勒制的深层真谛。充分调动员工的主动性,转变传统的"要我干"为"我要干",将企业的劳动要求和工人的劳动愿望充分结合,实行全员自主管理,而不是严格地执行哪种制度。

海尔的管理,特别是在生产车间中的现场管理十分严格,深谙管理之道的张瑞敏懂得,企业的成功不是取决于严密的管理制度,重点是在于"人",人是生产力中最活跃的因素,严密的管理制度虽然是企业发展的必要保证,但却不是企业管理的最佳境界,只有通过发挥人的自主性,激发员工自主意识,实现从无序管理到有序管理制度的转变,并逐渐向自主管理过渡,才能使企业不断突破,不断壮大。

从这一点出发,海尔管理层将注意力放在如何创造一个更能使人发挥才能的工作环境,采取一系列措施给予员工更多的自主权,靠员工自己内在的激励,让员工参与到企业的管理与决策上来,激发员工的主人翁意识,将企业的利益和个人的利益进行捆绑,以期达到自主管理的境界。

海尔生产车间有两个大脚印,被称为"6S[①]大脚印",在班前,班长和昨日表现不好的员工站到大脚印上进行总结和反思,这就是自主管理在海尔的萌芽。海尔称这种制度为班前会制度,其目的是切实解决生产中出现的问题,而这些问题主要都是班组管理的主体。这样做的目的还是让工人自己管理自己,并接受所属班组的管理。

在班前会的基础上,海尔发起了"自主管理班组"活动,目的是让各个层次上的工人更多地运用自己的才能和智慧。自从引入自主管理班组之后,管理人员发现原有的规章制度并没有很大的改变,经理们也没有失去多少权力和控制力,员工之间形成相互尊重的关系,他们开始学会交流、批评、互教互学,不断提高自己的能力,他们不再是简单的命令执行者,而是开始主动思考,承担责任。同样的,实现生产目标的压力就直接落在了小组成员身上,相伴而来的还有之前管理人员承担的那些职责。

冰箱二厂封门条班组成为自主管理班组,这是海尔的第一个自主管理班组。成立自主管理班组后,要求日产量从800台上升到1200台,但是工人数量却没有增加,班组工人自我加压,人人练好基本功。封门条自主管理班组的成员大都是文化程度不高的中年妇女,自从班组成立以来,她们的自觉性、自律性非常高,在管理好自己工位的前提下,还会互相监督,提高整个工序的质量和生产效率。女性工人们身兼数职,既是操作工也是维修工,同时还是工艺员、质管员、卫生管理员。建成自主管理班组后,封门条班组从原来的每个班八人减到了六七人,但是产品的合格率却达到了100%。不但产品质量大幅提升,自主管理班组还搞起了管理创新,最典型的就是冰箱二厂总装前排班长梁军在班组长管理中采用"25

---

① "6S"即 seiri(整理)、seiton(整顿)、seiso(清扫)、seiketsu(清洁)、safety(安全)、shitsuke(素养)。

分钟班长制",就是每天上午 10 分钟、下午 15 分钟总计 25 分钟班长换位,替换班长的工人行使班长职权,每天可以当 25 分钟的班长。虽然只有短短的 25 分钟,但是承担的任务和责任却丝毫不少,必须保持工位整洁,巡视整个生产线,帮助其他员工,到其他工位学习技术等。在过去只有班长一人十二个工位的技术样样精通,这个举措开始实施之后,班组里已经有很多人会干其他工位的活了,劳动局面变得主动起来。"25 分钟班长制"的实施加强了班组人员的总体意识,成员之间加深了沟通和了解,组员在了解其他工位并亲自尝试之后,学到了不少技术,增强了各工位之间的互动性,良好的班风已然形成。

从"管理十三条"开始,张瑞敏对海尔的变革持续至今,这场变革从车间流水线发轫。海尔以管理创新引领,借鉴泰勒制,摸索出了 OEC 管理法,其含义是全方位地对每个人每一天所做的每件事情进行控制和清理,总结起来叫作"日清日毕,日清日高",每天的工作每天完成,而且每天的工作质量都有 1%的提高。同时,根据工作定额确定薪点值和计件工资,实施了"3E"卡考核制度,打破了原来"吃大锅饭"的体制,多劳多得,员工的积极性得到了极大地调动。为了确保海尔整个流程的有效管理,海尔在学习日本"丰田模式"的基础上,创造出了加强生产现场管理的"6S 大脚印"管理制度,极大地提高了生产效率。继"砸冰箱"事件之后,海尔在员工中开展了群众性的质量小组活动,建立"三检制"(自检、互检和专检),仿效 GE(General Electric,通用电气)实行六西格玛(six sigma)管理,实行严格的质量否决制度,对生产过程进行全面质量管理,同时加强自主学习,建立自主管理班组。

1985 年,琴岛-利勃海尔牌、亚洲第一代四星级电冰箱投放市场,很快便以高技术、高质量赢得了广大消费者的信任。1987 年,被全国 48 家大型商场联合推举为最受消费者欢迎的产品电冰箱类第一名。同年,在世界卫生组织进行的招标中,海尔冰箱战胜十多个国家的冰箱产品,第一次在国际招标中中标。1988 年,海尔冰箱在全国冰箱评比中,以最高分获得中国电冰箱史上第一枚金牌,一举奠定了海尔冰箱在中国冰箱行业的领军地位。1990 年电冰箱总厂荣获当年全国企业管理优秀奖——金马奖。这是当时全国企业管理的最高荣誉。电冰箱总厂之后又荣获了中国十大驰名商标(家电行业唯一)。当时的海尔在我国家电行业中是第一家通过 ISO9001 国际认证和美国 UL[①]认证、德国 VDE[②]认证、加拿大 CSA[③]认证、澳大利亚 SAA[④]认证等多项认证的企业,此时的海尔在名牌化战略阶段创出冰箱第一品牌。

---

① 即 Underwriters Laboratories,美国保险商试验所。
② 即 Verband Deutscher Elektrotechniker,德国电气工程师协会。
③ 即 Canadian Standards Association,加拿大标准协会。
④ 即 Standards Association of Australian,澳大利亚标准协会。

海尔的产品质量好、信誉高、牌子响，因此尽管海尔产品的售价要高出其他品牌同类产品许多，但消费者依然偏爱海尔产品，依然愿意购买海尔的产品并且以拥有海尔产品为荣，企业的销售收入成倍增加，到 1988 年，海尔的销售收入已经达到了 2.7 亿元，是 1984 年的 77.6 倍。

专栏 2.2　名牌化战略阶段的经验总结和路径分析

战略由来：在当时中国社会对冰箱的需求旺盛，冰箱质量参差不齐、普遍低下的环境中，狠抓产品质量，才能有效吸引大量的忠实用户，才能提高产品和公司的知名度，才能大幅度地占领市场。而生产冰箱的厂家普遍都主要关注产量而忽略产品的质量；同时海尔内部的管理处于一种混乱状态，员工毫无纪律可言。

主要矛盾：社会需求旺盛同产品质量问题之间的矛盾。

典型案例：海尔将提高产品质量和提升员工素质作为当时最主要的任务，在引进当时德国先进技术的同时从"管理十三条"开始，实施"全面质量管理"，创造高质量的产品，创出自己的品牌和知名度。

成功路径：通过管理创新引领企业重点关注产品质量，建立质量管理体系，创出品牌，成功实施名牌化战略。

名牌化战略阶段实际上就是海尔的创牌阶段，核心就是创造高质量的产品，建立质量管理体系。此阶段的变革的两条主线是"名牌化战略"和"全面质量管理"。海尔把"全面质量管理"变成了进行差异化竞争的"战略性武器"，此种质量管控已内化为海尔人自我管理的工具手段，并让海尔成为中国家电名牌。

2.2　多元化战略（1991～1998 年）

2.2.1　时代背景

1987 年党的十三大提出了"社会主义有计划商品经济的体制，应该是计划与市场内在统一的体制"①，但是计划经济在1989年到1991年出现回潮。1990年前后世界格局发生重大变化，东欧剧变，苏联解体，都给中国带了巨大的影响。到1991年改革开放已经进行了十多年的时间，在这十多年中，改革开放取得了举世瞩目的成就，但也出现了一些问题，如文化的失落感等，这些问题都直接冲击着中国人不太成熟的心理。当时国内围绕着一系列重大问题，进行了激烈的争论。中心争论就是要不要继续搞市场经济，市场经济到底是"姓社"还是"姓资"，是否需要继续进行改革开放。一时间"左"倾思潮泛滥，人们心头布满疑云，中国的改革发展面临着何去何从的命运选择。

正是在这样的背景下，1992年1月18日至2月21日，88岁的邓小平南下视察，通过发表重要讲话的方式终结了意识形态的争论，冲破了"社""资"的羁绊。邓小平以自己巨大的理论勇气和政治家的智慧，提出市场经济不是资本主义的"专利"。在社会主义体制下，市场经济可以只作为一种发展经济的手段和工具，从而打破了禁锢中国理论界和政治界多年的禁区，解决了困惑中国多年的理论难题，给中国的经济发展重新确立了新的目标和新的模式，开创了改革开放的新局面。

邓小平的南方谈话标志着中国的改革开放进入新的历史时期，邓小平的思路是"不争论，大胆地试"②，"必须大胆吸收和借鉴人类社会创造的一切文明成果，吸收和借鉴当今世界各国包括资本主义发达国家的一切反映现代社会化生产规律的先进经营方式、管理方法"③，邓小平明确给出了"三个有利于"的判断标准，"是否有利于发展社会主义社会的生产力、是否有利于增强社会主义国家的综合国力、是否有利于提高人民的生活水平"④，只要是符合"三个有利于"的就可以拿来为我所用。

同年党的十四大报告提出要从计划经济向社会主义市场经济转轨，次年党的十四届三中全会通过了《中共中央关于建立社会主义市场经济体制若干问题的决定》，明确提出建立社会主义市场经济体制，主要包括"转换国有企业经营机制，建立现代企业制度""培育和发展市场体系""转变政府职能，建立健全宏观经济调控体系""建立合理的个人收入分配和社会保障制度""深化农村经济体制改革""深化对外经济体制改革，进一步扩大对外开放""进一步改革科技体制和教育体制""加强法律制度建设""加强和改善党的领导，为本世纪末初步建立社会主义

---

① 《沿着有中国特色的社会主义道路前进——在中国共产党第十三次全国代表大会上的报告》，http://www.chinadaily.com.cn/dfpd/18da/2012-08/28/content_15713593_4.htm。
② 《"不争论"的勇气和智慧》，http://opinion.people.com.cn/n/2013/0401/c159301-20979433.html。
③ 《社会主义要赢得与资本主义相比较的优势》，http://cpc.people.com.cn/n1/2017/0111/c69113-29016071.html。
④ 《社会主义经济政策对不对，归根到底要看生产力是否发展，人民收入是否增加》，http://cpc.people.com.cn/n1/2017/0627/c69113-29365507.html。

市场经济体制而奋斗"①，我国改革开放和现代化建设事业进入一个新的发展阶段。

1992 年，是中国企业家成长的转折年。"下海"成为当时的流行词汇，一大批的政府机构、大学及科研院所的体制内官员或知识分子受到邓小平南方谈话的影响，纷纷下海进行创业，形成一股商业浪潮，成为 20 世纪 90 年代中国经济高速增长的主要动力。这批当时下海创业发展至今的企业家被称为"92 派"，主要包括以陈东升、田源、郭凡生、俞敏洪、冯仑、潘石屹、易小迪等为代表的企业家。他们是中国现代企业制度的试水者，和之前中国的企业家相比，他们应该是最早具有清晰、明确的股东意识的企业家的代表。

张瑞敏凭借着敏锐的商业头脑，很好地把握住了"邓小平南行"的历史发展机遇，进行了企业多元化的相关尝试，通过低成本扩张和多元化经营，实现了海尔集团的壮大和腾飞。

1957 年美国著名企业战略学家安索夫（Ansoff）在《哈佛商业评论》杂志上刊发了《多元化战略》一文，率先提出了多元化（又称多角化）的概念（Ansoff，1957）。文中强调多元化是用新的产品去开发新的市场，他首次提出了多元化经营主要针对企业经营的产品种类数量而言。但是这种以产品种类多少定义企业多元化不是很准确，因为高度相关的多种产品经营和高度不相关、跨产业的多种产品经营，即使企业最终产品种类的数量相同，但表现出的多元化程度也是不一样的。多元化理论经过彭罗斯（Penrose）和鲁梅尔特（Rumelt）的优化和发展，有了更为准确、全面的解释。多元化，就是企业多角化经营，就是企业尽量增大产品大类和品种，跨行业生产经营多种多样的产品或业务，扩大企业的生产经营范围和市场范围，充分发挥企业特长，充分利用企业的各种资源，提高经营效益，保证企业的长期生存与发展（Penrose，1959；Rumelt，1974）。

进入 20 世纪 90 年代之后，国内很多企业纷纷进行多元化的试水。其中，家电行业表现最为突出，但是多元化经营到底是利大于弊还是弊大于利，引发学术界和企业界的激烈争论。支持多元化的人认为多元化利大于弊，首先多元化可以促进企业核心竞争力的发展，有助于企业分散经营风险，提高企业的商誉，能够更为高效地配置企业的资源；而反对多元化的人认为多元化存在很多弊端，如市场整体风险、来自原有产业的风险和内部经营整合风险，同时运作费用过大，人才难以支撑和时机选择难以把握等。

许多学者经过研究分析认为多元化要取得成功是需要前提的，盲目的多元化一定是失败的。我们把多元化要取得成功的前提归纳为三点：第一，要有充足的资源和实力；第二，多元化的产业或产品之间要有较强的一致性；第三，

---

① 《中共中央关于建立社会主义市场经济体制若干问题的决定》，http://www.people.com.cn/item/20years/newfiles/b1080.html。

在相关产业多元化领域中，发展一个核心产品。显然，当时的海尔同时满足这些前提。

张瑞敏认为，多元化经营和专业化经营不是对立的两极，企业的成功与否跟专业化和多元化没有直接的联系，无论专业化还是多元化都是企业的战略行为，是关于企业竞争力的问题，关键是看企业自身的竞争力是否允许其进入多元化领域，如果采用了多元化战略是否能够有效地增强企业的竞争力。结合历史分析来看，海尔的发展过程也是按照张瑞敏的想法走的，海尔并不属于起步多元化经营型企业，其多元化是在专业化做了7年之后才开始的，而且海尔多元化之后其白色家电占总销售额的比重都在90%以上。

为什么要实现多元化呢，这还要从国家的帮扶政策说起。1997年，国家确定了青岛海尔股份有限公司、宝山钢铁（集团）公司、北大方正集团有限公司、华北制药股份有限公司、四川长虹电器股份有限公司和江南造船（集团）有限责任公司六家企业作为重点帮扶对象，每年向每个企业投入不少于2000万元的资金，力争使这些企业在2010年进入世界500强。在这些企业中，海尔是唯一一家轻工企业，据当时国家经贸委请来的咨询公司预计，海尔有望在2006年跻身世界500强。要实现世界500强的梦，海尔的年销售额必须达到1000亿元以上。研究发现，进入世界500强的家电企业，没有一家是专业化的，全都是多元化的，海尔要想进入世界500强就要实现产品的多元化和集团的规模化。因此，张瑞敏通过兼并、重组的低成本扩张和集团上市，开启了海尔的多元化进程，在多元化开始的时候张瑞敏为其制定了两大原则：第一就是先把自己熟悉的行业做好、做大、做强，在这个前提下，再进入与这个行业相关的行业；第二就是进入一新的行业，做到一定规模后，一定要进入这个行业的前三名。

1992年海尔在青岛东部高科技开发区征地800亩，建立海尔工业园，开始推动多元化发展战略。公司于1993年11月19日在上海证券交易所上市，借助现代资本运作，海尔完成了从一个传统冰箱工厂向具有一定生产规模和经营规模的现代化企业的转变。

2.2.2 多元化的过程

在名牌化战略阶段（1984～1991年），海尔只生产一种单一的产品——电冰箱，属于专门化经营企业。1988年，琴岛-利勃海尔冰箱获得中国冰箱史上第一个金牌，1991年海尔集团年销售收入7.24亿元，海尔成为中国驰名商标，各个方面不断创新，全国销售和服务网络初步建立并不断发展。

1991年底，青岛电冰箱总厂兼并了青岛电冰柜总厂和青岛空调器总厂，组建成立了以冰箱厂为核心，以冰柜和空调厂为两翼的海尔集团，海尔开始介入冰柜和空调制冷家电的生产。在 1995 年 12 月，由国内贸易部和国家经贸委等七个部门联合举办的"全国畅销国产商品展销活动金桥奖"评选活动中，海尔的冰箱、冰柜、空调分别荣获同行业第一名。

在维持原有的制冷家电生产业务外，1995 年 7 月，青岛市政府决定，将亏损严重的红星电器整体划归海尔集团，海尔的触角开始延伸到洗衣机产品。随后通过内部研发开始生产微波炉、热水器等产品。1997 年 8 月，海尔与莱阳市家用电器总厂合资组建莱阳海尔电器有限公司，开始进入小家电行业，生产电熨斗、洗碗机和吸尘器等产品。自此，海尔集团的经营领域已经扩展到全部的白色家电行业。

1997 年 9 月海尔与浙江省最大的电视机定点生产企业西湖电子集团有限公司（简称西湖电子）共同注资组建杭州海尔电器有限公司，合作生产大屏幕彩电。1997 年 12 月，海尔整体兼并合肥黄山电子集团公司，成立合肥海尔电器有限公司，以数字化技术代替模拟技术，并建成了亚洲先进的彩电生产基地。海尔的彩电不仅品种多、技术含量高，而且在市场上的份额也跃居全国第四位。除了抢眼的彩电外，DVD、传真机、无绳电话等黑色家电也出现在海尔的产业线上。1998 年 4 月，海尔计算机事业部成立，吹响了海尔进军信息产业的号角。1998 年海尔在北京中关村成立了全国第一家海尔 3C 连锁店，并先后推出了 50 多个龙系列的电脑产品。龙系列电脑上市仅三个月就入选中关村电脑节十大电脑品牌，成为国内成长最快的电脑品牌。1999 年 9 月 28 日，海尔手机正式上市，此后几年中海尔相继推出了第一款具有防辐射功能的手机，第一款全中文双频免提商务手机等。至此，海尔已经完成了白色家电、黑色家电和米色家电的全部产业线的布局，多元化的程度向纵深发展。

海尔在家电领域取得的巨大成功为其进入整体厨卫产业奠定了坚实的基础。1997 年，海尔专门成立住宅设施部，整体厨房单板年生产能力约为 6 万套，截至 2019 年已在 25 个省市设立营销中心。海尔与世界著名的意大利 BOFFI 厨房视界公司强强联合，推出"巧厨"和"名厨"系列的整体厨房产品。

1997 年海尔控股兼并青岛第三制药厂，开始了生物医药方面的研究，推出了一种叫"采力"的保健药药品。1998 年 1 月，海尔与中科院化学研究所共同组建"海尔科化工程塑料国家工程研究中心股份有限公司"，从事塑料技术和新产品开发。1998 年 4 月，海尔与广播电影电视总局科学研究院合资成立"北京海尔广科数字技术开发有限公司"，从事数字技术开发和应用。这些标志着海尔在无相关产业多元化领域全面挺进。

2.2.3　东方亮了再亮西方

"打铁还需自身硬",对于企业来说,能力是企业战略选择的最大限制性因素,如果企业能力不足而盲目进行多元化就会陷入多元化的陷阱。当时中国企业发展多元化存在一个很大的误区,即所谓的"东方不亮西方亮",这边赔了那边来补。很多工厂的核心能力尚未建立,却盲目进行多元化,企图通过多元化发展来代替集中性发展以回避竞争压力,拉长企业的战线,陷入多元化的陷阱。

海尔的多元化战略,不是盲目的扩张之路,而是一条相对理性和渐进式的多元化之路。在海尔进行多元化的过程中,海尔尤其重视自身核心能力的开发,张瑞敏为此提出了一条极为重要的理论:东方亮了再亮西方。这个理论包含了两个原则:第一,把自己最熟悉的行业做大、做好、做强。在此前提下进入与该行业相关的行业;第二,进入一个新的行业,做到一定规模之后,一定要跃居这个行业的前列。

正是在这一核心原则的指引下,海尔在前一发展阶段只专注于冰箱这一个产品,也正是在踏踏实实把冰箱做到全国最好的基础上,海尔将产品线扩展到其他白色家电,当这些白色家电的市场占有率在全国名列前茅的时候,海尔开始进入黑色和米色家电行业,从"冰箱最好"扩展到"整个家电行业最好"。然后在立足家电行业的基础上,用资本运营筹集来的资金发展其他产业。

2.2.4　海尔的兼并扩张

要实现多元化经营就需要增加产品的品类,在纵向和横向上做深产品线和产业线。该阶段的海尔通过"吃休克鱼"的低成本兼并方式扩张,从1988年到1997年,海尔先后通过资产重组、控股联营兼并亏损企业达18家,以无形资产盘活有形资产高达15亿元,一路从白色家电到黑色家电再到米色家电甚至延伸至生物制药领域。

海尔的兼并经历了三个阶段:第一阶段是1988~1990年,青岛电冰箱总厂兼并了青岛电镀厂,投入资金进行全盘改造,成立了新的青岛微波电器厂。第二阶段是1991~1995年,青岛电冰箱总厂兼并了青岛空调器厂、青岛冷柜厂、青岛冷凝器厂,并在此基础上成立海尔集团公司。第三阶段就是1995年之后,特别是在1997年一年的时间内海尔兼并了六家企业。

第一阶段和第二阶段的兼并完成后,在1991年12月20日正式成立海尔集团,标志着海尔进入了多元化发展的战略阶段。

第三阶段的企业兼并才是推动海尔多元化发展的重要力量,也是帮助海尔从专业化到多元化跃进的重要支撑。我们按照时间顺序将第三阶段兼并的企业罗列如下:1995年7月,兼并资不抵债的红星电器,这是海尔在多元化战略阶段发展的过程中极其重要的一步,是激活"休克鱼"最典型的案例,曾经被哈佛大学商学院编入教案;1995年12月,出资2400万元收购武汉希岛实业股份有限公司60%的股份,这是海尔集团首次跨地区控股经营;1997年3月,出资60%与广东爱德电器集团公司组建顺德海尔电器有限公司;1997年4月,控股80%管理青岛第三制药厂;1997年7月,与莱阳市家用电器总厂合资经营,海尔品牌首次折价进入合资;1997年9月,与西湖电子联营,正式推出海尔彩电——"探路者";1997年12月28日,控股59%与贵州电冰箱厂合资成立贵州海尔电器有限公司;1997年12月30日,整体兼并合肥黄山电子集团公司,成立合肥海尔电器有限公司。海尔在短短的十年时间内完成了十余家工厂的兼并。

海尔兼并的企业分属于不同的所有制、不同的地区和行业。根据各自的特点和实际情况,海尔探索了不同的兼并重组形式,具体有以下四点。

一是整体兼并,也就是依托政府的行政划拨实现企业的合并,是一种行政行为,如对红星电器的兼并。1995年7月,青岛市政府决定将红星电器及所属五个工厂整体划归海尔。

二是投资控股。海尔跨行业、跨地区的兼并则主要依靠投资控股的形式。与整体兼并不同,这属于一种经济行为。1995年海尔收购武汉冷柜厂60%的股权,迈出了跨区域经营的第一步。

三是品牌运作。品牌是一种标识,代表的是以企业文化为内涵的无形资产。在通过资本运作实现兼并扩张的同时,海尔开始以无形资产调控、盘活有形资产的尝试。1997年8月和莱阳市家用电器总厂组建了莱阳海尔电器有限公司。海尔首次以无形资产折股投入合资企业,开辟了低成本扩张的新途径。

四是虚拟经营。虚拟经营属于品牌经营的一种高级形式,是海尔"先有市场,后有工厂"的具体体现,通过强强联合,优势互补,新建企业,与西湖电子的合作就是海尔虚拟经营的成功尝试。

通过研究我们发现海尔的兼并呈现出以下几个特点。

第一,以混合兼并为主。按照通常的理论做法,中国企业应先进行横向兼并和纵向兼并,取得较好的收益之后,再进行混合兼并,但是海尔却是一步到位,进行混合兼并。这与张瑞敏敏锐的商业眼光有关,张瑞敏认为任何产品的市场容量都是有限度的,当市场占有率达到一定水平的时候,再要求进一步提高就要付出较大的代价,迅速行动、抢占市场先机才能在商业竞争中获得优势。

第二,激活"休克鱼"的兼并模式,海尔选择的兼并目标不是任意为之,而是都有共同的特点,主要选择技术、设备、人才素质较好,但由于经营管理不善,处于休克亏损状态的企业,海尔称这种企业为"休克鱼","休克鱼"的肌体没有腐烂,即企业的硬件很好,而鱼处于休克的状态,即企业的思想、观念有问题,导致企业停滞不前。张瑞敏认为这种企业一旦注入新的管理思想,有一套行之有效的管理方法,很快就能够被重新激活起来。

第三,要盘活资产先盘活人,张瑞敏认为员工是企业的无形资产,对企业的发展至关重要,在兼并过程中盘活资产的关键是要盘活人,以无形资产盘活有形资产。海尔向兼并企业只派出主要负责人,全面加强被兼并企业的质量管理、营销管理。

2.2.5 激活"休克鱼"

海尔从20世纪80年代末期开始兼并经营不善的企业,依靠海尔的管理优势和文化优势,以柔克刚、四两拨千斤,最终以小钱控制大钱,这正是海尔创造的激活"休克鱼"模式在起作用。

那么海尔为什么要选择"休克鱼"呢?一般的企业兼并和结构调整可以分为"大鱼吃小鱼"的以强吃弱和"鲨鱼吃鲨鱼"的强强联合。在当时的社会大背景下,政企不分,兼并不只是企业之间的事情,还必须要考虑目标企业所在地政府的意愿,张瑞敏将这种需要取得政府同意才能进行兼并的现象比喻为"好鱼吃不到,坏鱼不能吃,只能吃半死不活的休克鱼"。"坏鱼"是指已经没有市场利用价值的企业,海尔是不吃"死鱼"的,因为吃了要"拉肚子";"好鱼"是指仍具市场活力的企业,"活鱼"很难吃到,海尔也是不吃的,因为成本很高而且属地政府也不会同意。因此,海尔只对"休克鱼"感兴趣。"休克鱼"是因暂时的"缺氧"才失去活力,它的心脏等主要部位是没有问题的。

"休克鱼"理论为海尔选择兼并对象提供了现实依据,海尔看中的不是兼并对象现有的资产,而是潜在的市场、潜在的活力和潜在的效益。

与当时的普遍做法不同的是,海尔没有直接向这些"休克鱼"单纯注入技术和资金,因为在海尔看来这是治标不治本的方法。海尔通过"企业文化先行"的战略,向"休克鱼"企业输入海尔的文化,解决企业发展动力和经营机制问题,变一般的输血为自我造血,让其起死回生,从休克重新苏醒,激发活力。

收购红星电器和广东顺德市爱德洗衣机厂是海尔通过激活"休克鱼"兼并实施低成本扩张的成功之作,这两家工厂刚好符合海尔"吃休克鱼"的兼并策略。其中,兼并红星电器更是被美国著名的哈佛大学商学院写进教学案例中。下面我们对这两次经典的成功案例进行详细的介绍。

2.2.6　红星电器

前文中我们提到海尔兼并一共有四种形式，兼并红星电器就属于整体兼并。

红星电器曾经是我国三大洗衣机生产企业之一，拥有3500名员工，年产洗衣机达70万台，年销售收入2亿元。但是从1994年下半年开始，经营收入持续下滑，并出现资不抵债的现象，前景堪忧。为了盘活国有资产和几千名员工的生计，1995年7月4日，青岛市政府决定将红星电器整体划归海尔集团。红星电器整体划归海尔集团后，更名为青岛海尔洗衣机总公司，成为海尔集团下属的第二个洗衣机子公司。

红星电器作为一个老牌的洗衣机生产厂，其设备、技术和工人的熟练程度在当时都是最好的，它所缺乏的主要是科学的管理和市场导向的生产经营模式，而海尔正是以管理和出色的市场观念著称，因此它们的结合有着极大的合理性。由政府出面主导的并购进行得十分顺利，不需要海尔出资，降低了并购的成本，通过兼并红星电器提高了海尔原有的生产能力，而且极大地丰富了海尔的产品线，大大增强了海尔在洗衣机市场上的竞争能力。

之前提到过，海尔激活"休克鱼"通过海尔的无形资产盘活有形资产，这里的无形资产指的是海尔的文化，海尔的文化基因是海尔得以从小到大，从弱到强的秘密武器。在兼并红星电器之后，海尔采取了"企业文化先行"的战略，对其进行"激活"，注入海尔的企业文化，以此来统一企业思想，重铸企业灵魂。

划归后的当天，海尔派出了青岛海尔电冰箱股份有限公司的总经理柴永森来到更名后的海尔洗衣机总公司，任命他为党委书记兼总经理。第二天，海尔集团副总裁杨绵绵率领海尔企业文化、资产管理、规划发展、资金调度和咨询认证五大中心的人员前往，开始贯彻"企业文化先行"的战略。"敬业报国，追求卓越"的海尔精神，开始进入"红星"员工的内心。

企业最活跃的因素就是人，而在人的因素中，中层以上管理干部虽属少数，却在企业发展中负有80%的责任。这就是海尔文化干部向红星电器中层干部讲述的"80/20原则"，他们还介绍了解决例行问题和例行外问题要用不同方法的"法约尔跳板原则"，借此唤起红星电器干部的思考及再试身手以东山再起的激情。

之后，海尔集团总裁张瑞敏亲自到红星电器，向中层干部讲述他的经营心得，解释"80/20原则"，灌输"关键的少数决定非关键的多数"这个"人和责任"的理念。他指出，当前大家要群策群力，从三方面做起：一是以市场为中心，卖信誉，不是卖产品，一切工作要围绕顾客需要和市场满意来做；二是降低成本，提高营利能力，用最小投入得到最大产出；三是从现在起，每天做出计划，目标量化分解到人，盯紧抓死，要在2~3年内争创中国洗衣机行业第一名牌，最终在国际上创名牌。张瑞敏从分析企业亏损中引出了海尔OEC管理法，要求大家从我做起，从现在做起，从我出成果，从今天出成果，全方位地对每天、每人、每件事进行清理、控制，日事日毕，日清日高。

海尔洗衣机总公司总经理柴永森之前在海尔的时候，在实施OEC管理法方面积累了丰富的经验，在上任之后，他用海尔的管理模式去同化"红星"，迅速调整各个方面，促使企业出现浓厚的创业氛围。

"企业文化先行"战略在红星电器具体实施过程中，一个典型的事件让红星电器的员工彻底领略到了全新的海尔管理，受到了震撼，尤其是广大干部，开始认识到管理的差距和不足，这就是"范萍事件"。

虽然红星电器的员工，对海尔表示欢迎和拥护，但由于企业文化、管理和员工素质等方面的差异，人们在海尔管理方法的理念上存在认识偏差，这时候树立一个典型事件对引导员工自觉进行观念上的转变是有益的。

一天，洗衣机生产车间发生了这样的一件事，质检员范萍由于责任心不强，造成了选择开关插头插错和漏检，被罚款50元，这本是一件小事，因为过去企业发生质量问题从来都是罚一线工人，但是从海尔的管理理念来看这件事情，则不应该如此简单处理，当事者周围的干部更应该逐级承担责任。针对这件事，海尔利用集团主办的《海尔人》，开展了"范萍的上级负什么责任"的大讨论：罚这位质检员对不对？如果她错了，她的上级应该负什么责任？出了问题，不仅仅是检查员和操作者的事。检查员有没有经过严格的培训？上级是不是对她进行了复审？是不是对她进行了检查？不能出了问题都推到具体工作人员身上。

这个讨论就是要向红星电器灌输一种思想，这个思想就是"80/20原则"。《海尔人》为讨论配发了评论《动真格的，先从干部开始——兼说80/20原则》。

《海尔人》的文章震动了当时海尔洗衣机总公司分管质量的负责人徐学增，他认为产品出现质量问题，首先的责任在于领导和干部。徐学增自罚了300元并做出了书面检查。同时，他制定了相应的措施，从管理体系上对洗衣机质量检查工作进行了整改。

同样以此为契机，总经理柴永森督促下级部门迅速处理企业多年来的洗衣机库存返修问题，但是已养成拖拉习惯的下级部门认为此事无关紧要，并没有按期照办，柴永森引咎自罚300元。自此之后，有十位干部对自己工作的失误进行自罚，许多长期难以根除的问题由此得以解决。

柴永森抓住这个契机，组织全体员工分批参观海尔电冰箱等企业，让他们切身感受海尔有序的管理现场，寻找差距。海尔现场管理的精髓是"责任到人"，人人都管事，事事有人管。除去生产环境，哪怕是车间里一扇窗户的玻璃，其卫生清洁也指定员工负责。而海尔洗衣机总公司现场管理最大弊病就是责任不清,出了问题谁也不负责。

参观回来之后,各分厂都把"严抓现场管理,落实每人、每事、每天的责任",作为进一步工作的突破口,管理干部至少有六小时停留在现场,抓薄弱环节,解决实质问题,促使现场管理水平每天都有提高。

经过海尔"企业文化先行"战略的激活"休克鱼"管理,红星电器从现场的管理到员工的内心再到干部的观念都发生了崭新的变化。在被兼并三个月之后就扭亏,第五个月就盈利150多万元。短短两年的时间里已成长为行业的领头羊,远销世界。

2.2.7　广东顺德市爱德洗衣机厂

广东爱德电器集团公司(简称爱德集团)是坐落在佛山顺德区的一家家电企业,其生产的爱德牌电饭锅的产量规模和市场覆盖率在同行业中多年占据第一位。国家领导也曾先后到爱德集团进行视察。同红星电器不同的是海尔收购爱德集团采用投资控股的形式。

1991年爱德集团开始实施"小家电"向"大家电"转移的结构调整战略,但是随着竞争的加剧,爱德集团越来越力不从心,由于债务缠身,1996年7月正式宣布停产,公司高层决定寻求一家有实力的家电厂商合作。此时的海尔在国内外已经有相当的影响力了,但当时在顺德市已经有多家名牌洗衣机企业都有合作意向,但是爱德集团却选择了和海尔合作。关键是因为海尔的品牌、质量、发展打动了爱德集团,如果能与海尔这个中国家电的"领头羊"合作,爱德集团未来一定大有前途。

从海尔的角度来看,在当时,我国城镇家庭洗衣机拥有率达到了90.06%,但仍然低于发达国家水平。许多家庭洗衣机购买时间久,设备老化需要更换,城镇人口也在不断增加,洗衣机的需求依然有比较大的增长空间。正是基于这个原因,海尔自然想在洗衣机市场上有进一步的发展,而且爱德集团本身已有较强的实力,且处于中国经济高度发达的珠三角地带,有利于海尔打开东南亚市场,对于想通过并购快速扩张的海尔极具吸引力。

1997年3月13日,海尔集团以投资控股的方式,与爱德集团合资组建顺德海尔电器有限公司。

这次海尔依然是以文化先行为主要手段,派出了企业文化中心主任苏芳雯和海尔洗衣机总公司总经理柴永森前往顺德,他们身上肩负着海尔的两项重要使命,一是向爱德集团员工传播海尔企业文化,实施"企业文化先行"战略;二是切身感受、交流并吸收南方改革开放的新信息、新观念，进行南北企业观念上的优势互补，以使海尔的企业文化的内涵更丰富、更深厚。

在爱德洗衣机厂全体中层以上干部会上，苏芳雯向大家详细讲述了海尔是怎样从一家资不抵债的小厂一跃成为销售额超过 60 亿元的中国第一名牌家电企业的辉煌历程，讲述了海尔为什么能用十多年时间便走完国际同行需用 50 年才能走完的路，讲述了什么是"星级服务"，什么是"真诚到永远"，讲述了海尔人与爱德人将怎样携手并肩共创明天。

爱德的大多数干部听完海尔的文化介绍之后，打消了很多顾虑，坚定了同海尔合作的信念，都一致认为同海尔合作是正确的选择，并且相信企业未来一定会大有前途的。

海尔洗衣机总公司赵振中被派往顺德海尔电器有限公司出任总经理，他当时拒绝了集团的"贵宾楼"，同广大职工一起住进了设施简陋的企业招待所里，每天一同上下班、一同加班、一同就餐，这一行为就是海尔文化价值的体现，这深深打动了员工的心。在全公司上下奋战了 10 多天之后，原本已停产半年之久的洗衣机总装线全面恢复运转，并提前半个月生产出以海尔命名的新一代电脑控制全自动洗衣机。让曾经目睹"深圳速度"的顺德人惊叹海尔集团的"海尔速度"。

值得一提的是，盘活顺德这条"休克鱼"的洗衣机本部，正是前两年被海尔集团激活的红星电器，所有人员也都来自被盘活的红星电器。

2.2.8 兼并的另一种道路：西湖电子

同前文中提到的红星电器和爱德集团不同的是，海尔与西湖电子合作采取的是虚拟经营的手段，即所谓的强强联合。

1997 年，西湖电子拥有资产近 17 亿元，是国家一级企业，主要生产彩电、彩色显示器、VCD、电子琴及电器元器件等。公司建有国家级的企业技术中心，拥有电视设计、综合电子电器产品设备、数字技术应用、工艺技术、专用集成电路等五个研究所和一个计算机软件开发应用中心，当时具有年生产 120 万台彩电的生产能力。在满足自己品牌生产的基础上，为国内外公司提供定牌生产，但是此前几年的合作并没有给西湖电子带来太多的利好，而其在品牌培育和市场开拓方面的弱点却一天天暴露出来。当时西湖电子拥有一支近 200 人的科研队伍，具备多项国内一流、世界领先的成熟技术，因此，在 20 世纪 90 年代中后期彩电市场竞争异常激烈的情况下，西湖电子仍能站住脚，但已经缺乏后劲。西湖电子想寻求一家有实力和强大市场开拓力的企业合作。

海尔之前一直都是在白电领域深耕，而1997年彩电这个"黑电领域"在我国年生产能力已经达到3000万台，但是市场需求只有2000万台，竞争异常惨烈，但海尔恰好选择这个时候进入黑电领域。因为张瑞敏认为中国彩电市场蕴含着巨大的潜力，当时国内的彩电技术开发能力低且较多雷同，而数字技术的时代正在悄然来临。用数字技术代替模拟技术后，电子产品将有着巨大的市场潜力。同时副总裁杨绵绵认为上彩电是海尔事业发展的需求。海尔早在几年前就提出进入世界500强必须实行"多元化"，海尔从白色家电转向黑色家电就十分自然了。

1997年9月海尔与西湖电子共同出资，在杭州经济技术开发区组建杭州海尔电器有限公司，合作生产大屏幕彩电。当月海尔就推出了其自有品名的中国数字丽音彩电"探路者"，之后又相继推出了VCD、电话及电脑等信息产品。

这次兼并是海尔兼并诸多企业中最具战略意义的一次，它标志着海尔集团从白电领域拓展到黑电领域，向着具有国际竞争能力的企业集团迈出了重要一步。就兼并方式而言，海尔认为此次并购超越了激活"休克鱼"的模式，属于"鲨鱼吃鲨鱼"，强强联合，并重新造出一条鲨鱼。

通过企业并购，海尔由一个名牌产品发展成为全系列家电名牌产品，成为中国家电第一品牌。同时涉足金融、生物制药等多个领域，成为名副其实的多元化公司。到1998年，海尔已经拥有78个大类13 200多种产品，年产量达到1600多万台（套）。

专栏2.3　多元化战略阶段的经验总结及路径分析

战略由来：人民群众生活水平逐步提高，对多样化的产品需求与日俱增，而此时单一的产品难以满足人们的需求，也不利于企业扩大规模，提高竞争优势。

主要矛盾：多元化的需求同产品单一为主的矛盾。

典型案例（形成过程）：为了扩大市场，增加产品品类，海尔走上了低成本扩张的道路，首先兼并濒临倒闭的电器厂，再经过文化创新进行激活。实现生产线和产品品类的扩大。同时，借助技术创新，与国外公司进行合作，对国外技术进行模仿和消化，成功实现海尔的多元化构建。

成功路径：通过"东方亮了再亮西方"的战略指导方针，完成自己主营业务的巩固和核心竞争力的提升，为多元化奠定基础，采用激活"休克鱼"的文化创新，对濒临破产的企业进行文化输出，以无形资产盘活有形资产，同时海尔通过合作设厂、技术合作的方式完善自己的研发体系，借助二次创新、合作创新进行创造性的模仿和借鉴，引领海尔实现了规模的扩张和产品的多元化。

> 海尔在名牌战略成功的基础上，用了七年的时间进行了新的战略创新和转移，提出了多元化的战略指导思想。多元化战略阶段，海尔主要聚焦于多品种、大规模、低成本经营策略，秉承"东方亮了再亮西方"的理念，认为主营业务具有相当规模是企业多元化经营的基础和核心能力多元化战略成功的关键。同时把握有利时机通过多种并购方式完成了对18家企业资产的收购，并创造了独特的激活"休克鱼"的手段，以无形资产盘活企业的有形资产，成功实施了多元化扩张。

2.3 国际化战略（1998～2005年）

2.3.1 时代机遇

1999年9月，十五届四中全会通过了《中共中央关于国有企业改革和发展若干重大问题的决定》，提出从战略上调整国有经济布局，要"坚持有进有退，有所为有所不为"。中国开始加快经济市场化的步伐，特别是中共十六大的召开，提出要完善社会主义市场经济，新一轮国企改革再现高潮[①]。2003年，成立国务院国有资产监督管理委员会，并将它作为国有资产出资人的代表，这一举措标志着国企改革迈出了政企分开、政资分开的关键一步，使国有企业真正走向市场，成为独立的竞争主体。

中国自1986年申请重返关税及贸易总协定以来，为复关和加入世界贸易组织（World Trade Organization，WTO）进行了长达十几年的努力。2001年11月10日在卡塔尔首都多哈举办的WTO第四届部长级会议上，与会国家以全体协商一致的方式，审议并通过了中国加入WTO的决定，中国对外贸易经济合作部部长石广生代表中国政府在议定书上签字。次月，中国正式成为WTO的第143个成员，中国入世标志着中国重返世界经济舞台。

中国入世也意味着中国企业要面对全新的市场竞争形势，中国的企业家对入世反应比较迟钝，对入世了解程度不高，认为入世后环境变化不大，对自身的影响很小，大多处于一种等待和观望的态度，期待政府的指导。这就造成反应能力

---

① 《中国改革呈三大新特点 经济改革正在有条不紊推进》，http://www.chinanews.com/n/2003-10-14/26/356388.html。

差，行动力弱，不能形成长期性和前瞻性的决策。加上中国的产业结构不合理，产业结构层次低，支柱产业优势不明显；大企业大而不强，不太关注技术，技术创新能力弱；在管理方面缺少先进的管理方法，管理水平有限，这就造成企业很难适应入世以后激烈的全球化竞争。

中国入世对许多发达国家的跨国企业来说是一个前所未有的机遇，许多世界著名的跨国公司早已积极行动起来，准备大举进入中国，开拓巨大的中国市场。GE、IBM、三星、诺基亚、索尼、西门子等跨国500强企业都高度重视中国市场，看好中国未来的发展前景。

中国入世对国内的家电企业影响也是比较大的，由于中国高科技家电起步比较晚，国外企业的高科技家电产品，包括一些零部件就可能长驱直入，抢先占领市场，这会使国内市场竞争更加激烈。我国既是家电产品的出口大国，又是进口大国，主要生产中低档家电产品并出口，中高档家电的市场份额则主要被进口家电占据。从家电出口的角度来看，入世对我国中高档家电生产企业形成较大的冲击，严重影响尚未完成产业升级的中国家电行业。

从国内来看，自20世纪90年代中期以来，家电行业的价格战越演越烈。特别是在彩电、空调、微波炉等家电领域表现更加突出，家电厂商毫无节制的降价，破坏市场平衡，造成恶性竞争的局面，持续的价格战产生了两种后果：一是优胜劣汰，市场份额日益向名牌企业集中，并使国内品牌在与国外名牌的苦战中取得竞争的主动权，受益者是消费者；二是不合理的降价使家电行业利润大幅下滑，在彩电业中十分明显，由于各种因素未能实现优胜劣汰，同时造成恶性竞争，削弱大企业的能力。当时，在中国地方保护主义和产业结构等因素的影响下，家电企业面临的后果显然是第二种。价格战越演越烈，同时概念战也在持续上演，所谓概念战就是偷换概念，进行炒作。在技术方面偷换概念进行技术吹牛，比如，在彩电行业有什么"写真电视""胶片电视"等；还有就是热炒市场占有率排名，当时的家电行业经常出现两个冰箱第一、两个电视第一等奇怪的事情，这种不正之风扰乱了正常的市场秩序，蒙骗消费者，损害消费者的利益，更给整个家电行业带来了压力。

2.3.2 国际化战略阶段的由来

企业的国际化经营是指企业为了寻求更大的市场、寻求更好的资源、追逐更高的利润，而突破一个国家的界线，在两个或两个以上的国家从事生产、销售、服务等活动。

企业国际化有其必然性和必要性。随着地球村概念的进一步形成，传统的国界概念已经消失，全世界80%的本地生产、本地消费的经济形态已被国际化，国际化成为企业发展的必然趋势。从国际上看，世界经济全球化的进程不断加速，逐渐形成了一个世界性的社会化大生产网络，打破了过去以自然资源、产品为基础的传统分工格局，跨国公司在世界经济活动中的作用日益明显。经济全球化要求企业成为国际化的企业。从国内来看，我国对外开放的步伐逐渐加快，成功加入WTO为企业国际化带来了机遇，也带来了挑战，"国内市场国际化、国际竞争国内化"的新的竞争格局已经形成。

企业国际化的目的是获得更为长远的发展，建立国际化品牌。企业发展需要更广阔的市场空间，没有对不同区域消费需求的把握和更大地理空间的协调能力，就不能形成企业持续发展的动力。

企业的国际化进程要经历由低到高的三个阶段（王玉，1997；孙志毅和乔传福，2004）：第一阶段，企业将产品和服务出口国外，这是企业国际化的初始阶段，企业国际化的程度比较低，国际化的主要目的是寻找更大的市场和更高的利润空间；第二阶段，企业不仅出口产品，而且在本国之外进行直接投资，建立国外的分支机构，与第一个阶段不同的是企业在两个或多个国家和地区从事生产经营活动；第三阶段，企业将全球看成一个统一的大市场，推翻传统意义上企业生产和经营范围的地理藩篱，在全世界范围内从事生产经营活动，这一阶段应该属于企业国际化的高级阶段，企业建立起了具有全球性品牌的产品和服务，成为世界经济中不可小视的重要力量。

我们应该清楚地认识到国际化不只是企业发展的目标，而是企业实现目标的途径，是企业提升能力的路径。国际化的目的不是将产品出口到国外、在国外建厂或并购他国企业，而是通过这些形式企业能够实现持续发展、提高国际竞争力的目标。贴上国际化形式的标签不能算是国际化，国际化有很深的内涵，即在多个国家真正实现本土化经营，得到各地消费者的认可，成为当地的知名品牌，融入当地国家的经济环境中去。

要想融入全球市场，企业需要不断提升自身竞争力。国际化是大势所趋，中国企业要想跻身世界500强，就必须实行国际化战略。海尔在1997年被国家经贸委认定为中国六家首批技术创新试点企业之一，受重点扶持去冲击世界500强，这也是海尔启动国际化战略的重要动因之一。

前文我们分析了这一阶段的时代背景，发现海尔面临的状况不容乐观。一方面，面临国内企业低水平的重复、低价格的恶性竞争局面；另一方面，中国入世伊始，国外众多家电巨头对中国市场虎视眈眈，通过合资、合作等多种方式大举进入中国市场。随着内外部环境的变化，这一阶段的主要矛盾已经发生变化，变为旧有的内部组织同创新效率之间的矛盾，此时的海尔以市场为导向，以快速响应用户的需求为目标，以组织结构的扁平化为手段开启了国际化战略阶段。该战略阶段主要聚焦于速度和创新。

2.3.3 海尔国际化的理念

海尔国际化战略阶段的主要理念一共有以下六点。

第一个理念是"出口创牌"。经过名牌战略阶段和多元化战略阶段的积累，海尔提出了"海尔中国造"和"国门之内无名牌"的理念，而"出口创牌"是这两个理念的进一步延伸。要从以前的出口创汇变为出口创牌，因为出口创汇使用的依然是别人的牌子，大部分利润还是别人赚取，自己还处于被剥削的地位，中国好多企业的国际化战略还停留在"我能出口，我能创汇"这个层次。海尔在此时无论是国内出口的产品，还是国外投资建厂生产的产品，销售时一律打海尔自己的商标，贴牌生产在海尔是绝对不允许的。

第二个理念是"思路全球化，行动本土化"。这一理念是对海尔处理国际化和本土化关系的一个概括。海尔实现零部件全球采购，并不片面追求"国产化率"，这就是"思路国际化"，而"行动本土化"是指在某个国家制造的产品必须符合该国消费者的个性化需求。

第三个理念是"先有市场，后有工厂"。海尔在首先打开当地市场的基础上，树立自己在当地的品牌声望和价值，当达到盈亏平衡点的时候才考虑在当地进行投资设厂，在降低投资风险的同时，赢得了一大批客户群。

第四个理念是"与狼共舞就必须成为狼"。张瑞敏在 2001 年在上海举行的全国企业家活动日上提出，"更加严峻的市场挑战已扑面而来，这种竞争犹如与狼共舞。其结果是，要么战胜狼，要么被狼吃掉。我们海尔的回答是：与狼共舞，挑战国际名牌！"他认为，如果海尔单纯与国际大公司比技术、比资本、比名牌，都差得很远。因此，只能靠人的素质，依靠拼搏精神和自身的创新能力，力争在速度上超过它们。此阶段海尔将重点聚焦在创新和速度上，与国外企业拼速度，实现了让外国人惊叹的"海尔速度"。

第五个理念是"实施国际化战略的目的是提高企业的核心竞争力"，不能为了国际化而国际化。国际化不是目标，而是企业提升能力的一种途径。张瑞敏曾说过，国际化战略不仅是到国外开拓一个空荡的市场，主要是为把自己置身于这个环境中经受更多的考验，感受这种竞争氛围，提高我们的竞争力，问题的关键是我们能否具备和国际大公司一样的竞争能力。海尔的国际化是想让海尔成为享誉全球的世界名牌。

第六个理念是"国际化就是本土化"。国际化就是本土化，本土化可以相对缓解国内企业进入国际市场的三大难题：一是消费者对外来品牌的抵触心理；二是进入国的非关税贸易壁垒；三是国内企业国际商务人才的极度匮乏。

2.3.4 "下棋找高手"

海尔国际化战略的独到之处就是"先难后易"，就是先打开发达国家的市场，再进入发展中国家的市场。原因就是要在国际市场上先打响自己的品牌，如果把市场要求比较严、进入难度比较大、市场位势比较高的国家地区给"攻破"了，那其他地区也就水到渠成了。如果海尔的技术、质量被世界主要市场承认，这样再辐射到其他国家就比较容易了。

海尔认为，如果能在现在已经成熟的市场上竞争过那些知名的企业，如 GE、松下、飞利浦，就一定能占领发展中国家市场。就像在国内市场上，海尔冰箱占领了北京、上海的市场，有了一定的名牌效应，再在其他中小城市销售便所向披靡。进入国际市场，可以先突破欧洲、美国、日本等发达国家和地区，一旦成功，其他地区自然会被辐射到。

"先难后易"在海尔具体实施过程中可以归结为"一路纵队而不是一路横队"。在国外市场中，海尔不可能告诉消费者自己所能提供的全部产品，而是看哪一种产品竞争力最强，那就先用它作尖兵进入市场，叩开市场大门之后，其他产品再跟进，这样总的交易成本比较低。对于美国市场，海尔用冰箱进入，后来再跟进洗衣机，这样就不需要大做广告了，就像作战打仗一样，一路纵队永远比一路横队牺牲小。

冰箱和洗衣机作为海尔的两项核心业务，在进入国际化市场过程中，发挥先遣一路纵队打开国外市场的作用。海尔冰箱出口的第一个国家选的是德国，海尔的冰箱技术引自德国。众所周知，德国人对待产品质量和品质最为认真，因此通过德国的质量认证也很困难，了解到这一点，海尔就专攻德国认证，一攻就是一年半，其中有一项实验是将电冰箱的内体悬在室内中央，从四面八方用水喷，等浸透水之后再检查是否漏电，海尔产品顺利通过了该项检验。但是德国人还是不接受海尔，他们认为日本的冰箱都没能进入德国，中国冰箱又如何信得过？于是海尔把冰箱运到德国，面对 25 家德国经销商，让他们把市场上所有品牌的冰箱和海尔的冰箱放在一起，揭去商标，进行检验。最后的检验结果是海尔冰箱获得的"+"最多，甚至比它的老师德国的利勃海尔还多一个。最后德国人当场签订了 2 万台的合同，从此海尔品牌开始进入欧洲市场。

海尔的洗衣机技术是从日本引进的，所以海尔洗衣机出口选择的第一个国家是日本。日本是家电生产和出口大国，因此它对进口的商品最为挑剔。1995 年，日本想大批量的进口洗衣机，许多著名的洗衣机生产厂家都蠢蠢欲动，但是日本人认准的是产品质量而不是品牌,他们用极其严格的洗衣机性能试验对不同品牌的洗衣机进行检测,最后测试结果显示,各项性能指标均列第一的是来自中国的海尔洗衣机。

进入德国和日本市场就等于站在了家电市场的最前沿,这两个国家认可了,其余国家就好办了。在国际化战略阶段,海尔产品已出口到世界上 160 个国家和地区,其中 60%以上的产品在欧美地区销售。海尔"下棋找高手"的先难后易的战略决策帮助海尔打开了发达国家的市场,创立了世界名牌。

2.3.5 三个 1/3

为了将世界市场作为海尔的发展空间,成功实现海尔的国际化,1997 年张瑞敏在上海出席国际商会大会时说,海尔一直注重"国际化的思维,当地化的行动",企业的发展一定要把全球作为市场。他站在宏观层次上,把世界经济格局划分为十大经济协作区,并确定了三个 1/3 的国际化战略布局,即国内生产、国内销售 1/3,国内生产、国外销售 1/3,国外生产、国外销售 1/3。这里的 1/3 不是指销售量,而是三种不同的经营形式。通过这一战略,海尔将自己的生存空间延伸到世界市场,使自己抵御市场风险的能力不断增强。

国内生产、国内销售的这个 1/3 是海尔发展的基础,在国际化战略以前已经实现。在国内生产、国外销售 1/3 这个方面,我们以山东平度市为例。1997 年 3 月 10 日,海尔在平度新建了一个冰箱出口基地。一期工程建成投产之后,年产五大品种规格、几十万台冰箱,出口到美国、德国、东南亚等国家地区。冰箱厂也从过去的单纯生产车间扩展成为海尔平度工业园冰箱生产基地,提升了海尔的生产规模,提高了海尔的竞争优势,同时为海尔进军国际市场铺平了道路。

另外一个 1/3 是"国外生产、国外销售 1/3",这样的故事在世界许多地方发生。在马来西亚,1996 年 12 月由海尔控股的海尔莎保罗有限公司在印度尼西亚(简称印尼)注册开张,这是海尔在海外的第一家分厂,当地经济发展落后、电力资源紧张、电压不稳、人们喜欢冷饮、中下阶层消费水平有限,针对这些情况公司有针对性地开发了适合印尼市场的几款家电产品,如高节能、平背圆弧形门单门冰箱、150~250 伏宽电压双桶、全自动洗衣机等,均受到了经销商和客户的好评。海尔产品凭借过硬的产品质量和完善的售后服务成功进入了印尼 300 多家大中型市场。1997 年 6 月,菲律宾海尔 LKG 电器有限公司的成立标志着海尔国外生产、国外销售 1/3 战略又前进了一步,该合资公司利用海尔在品牌、技术、质量上的优势和 LKG 公司在当地市场和网络上的优势,在当地生产电冰箱、冷柜、空调。洗衣机等机电产品以海尔商标在菲律宾及其周边地区销售。同年8月，海尔与马来西亚机兴工业有限公司合资组建海尔工业（亚细安）有限公司，生产以海尔洗衣机为主的高科技家电产品。1997年11月，海尔与南斯拉夫工业联盟总公司合资在贝尔格莱德建立空调生产厂，生产以新一代智能变频"一拖多"系列为主的空调器产品，这是中国家电企业首次在欧洲设立生产基地。

2.3.6 "三步走"国际化战略

1999年海尔投资3000万美元，在美国南卡罗来纳州设立占地44.5万平方米的生产中心，明确了走出去、走进去、走上去的"三步走"战略，其中，"走出去"是进入国际市场，"走进去"是进入国际市场的主流渠道，成为主流产品，"走上去"则是成为当地的知名品牌。简单来说就是：第一，通过整合全球的资源来实现国际化，把产品出口到海外去；第二，在此基础上实现国际市场上的品牌本土化，成为当地认可的产品，进入当地连锁卖场，在当地设计，为当地用户服务；第三，依托本土化，成为当地的名牌。"走出去"是以产品梯队逐步推进，在美国靠小冰箱突破，然后洗衣机、空调跟进，最后再是整体推进；"走进去"是指在国外建立工厂，比如，在美国建厂，美国建厂成功的话，在其他发达国家建厂也就水到渠成了，在巴基斯坦建厂成功了，则在发展中国家建厂也就没有问题了。"走上去"是海尔在国际化战略阶段的最后目标，成为"世界名牌"，但是这个世界名牌是指在每一个国家都成为名牌。

2.3.7 全面流程再造

组织信息化是互联网时代中传统企业必须要走的一步，于是，从1998年开始，海尔开始了全面流程再造，这一全面流程再造在全球视野内堪称史无前例。它以市场为导向，以快速响应用户的需求为目标，以组织结构的扁平化为手段。

海尔流程再造的第一阶段始自张瑞敏的市场链理论。企业生产经营国际化、全球经济一体化已经成为一种主流趋势。在这种情形下，企业只有满足用户的个性化需求，才能达到与客户零距离、资金零占用、质量零缺陷的境界，才能从根本上赢得市场竞争优势。但要实现这样的状态，需要企业员工的素质、生产能力、布局、组织结构必须适应个性化的市场需要。虽然海尔已经在国际化战略阶段过程中取得了一些成果，但是在员工素质、创新能力、品牌价值、经营规模、市场份额、全球化程度等多个方面与一些优秀的跨国企业还存在着一定的差距。在这些差距中，最重要的就是员工的素质，众所周知，员工是企业管理中最为活跃的因素，要想不断满足用户的个性化需求，就需要提升员工的创新能力和责任心，让员工在激烈的市场竞争中感受市场的不断变化。

随着海尔规模的不断扩大和员工人数的不断增加，传统的企业组织结构形成了企业和市场之间的鸿沟，让企业基层员工和市场终端无法形成连接，导致用户的需求得不到最大限度的满足。解决这个问题的最好方法就是建立企业内部员工和外部市场之间的联系，把外部的市场压力传递给每一个员工，使员工把这种压力转换为前进的动力，充分发挥员工的创新能力，满足用户的个性化需求。"市场链"机制由此而生。

市场链主要是指通过把市场经济中的利益调节机制引入企业内部，围绕集团的战略目标，把企业内部上下流程、上下工序和岗位之间的业务关系由原来的单纯行政机制（纵向依靠自上而下的计划安排和行政指令，横向依靠会议调度和上级命令协调，下级只服从上级的命令，只对上级负责的推行式管理）转变为平等的买卖管理、服务管理和契约管理，通过这些关系把外部市场订单转变为一系列内部市场订单，形成以"订单"为驱动力、上下工序和岗位之间相互咬合、自行调节运行的业务链，这就是市场链。

市场链机制的特征表现在以下七个方面。

第一是以 SST 为手段。"SST"分别是索酬、索赔和跳闸三个名词中第一个字的汉语拼音的声母。索酬是通过市场链为服务对象做好服务，从市场中取得报酬。索赔体现出市场链管理流程中部门与部门、上道工序与下道工序间互为咬合的关系，如果不能履约，就要索赔。跳闸就是发挥闸口的作用，如果既不能索酬也不能索赔，第三方就会跳闸，闸出问题来。再造后的业务流程通过 SST 手段形成了业务流程市场链。

第二是以订单为驱动力。订单是集团内部所有部门和流程的指挥棒。再造后形成的商流从外部客户获得订单开始，通过订单的利益驱动，以完成客户订单为目标，根据业务流程把客户订单分解成一系列内部流程"订单"，通过内部"订单"的履行达到完成终端客户订单的目标，流程之间以"订单"为驱动力，形成市场契约关系。

第三是以流程再造为中心。流程再造从根本上对原来的组织结构进行了重新整合和设计，从原来的直线职能型结构转变为平行的流程网络结构，优化管理资源和市场资源的配置，实现组织结构的扁平化、信息化和网络化，从机构层次上提高企业管理系统的效率和柔性。

第四是以 OEC 管理为平台。OEC 管理贯穿整个内部市场链，流程之间的内部"订单"履行以 OEC 管理为保障，通过 SST 手段，在规定的时间、地点和条件下迅速完成"订单"的各项内容。

第五是以追求顾客满意度最大化为目标。为了实现客户满意度最大化，海尔通过业务流程市场链，把终端客户的满意度无差异地传递给每一个业务流程和岗位，使每一个流程都有自己的直接"顾客"，每一个流程都强调与"市场"零距离接触。流程的工作方式是针对"顾客"的要求"直接做"，而不是"等待向上级请示后再做"，从而快速满足顾客的个性化要求。

第六是价值分配市场化。再造后所有的业务流程与岗位的收益不再是大锅饭，而是全部由自己服务的"市场"来支付。

第七是实行市场链的三个转化。实现市场链的三个转化，即把外部市场目标转化为企业内部目标，把企业内部目标转化为每个人的目标，把市场链完成的效果同个人的收入挂钩。

自海尔 1998 年开始实施市场链以来，短短一年下来，效果明显。在冰箱事业部，市场链机制的实施激发了广大员工的活力，明显地提高了生产效率和产品质量。

王富利是当时海尔集团冰箱事业部一厂的操作工，主要负责门体、箱体的清擦工作，市场链的实施赋予了王富利一份"神圣"的权利，有了影响质量的问题可以对上道工序进行索赔。清擦冰箱时王富利比平日里更认真，并且主动将造成脏源的问题向上一级反馈，他的上道工序门体预装工位自然不愿将自己的薪水分给下道工序，心中"质量"那根弦就绷紧了，质量意识就提高了。

海尔集团冰箱事业部二厂总装弯道工位徐沛江这样评价市场链，感觉酸酸的，甜甜的。刚开始实行市场链的时候他并没有太当回事，工作中依然存在惰性，对下道工序有依赖和推诿，当开工资的时候，因为经常被下道工序索赔，自己开多少钱自己都不好意思说，认清自己的短板后，他充分融入市场链中，把自己变成市场的一部分，在每天结束的时候还总结经验，与上、下道工序切磋，成了被索赔最少的人，经他手的产品每一台质量都过关，第二个月就拿到了较高的工资。徐沛江说："市场链加强了我的责任心，把我的惰性改掉了，对企业、对自己都有好处。"

市场链的本质在于人人都是一个市场，人人都要面对市场，企业的外部目标变成企业的内部目标，企业内部目标变成个人目标，而个人目标与收入挂钩。市场链管理机制是对传统管理体制的彻底颠覆，其最终目的是使海尔实现"三个零"目标：信息流的零距离、物流的零库存、资金流的零运营成本。

张瑞敏首创的市场链，在国际上引起了极大的反响。2000 年张瑞敏应邀到瑞士洛桑国际管理发展学院演讲，海尔的市场链成为该院和欧洲管理学院案例库案例。

如果说海尔市场链机制的第一阶段是通过信息化的手段进行"流程再造"，那么，第二个阶段就是对"人的再造"。

人人都成为创新资源，并不是靠控制员工的行为，而是为员工提供创新的空间，而这种空间的实现，靠的就是 SBU。

SBU 经营机制与职能管理最大的差别是：职能管理是分段管理，各司其职，每个人不是对市场负责，而是对自己的上级负责，员工把自己作为一个被管理的客体；SBU 经营机制则强调"一票到底"的业务流程，每个人对市场效果负责，通过市场链咬合的关系，每一个员工成为自主经营的主体。自己经营出市场效果后，通过收益提成来"挣"自己的工资。

2001 年底，海尔创造性地提出了 SBU 战略损益表的操作思路，具体做法是将事业部的外部目标转化为内部目标，再将内部目标量化到个人目标，每个部门每个员工的目标完成效果以市场链形式体现，工作指标全部货币化，以市场链工资激励员工把用户的需求作为自己的价值取向，并创造性地完成有价值的订单，不能以货币结算的劳动是没有价值的，属于无效劳动。

张瑞敏认为管理水平的高低不在于控制员工的行为，而在于能否为员工创造一个创新的空间，使每一个员工都可以在这个开放的系统中完成目标并实现创新，这要求每一个员工都要面对市场，每个员工的价值都应该体现在为用户创造的价值上。SBU 作为一个经营主体，自负盈亏，即亏损时要自己买单，而增值了则可以从中提成，完全是依据自己经营的市场的效果获得市场报酬，通过提供自己的服务、经营自己的产品来满足用户的需求，挣得自己应得的报酬。

2003 年，张瑞敏提出，把海尔 3 万名员工改造成为 3 万名自主管理的 SBU。这个 SBU 不是传统管理的只管干、上级给你发钱，而是自己成为经营者。

成为 SBU 的四个要素是：市场目标、市场订单、市场效果、市场报酬。这实际上是企业的四个目标，现在要转移到每个人身上去。

海尔的一名司机在接送罗马尼亚客商参加订货会时，在从机场到宾馆的途中观察到，这位客商对车上播放的腾格尔的歌曲非常感兴趣，就买了一张腾格尔的 CD，送给了客商。这位客商在订货会上一次性订货 5 万台，并对司机的行为大加赞赏。他说，连一个司机都对客户的需求能够做出快速、准确而细致的反应，海尔的产品一定好。

海尔集团物流系统有位钢板采购业务员，叫张永劭。在他加盟海尔两三年的时候，创下了年采购钢板业务数亿元的业绩！2002 年，全球钢板价格不断上扬，张永劭不但保证了集团对钢板的需要，而且争取到了同行中最大的价格优势。

2003～2004 年，张永劭把客户从海尔扩大到外部，做起了"第三方采购"。在业务越来越多，一个人忙不过来的情况下，他自主决定雇佣几个人。海尔鼓励像张永劭这样经营几个亿的"微型公司"，让张永劭以老板自居去经营，使企业给他的资源增值，个人的价值增值。

以上两个故事都是海尔全员 SBU 的典型体现。从这两个故事中我们可以看出，海尔人人都是 SBU 机制有三个主要特征：一是没有上级，没有下级，只有市场目标和市场关系；二是没有起点，没有终点，只有把握市场变化不断地创新；三是建设充满活力、有速度、有竞争力的市场终端。

SBU 的目标对企业、对员工、对用户来说，各有不同。对员工意味着要成为创新的主体，在为用户创造价值中，体现自己的价值，实际上就是经营自我；对企业来说，如果每个人都成为 SBU，形成了企业的核心竞争力，这是竞争对手不能模仿和复制的；对用户来说，意味着帮助他们在网络时代形成对企业和品牌的忠诚度。如果每个员工都在创新，用户的需求无论发生怎样的变化，海尔都能抓住。

1999 年，海尔在美国的南卡罗来纳州建立了生产厂，五星红旗飘扬在美国的土地上。2000 年，第一台美国制造的海尔冰箱下线，海尔因出色的经营业绩被美国科尔尼管理咨询公司、《财富》杂志评为"全球最佳营运公司"，成为亚太地区唯一的一家获奖企业。2001 年美国南卡罗来纳州为了感谢海尔对当地经济发展做出的贡献，无偿将美国海尔工厂附近的一条路命名为海尔路，这是美国唯一一条以中国品牌命名的道路。同年，海尔并购意大利迈尼盖蒂公司旗下的一家冰箱厂，这是中国白色家电企业首次实现跨国并购。2002 年 3 月，海尔在美国纽约中城百老汇购买原格林尼治银行大厦这座标志性建筑作为北美的总部，此举标志着海尔的三位一体战略又上升到新的阶段，即设计中心在洛杉矶、营销中心在纽约、生产中心在南卡罗来纳州，三位一体，形成本土化的美国海尔，说明海尔已经在美国树立起本土化的名牌形象。

1998~2005 年国际化战略阶段，海尔建立了 18 个海外工厂、17 家营销公司、9 家研发中心，研发和海外制造、海外营销配合起来实现"三位一体"，成功进入欧、美、日三大市场，并且一跃成为国际名牌。

专栏 2.4　国际化战略阶段的经验总结及路径分析

战略由来：国际国内的双重压力促使海尔进行改革，在国内，企业之间恶性竞争、低水平重复；国际方面家电巨头纷纷进入中国，通过合资、合作等方式瓜分中国市场；另外，用户的需求也在发生快速的变化。

主要矛盾：旧有的内部组织结构同创新效率为主的矛盾。

经典案例（形成过程）：为了改变这种情况，海尔选择以市场为导向，以快速响应用户的需求为目标，以组织结构的扁平化为手段，通过战略、组织和管理方面的不断改革和创新引领海尔开启国际化战略阶段，解决其面临的诸多困境。

> **成功路径：** 为更好地与国际接轨，海尔采用三步走和三个 1/3 的战略创新指引国际化发展，同时摒弃传统的市场理念，创造市场与顾客。为了满足用户不断变化的需求，提高企业的创新效率，海尔开始了组织创新，以市场链为纽带的流程再造改变海尔传统的组织结构，实现了组织结构的扁平化和流程导向型网络结构，实现了市场和顾客的零距离。在管理方面，将员工定义为自主管理的 SBU，在企业内部人人都是 SBU。海尔内部员工人人参与创新，成功解决了国际化战略阶段面临的主要矛盾。

2.4 全球化战略（2005～2012 年）

2.4.1 时代机遇

在改革开放的指导下，中国重视对外贸易，积极利用外资，充分参考亚洲四小龙的发展经验，放弃了新中国成立以来采用的以重工业为主的苏联式发展模式，取而代之的是以轻工业和外销为主的发展策略，造就了中国经济的高速增长。2010 年，中国 GDP 超越日本，成为全球第二大经济体，成功地实现了从以工、农业为主的经济过渡到以工、商为主的经济，大型企业不断涌现并迅速发展壮大，同时城市化进程不断加快，城市人口持续增长。

进入 21 世纪以来，网络技术蓬勃发展，百度、阿里、腾讯三家公司不断壮大，成为互联网发展巨头，被称为"BAT"。随着互联网的发展，电子商务在中国也悄然兴起，1999 年国内首家 B2C（business to customer，企业对客户）电子商务平台"易趣网"成立，随后"卓越网""当当网"也相继成立，阿里巴巴集团投资 1 亿元人民币成立了淘宝网开始进军 C2C（customer to customer，客户对客户）电子商务领域。往后数年，网购逐渐流行，国内电子商务的市场格局逐渐形成。国内大部分的传统企业和资金开始流入电子商务领域，电子商务已经不只是互联网企业的天下。电子商务冲击了传统商业的同时，也带来了物流、支付等领域的突飞猛进的发展。

互联网技术发展促进了人们的沟通、交流，让相距遥远的人们能随时随地互动，社交网络开始形成、发展并不断壮大。随着技术的更新和社交软件的优化，人们可以方便地知道朋友、熟人和家人的生活，进入社会性网络的人数呈几何级增长，2011 年 Facebook、Twitter 活跃用户超过 2 亿人，中国的新浪微博、微信的出现再一次改变了人们交往的方式。

中国的产业规模迅速扩大，中国一跃成为世界家电制造大国，特别是加入WTO以后，中国家电业完成了由国内向全球市场的延伸，为行业的快速发展提供了强大的推动力。2009年中国家电出口总额在全球家电出口市场的比重达到30%，全球的各大家电巨头纷纷在中国建立研发中心。中国本土的家电企业的技术水平在多个关键的领域取得突破，实现了技术创新，不仅打造了一批具有国际影响力的企业，同时培养了一群专业过硬的技术人才，家电企业用于研发投入的资金比重不断上升。

虽然中国许多家电产品的产量占全球产量的绝大部分，但中国家电企业在海外市场仍局限于代工环节，始终处于价值链的末端、"微笑曲线"的底部。中国家电海外业务自2001年以来进入发展的快车道，许多企业的出口量保持两位数增长，但是除了极个别的企业外，90%以上的家电产品出口均为订单式的OEM（original equipment manufacturing，定牌生产）、ODM（original design manufacturer，原厂委托设计）模式，根本不做自主品牌，也不深入海外市场建立销售网络，更谈不上根据海外消费者需求研发个性化的产品。同时，从国内的销售渠道来看，国美、苏宁等大型连锁渠道逐渐形成垄断之势，改变了20世纪90年代家电业依靠区域代理进行产品分销的零售格局。家电企业处于连锁渠道与自有传统渠道的纠结之中。

2007年8月一场发生在美国的因次级抵押贷款机构破产、投资基金被迫关闭、股市剧烈震荡而引发的次贷危机开始爆发，随即蔓延至美国金融体系的其他领域。2008年9月15日有着158年历史的著名投资银行雷曼兄弟提出了破产申请，雷曼兄弟的轰然倒塌导致美股暴跌，道琼斯指数创"9·11"事件以来单日最大下跌点数与跌幅，全球股市也随之一泻千里，随即引发了全球金融市场的剧烈动荡。金融危机爆发后，各国企业在公司债券市场、股市和货币市场均出现融资困难，这对整个经济活动产生了紧缩性的影响。世界经济增长明显放缓，部分国家和地区经济陷入衰退，失业人口增加，一个高增长、低通胀的全球化黄金时代已经终结，全球经济步入明显减缓的下行期。美国次贷危机爆发后，欧美内需减缓，导致全球贸易量下降，对新兴市场国家出口和经济增长造成沉重打击。在国际投资方面，金融动荡导致国际货币和债务市场出现周转危机，企业并购活动和全球外商直接投资流入量显著减少。各国开始纷纷采取措施，减小美国次贷危机带来的危害，同时刺激本国内部的消费。随着经济全球化的深入，美国次贷危机对我国的影响也是巨大的，放缓了我国经济发展的速度，GDP增速下滑，失业率急剧攀升，东南沿海数以十万计的工厂陷入困境，大量裁员。中国政府为了应对这一国际金融危机制订和实施了一揽子计划，包括实行积极的财政政策和适度宽松的货币政策，出台更强有力的扩大国内需求的措施，加快民生工程、基础设施、生态环境建设和灾后重建，提高城乡居民特别是低收入群体的收入水平，以抵御国际经济环境对我国的不利影响。在这期间中央政府提出了促进经济增长的十大措施，启动了刺激内需计划，实施了应对国际金融危机的一揽子计划来投资刺激经济，促进就业，维持社会稳定。

与此同时，美国次贷危机的爆发增加了我国经济增长风险波动，家电出口贸易受到极大的限制，而此时国内经济形势较为稳定，农村市场开始兴起，中央政府在2008年12月宣布实施"家电下乡"的财政政策救市方案。具体就是为了对抗由美国开始的全球金融海啸所造成的消费性电子产品外销需求急速衰退，扩大内需市场，我国非城镇户口居民购买彩色电视、冰箱、移动电话与洗衣机等四类产品，按产品售价13%给予补贴，最高补贴上限为电视2000元、冰箱2500元、移动电话2000元、洗衣机1000元。"家电下乡"政策有利于扩大农村消费市场，促进了整个家电行业的发展，推动了社会消费高速增长，汽车、家电下乡政策大幅缩小了城乡耐用消费品差距，加快了农村消费结构升级步伐。

"家电下乡"在刺激消费的同时给家电企业带来了一系列影响，此阶段家电市场产品供大于求的矛盾日益突出，家电行业的竞争日趋白热化，在上游成本增加和下游流通企业的双重压力下，整个行业的利润率快速下降，"如刀片一般薄"的利润空间，使家电生产企业面临生存发展的严峻挑战。

2.4.2 全球化战略阶段的由来

家电行业激烈的竞争要求企业改变思维，创新管理模式。从20世纪80年代开始，经过20多年的发展，我国家电产业已经成为在国际上具有比较优势的产业，成为国家的主导产业之一。在国内，家电产业与人民生活息息相关，提高了人民生活水准，满足了人民群众物质文化生活需要；在国际上，家电产业成为少数走出国门的产业，代表着国家形象。

从全球来看，2000～2005年全球家电行业以每年4%左右的增速增长，其中以美国与欧洲为代表的发达经济体增长放缓，家电增速放缓，中国作为一个具有巨大潜力的新兴市场，家电行业以10%左右的增速显著高于全球发展水平。正因如此，以伊莱克斯（Electrolux）和惠而浦为代表的世界级企业加大了全球的产业布局广度与投资并购力度，重点争夺中国市场，家电企业全球化竞争白热化，行业利润微薄。据海尔集团统计，在上游成本增加和下游流通企业的双重压力下，整个行业利润率平均水平不足5%，电子信息类产品的利润率甚至低于1%，利润已经"像刀片一样薄"。

随着海尔集团经营规模的不断扩大，"大企业病"表现越来越明显，企业规模的扩大导致神经末梢感应不灵，降低了管理决策的准确性和有效程度，而且职能机构增多，滋生官僚主义、部门主义的不良现象。对于消费端来说，随着信息时代的发展，信息主动权由企业转向用户，用户拥有足够的信息来掌握产品的特点和价格，不断进行对比和议价直至找到满足自己个性化需求的产品和服务。

在激烈的竞争态势下，一般性的简单创新已无法满足企业实现突破式发展的需要。为了生存与长远发展，企业必须要进行差异化的颠覆式创新，也就是进行商业模式创新。基于这种思考，就要求企业打造创新的管理模式：以发掘和创造用户价值为中心，由传统的关注价格转为关注价值，同时要求充分调动每一位员工的积极性，通过自主创新提高经营效率，降低成本。

怎样改变传统的生产运作方式？怎样降低企业内部成本和供应商的机会成本，从而扩大企业的价值空间？怎样使产品更加贴近用户、满足用户的需求？怎么改革能够更好地激发企业活力，调动员工的积极性？海尔亟须为这些问题找到一个行之有效的解决办法，2005年12月25日张瑞敏在"海尔集团创业21周年暨海尔全球化品牌战略研讨会"上宣布海尔开始进入全球化战略阶段，海尔在市场和组织方向上再次掀起了一场改革。

与国际化战略不同的是，全球化战略是其一次大升级，它是将全球的资源为海尔所用，创造本土化主流品牌。这一阶段主要聚焦于资源、品牌和创新。

2.4.3 "人单合一"

海尔在运作其庞大的网络系统时，主要依靠"洋经理"，很少从青岛本部派人。如何保证系统有效率同时又不失控，除了组织创新设计和报酬制度安排外，张瑞敏的办法也很简单，利用海尔文化进行融合。

为了贯彻和巩固海尔之前实施的一系列变革，2005年9月，在海尔全球经理人年会上，张瑞敏提出了"人单合一"的全球化竞争海尔模式。

"人单合一"的"人"指的是每一个员工，也就是每一个自主创新的主体，"单"是有竞争力的市场目标，"人单合一"就是每一个自主创新的主体与第一竞争力的市场目标的合一。其意义在于人要与市场合一，把有竞争力的市场目标和每个员工的市场目标联系在一起，使每个员工变为自主经营的企业成员（图2.4）。

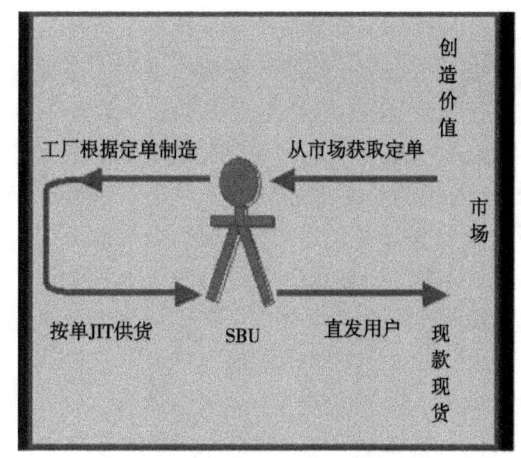

图 2.4 "人单合一"模式示意图(许庆瑞等,2005)
JIT 全称为 just in time,准时生产

在张瑞敏看来,"人单合一"就是每个人都有自己的订单,而且要对订单负责,而每一个订单都有人对它负责。很多订单之所以变成"孤儿订单"就是因为没有人对它负责。库存、应收也都是这样造成的。所以,我们首先要理解:订单就是市场,也就是说每一个人都要和市场结合在一起。既然如此,那么人的素质的高低和订单质量的高低就成正比。也就是说,人的素质越高,订单的质量也越高,就会获取更多有价值的订单,而且不产生库存,不变成应收,订单在市场创造的价值,体现的是人的价值。因此,我们每个人的收入就应该和订单结合在一起,"人单合一"就是人与市场结合为一体,每个人都成为创造市场的 SBU,每个人都对市场进行经营。因此,推出"人单合一"既是时代的要求,也是竞争的需要。

在信息化时代,必须有速度和准确度的统一,才能生存。信息化时代产品供大于求,现在没有什么产品是暴利的,只有不断地在与用户面对面沟通中去创造市场。而且现在人们获取信息的途径极为便利,所有的信息在网上都一目了然,这等于说全球的经销商、生产商都要接受消费者的检验,因此速度是第一位的,能不能抢在别人前面进入消费者的视线很重要。这又涉及一个准确度的问题,如果消费者选择你,你提供的东西质量不好还不能按时交货,最后消费者不高兴了,你就不可能再接到他的订单了。这就需要每一个员工都直接面对市场,每一个员工都和他的订单、他的市场结合在一起,否则就无法获取这个市场。而企业具备了速度和准确度的统一,才能在这个瞬息万变的时代生存。

"人单合一"的基本含义是每个员工都应直接面对用户,创造用户价值,并在为用户创造价值中实现自己的价值分享。员工不是从属于岗位,而是因用户而存在,有"单"才有"人"。在海尔集团的实践探索中,"人"的含义有了进一步的延伸，首先，"人"是开放的，不局限于企业内部，任何人都可以凭借有竞争力的预案竞争上岗；其次，员工也不再是被动执行者，而是拥有"三权"（决策权、用人权和分配权）的创业者和动态合伙人。"单"的含义也进一步延伸，首先，"单"是抢来的，而不是上级分配的；其次，"单"是引领的，并动态优化的，而不是狭义的订单，更不是封闭固化的。因此，"人单合一"是动态优化的，其特征可以概括为两句话，"竞单上岗、按单聚散""高单聚高人、高人树高单"。"人单合一"的"合一"即通过"人单酬"闭环，每个人的酬来自用户评价、用户付薪，而不是上级评价、企业付薪。传统的企业付薪是事后评价考核的结果，而用户付薪是事先算赢，对超出预期利润部分以对赌机制分享。

"人单合一"的竞争力之一体现在企业运营的全过程。流程中每个员工都有自己的市场，都要对自己的订单负责，都要创造出自己市场上的第一。与此同时，"人单合一"的竞争力还体现在"自主创新的SBU"的经营能力上。

"人单合一"是人码、物码、订单码三码合一的全程信息化闭环模式，是解决大规模经营出现的库存和应收问题的有效办法。它使每一个人都有一个市场，有一个市场就要有一个订单，而每一个订单都有人为它负责。人和市场紧密地联系在一起，每个人从市场直接获取订单，工厂是根据其订单制造，根据订单发货。如果通过生产线的产品都是有用户的订单，资金就可以快速地回流，而充足的现金流就像企业的血流，血液循环正常了，企业自然活力十足。

"人单合一"实际上是企业发展过程中在不同阶段的基础上的创新和实践。把人和订单统一起来，用自主经营的创新能力满足自己的订单，从局部到系统，把企业的竞争力体现出来。通过"人单合一"的竞争模式，能够确保企业在全球化发展阶段的竞争能力。

2008年，金融危机席卷全球，但海尔手机在印度市场的出口仍增长了近2倍，印度市场的订单占到了海尔手机出口订单的一半以上。正是"人单合一"让通信SBU印度经营团队逆市而行。

在一次总结表彰会上，通信SBU印度经营团队队长于某说道："以前我们的开发思路是产品导向——先做产品，然后做好交给客户，让客户拿到市场去推介，进而获取订单。但这样的流程存在弊端，不仅开发周期长，而且存在很大的风险。因为你所开发的产品不一定是客户、用户需要的。现在，我们的思路变了，是以客户需求为起点，是客户导向。我们会花大量的时间去研究客户，以及客户所代表的用户群的需求是什么，然后以最快的速度解决用户的需求。"

2008年7月，于某的团队接到一个印度客户的需求，要一款外观时尚的手机。很快，型号经理把方案给了客户，但客户并不喜欢。要是按照以前的做法，于某的团队会说服客户接受，因为毕竟投入了。但这次他们没有，因为他们理解，只有产品方案真正满足用户的需求，才能获得订单。于是，于某和几个团队成员立即启程飞到了印度,和客户一起拜访当地运营商,反复沟通。有时,客户自己也说不出哪点不好,他们就一次性提供20个选择方案。结果第二天,客户就下了大订单,他们又通过模块化迅速满足了快速交货的要求。而这款产品也通过这个客户在印度市场做到了第一。

海尔又创造性地提出并正在实践以"人单合一"为特征的T模式。根据张瑞敏给出的界定,其直接内涵即 Today(日清)、Time(准时)、Target(目标)、Team(团队),更深层、更具体的供求机制那便是,在特定的日期、特定的时间点上实现企业供给价值同顾客需求价值的对接。T模式是张瑞敏"人单合一"管理思想在全球化战略阶段的具体形式,简而言之就是,每个人、每个部门把实现自己市场目标的时间定为"T"日,然后再确定"T"日前要做哪些预算,"T"日后要进行哪些方面的闭环优化。"人单合一"模式为解决全球商业的库存和逾期应收提供了创新思维,被国际管理界誉为"号准全球商业脉搏"的管理模式。

海尔用T模式来表现木桶理论。水桶存水量代表市场绩效,存水的多少取决于桶的大小,中国市场只是一个小水桶,世界市场才是一个大水桶。桶箍保证木板之间的紧密结合,这个桶箍就是海尔T模式的四个要素:准时、目标、日清、团队。各块板之间是扣到一起的,相互之间不是制衡关系,而是一种市场关系。桶底代表着基础管理平台(图2.5)。

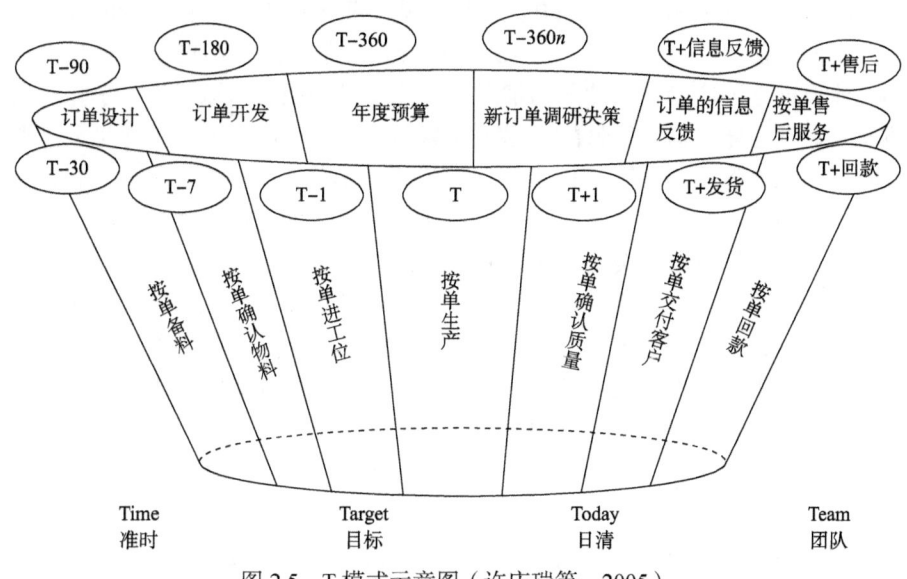

图 2.5 T模式示意图(许庆瑞等,2005)

每个板都代表流程的节点,"T+"就是一直到用户的手里,"T-"是为流程做的所有的准备,这两个是结合在一起的,所以这个水桶变成了一个圈,这就是流程。这个"T"的目标不是自己定的,而是市场定的,市场需要第五天交货,就必须在第五天生产出来。

"T-"和"T+"这两个方向在市场的中段是闭合在一起的,市场销售人员在销售产品之后,反馈用户的意见和需求,并传达到研发和制造环节,再形成新的产品订单,如此螺旋上升,形成木板不断增高的木桶,这就是再造的流程。实行了T模式,由"T"向前推算,所有的生产原料都依据订单的需求进行采购,在进行生产之前到位,根据订单要求的时间进行加工,也就避免了过去为了生产而将大批的物料堆积在物料架上造成无效库存,从而保证了生产的正常进行。由"T"向后推算,每一件产品从生产下线到送到客户的手中,如果每一个环节都是预计好的,没有延误,那么物流成本、仓储成本也会大大降低。这样,海尔一直追求的"零库存"目标,就可以通过T模式实现。T模式是"人单合一"理念的进一步推进,是经营节点的SBU和信息化带动下的推进。

在冰箱产品本部发生了这样一件事:有一笔出口美洲的冰箱大订单,因为集装箱容积率的提高,运输费用节省了近2500万元。这个目标是怎样实现的呢?是因为有一个跨部门组成的、按照T模式运作的项目团队。在这笔大订单的前期准备阶段,冰箱产品本部见习部长曲志龙利用前期建立的装箱预算系统测算后,发现有一个型号的冰箱高出了几厘米而无法放两层。他找到海外物流部田春波部长、负责包装材料的型号经理林传民,三人跨部门组成了以"提高容积率"为目标的项目团队,并确定了相应的激励办法。由于集装箱的高度、冰箱本身的高度都是不能改变的,所以,林传民在"T-30"就开始准备通过改变包装设计来提高容积率。他根据这种冰箱顶部的凹凸情况,将原本是平面的泡沫块改成了相对应的凹凸面,在保证通过运输质量的前提下,减薄了包装高度,实现了冰箱上下摆放两层的目标。田春波在预算"T+发货"时发现,集装箱恰好能够摆放四排冰箱,但是四排冰箱就有八层打包带,无形中增加了5毫米的宽度,但是只要在装箱时打包带对着集装箱口就不会出现这个问题。曲志龙在预算"T+信息反馈"时提出,该批冰箱的出口国家温度高、湿度大,因此冰箱四周的蜂窝纸板不能使用容易吸水的胶,否则,到达出口国家纸板就会脱落,损伤冰箱……由于团队是按照T模式在做预算,因此,他们的"三人行"项目小组的创新都能围绕T模式的市场目标展开,极大地优化了企业的资源配置。

T模式是对企业全方位素质的考验和要求,是对全流程的预算和控制。2010年为了迅速推动组织变革,海尔在世界上首创的"自主经营体"宣告诞生,这标志着海尔商业模式的理论探索成功地实现了运营层面的承接。

"自主经营体"可以理解为海尔内部的最小的经营单位,这个经营体可以是一个人,也可以是一群人。其实质就是把大公司变成几千个小公司,海尔将原来的大事业部制经营组织形式转变为以自主经营体为基本单元的组织架构,将原来所有的部门按照一定的规则划分为2000多个自主经营体,每个自主经营体直接面对市场，为所负责的用户群创造价值。同时，这2000多个自主经营体就像是一个大网直接面对市场，每个自主经营体就是这个网上的一个节点，这个节点可以变成一个基本的创新单元，这个基本创新单元就像一个真正的公司，集团赋予他们三种权利，第一是决策权，第二是分配权，第三是用人权。

海尔关于"自主经营体"最常见的解释是"三准则"：端到端、同一目标、倒逼体系。"端到端"指的是一线经理从客户的难题出发，到客户的需求满足为止，从客户端到客户端。"同一目标"就是定下目标之后，它不再是个人目标，所有团队成员都要按照同一目标来满足用户需求。"倒逼体系"是指将用户的需求作为目标，倒逼海尔内部所有的流程。倒逼的方法是按"交足企业利润、挣足市场费用、自负盈亏、超利分成"的原则，每个人都是一张财务报表，每个人都是一个核算单位，变成数万人都在经营自己。

"自主经营体"一共有三类：一级经营体（一线经营体）、二级经营体（平台经营体）、三级经营体（战略经营体）。

一级经营体主要包括研发、生产、市场三类经营体，它的任务就是直接面向市场，了解客户的需求，并为他们提供合适的产品。他们根据内部和外部的专家所提供的信息，进行销售状况的预期，并据此制定目标，这样的目标不仅是有竞争力的，而且是可实现的。如果市场情况发生显著变化，经营体将相应地调整自己的目标。这是一个动态的"滚动运算"系统，使他们能够与客户在时效性和响应速度上保持"零距离"。

二级经营体又叫平台经营体，主要包括财务、战略、企业文化、人力资源、供应链等平台型经营体，在海尔内部被称为"FU（function unit，功能单元）平台"。他们主要负责支持一级经营体，为他们提供资源和指导。这些资源并不是接到需求后才提供，而是每年年初与一级经营体以契约的方式做出预算计划，二级经营体的薪酬与一级经营体的成功与否直接挂钩。

三级经营体称为战略经营体，是由原来业务部门或职能部门的负责人组成，职位通常是副总裁或高级副总裁，主要是以张瑞敏为首的海尔最高决策层。他们负责为整个集团制定战略方向，并整合战略性资源。三级经营体是海尔的战略规划者，他们需要寻求新的市场机会，确定某个区域最佳的产品组合，并制定新的规则来提高整体效率。三级经营体的薪酬部分与其所在的业务单元绩效挂钩，另一部分是与海尔集团整体战略绩效挂钩。

自主经营体组建的核心原则是"抢单进入"。先确定第一竞争力的单，然后据此组建自主经营体。自主经营体组建共有五个步骤：①发现顾客需求，确定第一竞争力目标，一般由个人或组织实施；②确定自主经营体的规模和职责，通过平台经营体中的人力、财务等设定人员规模与职责，设计经营体所需的业务流程；③筛选经营体体长，通过抢单（竞聘）完成，由专家委员会确定体长人选，一般第一步中的成员的机会最大；④确定经营体成员，通过抢单完成，体长的意见比较重要；⑤签订自主经营体目标合同承诺书。

例如，海尔"三门冰箱型号经营体"的组建，第一步"三门冰箱型号经营体"第一竞争力目标的确定。采用"人单合一"模式之后，团队成员需要制定具有第一竞争力的目标。他们经过综合考虑之后，在自主经营体机制下，三门冰箱团队自发确定了具有挑战性的目标，将2010年的增长幅度确定为30%，这是过去目标的3倍，在行业内属于第一竞争力目标。在这个目标下，不仅企业可以获得更多的利润，"三门冰箱型号经营体"也可以达到超利分成的目标，整个团队可以分享更多的价值。

第二步"三门冰箱型号经营体"的构成。第一竞争力目标确定之后，还需要确定"三门冰箱型号经营体"的人员。首先位于平台经营体的人力资源经营体帮助确定"三门冰箱型号经营体"的职责。以核心业务流程对应的职责作为该经营体的专有职责，纳入经营体运行体系；将非核心业务流程列为共享职责，纳入平台经营体。经过划分核心流程职责边界，依据岗位设计原则，"三门冰箱型号经营体"的岗位可划分为九类，确定经营体总人数不超过19人，包括经营体体长1人。

第三步"三门冰箱型号经营体"体长竞聘。"三门冰箱型号经营体"所有成员都需要竞聘才能产生，最终符合条件的员工加入经营体。参与竞聘的员工需要针对所竞聘的岗位，说清楚目标和保证目标完成的预算和预案。多人竞聘同一岗位时，择优录用。首先是通过竞聘选出经营体体长。参与竞聘的人可以是以前的冰箱市场部的，或者研发部、企划部等。通过第一轮竞聘初步选定两个候选人入围：冰箱企划部部长李峰和市场企划部经理王梅。其次进行第二轮竞聘，专家委员会根据二人的综合表现对比研究，最终李峰胜出，成为经营体体长。

第四步"三门冰箱型号经营体"成员竞聘。经营体体长李峰确定之后，接下来就是经营体成员的竞聘，共有32人参与"抢单"竞聘。之后行业专家对每个竞聘者的表现进行综合评价，给出候选人名单。此时李峰的意见也很重要，他有权挑选自己经营体的成员，最终经过综合评比，有13人竞聘成功。

第五步签订目标合同承诺书。经营体体长需要代表"三门冰箱型号经营体"与企业签订目标合同，而每一个进入经营体的其他人也都需要签订合同承诺书，在经营体中找到自己的位置，找到贡献自己价值的路径。

每一个成立后的自主经营体都拥有一个独立的编码和账户，被注册在海尔的信息平台中。这样的自主经营体在海尔的平台中就有了合法的地位，可以开始正常运行了。

赵峰是海尔2000余个"自主经营体"中的成功样本之一。他运营的是海尔青岛社区店经营体，负责青岛地区的产品销售和用户服务。作为体长，赵峰管理着海尔在青岛地区 80 余家社区店的经营，这 80 多家社区店覆盖青岛 1000 多个社区。还有一个成功样本是冰箱研发经营体，这是由 18 名成员组成的冰箱研发团队，2011 年创造的净收入高达近百亿元。经营体体长叫蒲显开，他和团队成员享受着创造价值和分享价值的乐趣，同时承受着"自己做主"的压力，不同以往的是，现在的目标是创造市场，只要是实现第一竞争力目标，团队就可以分享增值的收益。

在"人单合一"模式的指导下自主经营体运营体系的核心表现为三张表：战略损益表、日清表和人单酬表。战略损益表是纲，决定了战略方向；日清表上接战略损益表，下接人单酬表，是对战略落地执行的纠偏过程；人单酬表是果，是对自主经营体及其成员承接战略结果的显示。

战略损益表衡量自主经营体创造的战略价值和战略绩效，战略损益表是以用户价值为导向的，反映自主经营体为用户创造价值的情况，是一段时间内自主经营体战略绩效的财务记录，内容分为四个象限。第一象限是用户价值，第二象限是人力资源，第三象限是流程，第四象限是闭环优化。日清表的目的是预计实际产值，保证把工作落实到每一天，对差距背后的问题预先采取措施加以解决，避免到了最后难以挽回。人单酬表的重点就是"单"，员工薪酬不是内部自定的而是由市场竞争力定的，而人要有能力来承接这个单，最后产生的价值和薪酬挂钩。

"人单合一"模式使得基层员工直接面对市场，成为一线人员，而这些一线人员拥有的魄力和勇气，要归功于扁平化的网状组织。海尔以前的组织机构是金字塔形的正三角，最高领导在上面，下面依次有部长、处长、科长等，一直到最基层的员工，一线员工听从一层层的指令；而新的商业模式需要把海尔的组织改变过来，让员工从"正三角"的底部达到"倒三角"的顶部，直接面对市场和用户决策；而原来的最高领导则到了底部，主要负责发现新的战略性机会，同时对内部组织的协同进行优化。职能部门大幅精简，并从下指令变为提供资源和服务。

通过构建"倒三角"组织结构，海尔将其组织实现高度扁平化，其最大的成果是打破了组织的"垂直边界"。从最基层的一线员工到海尔的 CEO 只三个层级，每一个层级都由不同的自主经营体构成。这种架构进一步打破了海尔的外部边界，将用户作为"首要资源"融入海尔的组织管理体系中，建立用户驱动的机制，进而有力地塑造"用户第一"的文化和价值观。

海尔的"倒三角"组织结构减少了组织的管理层级，并将"用户第一"的基因植入海尔人的心中，然而，这种结构对中高层管理者的利益构成了巨大的挑战。由于组织的高度扁平化，管理层级的大幅度缩减，减少了中间管理层的领导职位。

让"倒三角"持续不停转动需要两个力，分别是外驱力和内驱力。在长期的探索和实践中，海尔形成了四大核心机制，这四大机制构成了让"倒三角"组织有效运转的外驱力和内驱力。

第一，顾客驱动机制。这一机制是"倒三角"组织的外驱力。在海尔，企业由三类自主经营体组成。一级经营体处于市场一线，对于是否开发某项产品或服务拥有决策权。他们可以倒逼二级经营体，让其提供资源和流程支持。同理，二级经营体也可以倒逼三级经营体。三级经营体不再"发号施令"，而是要保证不同经营体之间能有效协同，同时要注意大的趋势，发现战略性的机会。通过建立顾客驱动机制，海尔希望能够实现"与顾客互动"。

第二，契约机制。这一机制是"倒三角"组织内驱力的重要来源。在海尔，不同经营体之间互为客户，每个经营体既服务于其他经营体，也享有其他经营体的服务。连接自主经营体之间的关系不是传统意义上的上下级关系，而是契约关系。在契约关系中，"适者生存"是第一法则。一位员工表示，在海尔，每个人都必须找到自己的顾客，都必须创造价值。通过建立契约机制，海尔希望能够实现"内部协同"。

第三，"人单酬"机制。这一机制和契约机制有机地协同起来，成为"倒三角"的内驱力。在海尔，每个自主经营体和个人都是价值创造过程中的一个节点，其存在的基础是"单"，即目标。每个节点都需要明确自己的顾客，把顾客需求转化成自己的"单"，然后根据"单"的完成情况获得薪酬。此机制包含两个关键的环节：第一个环节是预酬，即事先算赢。第二个环节是"关闭差距"，即关闭现状与目标的差距。通过建立"人单酬"机制，海尔希望能够实现"闭环优化"。

第四，"官兵互选"机制。"官兵互选"在"倒三角"组织中建立了上下互动的驱动机制，这是"倒三角"内驱力的另一个重要来源。在海尔，领导不是由上级来任命，而是采取"官兵互选"来筛选和优化，任何人都可以拿出实施方案，公开竞聘经营体体长。经营体体长被选出后，可以组建自己的团队。如果经营体没有实现预期目标，员工有权利让体长"下课"。"去领导化"是海尔组织变革的重要课题，而"官兵互选"则是"去领导化"的重要手段。

从2007年4月26日开始，海尔发起了一场为期1000天的信息化再造管理变革，史称"1000天再造"，这场改革包括组织再造、流程再造和人的再造。组织上，要把海尔打造成卓越运营的企业；流程上，将使海尔原来分布于不同流程的信息化系统联结成为一个有机整体，所有环境只有一个目标，就是对市场的需求作出快速的响应；人的再造就是要在开放的环境中提升素质，在信息化的平台上沟通协作，让海尔人同时具备活力和能力，具备速度和准确度，为海尔的卓越运营提供人才保障。此种流程是一个完全贯通的流程，是一个"即时响应"的流程，也是一个共同执行的流程，它将海尔原来的职能型结构变成了流程型网络，垂直业务变成了水平业务，提高了海尔响应市场的速度，同时加快了全球供应链的响应速度。与此同时海尔原来的职能管理部门也变为支持流程中的一部分。

2011年10月18日，海尔和日本三洋电机株式会社（简称三洋）签订并购协议，海尔收购三洋在日本及越南、印度尼西亚、菲律宾、马来西亚等国的白电业务。2012年9月至11月，海尔花费7.66亿美元，增持斐雪派克80%的股权，从而全资拥有了这家新西兰最大的家电制造商，弥补了自己高端品牌的不足。并购这些国外大企业并使它们重新焕发活力并不是一件容易的事情，毕竟企业分布于全球不同的区域，国家民族文化深刻影响着企业，著名的"七七定律"指出，全球范围内70%的并购没能实现当初期望的商业价值，而当中70%因未做好并购后的文化整合工作而失败。

在不断总结经验和教训的同时，张瑞敏意识到海尔的全球化不能是简单的本土化，更应该是完成企业的跨文化融合。但对于海尔来说，如何利用当地人的文化和优势，同时能使其得到优化和提升，是摆在管理者眼前一个棘手的问题。

此时海尔的沙拉式文化体系发挥了很重要的作用。全世界有各种不同的文化，不同的习惯，但是海尔却能将这些企业完美地进行整合和管理，这要归功于海尔的沙拉式文化体系，不同的文化就相当于沙拉中的不同蔬菜，而沙拉酱是统一的，那就是海尔的"人单合一"模式。沙拉式文化体系本质是通过"人单合一"，让不同文化背景下的"上级第一""股东第一""技术第一"，在兼容并蓄中转向更为根本的"员工第一""用户第一"。通过这种沙拉式文化体系，海尔收购三洋八个月之后，三洋便实现了止亏。斐雪派克在并购后和海尔的白电市场份额已经占新西兰市场的42%，成为当地无可撼动的市场第一。

海尔收购三洋并在八个月内成功止亏是海尔文化融合的典型体现。海尔刚刚收购三洋之后，三洋的很多员工因为海尔的突然到来感到不安。他们担心海尔文化和日本文化有冲突怎么办？海尔会不会用我们一段时间就辞退日本员工？群情焦虑，收购第一年员工人心不稳，甚至有人要辞职。海尔先从解决员工情绪入手，当地管理团队让员工列出20条忧虑，比着员工列出的20多条不安的原因，海尔亚洲团队一条条帮助解决、消除不安因素。在这一过程中，海尔借鉴了日本酒文化，下班后请日本员工喝酒，边喝酒边进行"掏心窝"的交流，这样的工作持续了两年。这一系列做法很好地传达了海尔的关心与耐心，一段时间的磨合后，员工能安心工作了。

同许多日本企业一样，三洋采取的也是"论资排辈"的年功序列制（年功序列制为日本企业传统工资制度，主要内涵是基本工资随年龄和企业工龄的增长而增加）和终身雇佣制，每个人眼里只有"上级指令"，至于用户在哪却无人关心。结合中日文化，海尔先是在三洋进行组织结构创新：45岁以下的人做公司管理,也就是部长级;45岁以上的则作为担当部长,有部长级别,但不主持工作。之后,又结合奖金发放,进行了一场为期六个月的关于考核体系、评价体系、打破面子、分出等级的体系改革。同时,海尔在不违反日本法律的前提下改革企业机制:改革原工资体系及职能式的评价标准,建立了以市场目标为导向的评价体系;改革日本公司里能升不能降的人事升迁制度,建立以目标和绩效为导向的机制。企划部的阿布巧由于成功策划了市场竞争力方案,为企业实现超额利润,被公司提拔为企划部部长时只有35岁,这让员工感受到了切切实实的活力的提升。

海尔通过文化输出与融合的方式,将"人单合一"融入三洋和斐雪派克两家企业当中。这两次重大收购表明海尔在全球化战略上的调整,即从自有品牌开拓海外市场向直接收购海外品牌的转变。它意味着海尔全球化从"走出去""走进去",逐渐到了"走上去"的阶段。

从2005年到2012年,海尔利用8年的时间,颠覆了传统的组织架构,并将"人单合一"的管理模式得以在海尔和国外企业进行贯彻实施和深化,解决了企业发展过程中创新效率低下的问题,通过文化融合的手段,对国外企业实施兼并收购,同时让员工直接面向市场,不断提升创新效率,满足用户的个性化需求,直击用户的痛点,不断加大产品的创新力度,让海尔成为名副其实的全球家电第一品牌。

2005年家用冰箱全球产量海尔集团位居第一;2005年家用电器洗衣机全球产量海尔集团稳居第二。2006年海尔与三洋株式会社在日本大阪签署合约,双方合作成立合资公司——海尔三洋株式会社;2008年海尔首次入选"全球最具声望大企业600强",在家电企业中排行第三,在中国上榜的35家企业中排名第一。2009年1月4日,世界著名消费市场研究机构欧睿国际发布消息,中国海尔冰箱以6.3%的品牌市场占有率超越惠而浦成为新的世界冠军。2009年5月27日,海尔集团对外宣布,投资参与新西兰斐雪派克公司的股权融资计划,此计划完成后海尔集团获得该公司20%的股份,成为该公司新的大股东。2011年10月18日海尔和日本三洋电机株式会社签订并购协议。

专栏2.5 全球化战略阶段的经验总结及路径分析

战略由来:家电市场供大于求,矛盾日益突出,上游成本压力和下游流通压力与日俱增,行业利润率"如刀片一般薄",同时海尔的"大企业病"滋生了一系列不良现象,使得企业创新效率日渐落后,而此时用户的个性化需求越来越明显。

主要矛盾:家电市场的供需矛盾。

> **典型案例**：此阶段海尔进行全面创新，使海尔改变了旧有的弊病。全要素创新、全员创新、全时空创新的全面创新引领海尔全球化的发展。
>
> **成功路径**：海尔创造性地提出了"人单合一"理论，让海尔的每个员工都直接面对市场和用户，让每一个员工都成为企业的创新者，通过充分发挥每位员工的潜能，让全员创新引领企业的全球化创新进程和创新的发展。通过并购、合作等不同途径，海尔在全球形成了五大研发中心，通过全球研发资源整合平台对研发中心进行协同，形成了全时空创新体系。全时空创新体系提升了海尔的创新效率，使海尔具备了引领行业的创新速度。通过技术、战略、管理、组织、文化、市场要素的创新实现了集团的全要素创新，引领集团从内部组织结构效率到外部产品创新的全球化发展和超越。全员创新、全时空创新、全要素创新组成的全面创新引领海尔全球化战略的发展。

2.5 网络化战略（2012～2019年）

2.5.1 时代机遇

进入21世纪以来，以互联网为代表的第三次工业革命浪潮滚滚而来，全人类的生产生活正在经历着翻天覆地的重大变革，互联网给人们的方方面面带来了方便和快捷。互联网的出现是时代进步的必然要求，是科技发展的重要标志。如今，互联网已经融入世界的每一个角落，人们的情感理念、价值取向、道德标准、思维方式、行为习惯等，都在互联网的影响下发生了巨大而深刻的变化。

网络技术飞速发展、日新月异并且逐步走向普通大众的生活。截至2012年5月，中国的网民数量已经超过5.13亿。互联网给人们的生活带来了极大的便利，足不出户，任何事情都能办到。网络已经融入我们生活的方方面面，并深刻地影响和改变着我们的生活。互联网为人们获取信息提供了极大的便利，也悄然影响着产业形态、社会经济、大众思维、新形式文化等方面。

互联网的出现催生了网络媒体、电子商务、网络娱乐、网络教育、远程医疗、社交网络、互联网农业、物联网及互联网金融等大量新兴行业，几乎每一个传统行业都能在互联网上找到其对应行业。尤为重要的是，相对于传统行业，这些新兴行业的"新"不仅表现为交易渠道的变化，更体现为交易方式、交易结构乃至权利契约的综合革新。互联网通过对社会经济所涉及的各个行业的革新与颠覆，塑造了整体的互联网经济，它与线下经济互相依存、互为支撑。互联网经济具有广阔的地域范围、盈千累万的参与人数、及时快速的服务响应、极致满意的消费体验、快速迭代的产品服务等特点。互联网媒体、社交网站、即时通信等渠道颠覆了传统的传播手段，不知不觉中改造着整个社会的思维模式，使得社会个体更加自信、开放、包容，更加注重自我表达，也更加关心自己的个性需求与应有权利。互联网是新兴文化发育生长的乐土，这些以社交媒体、自媒体为代表的新兴文化对大众思维产生了极其重要的影响，它引导并迎合个性文化和小众文化，不断促进大众个性化的觉醒。

现在的社会是一个高速发展的社会，科技发达，信息流通迅速，人们之间的交流越来越密切，互联网行业数据量呈指数级激增，这些数据的规模十分庞大，以至于不能用 G 和 T[①] 来衡量，大数据（big data）的概念由此而生，进入 2012 年，大数据一词被越来越多的提及，并逐渐渗透到当今每一个行业和业务职能领域。人们用它来描述和定义信息爆炸时代产生的海量数据，并命名与之相关的技术发展和创新。数据能给企业和社会带来更多的价值。

大数据是信息社会进入移动互联网时代的必然产物，大数据的数据量不但是海量的，更是实时的、流动的。这些数据被有效地挖掘和分析之后，成为国家治理和企业决策的重要依据。公司的发展离不开对市场的精准把控，及时了解市场的变化是一个公司立足于市场的根本。市场调查、战略规划、内部管理等都需要大数据信息处理技术的支持，信息的搜集能力和信息处理能力是大数据尤为擅长的功能，是一个企业获得竞争优势最重要的资源之一。大数据给企业的发展带来了便利，能够让企业实现跟市场和用户的精准对接。

移动互联网的高速发展和大数据研究的不断深入，产生了物联网的概念。物联网是一个基于互联网、传统电信网等信息承载体，让所有能够被独立寻址的普通物理对象实现互联互通的网络，是信息科学技术产业的第三次革命。在物联网上，每个人都可以应用电子标签将真实的物体连上网，也可以在物联网查找出它们的具体位置。通过物联网可以用中心计算机对其设备、人员进行集中管理和控制，也可以对家庭设备、汽车进行遥控，以及实现搜寻位置、防止物品被盗等各种应用。物联网还有许多广泛的用途，遍及智能交通、环境保护、政府工作、公共安全、平安家居、智能消防、工业监测、老人护理、个人健康、花卉栽培、水系监测、食品溯源、敌情侦查和情报搜集等多个领域。

物联网在制造业方面的大规模应用催生了工业互联网的概念。工业互联网，作为物联网的核心，是通过智能机器之间的连接最终将人机连接，结合软件和大

---

① G 和 T 都表示计算机存储单位，$1G=2^{30}$ 字节，$1T=1024G$。

数据分析，重构全球工业、激发生产力，让世界更美好、更迅速、更安全、更清洁且更经济。它是全球工业系统与高级计算、分析、传感技术及互联网的高度融合。工业互联网的本质和核心是通过工业互联网平台把设备、生产线、工厂、供应商、产品和客户紧密地连接、融合起来。工业互联网可以帮助制造业拉长产业链，形成跨设备、跨系统、跨厂区、跨地区的互联互通，从而提高效率，推动整个制造服务体系智能化。同时，有利于推动制造业融通发展，实现制造业和服务业之间的跨越发展，使工业经济各种要素资源能够高效共享。工业物联网改造了传统产业，给企业的生产、经营和管理模式带来了深刻变革，可以提高生产制造效率，节约能源，推动经济发展方式由生产驱动向创新驱动的转变，促进产业结构的调整。世界各个国家纷纷针对工业互联网提出了长远的战略计划以振兴本国制造业，如德国的"工业4.0"、英国的"英国工业2050战略"、美国的"先进制造伙伴计划"、日本的"再兴战略"、韩国的"制造业创新3.0"、中国的"中国制造2025"。

2.5.2 网络化战略阶段的由来

网络技术的发展改变了人们传统的消费习惯，也造就了网络化的市场。网络化的市场要求企业必须网络化。网络化的市场首先表现为用户的网络化。网络社会的用户已经从过去的被动消费转变为掌握主动权的人，信息不对称的主动权到了用户手里，用户提出各种各样的诉求，企业成为用户需求的追随者，企业产出产品的速度要跟得上用户点击鼠标的速度。要想实现这一目标，就需要企业颠覆传统的营销体系，实现精细制造、精准营销。为了更好地服务用户，追随消费者的需求，企业必须进行网络化转型，企业必须听从客户的要求，用户的选择决定企业的存亡，企业的网络化就是为了能直面用户，直击用户的痛点。这是进行网络化的外部因素。

网络化时代，人都是极具个性的、鲜明的主体，企业不再是过去的"封建社会"，员工开始主导企业，由员工直接面对用户，用户的个性化的需求需要靠员工去满足，如果还像以前的层级制，一级一级传递下去，用户需求就不能得到快速的满足。同样，片面执行上司的意志也会忽略用户的需求。如何应对这种不同于以往的局面，就显得尤为重要了。张瑞敏认为必须从组织、资源和用户资源三方面来改革海尔，使其成为网络化企业。

海尔从创业至2012年，已经走过了近30年的时间。30年的时间，足够使一个企业成长壮大，但是过于庞大的机构容易带来所谓的"大企业病"。"大企业病"是指企业发展到一定规模之后，在企业管理机制和管理职能等诸方面，不知不觉地滋生出阻滞企业继续发展的种种危机，使企业逐步走向倒退甚至衰败的一种慢性综合病症。机构庞大、人员冗杂是"大企业病"的典型体现。与此同时，企业惰性也开始出现，使得公司缺乏技术创新的动力、依靠以往的经验、业务流程缓慢低效。为了持续地克服惰性，进行创新就显得较为迫切了。对于企业来说，要克服惰性就需要培育创新性的企业文化，建立创新型组织和有效的激励体系，把准时代的脉搏，充分调动员工的积极性。网络化战略的提出就是为了解决这一系列的问题。

张瑞敏认为，未来的企业组织形式是分散化加合作化，是超越亚当·斯密分工理论指导下发展而来的科学管理和科层制的。到现在为止，企业还是采用生产是流水线、组织是金字塔的形式，但是这种传统的形式已经不再适合互联网时代。因为从企业的外部来看，用户变得极度网络化，并具有联合行动的能力；从企业内部来看，员工必须主导企业，才能准确把握用户需求碎片化和个性化的趋势。

对于网络化战略下的企业，张瑞敏用三个"无"来概括，即企业无边界、管理无领导、供应链无尺度。"企业无边界"是海尔努力变成一个以自主经营体为基本细胞的并联生态圈，拥有按单聚散的平台型团队。"管理无领导"是海尔在探索自治的小微公司，每一个员工都可能成为小微公司，而用户才是真正的领导。"供应链无尺度"是一个关键性节点组成的复杂网络，每一个节点都具有自主性和活力，可以为小众和大众同时提供服务。

为了解决企业惰性这个矛盾问题，积极适应互联网时代。张瑞敏在 2012 年 12 月 26 日宣布海尔进入第五个发展阶段——网络化战略阶段。本阶段海尔的主要任务就是从传统家电产品制造企业转型为面向全社会孵化创客的平台，致力于成为互联网企业，摆脱传统企业自成体系的封闭系统，变成网络互联中的节点，互联互通各种资源，打造共创共赢新平台，实现攸关各方的共赢增值。而此阶段的主要焦点就是创新和创业。

2.5.3　人单合一 2.0

从 2013 年开始，海尔把"人单合一"模式的变革推向纵深，提出了全新的"人单合一 2.0"。在这里我们把前一个战略阶段的"人单合一"称为"人单合一 1.0"。"人单合一 2.0"模式下的企业趋同于价值交易和资源配置的市场，组织趋同于凯恩斯主义的政府，"人单合一"模式则是促进市场繁荣、维护市场秩序的治理框架。"人单合一 1.0"与"人单合一 2.0"的区别在于"人单合一 1.0"的核心诉求是建立快速满足碎片化市场、个性化需求的组织，提高经营效率与准度。"人单合一 2.0"则是搭建各利益攸关方共生、共创、共赢生态系统（平台），组织、嫁接、催化全球资源以驱动创新。

"人单合一 2.0"通过事业转型、外部加盟、内部创业形式生成不同紧密度的各类小微企业,将海尔逐步发展成各类企业快速配置资源的市场(平台),成为真正的平台化企业。通过转化、创业、临时契约等形式,未来海尔平台上存在三类人、三类关系,第一类是在海尔平台上创业的创业者,与海尔建立以股权关系为纽带的动态合伙关系;第二类是基于项目的外部合作者(海尔称之为"在线员工"),与海尔建立以项目契约为纽带的合作关系;第三类是承担平台治理责任的员工,在法律意义上与海尔仍然存在雇佣关系,但数量极为有限(海尔称之为"在册员工")。通过实施"人单合一 2.0",海尔组织结构从三级自主经营体的"倒三角"组织形态转变成为网络化组织形态。

2.5.4 企业"三化"

张瑞敏认为,如果想要真正实现企业"三化"就需要颠覆传统模式,"人单合一 2.0"的实施最主要依靠两类人,一类是外部用户,另一类是内部员工。企业"三化"可以说是"人单合一 2.0"的具体实施手段。"三化"分别是企业平台化、用户个性化和员工创客化。原来的企业就是一层一层的,现在变成平台了;用户个性化颠覆了产销分离制,原来的工厂只管生产,生产出来进入销售渠道,由渠道销售,所以产销是分离的;员工创客化颠覆了雇佣制,原来的员工是被雇佣的,现在不是被雇佣的,而是来做创客的。

张瑞敏这样论述这三者之间的关系:"企业平台化是这个模式的必要条件,如果你不把企业原来的结构平台化,就不可能做到;用户个性化是目的,所有的颠覆都是为了这个目的;员工创客化是充分条件,没有员工最大的积极性,不可能实现目的。"

平台化后的海尔成为创业生态圈,在这个生态圈中只有三类人,第一类是平台主,平台主通过搭建一个平台来做好两件事,即将原来的组织结构变为互联网式和确保这个平台是开放的,实现一流资源的无障碍进入及各方利益最大化。平台主不是一个官员,也不是一个领导,而是一个服务员,为这个生态圈服务。第二类是小微主,就是一个个创业团队,小微主就是团队长,是小微的领导,小微主可以利用社会化资源、社会化的资金来进行创业,这个创业团队在平台上茁壮成长。第三类是创客,也就是以前的员工。生态圈所有人形成一个价值共创的组织,齐心协力来创造用户最佳体验。

员工创客化颠覆了传统的雇佣制,就是员工从被雇佣者、执行者转化为创业者、动态合伙人。海尔采用动态合伙制。动态合伙制就是员工跟投项目之后就是合伙人，但如果跟不上努力的目标，那员工就必须退出。当然，退出时会把原来投资的股份加上这一阶段的增值都退给创客。

海尔内部有八个字"竞单上岗，按单聚散"。"竞单上岗，按单聚散"就是一定要把全球最好的资源都整合过来。这个"单"不是订单，而是项目的目标。一个项目的目标明确之后，不管是谁，只要有这个能力，都可以竞单上岗，在做的过程当中按单聚散，目标会不断提升，有的人会分散掉，有的人会再聚进来。聚散的一个基本原则是：一定要面向全球最好的资源。海尔通过彻底放权，将决策权、用人权、分配权，人财物三权都让渡给小微。不管以前是什么角色，要创业，自己决策就行，但同时要自己承担后果。用什么样的人，怎么分配，都是小微自己说了算。"三权"放下去，小微企业就真正变成一个企业了。

用户个性化就是用户从被动的购买者变为主动的参与体验者。前面是员工从执行者到创业者，后面是用户从被动的购买者到主动的参与体验者。用户由过去的消费者变为产品设计的参与者，由于消费者需求个性化和差异化的趋势越来越显著，在此种趋势下，消费者的身份从最开始的只是购买使用商品的"顾客"转向主动参与产品设计和研发的"用户"。依托新的小微化的组织形式和全新的HOPE平台让用户直接参与研发和生产阶段，依靠"互联网+工厂"的生产形势实现精细的商品定制化。消费者从顾客转为用户，已经不只是提供需求供企业进行生产，而是参与到整个产品的生产流程中。

2.5.5　小微模式

2013年1月26日，张瑞敏在海尔创新年会上发布了关于组织结构的新观点——打造小微公司。小微是海尔平台组织上的基本创新单元，也就是独立运营的创业团队。小微能够充分利用海尔平台上的资源实现价值，是在海尔的创业平台上孵化出来的创业公司。小微是实现人人创客化的手段。这里的小微并不是工商机构概念上的"小微公司"。它们是由一群创客组成的，少则两三个人，多则两三百人。

从张瑞敏提出这个口号开始，海尔的小微模式首先从全国各地的工贸公司开始作为试点，这些公司主要负责在境内销售海尔及海尔控股子公司生产的相关产品，海尔将全国42家工贸公司全部转型为"商圈小微"。从2014年开始，小微企业模式开始向制造、设计、财务等其他单位推进。到2018年，海尔平台上已经有200多个创业小微，已经有100个小微年营业收入超过亿元，有52个小微引入风投，18个小微估值过亿元，其中5个小微估值过5亿元，两个小微估值超过20亿元。雷神小微就是成长迅速、极具代表性的小微。根据业务的不同、战略要求的不同、经营策略的不同，随着"人单合一"管理模式的深入，海尔的小微由起初的三类变成了四类,这四类小微分别是虚拟小微、孵化小微、转型小微和生态小微。虚拟小微从事的仍然是原来的业务,但是思维方式和工作方式则转变为适应新时代的思维方式;孵化小微从事的是原来没有的业务;转型小微聚焦的是业务模式的转变,此类小微已经孵化到一定的程度,拥有了自己的产品和市场;生态小微是加入海尔平台和生态圈的创客项目,跟海尔没有直接关系。

42家商圈小微就是海尔生态小微的一种,完全剥离出去,与海尔没有股权关系只有契约关系。它们过去是隶属于青岛海尔旗下的工贸公司,现在变成独立公司,均由原工贸公司的管理人员共同出资成立。商圈小微的员工直接与各地的商圈小微签约,人员关系不在海尔,变成海尔的"在线员工"。

其他三种类型的小微公司成立之初基本上都由海尔集团直接投资。在青岛海尔,孵化小微大多产生于互联网、电视等制造外包的部门,前期由海尔投资,待孵化成熟后再引入创业投资(简称创投)资金独立出去。典型的就是上面提到过的雷神小微,公司只有三个人,做雷神游戏本。2013年开始雷神与几家VC谈合作,雷神承诺一旦VC进入,雷神就从海尔内部独立出去。而海尔原有优势产业如冰箱、洗衣机、空调等事业部,则更多处于虚拟小微的阶段。虚拟小微发展到一定阶段,拥有自己的产品和市场之后,就会有一个升级版的名字——转型小微。

小微模式确定之后,如何让更多、更好的小微出现,是张瑞敏要考虑的,如果单纯一味扶持,小微们感受不到市场竞争的压力。如果一开始就直面市场,小微们会因为风险巨大而不敢轻易投入创业,海尔的解决方式是这样的:第一个阶段,员工只拿"基本酬",一般基本薪酬只有四五千元。第二个阶段,当项目进入拐点,即产品开始有了客户预约,并且达到了最初签约时的拐点目标和额度时,在"基本酬"以外,还会有超过既定目标部分的利润分享——分享酬(也叫对赌酬)。这个阶段,每个小微都会有对赌迭代的路径图,在对赌中,海尔对小微公司的业绩考核分为横轴和纵轴两条线,横轴主要是原来的KPI(key performance indicators,关键绩效指标)考核,纵轴则考核其网络化客户的数量。这样做的目的是确保有价值的商业模式能够得到扶持。第三个阶段,小微达到"引爆点",即公司"有一定江湖地位"之后,创业者可以跟投一部分,如出资10万元占股20%,这时候创业者的收入除了基本酬、分享酬以外,还有分红。第四阶段,小微公司已经形成小的产业生态圈,商业模式相对成熟,除了集团的天使基金可以跟投,还可以引入外部投资人,帮助企业做大上市。

2016年海尔提出"人单合一,小微引爆",根据张瑞敏的规划和设计,未来的海尔集团将转型为平台生态圈,成百上千的小微企业将成为海尔平台生态圈的重要组成部分。

2.5.6 雷神小微的成长

谈及海尔转型创客平台的颠覆性改变,就不得不提雷神,这个脱胎于海尔本来不受重视的电脑事业部,曾经是企业内的"老大难",现在已经成为国内游戏本的第一品牌,并在2017年9月登陆新三板。

2001年海尔成立了电脑本部,开始做台式机,2004年,开始做笔记本,2011年开始做一体机,由于不是海尔的主营业务,尽管进军市场,但是成效并不理想,销量只占到了全国总销售量的1%。不仅在行业中没有地位,而且在集团内部也属于亏损部门,不受集团重视。

"雷神"故事的主角之一路凯林最初就在电脑事业部的销售平台,负责全国各种计算机的销售,后来由于公司人员调动,他被调到了当时的NB(Notebook,笔记本)事业部,正是这个调动才有了雷神的故事。

当时路凯林在NB事业部任负责人,他和同事们对当时的市场行情和未来发展趋势进行了研判,发现未来的笔记本将向两个方向发展:厚度越来越薄,性能越来越强。在笔记本电脑体积这个问题上,曾经也有过单品成功的经验,可惜当时没有把这种单品变为品牌。于是路凯林当时抓住了后一个方向。

当时的NB事业部和京东电商渠道进行合作,双方在交流中发现,京东数据显示高性能笔记本有增长的迹象,而且,这个性能区间是高客单价且极具毛利空间,同时路凯林和伙伴们紧紧抓住用户的需求,组织团队成员开始"交互用户"。交互用户最直接的办法就是阅读京东、天猫上的用户评论,因为这类信息是有表达意愿的用户留下的,是最真实、最贴近用户需求的。在很短的时间内,他们阅读了3万条用户评论,他们把最关注的"差评"整理汇总成13类问题,他和同事们又去百度贴吧,相关论坛发帖,与用户交互确认痛点的有效覆盖率,在交互的过程中发现大多数用户购买高性能笔记本是为了打游戏。

为什么不做一款游戏本,这样的话用户就更聚焦,产品优势也就更凸显了,路凯林抓住了这个在脑子里一闪而过的想法,提出了游戏本的概念,从2013年5月开始,路凯林带领团队开始心无旁骛地筹备"雷神"。

有了这个想法只是第一步,路凯林认为要想主攻一个特殊的用户群,必须找到能够和他们对话的人,恰好这个时候,几个比较突出的人物为"爱好"投入,逐渐成为项目的核心。他们就是后来雷神的核心之一、大名鼎鼎的"三李"—李宁、李艳兵和李欣,这三个人都是狂热的游戏迷也都是"85后",让他们做这件事情十分合适。于是"三李一路"的雷神小微正式成立。

与生俱来的海尔基因使得成立之初的雷神小微一直以用户为中心,坚持客户为尊,从源头把握用户的痛点而不是自己想当然的做一些自以为很好的东西扔到市场上去,这种没有直击用户痛点而是以自己想法或者以研发人员的想法为出发点拍脑袋做出的产品,市场效果肯定不会好。当前的时代是互联网时代,在互联网时代,任何一个不以用户为中心的问题,都可能被无限放大,可能会影响几千人,几万人甚至几十万人,因此,互联网时代的用户为尊十分重要,在雷神创业初期发生的一个小故事足以说明用户的重要性。

电脑屏幕通常会有亮点。不论过去还是现在,有亮点,在一定的标准约束下是允许的。雷神刚上市的时候,它的产品屏幕也并不是完全没有亮点,因为按照国家标准,屏幕的亮点或者暗点在三个以内都是符合要求的。所以,当雷神 QQ 群反馈回来信息,说雷神的屏幕有亮点时,研发人员的第一反应是,我的屏幕有亮点非常正常啊,所有的品牌都有亮点,这是符合国家标准的。但是,用户的反应非常强烈,他认为,你可以说符合国家标准,但我需要的是完全没有亮点的产品,你不改善,我可以不买你的。这件事在 QQ 群里面不断地发酵,质疑声越来越大,逼迫雷神不得不反思自己的问题,到底是我们符合国家标准的观点对,还是要无条件地满足用户的一些需求?最后,雷神做了一个用户调研:如果把这个产品做到无亮点,成本增加多少用户能接受?大部分的人反馈增加 300 元是可以接受的。事实上,做到这样一个无亮点的屏,成本增加在 300 元以内。这是双赢的事情,为什么不去做?此后雷神开发出来的产品都是没有亮点的。也就是因为这一个简单的动作,让消费者得到了尊重。

事实上,雷神之后推出的没有亮点的产品,得到了玩家一致的好评。到现在为止,敢承诺自己的屏幕全无亮点的大概也只有雷神一家。正是依靠"三自"(自创业、自组织、自驱动)不停地交互用户,他们抓住了卡机、屏幕亮点等诸多市场产品的痛点,做出了真正让用户尖叫的产品。以用户为中心和与用户零距离已经成为一种习惯,这个习惯贯穿在雷神小微的整个团队之中。2013 年底雷神的第一款产品首发 500 台售罄后,3 万人预订;第二批 3000 台,20 分钟被抢购一空,问世仅仅半年便跻身京东商城游戏本销售亚军。雷神小微实现了"引爆"。

2.5.7 海创汇

为了加速实现"人人创客"的目标,2014 年海尔在之前"海立方"的基础上成立了海创汇平台,海创汇的定位是海尔由"制造产品"向"孵化创客"转型的孵化平台,是一个创业孵化器和加速器。海创汇为小微企业提供资源支撑、品牌背书和公司治理咨询等。在这个创业平台孵化的小微企业获得 A 轮融资的比例能达到 48%。海创汇和许多创业孵化器不同,海创汇主要依托海尔生态产业资源及开放的社会资源，实现了创新与创业、线上与线下、孵化与投资的系统结合，为创客提供包含投资、学院、供应链与渠道加速、空间、工厂、创新技术等一站式孵化服务。更与众不同的是，海创汇不是一个封闭的内部创业孵化平台，而是面向全社会开放的，社会上的创业者可以通过海创汇平台加入海尔，成为海尔的在线员工，进行创业。海创汇创业者的类型主要有四种，即企业家创业、高校科研人员创业、海归创业、草根创业。

其中，就企业家创业来讲，到2019年已有23个企业家在海尔平台创业，如2017年武汉高德红外股份有限公司董事长黄立，在海创汇平台创业的普宙无人机项目，利用海尔的渠道资源和供应链资源，迅速获得指数级增长。就高校科研人员创业来讲，目前海创汇已经和北京大学、清华大学、山东大学等全国56所大学建立科研成果转化合作，例如，清华大学已经有26个科研项目在海尔平台进行转化。就海归创业来讲，海创汇主要帮助有海外背景的创业者回国创业，到2019年已经有15个海归创业项目，例如，意大利海归荣滋东利用专利技术研发出基于AR（augmented reality，增强现实）射击的芯片，成功在海创汇的帮助下应用于军工（已与三家军工企业合作）、体育竞技和电子游戏领域，可6分钟训练一名士兵掌握射击技术。就草根创业来讲，海创汇平台已孵化41个草根创业项目，如美佳量房项目，海创汇帮助创业团队从一个idea（创意）开始创业，协助团队对接销售资源和供应链资源，为其销售产品破万台，降低成本超过30%，2014年实现收入超过600万元。

同时海创汇在空间上进行全球布局，覆盖全球资源，从国内来看，海创汇与北京、上海、深圳、武汉等16个城市建立了战略合作关系。从全球来看海创汇的海外布局已经覆盖以色列、美国、加拿大、德国、芬兰、澳大利亚、日本、新加坡等国家。

海尔官网显示，海创汇2019年已整合全社会4000多家创新创业资源，1333家合作风投机构，120亿元创投基金，与开放的创业服务组织合作共建了108家孵化器空间。同时，其线上平台项目达2400多个，实体孵化器项目256个，总估值200亿元。

海创汇共有"创客服务、创客工厂、创客渠道、创客金融、创客空间、创客学院"六大功能，这六大功能有机地协调起来，实现了对创客全流程的创业服务。创客服务是海创汇为创客提供的最为基础的服务，但也是创客成立小微企业必不可少的任务，主要包括法律咨询、人力资源、信息化建设、知识产权保护、财税、工商注册等。创客工厂为创客提供产品器件采购、技术寻源、外形设计、功能设计、样机生产、小批量试制、检测认证、批量生产等服务。创客渠道是帮助创业企业解决销售难题，不仅为创客提供线上微店销售、线下门店渠道销售、物流配送、仓储、营销和品牌等服务，还能为创客产品提供维修、电话中心等外包业务。

在创客渠道服务平台上，海创汇整合了非常优质的资源，主要有顺逛、海尔专卖店、日日顺物流、日日顺商城、海尔文化产业、社会化售后服务等。创客金融为创客提供融资规划、项目评估、投融资方案设计、资本对接、投后管理、上市辅导等服务。在这个平台上，海创汇开放整合了1000多家风投机构。创客空间是海尔集团为创客倾力打造的空间，集办公、会议、路演、洽谈、分享、小聚等多功能于一体，满足创业者多方面的需求，入驻企业除了可以在创业上得到全流程的服务之外，还可以享受税收方面的优惠政策，得到专项资金支持。创客学院是海尔大学专门为加速培养创客而设立的，依托海尔平台，吸引内外资源，通过公开课、训练营、导师辅导、互动社区等多种形式提升创客能力，搭建创业项目与投资人对接的平台，已形成集创客公开课、创业训练营、导师辅导、互动社区等多样化的创客加速培养体系。创客公开课紧紧围绕创业前、中、后所需的知识和技能，帮助初创客及潜在创客系统了解创客所需的基本技能和专业技能。创客学院还面向社会输出海尔创客模式。通过将海尔的创新孵化模式及成功创业案例等总结沉淀并对外输出，营造创客文化氛围，驱动创客转型。

海创汇的使命是"让创客享受一站式服务"，除了以上六大功能外，还为创客搭建了创业服务线上平台，创客可以通过"一键式"操作直接联系到各类服务资源，非常便捷。

在海尔所构筑的共赢生态圈中，小微企业是主力军，每个小微企业直面用户痛点，都有着独特的商业模式。在海尔的愿景发展中，这个生态圈中可能会有成百上千个小微企业，海创汇的任务就是将每一个小微企业孵化成为专业化冠军。自2014年海创汇成立至今，已经孵化了不同产业领域的许多明星项目，如日日顺家居服务、小帅影院、雷神科技、魔镜、有住网、社区洗等。

正如张瑞敏所言，创业都是不易的，每一个创业者最初就像是国际象棋的兵，兵攻到底，便无所不能。创业平台要赶在创客前面解决可能存在的需求，提高创业成功率。

2.5.8 开放式创新

在知识经济时代，企业仅仅依靠内部资源进行高成本的创新活动，已经难以适应快速发展的市场需求及日益激烈的企业竞争。这种情形下"开放式创新"的概念应运而生，开放式创新是将企业传统封闭式的模式开放，引入外部的创新能力。在开放式创新下，企业期望在发展技术和产品时，能够像使用内部研究能力一样借用外部的研究能力，能够使用自身渠道和外部渠道来共同拓展市场的创新方式。总之，开放式创新的最终目标是以更快的速度、更低的成本，获得更多的收益与更强的竞争力。

海尔为什么要进行开放式创新呢，原因就是互联网时代，信息获取越来越简单，用户非常容易获取到详尽的产品信息，同时随着互联网原住民的成长，用户的需求越发个性化、碎片化，个性化定制产品的呼声也越来越高。因此，企业必须改变传统的创新方式，为了满足用户的个性化需求，需要和用户、一流资源一起创新。正是这种"用户个性化"倒逼开放式创新，这是其一；还有就是技术的指数级发展和产品的快速迭代改变了原有的创新方式。创新产品以迅雷不及掩耳之势不断冒出，倒逼企业缩短产品研发周期，持续迭代产品，提升用户体验，只有利用全世界聪明人的智慧才能做到。正是这种惊人的产品创新速度倒逼海尔进行开放式创新，这是其二。

海尔开放式创新就是要建立全球资源和用户参与的创新生态系统，实现生态圈共创共赢。HOPE 平台是海尔和全球伙伴交互创新的社区，是一个开放式创新虚拟平台，其目的是打造全球资源并联交互的生态圈。海尔将 HOPE 平台的功能界定为：通过需求与资源在平台上自交互，为用户提供超值的创新解决方案，并实现各相关方的利益最大化，实现平台上所有资源和用户的共创共赢。HOPE 平台作为海尔获取网络化资源的一个重要工具，通过它，海尔可以与全球创新的解决方案提供者协作，将最佳的方案与用户需求结合，创造出引领用户需求的产品和服务。

HOPE 平台分为三大版块：社区交互、技术匹配和创意转化。社区交互是通过对社区的运营积累用户流量，了解各种电器产品的需求，再进行加工整理，快速转化成产品规划，并为即将推出的产品提供用户基础。技术匹配是用户需求被提到平台之后，通过后台的大数据匹配，快速精准地匹配到合适的解决方案，有利于海尔快速推出新产品。创意转化是指平台拥有大量的用户需求信息和技术方案信息，将这两者进行加工整理，就是大量的可行性产品方案，再加上海尔的六大转化基金的支持，可以顺利地推出新产品。

HOPE 平台是一个提供开放式创新服务的入口，通过平台上的多方交互，技术方、资源方、普通用户可以给予产品更多的建议和意见。HOPE 平台提供的服务主要包括两个方面：第一是发布技术挑战，需求版块的使用者不只局限于海尔，任何感兴趣的公司都可以在平台上发布它们的需求，用户可以阅读和发送私密信息给需求方，同时可以提供解决方案或者提出关于需求的相关问题给需求方，抑或是通过留言板以公开的形式提出问题。第二是提供或查看新技术，技术提供方可以是大公司、中小企业、创业公司、研发中心、创新者等。在平台上技术提供者可以展示自己擅长的方面，能够提供什么创新的产品和服务，如果有技术需求方对某项技术感兴趣，可以通过平台以私密或者公开的方式询问技术提供者。

从 HOPE 平台成立历经近十年的时间发展至 2018 年，从最初的 6 人到 2018 年的 57 人，从服务部门到现在的营收部门，HOPE 平台的营收占到集团总营收的 3.3%。截至 2019 年，海尔已经在欧洲、美国、日本、韩国、新西兰、墨西哥、印度建立了 10 个综合研发中心。每个研发中心都是一个独立的研发总部，拥有不同的地域性技术优势，同时能依据需求相互协同，合力为新产品提供最好的解决方案。海尔以全球 10 个综合研发中心作为根基和触手，并联全球上百万个资源，形成用户主导科技创新的 10+N 模式。其中的 N 是指遍布全球的研发力量，随时根据用户需求而变，共享全球最新的资源和创意。海尔通过 10+N 体系连接无数消费者，真正做到用户需求在哪里，创新就在哪里。在线上，海尔搭建了创新生态系统的载体平台 HOPE，作为全球创新力量的社群连接点，实现创新的来源和创新转化过程中的资源匹配，让世界真正成为海尔的研发部。

2014 年海尔赢得了"全球最具创新力企业 50 强"的称号，同年 12 月海尔又荣获了"最具世界影响力中国品牌"称号。2015 年 6 月海尔成功入选世界海关组织私营部门高层战略咨询委员会，这是中国企业第一次加入该委员会。2015 年 6 月海尔连续 12 年蝉联"中国 500 最具价值品牌"家电行业榜首。2016 年对于海尔来讲是值得纪念的一年，海尔在这一年宣布完成对 GEA 的整合，斥资 54 亿美元买下了 GE 的家电业务。更值得一提的是海尔在 2018 年成功进入财富世界 500 强。截至 2019 年，海尔参与了 97 项国际标准的修订，是中国提出国际标准修订提案最多的家电企业，牵头成立 IEC TC59/SC59M WG4 冰箱保鲜国际标准工作组，主导制定冰箱保鲜全新国际标准，实现家电领域的国际突破。

专栏 2.6　网络化战略阶段的经验总结及路径分析

战略由来：经过 30 多年的发展，企业惰性问题已经成为海尔发展的桎梏，影响海尔未来的发展。

主要矛盾：企业百年长青与企业惰性之间的矛盾。

典型案例：将"人单合一"推向纵深，推出了"人单合一 2.0"模式，实现企业的"三化"，完成了对传统企业的颠覆，将海尔变为互联网平台企业。

成功路径：通过"人单合一 2.0"实现全面创新，将传统组织变为互联网中的节点，互联互通各种资源，将企业变成一个全社会孵化创客的平台，实现企业的"三化"。通过 HOPE 平台集中全球优势资源为我所用，实现开放式的创新格局，通过遍布全球的 10 个综合研发中心和 N 个用户社群，集中优势技术资源，提升创新效率，将全球的创新技术收入囊中，形成开放式创新的新格局。

海尔在网络化战略过程中不再只是生产简单的家电电器,而是随着集团的生态化推进开始迈向智慧家庭领域,生产可定制化的成套产品和场景输出。智慧家庭综合了互联网、计算处理、网络通信、感应与控制等技术,被认为是下一个蓝海市场。海尔拥有高度敏感的触角,紧跟并引领市场的发展,物联网技术和AI技术的发展,让海尔认识到未来的家电市场已经不是简单的提供单个家电,而是提供完全的生活方案,海尔智慧家庭依然紧紧地以用户为中心,为用户提供多场景、定制化、可迭代的生活解决方案。截至2019年,海尔的智慧家庭已初具规模,形成了"5+7+N"的智慧家庭平台。

2.6 从战略引领到创新引领

2.6.1 战略引领的理论基础

与创新引领极易交织在一起的是战略引领。战略观是战略选择的核心,在战略管理的分析范式中决定了企业依据什么样的路径构建竞争优势,因为即使面对相同的环境,不同的战略观将导致不同的战略选择。

20世纪60年代的企业政策(business policy)(Learned et al., 1965; Andrews, 1971)研究一般被认为是战略管理的起点。Learned等(1965)和他的同事Andrews(1971)创立了SWOT分析框架,并从总体上建构了企业与环境的关系,用以解释企业利润率的差别,尽管研究主要集中在概念性层面,但连接了环境与战略的初步关系。同时期,Chandler Jr(1962)则从企业内部深入论证结构与战略的关系,提出了"结构跟随战略"这一命题,并在随后得到不断补充(Ansoff, 1965; Fouraker and Stopford, 1968),这一研究开始确立战略对于组织绩效导向作用的地位。

20世纪70年代,经济绩效导向的战略规划(strategic planning)(Rumelt, 1974; Carroll, 1979)日益盛行,以Rumelt(1974)为代表的战略管理学者投身多元化经营对企业经济绩效的影响的研究中。这种尊崇实证研究的公司战略分析法扩展到了业务战略,如市场战略的绩效(profit impact of marketing strategy, PIMS)(Schoeffler et al., 1974)和战略分类法(Miles and Snow, 1978)研究。这一时期的战略规划尽管开始向实证主义和科学范式发展,但是,是以经济绩效为导向的,容易缺乏对环境动态性的捕捉和对绩效长短期目标的均衡。

波特的五力模型是 20 世纪 80 年代战略领域的主导范式，其根源于 Mason 和 Bain 提出的应用于产业组织中的"结构—导向—绩效"（structure-conduce-performance，S-C-P）范式。可以说，战略管理学领域经历了一次产业经济组织学的全面侵袭和洗礼（马浩，2018）。这种分析模型能够帮助企业在产业中发现一个可以在对抗竞争对手时能够保护自己的位置（Porter，1980），将企业所处的行业情境、在行业中的相对位势与企业自身的战略选择联系，使 SWOT 分析框架（Learned et al.，1965；Andrews，1971）朝微观方向发展。五力模型说明了产业结构在决定或限制战略行为中扮演了中心角色（Teece et al.，1997）。尽管它是一种有助于企业识别并确定自身在某一产业中位势的工具，进而在具有吸引力的产业中占据强势位置，但缺乏对利益相关者动态的判断和反应，也不可避免地晃动着环境决定论的影子（刘海兵和许庆瑞，2018；马浩，2018）。而在充满跨界颠覆、不确定性的当前（刘海兵，2018），以行业分析行业位势的五力模型在战略的前瞻性设计方面更显得捉襟见肘。在五力模型的同时期，Carl（1989）提出了战略冲突理论（strategy conflict theory）。战略冲突理论揭示了企业可通过企业的战略举措（strategic moves）影响竞争对手行为从而影响整个市场环境。但这种理论作为战略观用于设计战略时受到学术界质疑，认为管理者可能忽视寻求建立企业竞争优势的可持续资源。

20 世纪 80 年代资源基础观（resource based view，RBV）涌现，战略管理的研究开始由关注行业结构向关注企业内部要素转变。资源基础观认为，企业拥有的那些有价值的（valuable）、稀缺的（rare）、不可模仿的（inimitable）和难以替代的（non-substitutable）资源与能力能够为企业带来可持续竞争优势（Wernerfelt，1984；Barney，1991），这种可持续的竞争优势体现为公司战略层面的核心竞争力（core competence）（Prahalad and Hamel，1990）。在受到"资源从何而来"的广泛质疑后，后来的一些学者（Conner，1991；Amit and Schoemaker，1993；Collis，1994）也试图借助产业分析法和资源分析法的融合来为产业环境、企业资源和战略搭建桥梁，但效果甚微。尽管 Barney 等（2011）还在为资源基础观为何没有得到更好利用和发展而寻找原因，却终究无法解释为何大量高价值技术资产的公司因为没有"有用"的能力（useful capability）（Teece et al.，1997）而奄奄一息。

20 世纪 90 年代，在学者 Conner（1991）、Amit 和 Schoemaker（1993）、Collis（1994）的前期研究基础上，Teece 等（1997）正式提出了动态能力（dynamic capability），较好地架起了外部环境与企业自身资源之间的桥梁。动态能力主张要根据市场变化不断对资源进行调适（adapting）、整合（integrating）和重构（reconfiguring），是保持企业资源组合与外部环境动态匹配的能力。动态能力提出后，其在 21 世纪仍然是战略管理领域的主导范式，研究者开始探讨动态能力的微观基础（Winter，2003；Teece et al.，1997；Barney and Felin，2013），同时向市场营销领域渗透（Teece，2014）。动态能力观作为一种基本战略观，对企业战略柔性（strategy flexibility）起到了积极作用。

综合上述战略观的演进逻辑，作为战略设计的灵魂，战略观在由环境到战略方向的行进中充当了十字路口的"指南针"，可以说战略观为"战略引领"在战略管理范式中形成的无可撼动的地位发挥了关键作用。然而，从企业政策到动态能力战略观的演进中可以看到一个基本不变的逻辑，即战略要适应环境，战略来源于现实中的真实环境，甚至在一些阶段还表现出"环境决定战略"。然而，传统的战略观忽视了企业家和企业管理者面对环境时的主观能动性和积极性，尽管伯格曼等（2018）在其《七次转型》一书中极力倡导战略可以对环境起到影响作用的理念，但并没有引起战略管理主流范式的根本改变。立足相对静态环境的"战略引领"更无法解释今天行业内的颠覆性创新（disruptive innovation）和跨界颠覆，突破中国行业关键共性技术、重大前沿技术的重要战略谋划也就很难有效落地。这说明，仅仅以"战略引领"作为企业创新能力提升的路径还不够，迫切需要发挥"创新引领"作用，将"战略引领"上升到"创新引领"。

2.6.2　创新引领的理论基础

相对战略观而言，"创新"一词较"战略"一词更早，至今已有相当丰富的文献讨论了企业创新及创新管理的问题，但尚未形成规范的、体系化的"创新引领"理论。梳理已有的创新管理相关研究，有助于我们厘清战略引领下的创新驱动和创新引领之间的关系，并努力使创新引领理论体系的脉络更清晰。我们将创新管理的理论大致梳理为以下四种类型。

（1）作为理念的创新。其出现于20世纪30年代。J.A.熊彼特于1934年首次提出"创新"的概念，认为创新是一种可以引入生产体系的、从未有过的、关于生产要素和生产条件的"新组合"。熊彼特的创新理论将创新视为驱动经济发展的一种理念，对如何创新勾勒了总体图景，这对后续的创新研究产生了积极而深刻的影响。但从中可以看出，创新从属于经济发展，是经济发展的解释变量，而经济发展是创新的目标变量。但限于时代背景，这些关于创新的早期理论更多体现为一种理念。

（2）作为要素的创新。自熊彼特提出"创新"的概念后，创新对于企业发展的作用日益受到重视，对创新的研究从原有的一种单纯的手段逐步深化到要素。这与工业革命的发展密不可分，尤其是在第三次工业革命和第四次工业革命时代，创新对组织绩效的贡献已超越传统的管理职能，创新是确立企业在行业里相对竞争优势的关键（刘海兵，2018）。将创新作为一种要素意味着创新相对独立地从法约尔时代的"计划、组织、指挥、协调、控制"五要素中分割出来，其内涵、结构、机制逐渐被填充并丰富，对创新的研究主要涵盖技术创新（technology innovation）（Dosi，1982）、市场创新（market innovation）（Junge et al.，2016）、组织创新（organizational innovation）（Crossan and Apaydin，2010）、文化创新（culture innovation）（Danks et al.，2017）、合作创新（cooperative innovation）（Lichtenthaler，2013）、全面创新管理（total innovation management）（许庆瑞，2007）。这种研究范式从微观机制上对创新这一比较宏达的命题进行了开创性研究，对学术界和管理实践产生了重要影响，至今仍表现出强劲的生命力。

（3）作为方法论的创新。伴随着创新内涵和机制的不断丰富，在环境越来越不确定的情况下，到底"如何实施创新""需要哪种创新"才能形成企业的核心竞争力成为研究者关注的兴趣点，据此大致形成了两个方向上的方法论创新。一是以技术距离（technological distance）为标准，先后涌现了突破性创新（radical innovation）（O'Reilly and Tushman，2004）、颠覆性创新（Christensen and Raynor，2003）、破坏性创新（breakthrough innovation）（Hargadon，2003）、主要创新（major innovation）（O'Connor，2008）、非连续性创新（discontinuous innovation）（Kaplan et al.，2003）等理论，这些理论保持了内在的统一，即认为企业可以通过与竞争对手保持显著的技术距离而获得领先的竞争优势（Menguc et al.，2014）。与之对应，还有一类创新是建立在持续的技术创新和组织知识升级基础上，如渐进性创新（incremental innovation）（Ettlie et al.，1984）和连续性创新（continuous innovation）。二是以创新的边界为标准，出现了封闭式创新和开放式创新的讨论。合作创新和用户创新（user innovation）的概念先于开放式创新，开放式创新由Chesbrough（2003）提出，在信息技术快速发展、知识型员工快速流动（Vanhaverbeke et al.，2008）、产业生命周期缩短（Gassmann，2006）、技术创新加速的背景下，企业通过开放边界能够获得更多外部资源，从而在整合内外部创新资源基础上实现创新效率提升。

（4）作为价值导向的创新。与前三个发展阶段的创新观不同，这一阶段的创新观开始摆脱企业边界的束缚，在社会与企业的共生关系中寻求价值的平衡，即不仅要探讨企业的创新对于企业自身的价值贡献，还要探讨能给社会带来的正向的价值效应。最具影响力和代表性的有包容性创新（inclusive innovation）和责任式创新（responsible innovation）。包容性创新源自2007年亚洲开发银行包容性增长（inclusive growth）的概念，此后George等（2012）将这一理念引入企业发展问题，逐步形成企业包容性创新的概念，包容性创新强调创新要能使BOP（base of the pyramid，金字塔底层）群体和TOP（top of the pyramid，金字塔顶层）群体一样享受到同等的就业机会和公平参与市场的机会，提高他们的发展能力，并进一步缓解他们的贫困状态、改善他们的生活水平。这种创新思想不仅有助于社会公平正义的彰显（George et al., 2012），也有助于企业以新的发展逻辑，以新的资源和能力构建新的竞争优势（Kelly, 2009）。关于责任式创新的讨论，最早源于美国 2003 年针对纳米科学技术领域提出的"责任式发展"（Owen et al., 2012；梅亮等，2018），von Schomberg（2011）提出"责任式研究与创新"，认为科技创新要符合伦理道德并满足社会期望，欧盟"地平线 2020"框架计划正式提出"责任式创新"的概念，与四种非责任式创新形成对比，即单独依靠技术推动的创新、忽视伦理规范的创新、单纯依靠政策拉动的创新、忽视技术预见与危机防范的创新。

2.6.3 战略引领与创新引领的关系

由上述分析可知，创新管理的理论大致分布于理念、要素、方法论和价值导向等四个类型的研究中，理念解决了"能"（can）的问题，要素解决了"创新什么"（what）的问题，方法论解决了"如何创新"（how）的问题，价值导向则解决了面向社会的"需要哪种创新"（which）的问题。

前三种类型的创新，在战略分析范式中的作用和地位呈递进趋势，尽管如此，创新却是从属于战略、服务于战略的，而战略则是环境中最符合企业理性目标的方案集（bundle of solutions），并没有从根本上回应在一个涵盖政府、社会、行业、企业的宏大视野中"企业为什么创新""如何创新"的问题，如此看来，战略引领下的创新只是企业为了达成理性目标的手段，是否有助于增进行业与社会共同福祉则属不确定目标，甚至不排除企业为了自身利益而实施的创新是无助于行业和社会福祉的可能。创新驱动是战略引领下的要素驱动，创新作为实现战略的必要手段服务于战略目标的达成，不同的战略选择决定了不同的创新驱动方式。而创新引领将创新的重要性、必要性提升到企业经营的思想和文化中，形成了相对稳定的企业价值观，创新作为直面环境、直面用户的必由手段服务于用户价值的实现，可以说，创新引领嵌入在企业经营哲学中，指导企业具体实践，其地位和重要性高于战略引领。

不过值得肯定的是，在创新管理研究"can-what-how"的演进逻辑中，由创新所引爆的生命力日益强大，逐步奠定了创新能够成为管理领域中一种"相对独立而完整的理论体系"的基础。作为思想或价值观的创新，开始尝试性去回应在增进社会共同福祉的语境中企业应秉持什么样的价值观进行有意义的创新，如包容性创新和责任式创新等。

总体上，海尔经历了由创新引领下的创新驱动到创新引领的大的创新范式的变迁。由创新驱动到创新引领的创新范式的变迁,不是一蹴而就,而是一个持续的过程,海尔集团在其经历的名牌化战略、多元化战略、国际化战略、全球化战略阶段基本依靠创新驱动,而在网络化战略阶段,则正在探索创新引领高质量发展的路径。

2.7 创新引领下的战略管理

既然战略引领下的创新驱动和创新引领下的创新有着明显差异,那么战略在战略引领和创新引领两种范式中的作用和地位自然不同。创新引领下的战略,是将创新的地位提升到文化、思想的高度作为企业经营哲学渗透在组织战略选择中,并通过组织、市场、制度、文化等载体将战略实施下去。如前文所述,海尔走过了一条从战略引领到创新引领的管理创新发展之路,得益于这样的变化,今天的海尔人时时处处迸发着创新的活力,创新引领在其中发挥着十分重要的作用。海尔创新引领下的战略管理体现在全要素创新引领、全员创新引领、全时空创新引领,全要素创新、全员创新和全时空创新则有机地构成了全面创新。

2.7.1 全要素创新引领

全要素创新引领意味着企业的技术、制度、组织、文化、战略、市场等要素随着外部环境的变化而创新,全要素是创新引领的载体。

在海尔进入全球化战略阶段之前,技术、制度、组织、文化、战略和市场等这些要素在海尔不同发展阶段有不同的选择性重点。例如,在名牌化战略阶段主要侧重于技术创新,多元化战略阶段主要侧重于市场和技术两个要素的创新,国际化战略阶段则主要侧重于市场、技术、组织和文化等要素的创新,从全球化战略阶段开始,创新的要素更全面、更深入。

从全球化战略阶段开始,为了解决"大企业病",海尔探索性实施"人单合一"管理模式,技术、制度、组织、文化、战略和市场等要素同步开始创新。围绕员工和用户价值统一的核心问题,在技术创新方面开始搭建整合全球研发资源的平台以提高自身整合创新的能力,从而快速响应用户需求和市场痛点;在制度创新方面,采取了如"内部对赌"的激励机制,使员工创新积极性进一步增强;在组织创新方面,采取了企业小微化的机制,将海尔原有的正金字塔结构变成了"倒三角"结构，原有的中高层管理部门变成了支持前方和距离市场最近的业务部门的资源平台；在战略创新方面，提出以效率打造全球第一竞争力，创世界级全球化海尔品牌；市场创新方面则提出"走出去、走进去、走上去"及"30%以上的利润要来自母国以外市场，以差异化开创蓝海"的目标。海尔进入网络化战略阶段以后，这些要素方面的创新更加深入，在接下来的章节会详述。

从海尔的管理创新发展可以看出，实现创新引领的核心是企业要根据外部市场环境的变化，深刻洞察用户需求，技术、制度、组织、文化、战略和市场等要素同时进行协同性创新。

2.7.2 全员创新引领

每个人都是创新主体是全员创新引领的基本含义，而"每个人"不仅包括企业内各个部门、各个流程的员工，还包括企业外部的供应商、用户等创新资源。

2009年前后，随着互联网技术的兴起，家电行业环境在用户、产品和技术方面发生了新的变化，在此背景下，秉承"世界就是我的研发部"的理念，海尔组建了海尔研发资源中心，通过收购、自建吸引和整合全球研发资源。例如，2011年100%收购三洋白电，2014年在日本东京、熊谷市新设白电研发中心，2012年100%收购新西兰斐雪派克，2012年在德国纽伦堡自建研发中心。

2014年6月HOPE平台改版升级为HOPE 2.0。通过HOPE 2.0，技术供需双方可自行发布各自的技术需求、技术方案，实现自由交互，对象变为所有用户。平台遵循开放、合作、创新、分享的理念，通过整合各类优秀的解决方案、智慧及创意，与全球研发机构和个人合作。由此开始将外部创新资源整合到海尔的创新资源库中，全员创新逐步深入。

为了更好地发挥集中在HOPE平台上的各方资源的协同效应，2016年12月15日"创新合伙人计划"升级，海尔正式开启创新社群模式探索。从模式、流程、组织、分享机制对现有平台进行全面升级，正式开启创新社群模式探索。升级体现在三个方面：①组织升级：从企业对企业的组织间合作到以社群为主体的创新生态系统；②流程升级：快速、准确的对接和上市转化——方案转化和创意孵化；③机制升级：混沌而有序的组织形式，不同角色的有效协作，根据贡献分享价值。例如，2018年7月27日召开的"2018创新合伙人半年会"发布了创新合伙人积分制和积分用途，鼓励创新合伙人积极参与社区互动、提供有价值的技术情报和创意。目前，HOPE平台已经集中了领先用户、设计师、科研人员、创业公司、科研机构、大型公司等创新合伙人，形成了以用户为中心的从线上创意交互—原型设计—设计交互—产品原型—现场交互——代产品—预售—迭代的并联流程。

通过发挥全员创新引领的作用，海尔对外创新服务进一步拓展，合作对象跨汽车、新能源、健康、食品养生、新材料和电子等行业，提供的服务有技术竞争情报、技术专家咨询、消费者洞察、开放创新模式转型、新兴科技资源寻源、创新路演与对接活动等。海尔官网显示，2019年全年HOPE平台解决各类创新课题500项以上、支撑上市新品60余项、平台创新增值20亿元、创新网络节点数350万个、创新网络覆盖的技术领域100余个，创新效率明显提升。

2.7.3 全时空创新引领

全时空创新引领旨在围绕用户需求实现"时时创新、处处创新"，将相应市场的创新能力进一步提升。海尔的全时空创新引领体现在海尔的研发体系设计上。内部研发、全球研发中心、HOPE平台构成了海尔研发的基本框架，其中，内部研发涵盖了侧重1~2年内满足市场需求的产业线研发和侧重3~5年以后引领市场需求的超前研发，产业线研发和超前研发通过并联流程保持着紧密地沟通协作。十大全球研发中心形成了覆盖大区、集合世界一流研发资源的创新中心。2019年HOPE平台已经集中了领先用户、设计师、科研人员、创业公司、科研机构、大型公司等创新合伙人，创新资源总数超过10 000人。这样的研发体系，使创新在每时每刻、在世界各个角度都在发生，极大地提高了海尔创新效率。

2018年12月18日上午，庆祝改革开放40周年大会举行，海尔集团CEO张瑞敏凭借其在企业管理创新中的不断突破和改革荣获"改革先锋"称号，习近平同志亲自为张瑞敏佩戴改革先锋奖章并颁发证书，这也让张瑞敏执掌的海尔集团再次引起人们的关注，海尔集团到底是谁？从一个资不抵债、濒临倒闭的小厂到现如今的世界500强的国际化大公司，海尔一路走来经历了什么？这些背后的故事、从小到大的发展经验和路径又是什么？

2.8 结论与启示

战略，是企业为适应其所处环境，利用可获得的内、外部资源，为企业创造近期和长远竞争优势的计划和策略，明确而清晰的战略是企业在竞争中取胜并保持生机和活力的重要前提（许庆瑞和陈重，2001），在一个企业的发展中起着导向性作用。通过对海尔发展的总结可以发现以下两个特点。

（1）海尔的战略选择具有超前性。在时代发展过程中，超前的战略思维已经成为决定企业自身生存和发展的最为迫切和关键的能力，对于企业的生产经营，未来不再是市场需要什么就只生产什么，而应该具有超前思维，运用超前的战略思维来推动企业的经营活动。在海尔具体的发展过程中体现非常明显，从最初大家关注产量的时候海尔重点关注质量；大家关注质量的时候海尔已经开始关注服务；大多数企业都开始夺取国内市场的时候海尔开始了国际化；大部分企业讨论核心能力的时候海尔已经迈向了自主可控的开放式创新阶段。

（2）海尔对内外部环境变化的高度敏感有力地促进了战略创新。企业在高度动荡和不确定的环境中，若不能有效抵御并积极主动应对内外部环境的持续变化，迅速对市场潜在机会和威胁做出反应，则定会被竞争者击败。海尔的战略创新是其对内外环境高度敏感的结果。时代背景、市场因素等一系列外部因素的变化和企业发展过程中内部因素的变化结合，促使企业家不断地进行战略创新，打破企业发展的阻碍因素，促进企业持续发展。海尔的各个阶段发展战略的制定完全是张瑞敏审时度势，根据当时海尔面临的内外部环境做出的正确决策。企业在不同发展阶段所面临的内外环境千差万别，战略也要进行动态的变化和创新。

第 3 章　创新驱动海尔全面发展

创新驱动已经成为我国重要的发展战略。实施创新驱动发展战略，对提高我国经济增长的质量和效益、加快转变经济发展方式具有现实意义。对于制造业企业而言，创新驱动意味着企业发展不再依靠劳动力与资源的价格优势，转而依靠科技创新提高产品附加值。海尔能够实现快速发展离不开创新的驱动作用。与其他企业关注某一方面的创新不同，海尔的创新驱动不仅涉及技术创新，还包括市场、组织、管理等多方面的创新。多年以来，海尔秉承全面创新的思想，为提高核心竞争力，以价值创造和价值增加为目标，在系统、全面的框架下实施了以战略为主导，以技术创新为核心，以市场、组织、文化、管理等的创新为支撑的全面创新，并取得了显著成效。本章将按照全面创新管理理论的思想，将海尔的要素创新与企业不同方面的建设相联系，将全面创新与企业的重大战略转型相联系，剖析创新驱动在企业发展中的重要作用。

3.1　技术创新驱动海尔品牌建设

"品牌"是企业拥有的一种重要的无形资产。对于不了解产品技术细节及对产品技术质量没有判断能力的消费者来说，"品牌"代表了品质。"品牌"是企业凝聚力与影响力的象征，也是企业长期良性发展所积淀的成果。在相当长的一段时间里，中国企业依靠丰富廉价的劳动力资源和自然资源，加入到由跨国公司构建并主导的全球价值链（global value chain，GVC）体系。我国诸多制造企业在这条价值链里处于代工生产的地位。品牌拥有者与生产者的分离使我国制造企业长期从事生产环节中最繁重的工作，却在产品销售市场上受制于人，赚取微薄的利润。随着行业竞争的加剧和成本优势的消逝，一些企业的发展由于缺乏独特竞争优势，生存空间越来越狭小。显然，对企业个体而言，必须通过其他方式形成稀缺的、独特的、难以模仿的竞争优势。自有品牌建设是企业向上发展不可或缺的重要部分。

与同时代的多数企业不同，海尔在成立之初便树立了先进的"创牌"理念。建立"中国人自己引以为傲的家电品牌"是海尔人的奋斗目标。海尔品牌的建设离不开过硬的产品质量与产品特色。技术创新是品牌建设的前提。只有持续不断地进行技术创新才能保障产品质量与功能的优越性，塑造并维持良好的品牌形象，培育消费者的信誉认知度，获得市场占有率和经济效益。

在技术创新的支撑下，30多年来，海尔形成了独特的品牌信仰，强调"创新""可持续发展""客户至上""缜密的解决方案"。"创新"是指海尔秉承锐意进取的海尔文化，不拘泥于现有的家电行业的产品与服务形式，在工作中不断求新求变，积极拓展业务新领域，开辟现代生活解决方案的新思路、新技术、新产品、新服务，引领现代生活方式的新潮流，以创新、独到的方式全面优化生活和环境质量。"可持续发展"是指海尔将秉持一贯的社会责任意识，在创意、制造、服务、物流、回收等环节坚持践行绿色理念，积极引领消费者、合作伙伴乃至各行各业共同承担对环境的保护责任，为社会长久发展奠定良好基础。"客户至上"是指海尔深刻洞察人们对现代生活的需求：优质生活和优质生活环境。所有的海尔人和海尔的合作伙伴都以真诚的态度，在研发、采购、生产、物流、服务等每一个细节中倾心而为，发挥全部潜力和创造力，尽力满足客户的需求，实现以客户为中心的创新。"缜密的解决方案"是指海尔不仅充分理解消费者的生活需要，而且深入考虑对环境的综合影响。海尔积极拓展与家居生活相关的业务领域，对各产品、服务、居家环境、网络等进行全面整合，为消费者量身定制系统化的现代生活解决方案，创造更丰富的生活体验和更优质的生活环境。

近年来，除产品品牌之外，依赖于互联网、物联网与智能制造等先进技术的发展，海尔也积极致力于打造企业"生态品牌"新形象。2018年5月31日，Interbrand公布"2018最佳中国品牌排行榜"，海尔继续蝉联同行业第一，品牌价值95.1亿元，同比增长13%。成立近40年来，海尔依靠技术创新让品牌持续焕发生机。在"人单合一"模式下，海尔坚持以用户为中心，根据不断挖掘的用户需求，持续对产品迭代升级。在物联网时代，海尔在全球首次提出生态品牌模式，建成U+、COSMO平台、大顺逛等全球平台，推出全场景定制化智慧成套方案，创物联网时代的第一生态品牌，率先实现智慧家庭领域的"换道超车"。2018年青岛海尔首次披露生态收入（6.2亿元），成为全球家电业第一个披露"生态资产"的企业，意味着海尔"生态品牌"在物联网时代拔得头筹。依靠过硬的技术支持，海尔一直踏准时代节拍，秉承以用户需求为中心，继续为中国企业打造自有品牌做出示范，向世界展现中国品牌力量。

3.1.1 西学东用：二次创新，奠定本土驰名品牌

海尔成立初期，也是我国改革开放的初期。海尔的技术水平只能生产电冰箱这一种产品，并且质量欠佳。由于国内家电行业整体生产能力较低，海尔虽然面对供不应求的、广袤的国内市场，却因为产品质量问题而陷入滞销。为了改变"低质、低价"的品牌形象，海尔提出了"高质量、高价格"的战略愿景。张瑞敏通过"砸冰箱"事件，彻底唤醒了海尔人的产品质量意识。创立劳动纪律、建立工作规范是保障产品质量的第一要义。改革开放以来，许多国内制造企业开始引进国外先进的技术或设备，海尔也不例外。1984年，作为海尔集团的前身，青岛电冰箱总厂和德国利勃海尔公司签约引进当时亚洲第一条四星级电冰箱生产线。当时很多家电企业止步于技术或设备引进，陷入了"引进—落后—再引进—再落后"的怪圈。然而，海尔集团意识到了上述问题的严重性，于是用了6年时间，通过委派技术人员学习、在实践中摸索等方式，消化并吸收了2000余项国外先进的冰箱生产方面的技术知识。另外，当时的冰箱普遍存在质量隐患，张瑞敏以著名的"砸冰箱"事件为原点，带领青岛电冰箱总厂改进技术管理体系、严抓产品质量。也正源于此，1991年，在全国首次驰名商标评比中，海尔品牌被评为"全国十大驰名商标"。海尔人自己总结了这一时期的成功经验，主要在于其在引进技术和设备的基础上，通过消化吸收，再植入海尔的创新基因，以差异化的产品质量立足于市场，成为国内家电领域佼佼者。

海尔通过制定技术引进与消化、吸收、再创新并举的方针，从消化吸收利勃海尔四星级豪华电冰箱制造技术开始探索海尔人自己的创新之路，并取得了阶段性的成果。技术创新引领海尔实现了以质量创品牌的战略目标。1988年，海尔电冰箱荣获了电冰箱产业的第一块质量金牌，表明了当时海尔冰箱在技术水平上已处于国内领先水平。1990年6月，海尔在业界首家推出50%CFC[①]发泡冰箱，标志着我国冰箱制造技术取得从含氟向无氟发展的阶段性胜利。

3.1.2 兼收并蓄：集成创新，提升品牌国际美誉

1991年12月20日，在兼并了青岛电冰柜总厂和青岛空调器总厂之后，海尔集团成立。随着企业规模扩大，一些"大企业病"也逐渐出现在海尔集团的运营

---

① 氯氟烃，chlorofluorocarbon，简写为CFC。

中。在解决这些"大企业病"的摸索过程中，海尔人提出了"斜坡球理论"，也被称为"海尔发展定律"。为了解决"斜坡下滑"的问题，海尔创造性地提出了"日清法"，即每人每天对每件事进行全方位的控制和清理，目的是"日事日毕，日清日高"，这一方法很好地提升了海尔的运营效率。除此之外，海尔集团还在技术创新方面大胆尝试，认为"用户的难题就是我们的课题"，又一次创造性地提出了技术创新课题市场化的研发指导方针，并通过合作设厂、技术合作等方式完善其研发体系。例如，1993年，海尔集团分别与三菱重工、意大利梅格尼建立了合资工厂，在合作中学习对方的技术和管理理念，进而提升其自身技术能力。此外，海尔为开发高清液晶无绳电视机，与多家相关领域技术领先企业开展合作，如与日本某公司合作开发视频编码和解码技术，与美国飞思卡尔合作开发无线传输技术，与美国环球科技公司合作开发软件控制系统。1998年，美国《家电》杂志高度评价了海尔在世界家电业中的崛起与壮大。

海尔在国外创立本土化名牌的策略主要分为三个阶段，即本土化认知阶段、本土化扎根阶段、本土化名牌阶段。第一步，按照"创牌"而不是"创汇"的方针，出口产品，开拓海外市场，打知名度；第二步，按照"先有市场，后有工厂"的原则，当销售量达到建厂盈亏平衡点时，开办海外工厂，打信誉度；第三步，按照本土化的方针，实行"三位一体"的本土发展战略，打"美誉度"。第一步是播种，第二步是扎根，第三步是结果。通过这三部曲，截至1998年，海尔成功地在海外建立了13个海外工厂。在获得国际品牌美誉的背后推手是海尔集团与海外先进家电企业的持续技术合作与不懈的技术学习。在合作建厂、合作研发过程中，海尔习得了先进技术并与自有技术相融合，为国外市场提供新颖性与实用性更高的细分市场产品，逐渐建立海尔在国际市场的品牌形象。

3.1.3 自立自强：原始创新，成就世界高端品牌

自1998年12月26日海尔中央研究院正式成立以来，海尔致力于自主研发。自成立至2019年，海尔中央研究院累计获得15项国家科学技术进步奖项，连续12次蝉联国家认定企业技术中心评价排行榜榜首，累计主持和参与350项国家、行业标准的制修订工作。2003年，海尔中央研究院自主研制出中国第一颗自主产权的数字电视解码芯片，并大规模投入生产。2010年，海尔集团发布送风模块的标准化接口，这是全球白色家电领域内第一个模块标准化接口，海尔也成为全球白色家电领域第一家做模块化的企业。伴随着技术进步的实现，海尔对自有品牌建设提出了更高的要求。截至2017年，海尔拥有三大品牌：卡萨帝、海尔、统帅。其中卡萨帝是高端品牌代表、海尔是中端品牌代表、统帅是基层品牌代表（现已转为互联网定

制品牌，专攻农村市场）。下面选取最具代表性的卡萨帝品牌建设过程进行说明。

2006年卡萨帝（Casarte）成立。卡萨帝源自意式生活灵感的国际高端家电品牌，以艺术家电和嵌入一体化厨电为核心产品线。秉持"创艺家电，格调生活"的品牌理念，卡萨帝在"汲取精致生活的灵感，缔造永恒的艺术品质"的核心品牌设计语言下，每一件产品都诠释着家电生活艺术化的趋势，致力于为都市精英人群打造优雅精致的格调生活。卡萨帝是在引领家电功能性趋势的基础上，突出产品工业设计的一种创意性家电。艺术家电，强调艺术感的设计和设计的艺术化。艺术家电的产生，将使家电成为家居环境中的艺术品，带给消费者感官和心灵上的审美体验，享受独特工业设计所带来的随心自由与便捷。艺术家电强调以用户为中心的设计，致力于以技术革新和工业设计为支撑的品质与品位、性能与功能的完美融合。此外，艺术家电要求制造材料、制造工艺等各个环节完全服务于设计品质的要求，从而要求厂商对消费者进行全方位的人性化关怀。

嵌入一体化橱电是将家电和橱柜进行完美的结合，是设计、制造、安装、服务一体化的解决方案。嵌入一体化橱电的普及，使家电在家庭内将不再是作为单独烹饪和清洗的中心，而是逐步成为厨房和家居中心的延续。现代的家电将不再作为单独的角色，而是成为厨房整体的一部分，家电的功能、设计和安装会完美融合到整个厨房设计概念中。在追求产品品质和功能的同时，用户希望品牌和产品可以代表其生活方式，表达其对生活的理解，并为其生活带来高品位的全新理念。秉承对消费者需求的理解及对世界顶尖设计与创新的支持，海尔为卡萨帝这一可以代表高端群体品质生活的品牌赋予了生命。

卡萨帝深厚的品牌文化底蕴绝不是一蹴而就，在它的背后是海尔30多年的市场积淀和海尔全球的资源。作为全球知名的白色家电品牌，海尔从品牌创立至今，凭借对消费者需求的深厚了解及丰富的产品线，成就了其在全球家电行业的领先地位。在"为全球消费者提供美好住居生活解决方案"这一品牌愿景的推动下，海尔对全球消费者的生活状态保持着持续的跟踪和研究。

在推出卡萨帝品牌之前，海尔集团历时5年，对全球包括米兰、伦敦、柏林、巴黎、纽约、东京、上海等12个城市的8万余名高端用户进行了详尽、深度的消费调查研究。调查结果显示，高端消费者正在高速发展成为独特的群体。以中国为例，高端人群每年以16%的速度递增，80%在25～45岁，主要生活在一线和二线城市中；他们事业成功，文化程度较高，多为大学或大学以上学历；他们受国外思潮影响较大，对时尚、现代、西化的生活方式有较高认同，认为财富的意义从炫耀内化为有能力选择自己喜欢的生活方式,普遍追求更有品质的精致生活（关注健康、和谐、优雅、方便、高科技、装饰性）。高端消费者的生活价值观正在发生着深刻变革，消费者的需求也从普通需求发展到个性化的需求。在产品功能层面，高端人士普遍注重产品的技术创新，关注品牌的声誉，关心设计，关注产品的健康环保，关心产品的制造工艺和精细化程度。

从 2007 年 9 月上市至 2019 年，以艺术家电和嵌入一体化橱电为主要产品线的卡萨帝，旗下已经拥有了冰箱、酒柜、空调、洗衣机、热水器、电视机、厨房电器、生活小家电及整体橱柜等 9 大品类、39 大系列、380 余个型号的产品。2017~2019 年，卡萨帝发展迅速、成绩凸显，其凭借出色的设计创意频频摘得国际大奖，包括美国《商业周刊》的"年度设计奖"、德国的"Plus X 大奖"、德国的"IF 设计大奖"及德国的"红点至尊奖"等设计大奖。

作为海尔集团的高端子品牌，卡萨帝与海尔的品牌运营模式为强背书模式。卡萨帝享有海尔全球设计、研发、制造及采购等众多国际资源，并借力海尔于全球建立的 24 个工业园、10 个综合研发中心、108 个制造中心、66 个营销中心及总数超过 6 万人的全球员工。2009 年 12 月的 Ipsos（益普索）品牌资产调查报告显示，卡萨帝在中国一线城市高端人群中的品牌提及率已经达到了 29%。截至 2019 年底，卡萨帝产品已经进入中国近百万个高端家庭，为中国的高端人群带去了品质生活。实际上卡萨帝的出现离不开技术创新的支撑。在卡萨帝背后是全球 10 个综合研发中心的支撑及由业界享有盛名的设计师所带领的跨越 12 个国家的 300 多位设计师组成的团队。

3.2　市场创新驱动海尔多元化发展

3.2.1　单品冠军：打造优质冰箱

从 1984 年到 1991 年，历时 7 年，海尔专心致志做冰箱，在管理、技术、人才、资金、企业文化方面有了可以移植的模式。在产品定位上，张瑞敏秉持"产品出世即要领先，争取占据市场主动权"的原则，考虑到高档次产品更能满足中国家庭的生活需要，张瑞敏率领的海尔领导团队经过慎重比较分析，于 20 世纪 80 年代和德国利勃海尔公司签订了生产四星级高档电冰箱的技术合作协议，引进了当时国际先进设备，给海尔的发展带来了有利的外在条件。但是，外在有利条件要转化为海尔的竞争优势，仍然需要内在有利条件的配合：建立扎实的企业管理基础。可以说，以张瑞敏为首的海尔领导团队通过大量适合海尔实际的管理创新，在一个完全空白的基础上建立了较为扎实的管理基础，使得引进先进技术的优势迅速在市场中得到较好反响。

1986年由于产品质量过关，海尔冰箱在北京、天津、沈阳三大城市一炮打响，市场出现抢购现象。在1987年世界卫生组织进行的招标中，海尔冰箱战胜十多个国家的冰箱产品，第一次在国际招标中中标。海尔的发展逐渐引起了各级领导和社会各界的关注。同年，海尔第一次在北京西单商场举办"琴岛-利勃海尔"电冰箱展销会，高品质的冰箱吸引了众多消费者排队购买。1988年，海尔冰箱在全国冰箱评比中，以最高分获得中国电冰箱史上的第一枚金牌，从此奠定了海尔冰箱在中国电冰箱行业的领头地位。1989年市场出现寒流，而海尔冰箱在这场风波中，不但没有降价，反而提价12%，且依然被抢购。海尔以它的高质量和服务赢得了市场。1990年，海尔先后获得国家颁发的"全国企业管理优秀奖（金马奖）""国家质量管理奖"，为今后规模的扩张积蓄了管理经验与人才。1991年，在全国首次驰名商标评比中，问世仅仅6年的海尔品牌与那些有着悠久历史的品牌一起，被评为"全国十大驰名商标"，标志着海尔的名牌战略已经开始产生积极的效果。

3.2.2 相关多元化：多品类共同发展

电冰箱市场的迅速发展为海尔奠定了扎实的市场开拓与企业管理基础。从1992年开始，海尔着力于通过资本运作盘活资产，扩大企业经营范围。随着我国人民对物质需求的进一步发展，国内消费者对于家电的刚性需求逐渐从电冰箱发展到洗衣机、空调等多个领域。在20世纪90年代初期，海尔虽然拥有极具口碑的冰箱品牌，但却因为缺乏其他相关家电领域的技术而无法将产品业务拓展出电冰箱的范畴，从而无法实现范围经济。为了实现扩大经营范围的目标，海尔确立了多元化发展战略。1992～1998年，海尔走上了低成本扩张之路，激活"休克鱼"，以无形资产盘活有形资产，成功地实现了规模的扩张和产品的多元化。其间，海尔集团通过资产重组、资本重组、资本盘活的方式兼并了红星电器、武汉希岛实业股份有限公司、莱阳市家用电器总厂、合肥黄山电视机厂等亏损总额在5.5亿元的18家大企业，盘活了15.5亿元资产。海尔也从单一产品向多个产品发展（1984年只有冰箱，1998年时已有几十种产品），从白色家电进入黑色家电领域，在最短的时间里以最低的成本把规模做大，把企业做大。随着海尔集团的日益壮大，无形资产的比重不断加大，海尔"东方亮了再亮西方"的这种资本运营观念给企业带来更大的、无法估量的发展。1995年5月22日，海尔集团东迁至刚落成的海尔工业园，拉开了海尔二次创业——创世界名牌的序幕。同年红星电器整体划归海尔集团，成为海尔多元化发展的标志性事件。

在海尔多元化发展过程中，海尔文化和战略实现了完美的协同，在海尔的兼并收购中发挥了非常重要的作用，而多元化发展的另一个结果就是海尔创新模式的转变，从"单一创新"走向"组合创新"。多元化的战略定位要求海尔在短时间内丰富产品线，而缺乏冰箱制造之外的相关家电领域的技术也是客观事实，唯有通过并购硬件条件好却经营不善的其他家电企业才能够实现这一目标。而并购后面临的最大挑战不再单纯是技术层面的问题，而是如何将新纳入部分与海尔原有组织实现有机融合。单纯依靠规章制度的强制保障并不充分，唯有文化与战略充分协同才能使组织的"移植器官"充满海尔的"原生血液"。海尔擅长的是把握管理与市场，而多数被兼并企业恰恰是由于企业经营理念落后、缺乏凝聚力而面临危机。海尔将其企业文化优势与战略目标协同起来，创造出不同于"大鱼吃小鱼""快鱼吃慢鱼"的兼并方式，是其在该阶段最瞩目的创新举措。

在多元化战略阶段，海尔创造性地提出了技术创新课题市场化的研发指导方针，并通过合作设厂、技术合作等方式完善其研发体系。通过内外部的合作与协同，海尔不仅实现了产品多元化，也实现了家电技术的多元化发展。市场创新驱动下的市场与技术组合创新助力海尔实现了多元化战略阶段的战略目标。

"创造市场，不打价格战"是海尔多元化战略阶段涌现出的市场创新理念，如"只有淡季的思想没有淡季的市场""创新就是要抓住商机""重做蛋糕""打价值战，不打价格战"等。在这些理念的指导下，海尔超越简单的营销"4P"[①]模式，提出自己的一套市场创新方法，其本质可以表述为"创造市场与顾客"。"重做蛋糕"，海尔不是在原有市场上通过价格战抢分既有份额，而是通过市场创新支持"重做蛋糕"，即创造新市场。海尔一直坚持"打价值战，不打价格战"这一原则。家电产品到20世纪90年代中后期开始出现供大于求。各个厂家为了消化库存拼命降价，甚至降到了成本之下来进行竞争。价格战带来的问题非常严重，1998年中国的彩电行业出现全行业亏损，海尔的做法是一定不为库存生产，而是为有价值的订单生产，靠创新提高产品附加值。此时，海尔以低成本扩张的方式先后兼并了广东顺德市爱德洗衣机厂、莱阳市家用电器总厂、国营风华电冰箱厂、合肥黄山电子集团公司等18个企业，企业在多元化经营与规模扩张方面，进入了一个更广阔的发展空间。

3.2.3 不相关多元化：多产业协同发展

张瑞敏曾说过，一个品种就是一个市场，忘掉一个品种就会丧失一片市场，一个消费群体。当面临逐渐饱和的国内白色家电市场时，除了积极开拓国外白色家电市场外，海尔开始涉足其他产业领域，如黑色家电（手机、电脑等）、生物制

---

① 即product（产品）、price（价格）、place（渠道）、promotion（促销）。

药、家居集成等产业。在这些看似不相关的产业背后,海尔到底是如何取舍是否进入或是否继续在某个产业领域深耕细作呢?

不相关多元化作为一种企业的重要战略决策,需要经历严密的分析与判定。海尔在做多元化时有一个原则,即每一个产品在上市三年内都要进入行业前三名,否则就要砍掉。"行业前三"便是海尔为自己设定的多元化临界条件。对于制造企业来说,规模是降低平均成本、获得盈利的基本条件。如果在新产品上市三年内无法在同类商品中达到占据优势的产销规模时,意味着海尔集团整体利润率会受到影响。对于完全陌生的行业领域,海尔如何确保自己能够战胜竞争对手,立于行业领先地位?

市场创新是海尔在白色家电领域实现品类扩展的法宝。对于拓展不相关多元化的市场来说同样适用。例如,海尔在制药产业的尝试。1996年,海尔投资并成立青岛海尔药业有限公司(简称海尔药业)。海尔药业以三株医药产业集团等国内知名药业企业为榜样,力图在保健品行业做出一番成就。海尔药业提出开辟针对"亚健康"人群的保健品市场,开发了纯中药制剂"采力"系列产品。作为海尔集团的一个新兴产业部门,海尔药业2003年销售收入过亿元。

海尔不相关多元化发展的另外一个趋势是,从制造领域向服务领域发展。海尔的三大战略转移之一——从制造业到服务业的转移也已经说明了多元化的价值取向。在服务领域的市场创新催生了海尔金融业务。随着服务业市场准入的放开,海尔开始进入银行、保险、信托等领域。2001年12月26日,张瑞敏对外正式宣布海尔进入金融业,并以控股或第一大股东的方式投资了六大金融企业,分别是青岛市银行(持股超过50%)[1]、鞍山市信托投资股份有限公司(约持股20%)[2]、长江证券股份有限公司(约持股 20%)[3],与纽约人寿保险公司合资成立寿险公司(持股50%),成立保险代理公司和财务公司。海尔进入金融业的目的是成功地进行金融运作,产生跨行业的协同效应。2007年,海尔集团将旗下金融资产及业务整合,正式组建海尔金融集团。海尔金融集团旗下拥有海尔财务公司及海尔房地产,控参股青岛银行、长江证券股份有限公司、海尔纽约人寿保险有限公司等多家金融企业。海尔金融集团的发展目标是将金融业务覆盖到产业投资公司(基金)、财务公司、银行、证券、保险等金融行业,形成较完整的金融产业链,进一步开发融资租赁、消费信贷等业务,丰富金融产品,同时运用产业投资基金、上市公司等平台,开发直接投资、并购重组、上市安排等业务,促进海尔集团其他产业的发展。

---

[1] 2008年4月28日更名为青岛银行,2019年底,持股17.15%。
[2] 已更名为安信信托股份有限公司,2019年底持股小于0.3%。
[3] 2019年持股小于2%。

3.3 组织创新驱动海尔的国际化进程

3.3.1 走出去：探索跨出国门

海尔国际化的第一步是"走出去"。1998年以后，为打造世界知名品牌，海尔制订了在21世纪初进入《财富》世界500强行列的战略规划。在向国际化发展的阶段中，海尔的生产、研发、服务等都需要面对国际竞争。该阶段海尔面临的主要矛盾是效率要求与组织结构之间的不适应。为了与世界一流企业竞争，海尔借助现代信息技术和通信技术，开始了以"市场链"为主的流程再造工程，这是组织的革命性变革。

如今海尔已实现了组织结构的扁平化和流程导向型网络结构，不仅注重任务，而且注重结果，实现了市场与顾客零距离的目标。在流程再造的每一个阶段，海尔的组织结构也根据需要不断进行调整，例如，从1998年开始实施流程再造以来，截至2015年，海尔的组织结构调整和流程重组超过40次。流程再造的过程也是企业实现全面创新的过程。在这次流程改造与部门重组中，海尔形成了由三级科技开发机构及海外15个设计分中心组成技术创新体系。海尔技术中心包括：海尔中央研究院，负责开展超前技术及新领域研究；产品开发中心，负责结合市场需求进行课题研究；科技信息网络中心，负责获取全球科技信息；工业设计中心，负责进行产品的外观造型设计、提高产品附加值；生产手段开发中心，负责提高商品化速度、产品精细化方面的研究。

海尔中央研究院成立于1998年12月26日，致力于家电核心及关键共性技术的自主研发。海尔中央研究院联合美、日、德等国家和地区的28家具备一流技术水平的公司，通过技术合作、联盟建成综合性科研基地，主要功能是整合、开发超前技术和新领域技术，并负责在国际范围内建立信息中心和技术分中心，及时获取国际最新的科技和市场信息。2003年，海尔中央研究院自主研制出中国第一颗自主产权的数字电视解码芯片——海尔爱国者芯片，并投入大规模生产。在这次基于内部市场链的流程再造过程中，海尔中央研究院也发挥了积极作用，在产品系列化、部件通用化、零件标准化上贡献突出。2004年又推出全球第一台用宇航材料做成的节能冰箱和全球第一套网络整体厨房。

3.3.2 走进去：跻身主流市场

海尔国际化的第二步是"走进去"。该阶段，海尔以主流产品进入当地主流渠道。与其他家电企业的国际化定位不同，海尔的国际化以"创牌"而非"创汇"为目标。要"走进去"，就是要融入国际市场，按国际惯例办事。这不仅要求企业要做到与所在国的商业文化相融，更重要的是要能够与当地消费者和各类组织建立密切联系。海尔依靠组织创新实现了与当地市场的紧密联系。海尔依靠"三位一体"本土化组织模式，将研发、制造和营销都搬到当地。因为要坚持"创牌"就要求售前、售中和售后的配套体系必须更完善。

以巴基斯坦为例，2001 年，海尔在巴基斯坦拉合尔地区与当地企业鲁巴集团合作建立了第一家工厂，并先后建成了冰箱、洗衣机、空调、电视机等多个家电生产基地，而后来的海尔–鲁巴经济区更是中国在境外正式挂牌的首个经济贸易合作区。海尔空调巴基斯坦制造基地，从定频空调到变频空调，从挂机到柜机，海尔空调均在当地实现整机制造。在欧洲，海尔先后建立了德国研发中心、意大利设计中心、法国营销中心，实现设计、制造和营销"三位一体"组织模式，并采用缝隙化和差异化战略成功进入当地中高端产品市场。通过深入洞察欧洲用户需求，海尔设计研发了意式三门冰箱、一米宽法式对开门冰箱等一系列高端家电产品；在渠道方面，海尔深化原有渠道合作，并积极拓展主流渠道业务的延展性。海尔产品销往欧洲 30 多个国家，进入了主流渠道和其他零售店。另外，海尔还利用互联网与用户交互，自 2012 年起，海尔欧洲通过 Facebook、Youtube、Twitter、Google+等社交媒体平台，邀请用户参与产品设计、创意和传播，使用户成为产品的创造者、购买者和宣传大使。

依靠"三位一体"的组织模式创新，海尔逐步走入了海外市场。产品研发本土化方面，海尔在国际化战略阶段，在全球建立了 5 大研发中心，根据本土化的用户需求，开发满足当地需求的主流产品。制造本土化方面，海尔在全球已经建立了 24 个制造基地，遍布美洲、欧洲、亚太、大洋洲、中东非，提高了海尔在全球的制造竞争力。营销本土化方面，海尔品牌产品已经销往全球 100 多个国家和地区。在美国，海尔曾于 2004 年创下 7 小时销售 7000 台、平均 3.5 秒就卖出一台窗式空调的销售纪录。

3.3.3 走上去：成为主流品牌

海尔国际化的第三步是"走上去"。该阶段，海尔凭借高端产品打入当地主流品牌行列。除了当地研发、当地生产、当地销售，树立高端品牌的形象，海尔还需要借助本土企业来缩短与当地用户的心理距离。海外并购是获得这类资源的有利途径。对于被兼并的海外企业，海尔以独特的组织方式对其进行整合、管理和运营。海尔提出"发挥员工积极性，品牌独立运营"的整合策略。

首先，海尔的海外并购主要面向的是 C 端用户[①]。例如，海尔收购 GEA，就是因为 GEA 在本土市场上的用户份额。为最大限度保证 GEA 优秀团队继续发挥自身创造力，海尔收购 GEA 后将组织整合的核心放在让员工最大限度发挥自身价值上，为其搭建创新平台，并给予试错机会。究竟如何引导创新及提供何种范围和形式的支持，海尔会结合各国市场情况和消费者特点，应需而变。GEA 总部仍留在美国肯塔基州路易斯维尔，海尔尊重信任对方富有才干的管理团队，使企业在现有高级管理团队引领下开展日常工作，独立运营。具体方式是由海尔高管团队、GEA 高管及两位独立董事共同组成董事会，共同协同未来的战略方向和业务运营。

在亚洲市场，以 2011 年海尔收购三洋白电为例。日本文化强调团队精神，问题是员工"只知道执行领导命令，不知道执行市场命令"，由此海尔在不违反日本法律前提下改革企业机制：适当调整三洋原有工资体系和"职能式"评价标准，换之以市场目标为导向的评价体系；改革日本公司"能升不能降"的人事升迁制度，换之以目标和绩效为导向的人事机制。这些举措，也是旨在激发外籍员工的积极性。

2019 年，海尔海外收入自主品牌占比达到近 100%，已经覆盖 160 多个国家和地区，且是欧美、日韩很多主流市场的主流品牌，尤其收购了 GEA 后更是加大了对北美市场的覆盖。

3.4　管理创新驱动海尔做大做强

3.4.1　名牌化战略阶段的管理创新

1. 高层管理层创新

1984 年 12 月 26 日，张瑞敏带领新的领导班子接手海尔集团的前身青岛电冰

[①] C 端用户，即个人用户，个人代表消费者（consumer）。

箱总厂。当时的青岛电冰箱总厂是一个亏空 147 万元，资不抵债的烂摊子。产品滞销，人心涣散。当时是张瑞敏到农村大队借钱，才使全厂工人过了一个年。

原青岛电冰箱总厂主要产品为洗衣机，主营产品从洗衣机到电冰箱的转变是张瑞敏的一大战略决策，但是"抓质量，树名牌"的质量战略更展现了张瑞敏对于家电市场的敏锐洞察和深刻认识。在 20 世纪 80 年代，中国家电市场几乎一片空白，只要生产电器就一定会卖出去，一定会赚钱，所以企业普遍不重视质量。而张瑞敏却清醒地认识到，冰箱市场的卖方市场很快就会结束，只有高质量的产品才能保障企业的长久发展。张瑞敏将"抓质量，树名牌"的战略思路通过一系列的领导举措传递给企业全体员工。1985 年，张瑞敏通过"砸冰箱"事件树立了质量是企业生命的指导思想。1986 年，张瑞敏组织全厂开展了"假如两年后市场疲软，冰箱销不动了怎么办"的大讨论，及时把员工从供不应求的过热状态中挽救出来，意识到质量的重要性。1987 年，他又在厂里举办了"劣质工作展览会"，目的是强化员工的工作质量意识，以工作质量保障产品质量。

从上文可以看出，张瑞敏的战略决策解决了海尔的生存和发展问题。首先，根据对家电产业市场的了解和分析，张瑞敏做出了彻底退出洗衣机产业转型生产电冰箱产品的正确决策，避免了由技术底子薄带来的生产、销售上的问题，转而进入电冰箱这个对于产品技术要求不高的空白市场。其次，张瑞敏对于高质量优秀产品的追求，使得海尔在电冰箱产品处于卖方市场的时候苦练基本功，打好了扎实的精益求精的管理基础。当市场转变为买方市场时，海尔立刻脱颖而出，在降价风潮中价格不降反升，成就了"海尔"品牌。事实证明，到 1989 年很多冰箱企业因为不重视发展质量而被淘汰了，相反海尔冰箱却在不断快速地向前发展，赢得消费者的信任。1988 年，凭借一流的产品质量海尔冰箱获得了中国冰箱史上的第一块金牌，并先后通过了 ISO 9001 和欧美多家机构认证，国内名牌已经基本树立起来了。

2. 中层管理层创新

在海尔转产电冰箱，通过抓产品质量树立"海尔"品牌战略的过程中，遇到了相当大的困难。1984 年张瑞敏接手的原青岛电冰箱总厂是一个名副其实的烂摊子：缺少资金，没有产销对路的产品。但是最根本的困难来自人：原青岛电冰箱总厂在管理上更是一团糟，员工迟到早退，工作时间厂子里空荡荡的没有一个人，并且工人对于企业缺少信心，张瑞敏来厂的第一天就接到了 53 份请调报告。

可以说，1984～1991 年是海尔建立经营秩序，以打造基础管理的八年。在这段时间内，围绕着企业的基础管理建设，张瑞敏通过一系列管理创新和制度创新，强化了企业质量意识，成功地将原先人心涣散的青岛电冰箱总厂建设成为一个管理严明、精益求精的质量型企业。其中最为著名的有"管理十三条""斜坡球理论"

"反复抓,抓反复""6S 大脚印"。

本阶段的诸多管理层创新之间有着密切的相关关系。首先,"斜坡球理论"是本阶段管理层创新的核心,它揭示了严格的基础管理对于保证企业不倒退、不下滑的重要性。其次,"斜坡球理论"指出了基础管理的主要内容和方向。在本阶段,海尔员工的素质远远不能达到一个高技术生产型企业的标准,因此,如何给每一位员工、每一项工作找到下滑的"止动力"成为基础管理的重要内容。围绕着提高员工素质这个核心,"管理十三条""反复抓,抓反复""6S 大脚印"分别从不同方面入手,构建了海尔严格的基础管理内涵,为以质量求发展的名牌化战略的实施奠定了良好的基础(图 3.1)。

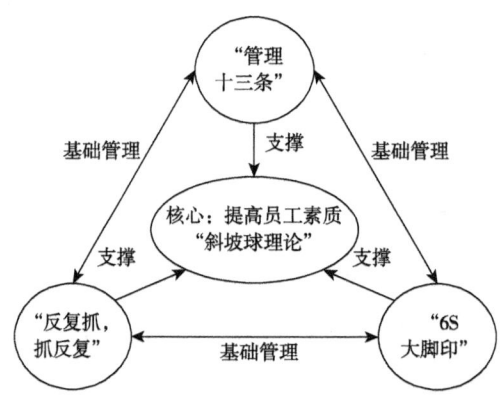

图 3.1　以质量求发展的名牌化战略阶段多项管理层创新关系图

本阶段以"斜坡球理论"为核心的多项管理层创新不但保证了以质量求发展的名牌化战略顺利实现,而且在后续两个战略阶段的发展中,本阶段奠定的良好管理基础成为海尔的核心竞争力。海尔探索并积累了企业管理经验,为今后的发展奠定了坚实的基础,并总结出一套可移植的管理模式,成为其谋求发展的重要手段(如海尔文化激活"休克鱼")。

【斜坡球理论】

在名牌化战略阶段,海尔员工总体来说素质不高,所以海尔一直强调用严格的规章制度对每一个工序、每一个环节、每一个人进行有效控制,把企业的每一个要求都通过规章制度落实到每一位员工的具体工作上。

针对员工做事拖沓、不求进取的问题,张瑞敏提出了一个"斜坡球理论",企业好比斜坡上的球体,向下滑落是它的本性,因此它需要两个力:一个是止动力,保证它不往下滑,这就是企业的基础管理工作;另一个是创新力,创新是企业发展的条件,在止动力的止动下再创新,就会推动企业的发展。通过用"斜坡球理论"进行比喻,张瑞敏形象地阐述了严格基础管理与创新的重要性(在以质量谋求发展的名牌化战略阶段,海尔的"创新力"作用表现并不充分,在后续两个阶段中较为明显)。严格的基础管理是制止每位员工工作下滑的"止动力",如果没有了这个"止动力",就算一天两天能把工作做好,也难以保证能持之以恒地把工作做好。

"斜坡球理论"对于处于名牌化战略阶段的海尔来说有着重要意义,这是由当时海尔的实际情况决定的。张瑞敏试图在海尔建立起高水平的先进的电冰箱生产线,而海尔员工的素质远远不能达到这个要求,因此,张瑞敏希望通过严格的管理制度规范并提高每一位员工的基本素质。可以说,"斜坡球理论"正是在这种背景情况下提出的。"斜坡球理论"对于处于名牌化战略阶段的海尔来说,其意义主要有以下两个方面:①"斜坡球理论"指出了严格的基础管理的重要性。假如没有严格的基础管理,企业就没有了止挡,企业就会在前进的道路上下滑,就不可能成功。②"斜坡球理论"指出基础管理不但要精益求精,而且要持之以恒。这是因为要想解决每一位员工的止动力问题,那么基础管理一定要深入细致,这样才能彻底找到每一位员工、每一项工作的止动力。不仅如此,基础管理还要持之以恒,不能松懈,一旦有所松懈,小球就会下滑,工作就要倒退。

【抓反复,反复抓】

海尔基础管理的一大重点是"抓反复,反复抓"。反复现象的发生,其根源是基础管理工作薄弱,服从标准的工作意识淡薄,员工素质差。员工把大量工作标准弃之脑后,使已有的管理制度失去约束作用,使已经解决过的问题重新发生。因此,张瑞敏提出必须要"抓反复,反复抓",不断地反复地抓,就会使管理制度深入人心,最终使管理制度成为一种习惯。"抓反复,反复抓"体现了"斜坡球理论"中持之以恒的要求。

【管理十三条】

1984年张瑞敏接手的原青岛电冰箱总厂不仅缺少资金、技术,而且缺少有市场竞争力的拳头产品,更重要的是,由于管理混乱,员工们对于企业缺少信心,在张瑞敏来厂的第一天,就接到了53份请调报告。

张瑞敏认为,资金和产品都是可以通过其他渠道解决的,但是首先要在员工心中树立起对企业的信心,对领导团队的信心。对于企业的信心首先就要从基本的管理制度入手。张瑞敏首先提出了"管理十三条",包括"不准迟到早退""不准在工作时间喝酒""车间内不准吸烟""不准哄抢工厂物资"等基本管理制度。"管理十三条"并没有高深的管理内涵,但是这是切合当时原青岛电冰箱总厂实际情况的管理举措。"管理十三条"的提出,首先在大方向上整顿了当时生产上的混乱局面,为维持厂里基本生产运作提供了保障;其次在员工心目中树立了按照规章制度办事的观念,使得原来一盘散沙的局面有所改善;最后,"管理十三条"的坚决执行,让原青岛电冰箱总厂的员工们建立了对新领导班子的信心,认为新领导"言必行,行必果",为张瑞敏后续的领导工作奠定了良好的群众基础。

【6S 大脚印】

"6S 大脚印"是海尔在加强生产现场管理方面独创的一种方法。海尔生产车间,在开班前、班后会的地方,有两个大脚印,被称为"6S 大脚印"。如果有谁违反了 6S 中的任意一条,下班开会的时候,就要站到大家面前的这两个脚印上,自我反省,负责人说明情况并教育批评。会议结束大家都走后,违反 6S 规定的人在得到负责人的允许后方可离开。这种基于羞耻文化心理的管理制度通过负激励,有效地规范了员工的行为。

企业管理水平的提高,依赖于管理者与被管理者双方的表现与素质,"6S 大脚印"在规范员工的职业行为、提高员工素质,加强企业基础管理方面发挥了重要作用。在海尔员工素质普遍提高之后,OEC 管理思想没有变,但是具体的执行方法发生了变化:从强制性管理转变为自主管理。原冰箱本部在 1998 年 12 月率先推出让优质典型站在"6S 大脚印"上的方法,劣质典型站"6S 大脚印"改成优质典型站"6S 大脚印"的管理方法创新调动了员工积极性,班产量不断提高。"6S 大脚印"变成了展示先进经验的舞台。

3.4.2 多元化战略阶段的管理创新

1. 高层管理层创新

从 1984 年到 1991 年,历时 7 年,海尔专心致志做冰箱,夯实管理基础,在技术、人才、资金、管理等方面都具备了较为成熟的经验。在市委市政府的支持下,合并了青岛电冰柜总厂和青岛空调器总厂,于 1991 年 12 月 20 日成立海尔集团,标志着海尔进入了多元化发展的战略阶段。

在 1992 年,国内电冰箱产业市场竞争愈加激烈,一方面,20 世纪 90 年代初期的价格战已经使得大批质量、技术不高的小企业倒闭,海尔虽然通过高质量保证了价格并树立了品牌,但是也面临着冰箱生产技术不断成熟,必须通过扩大规模降低成本的压力;另一方面,由于顾客需求的个性化发展,顾客对于家电产品的要求越来越多元化,单一的产品类型无法在激烈的市场竞争中占领优势。

在这种条件下,张瑞敏制定了海尔从模仿到创新的多元化战略。在多元化战略中,一方面,海尔要完成从技术引进、模仿向二次创新的转变;另一方面,海尔要充分利用可以获取的资源,尽可能快速高效地扩大企业规模,从单一产品(电冰箱)向产品多元化发展。

无论是从引进模仿向二次创新的转变,还是单一产品向产品多元化的转变,张瑞敏指出,这两个战略性转变都是和市场要求息息相关的。张瑞敏指出,市场的难题才是创新的难题,在引进消化基础上的二次技术创新不是就技术而创新,而是紧密围绕客户需求而进行的创新:技术创新要能够生产出满足顾客新需求的产品。从单一产品向产品多元化的转变,也并不是仅仅为了企业规模而发展,更主要的是为了能够通过扩大规模,拓展产品群体,更好地降低成本提升质量,更好地满足客户的需求。

2. 中层管理层创新

与名牌化战略阶段相比,多元化战略阶段的管理层创新发生了一定的转变,具体体现为以下几个方面(图3.2)。

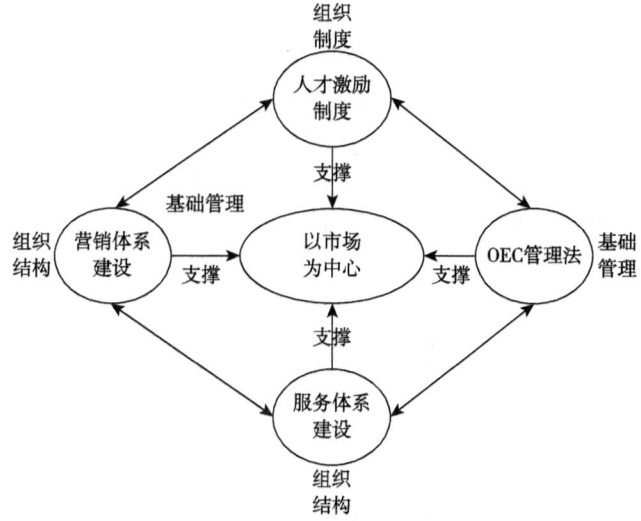

图3.2 从模仿到创新的多元化战略阶段多项管理层创新关系图

(1)以市场为中心的文化创新成为管理层创新的核心。在多元化战略阶段,市场信息和顾客需求成为海尔战略实施的重点,无论是二次创新还是产品多元化,其出发点都是为了更好地满足顾客需求。紧密围绕市场成为这一阶段的重点。如何让全体员工深刻认识到市场的重要性,在工作中处处以市场需求作为具体工作的出发点和着眼点?只有通过文化创新,才能够在企业内部建立以市场为中心的氛围。因此,在企业内部建立市场型文化成为张瑞敏最为关注的问题。

(2)人才激励制度成为管理层创新的重点。随着海尔从模仿到创新的多元化战略实施,企业规模不断扩大,技术发展加快,产品系列拓展,海尔迫切需要大批相关人才迅速充实到各个岗位上去。在这种情况下,张瑞敏意识到只有通过相应的管理创新,才能激励更多更优秀的人才不断脱颖而出。因此,在这个阶段张瑞敏提出"员工的素质就是领导的素质""赛马不相马"等管理创新,充分激励优秀人才勇挑企业发展重担。

（3）围绕市场而进行的营销体系建设和服务体系建设为多元化战略的成功实施提供了坚实的组织保障。作为家电企业，营销体系和服务体系是决定企业市场竞争力的关键。张瑞敏意识到，只有建立起完善的营销体系和服务体系，才能够获取第一手的市场信息，及时改进产品质量与服务，才能够发展高增值的服务业务，才能把握住和客户直接沟通的通路。

（4）在"斜坡球理论"基础上，进一步深入强化管理制度建设。在名牌化战略阶段，海尔已经以"斜坡球理论"为核心，建立了较为扎实严格的管理基础，但是在多元化战略阶段，仍然需要进一步的强化。因此，在本阶段，张瑞敏进一步提出了OEC管理方法，进一步夯实海尔的管理基础。

【核心竞争力就是获取客户和用户资源的超常能力】

张瑞敏指出，核心竞争能力并不在于你的产品和技术，更多意味着你有没有抓住市场用户的资源，能不能获得用户对你的企业的忠诚度。用户资源就是企业的核心竞争力。因此，海尔的核心竞争力就是获取客户和用户资源的超常能力。

【客户的满意就是我们的工作标准】

在海尔，技术检验合格的产品不一定是合格产品，只有用户满意的产品才是合格产品。因为用户不满意，产品卖不出去，企业就没有利润可言。所以，用户的满意就是海尔的工作标准，不能对用户说"不"。

市场不变的法则是永远在变。张瑞敏指出，要根据永远在变的市场不断提高目标。20世纪50年代，美国人曾靠打"固定靶"瞄准固定的市场，组织生产，降低成本，提高效率，赢得了市场；20世纪60年代，日本人崛起，日本人靠打"游动靶"，即细分市场，为自己创造了新的机会，赢得了市场；现在，在信息爆炸、竞争激烈的情况下，只有打"飞靶"才能生存。只有根据市场不断调整自己的位置，才能够在瞬息万变的市场中赢得主动。

【用户的抱怨是最好的礼物】

张瑞敏指出，用户抱怨的内容，正是海尔工作改善的方向；如果能及时消除这些抱怨，就是真正增加了企业的无形资产。顾客买一件商品，看中的是该商品功能、服务会给自己带来的便利和享受；如果不能如愿，那么投诉和抱怨也就在所难免了。用户的抱怨是最好的礼物，根据顾客的抱怨不断改善工作，是真正增加了企业的资产。从狭义上看，企业的资产是厂房、设备、资金等硬件。但从广义上看，企业永恒的资产是指那些忠诚于本企业品牌的顾客，谁拥有更多的忠诚的顾客，谁就拥有了更多的资产。反之，不仅失去了市场，资产也会成为负债，以致资不抵债甚至破产。在信息迅速传递的资讯时代，顾客也会"移情别恋"。要留住顾客的心，就要不断满足其个性化的需求。

【"斜坡球理论"和OEC管理法】

通过用"斜坡球理论"进行比喻，张瑞敏深入浅出地阐述了OEC管理方法，即每天对每人每件事进行全方位的控制和清理。OEC 管理法的主要目的是："日事日毕，日清日高"（每天的工作要每天完成，每一天要比前一天提高 1%）。OEC 管理法由三个体系构成：目标体系→日清体系→激励机制。首先确立目标；日清是完成目标的基础工作；日清的结果必须与正负激励挂钩才有效。

OEC 管理法的重要性在于它为海尔的不懈创新和不断发展提供了一个重要的基础管理思想和手段。OEC 管理法奠定了海尔的管理基础：严格要求、分工细、责任实，分解量化到每一个人，有相应的考评标准并持之以恒。①OEC 管理法保证了海尔其余的管理规章制度都能够落到实处，是海尔精益求精的细节管理的基础。②OEC 管理法的核心实质上是提高员工素质，把精益求精做好每一项工作作为一个基本要求并变成每一位员工的基本素质，只有这样才能够保证企业整体的执行力和竞争力。③作为一项基础管理思想，OEC 管理法使得海尔的管理工作能够持之以恒，而不是短期行为。因为只有深入细致地考虑如何刺激每一个员工不退反进的动力，才能够保证海尔不是走下坡路而是不断走上坡路。④面临着外界激烈的市场竞争和内部员工惰性形成的压力，如果没有 OEC 管理法提供一个止动力，海尔在市场上的位置有可能会不断下滑而自身却毫无觉察。OEC 管理法使每一位海尔员工都认识到，由于外界环境的不断变化，企业和个人都要通过创新不断向前发展，没有其他第二条路可走。

【人人是人才，赛马不相马的激励制度】

在海尔高速发展过程中一直存在着人才短缺问题。但是张瑞敏有着独特的观点，他指出，现在缺的不是人才，而是出人才的机制。关键是要建立一个不断出人才的机制，才可以使创造性不断保持下去。

赛马机制具体包含三条原则：一是公平竞争，任人唯贤；二是职适其能，人尽其才；三是合理流动，动态管理。在用工制度上，实行一套优秀员工、合格员工、试用员工"三工并存、动态转换"的机制。在干部制度上，海尔对中层干部分类考核，每一位干部的职位都不是固定的，届满轮换。海尔人力资源开发和管理的要义是，充分发挥每个人的潜在能力，让每个人每天都能感受到来自企业内部和市场的竞争压力，又能够将压力转换成竞争的动力，这就是企业持续发展的秘诀。管理者的责任就是要通过搭建"赛马场"为每个员工营造创新的空间，使每一位员工充分发挥自己的才干，与企业共同发展和成长。

【营销体系建设】

为保证海尔和市场之间渠道畅通,海尔在 1998 年左右完成了营销网络的建设工作。海尔根据自身产品类别多、年销售量大、品牌知名度高等特点，进行通路整合，在全国每个省会和中心城市设有海尔工贸公司，在地级市设有海尔营销中心，负责当地所有海尔产品的销售工作。还深入 6 万个农村点，建立了全国家电行业最大的销售网络。

营销体系的建设保证了海尔对于营销终端的控制力，厂家的市场辐射力和控制力都大为加强。顾客信息得到了充分的收集和反馈，所有在当地获取的信息，当天都能够传输到总部。

【服务体系建设】

1994 年，海尔开展了"海尔国际星级服务"，开创了国内家电业服务的先河，使"服务"成为影响消费者购买决策的一个重要因素。为此，海尔建立了国内最大、最先进、最完整的服务体系，开通了"9999"用户电话，并为用户建立档案。用户在购买海尔产品后，登记信息会全部录入海尔顾客服务管理信息系统中。一旦用户有服务需求，系统会自动调出信息，并将信息传递到离用户最近的专业服务商，及时提供服务。

3.4.3　国际化战略阶段的管理创新

1. 高层管理层创新

1999 年是海尔的"国际化年"。对于国际化这个问题，张瑞敏有着深刻的洞察。中国加入 WTO，市场开放后国外的优秀家电制造企业必然会进入中国。由于国内企业和国外企业的实力存在巨大差距，那时国内的家电企业必然会在激烈的市场竞争中节节败退。张瑞敏指出，国门之内无名牌。即使在国内市场做得很好，假如不能进入国际市场，那么优势也是暂时的。因此，海尔要走一条先难后易的道路：首先进入发达国家，提高自身能力创出名牌之后，再以高屋建瓴之势进入发展中国家。

因此，为了适应全球经济一体化的形势，运作全球范围的品牌，并提升海尔在国际市场上的竞争实力，海尔集团继名牌化战略、多元化战略之后，进入第三个战略创新阶段：全时空创新的国际化战略阶段。本阶段的战略目标是：在国际市场中，不断提升产品的竞争力和企业运营的竞争力；与分供方、客户、用户实现共赢；从单一文化转变到多元文化；在每一个国家的市场创造本土化的海尔品牌，实现海尔的持续发展。

1999 年的海尔，产品批量销往全球主要经济区域市场，有自己的海外经销商网络与售后服务网络，海尔品牌已经有了一定知名度、信誉度与美誉度。但是面对国际化战略，仍然有着一定的差距。

首先，这个差距表现在产品创新上。张瑞敏指出，国际化成功的关键就是要把"海尔制造"变成"海尔创造"。在国际化的背景下，信息量更大，不确定性更强，产品创新的时间和空间都得到延伸和拓展。因此，在这种情况下，如何提升海尔的研发能力成为关键。张瑞敏有效利用了国际化所带来的时间和空间的拓展，通过广泛建立研发同盟以有效利用研发资源，提升自身研发实力。在海尔内部，张瑞敏采用了型号经理一票到底制度，确保了产品创新与市场的密切结合。

其次，这个差距体现在企业流程上面。国际化为海尔拓展了更为广阔的发展空间、更为丰富的信息和资源，如何通过合理流程整合这些资源成为海尔迫切需要改进的地方。张瑞敏指出，物流以时间消灭空间，商流以空间消灭时间。只有打破过去的职能管理，变职能为流程，形成围绕订单开始企业一切活动的业务流程，才能够有效整合多方面的资源，构建海尔自身的竞争优势。

最后，国际化对海尔原有的以精益求精、严格为特点的基础管理提出了更高要求。原有的严格的基础管理比较适宜于生产制造方面的基础管理，而进入国际化战略阶段后，更多职能的重要性进一步加强，如技术研发等。而对于这些职能，原有的严格细分化管理在某种程度上会阻碍员工的创造力，已经不再适用。针对这个差距，张瑞敏提出了"人人都是 SBU"的理念，将创新思想加入到员工的基础性管理中，使得基础性管理更为切合战略思路的需要。

2. 中层管理层创新

海尔通过一系列的管理手段创新以解决前面所指出的三大差距。

【型号经理一票到底制度】

为保证产品研发和市场需求紧密结合，张瑞敏提出了型号经理一票到底制度：开发人员不是把产品设计出来就算完成任务，还要与市场销量、费用、利润、质量返修挂钩，"一票到底"地开展工作，实现与市场经营的零距离。一个产品从"生"到"死"都由型号经理掌控。型号经理首先根据用户对产品的需求，构思如何从技术上满足这种需求；然后是工艺实现、产品上市，直到把来自用户的抱怨转化成新的需求。型号经理负责产品生命周期中的一切问题，并从经营的角度为产品增加新的卖点，同时降低成本，总体上秉承"不是为产品找用户，而是为用户找产品"的思路，提升用户的忠诚度。

在此，每个开发人员都是市场链中的绝对一环，其收入也完全从开发上市的产品销售所获得的利润中提取。作为一个产品的型号经理，从设计开始，就要将试制、生产、工艺、质量、进度等各环节因素考虑周全，否则，哪一环出现问题都会影响收入。在海尔各事业部中，所有型号经理都不是终身制，而是哪个研发人员最先发现了用户抱怨和不满，有了对策，经过论证后，可以开发立项了，他才有资格成为型号经理。型号经理的产品如果卖不出去，就要借钱开工资，如果连续六个月还是借钱开工资的话，他就要换岗。型号经理在研发人员中是一个竞争的平台。这一机制，使开发人员为了开发有价值的产品，对用户需求十分关注。"卡通彩电""双动力洗衣机"等创新产品都是这么研制出来的。

【从 OEC 到 SST】

海尔最为宝贵的财富之一,是它的"日事日毕,日清日高"的 OEC 管理,但 OEC 的若干管理措施都有使员工成为庞大企业机器里螺丝钉的趋势。让张瑞敏不满和担忧的是,这种螺丝钉精神和海尔目前的目标——让企业整个系统贴近顾客、迎合市场有矛盾之处,螺丝钉的本位意识是诱发身躯僵硬、行动迟缓的"大企业病"的直接原因。

在数字经济时代,谁能最快地满足用户的个性化需求,谁就是赢家。海尔希望能够探索一种新的模式,使每个人都能不断地创新,每个人都能直接面对自己的市场,最快地创造有价值的订单,通过为用户创造价值来实现员工自己的价值,让每个人都充满活力,也防止企业在发展过程中的"大企业病"。这种模式就是市场链机制(图3.3)。

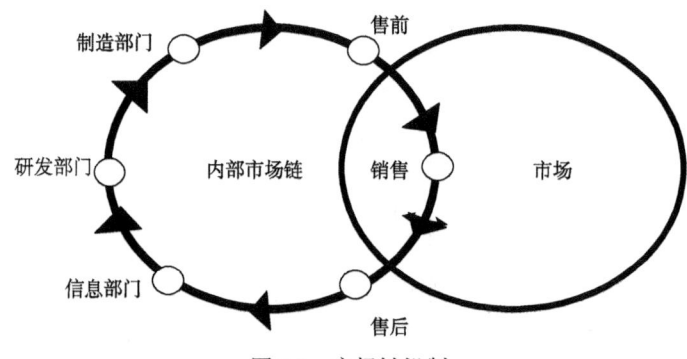

图 3.3　市场链机制

如果说 OEC 管理使得海尔员工能够"正确地做事",那么市场链可以使员工"做正确的事"。海尔市场链的实质就是把外部市场压力转化为内部市场压力,解决企业规模化之后如何保持持续创新能力的问题,也就是说,在新经济下给每个员工提供个性化创新的空间,以满足消费者个性化的需求,而发展了的 OEC 基础管理就是市场链日常管理的保证(图 3.4)。

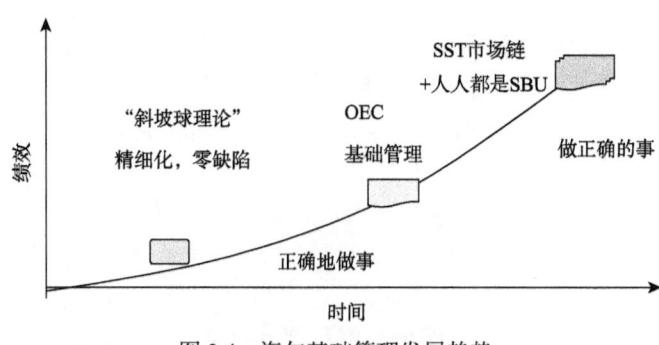

图 3.4　海尔基础管理发展趋势

无论正确地做事还是做正确的事，都需要高素质的人来完成。以人为本的海尔认为人是企业最宝贵的资产。张瑞敏认为，只有直接面对市场，让市场去取代监控和管理者的角色，个体才会充满创造力和活力。通过严格的 OEC 管理提高了每一位员工的素质，并继而通过市场链机制为每一位员工提供自我管理和自主经营的空间，大大激发了广大员工的积极性和主动性，使得人人都是 SBU，即"人人都是老板"。

任何一个企业都有三张表：资产负债表、损益表、现金流量表。海尔把这三张表变成一张表，变成每个人的"SBU 经营效果兑现表"，这样企业员工每个人都必须创新，每个人都成为一个经营单位。整个企业就会非常有力量。比如，设计人员取消工资，不是说设计人员只要设计出来一个产品就可以得多少钱，而是设计出来的产品到市场以后，根据销售的毛利和销售的数量来决定他的收入。这样就使得每个人完全和市场挂在一起。设计人员在设计的时候就要深入市场，了解用户到底需要什么，否则的话他设计出来的产品可能没有人要，那么他就不可能得到收益。

【人人都是 SBU】

SBU 意为"战略事业单位"。在海尔，一个 SBU 即为一个自主创新的主体，如果每个人都是一个 SBU，那么国际化战略就会落实到每一个员工，而每一个员工在职能工作上的创新又会保证国际化战略的实现。

海尔文化是人本文化，认为人是企业中最活跃的因素，只有发掘了每一位员工的潜能，企业才能做好、做大、做强。也只有从每一个人入手，才能确保企业的战略实施。海尔在多年的实践中逐渐形成了独特的创新文化氛围，并将创新的核心价值观成功渗透到了企业的战略、组织、制度、技术等的创新中去，为企业上至总裁、各个事业部门，下至每位员工构筑了永续创新、人人创新的海尔理念。海尔的"人人都是 SBU"创新机制的形成更是体现了新形势下发挥全员才能的全面创新理念。通过充分发挥每位员工的潜能，整合为集团的巨大发展势能。

【流程再造，人单合一】

随着国际、国内市场竞争形势日益严峻，张瑞敏在 SST 的基础上，提出"人单合一"的市场链新模式。所谓"人单合一"，即每一名职工直接面对"订单"，面对市场，使员工与市场结为一体。在全球化背景下，海尔的企业精神和工作作风从"敬业报国、追求卓越；迅速反应、马上行动"升级为"创造资源、美誉全球；人单合一、速决速胜"。在这种氛围中，把员工的责任心、紧迫感，汇集为海尔的战斗力、竞争力。

"人单合一"模式的内容包括"人单合一""直销直发""正现金流"。"人单合一"指每个人都有他的订单，都要为订单负责，而每一张订单都有人对它负责。

"直销直发"则指直接营销到位，直接发运到位。"正现金流"是指企业不但要有高增长，而且要有好的现金流，这对企业来说是非常重要的。张瑞敏认为，"直销直发"是实现"人单合一"的基础，而"正现金流"是"人单合一"的最重要的结果。

实现"人单合一"，实质上是对基于 SST 的海尔流程再造提出了更加细致的要求，不仅在形式上把每一位员工和产品挂钩，更重要的是让每一位员工从整体流程的角度去思考自己的工作，从而力求流程的最优化（图 3.5）。

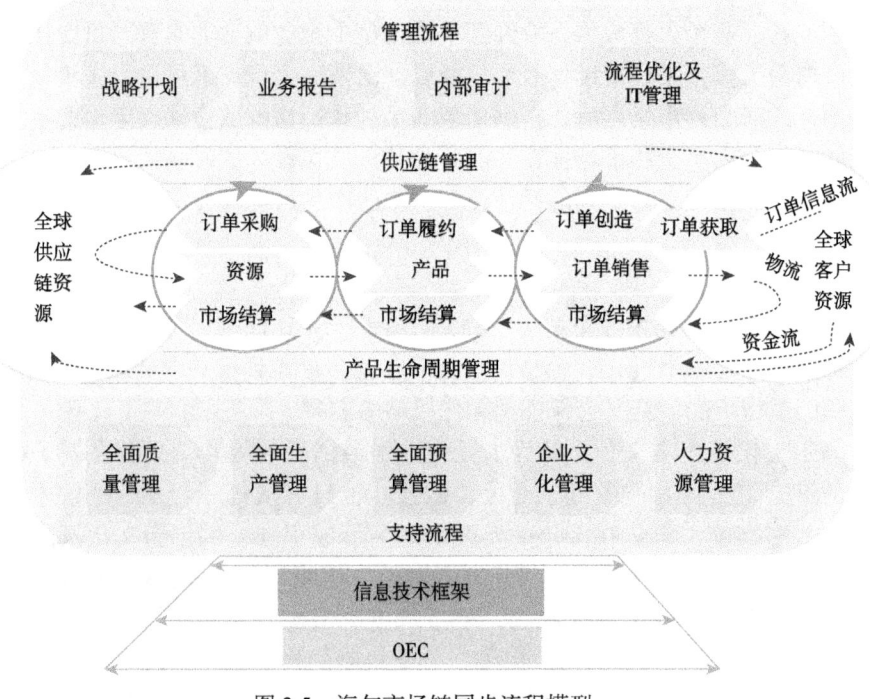

图 3.5　海尔市场链同步流程模型

3.4.4　全球化战略阶段的管理创新

在完成国际化战略阶段的目标之后，为了进一步增强国际竞争力，打造全球名牌，海尔正式提出进入全球化战略阶段。

一般意义上，人们衡量世界名牌普遍采用"10/20/30"标准，即品牌价值超 10 亿美元，20%以上收入来自海外市场，30%以上利润来自海外市场。而彼时海尔已达到前两项标准，但在最后一项上还有相当差距。海尔在这一阶段的战略目标是：在海外市场上，不断创造满足当地需求的高度差异化产品，并在海外市场主流渠道销售主流产品，最终实现以高度差异化创造高附加值利润的目标。

而其面临的主要矛盾是，早期在海外市场确立的低价家电产品形象与世界一流家电产品定位之间存在巨大差距。为提升品牌定位，海尔收购了斐雪派克、三洋等老牌企业的家电业务，目的既是打开当地市场也是为海尔打造自己的高端白电系列奠定基础。与之前在多元化战略阶段的国内收购行为不同，这个阶段的收购活动使海尔既扩张了发达国家的家电市场又获得了外生的研发力量。与品牌同时被收购的研发部门，成为海尔的海外研发中心，不仅承担既有的当地研发任务，而且肩负帮助海尔扫描、挖掘、发现本地先进家电技术发展趋势的功能，从而开阔海尔的技术视野。而这是国内研发中心单独存在时难以做到的。

2011年8月29日海尔集团宣布与霍尼韦尔国际公司共同组建的霍尼韦尔-海尔联合创新中心于当天挂牌成立。联合创新中心成立后，双方将开展针对家用电器和智能控制的多项技术合作项目，合作项目均以低碳环保、降低排放和提高能效为目标。2012年，为满足消费者需求，海尔联合斐雪派克、AKO、日本ExcelHuman等全球100多家研发机构深入合作，在研发人员的不断努力下，洗衣机"摇篮柔洗"功能也就此诞生。也正是在这一阶段，海尔通过海外并购与合作研发，开始逐步建设自己的开放创新体系。2011年，海尔"以开放式研发平台建设为核心的创新体系"荣获国家科学技术进步奖二等奖，实现在这一国家科技创新领域最高荣誉上的持续领跑。这也正式宣告海尔空调完成从"单一技术创新能力"向"整体技术创新队伍"建设的质的跨越。

对内，在产品开发模式上，海尔将传统的串行开发模式改为并行开发模式。这种新的开发模式的优势主要体现在两个方面：一方面，并行开发要求多部门同时参与，压缩了串行开发时部门之间的等待时间；另一方面，并行开发要求产品设计中既要考虑市场要求，又要考虑工艺、制造、维修的要求，多部门并行协同工作，有利于即时发现产品开发各阶段的问题，节省开发成本。海尔的并行开发遵循六步流程。每项新产品的开发，项目负责人根据设计任务，对需开模的零部件、工艺复杂的零部件等编制并行开发计划书。并行开发计划书要同时交付工装部、磨具事业部等相关部门并与其签订并行开发合同，以确保开发工作的顺利开展。如双开门嵌入式冰箱的开发，从客户提出开发要求到成功开发出工艺样机只用了一个月时间，创造了冰箱科研所开发周期最短纪录。这得益于项目开发人员与其他流程支持人员的并行协作。

科技成果方面，海尔在"2011年度家用电器创新成果评选"活动中以一体式热泵热水器获得由中国家电研究院颁发的"工业设计创新奖"；基于海尔自主创新打造的"全球第三代宽带无氟变频技术"科研成果，以最宽的运行频率、20瓦最低运行功率、18分贝超静音、省电60.5%、1分钟速冷、3分钟速热等领先效果创下全球空调业之最,完成对全球空调巨头科技创新成果的刷新。截至2012年3月,海尔已经提报51项国际标准提案,其中无粉洗涤技术、防电墙等27项技术提案已经发布成为国际标准并实施。

也正是在此阶段,张瑞敏提出了"人单合一"的概念,这一概念也是贯穿海尔创新模式质变过程的指导思想。"人单合一"提出的背景是互联网的兴起。互联网使得信息流动变得更加便捷,同时对企业运用信息技术、快速响应用户需求有了更高的要求。

"人单合一"是管理思想的颠覆创新,它不仅要求海尔在信息技术上具备完善的 ERP(enterprise resource planning,企业资源计划)系统,更将员工价值与用户价值紧密联系在一起,即员工的收益取决于为用户创造了多少价值。这一思想的最终目标是将员工以并联的方式呈现在客户面前,对客户负责。在全球化战略阶段,为尽可能地实现并联,与 ERP 配套完成的还有海尔的组织架构转化。海尔的组织架构需要从"正三角"向"倒三角"转变,从科层制向扁平化转变。"三级自主经营体"的出现将绝大多数的员工推向了面对市场的一级自主经营体,仅保留少量职能部门人员在二级自主经营体、战略领导在三级自主经营体,提供服务、资源与战略指导。"人单合一"的管理理念创新,引领了海尔从国内大型企业向全球大型企业的华丽转型。

3.4.5 网络化战略阶段的管理创新

2012年底,海尔提出了网络化战略。在这个阶段,海尔的主要管理创新包括科层制的破除与生态网络体系的建立。

在海尔看来,网络化企业发展战略的实施路径主要体现在三个方面:企业无边界、管理无领导、供应链无尺度。企业需要打破原有的边界,成为一个开放的平台,可以根据用户的需求按单聚散;同时为了跟上用户点击鼠标的速度,企业需要颠覆传统的层级关系,组建一个个直接对接用户的自主经营体。在此基础上,海尔探索按需设计、按需制造、按需配送的供需链体系。

在全球化战略阶段,整合全球资源创全球化品牌是海尔实现全球化发展的战略路径。海尔进入网络化战略阶段后,这一趋势将更加明确,通过搭建由利益攸关方组成的平台型团队,根据用户的需求整合全球一流的设计资源、模块供应商资源等外部资源,以满足互联网时代用户的个性化、碎片化需求。

在此阶段,可以观察到海尔组织层级的消减,员工自驱动的探索,但真正实现颠覆,发生在网络化战略阶段。在海尔逐渐奠定全球家电巨头地位的过程中,海尔的"大企业病"逐渐显现。中层管理人员冗余、创新动力不足、流程繁复等问题日益严重。在国家"大众创业,万众创新"政策与"人单合一"管理思想的指导之下,海尔进行了更为彻底的变革:向平台化组织演变。把照章执行的员工激活成用户付薪的创客、股东和超额利润分享者是驱动变革的微观动力;把传统家电制造业变成了基于智能家电产业的创业平台是保障变革的物质基础;把基于工作过程与阶段成果的绩效考核替换为以用户价值为中心,"三表"(战略损益表、顾客价值表、共赢增值表)管理工具是变革的制度保障。

一般企业都有三张表:损益表、资产负债表和现金流量表。海尔也有三张表,分别是每个自主经营体的战略损益表、保证事前算赢的日清表和每个员工的人单酬表。

每个自主经营体的战略损益表和传统损益表有三点不同。其一,传统损益表是以数字损益为导向的,收入减去成本和费用等于利润,而战略损益表是以用户价值为导向的。其二,从原来企业一张总的大表变成2000多个经营体各有一张战略损益表。每个自主经营体各自为自己的用户创造价值,不仅形成整体效应,还避免了滥竽充数。其三,传统损益表是事后分析,战略损益表是事前算赢。每个企业的经济活动分析都是分析过去的数据,木已成舟。海尔现在做的是事先算赢,分析的是为达到目标应做什么工作。由此概念带来第二张表。

第二张表是日清表。做企业最头疼的一件事是月初目标定得很高,也很有竞争力,但到月底核算发现差距很大。日清表的目的是预(计)实(际)零差距,保障把工作落实到每一天,对差距背后的问题预先采取措施加以解决,避免到了最后难以挽回。

第三张表是人单酬表,经营的结果直接落实到每个人身上,宗旨是"我的用户我创造,我的增值我分享",这是海尔现在最大的突破。人单酬表的重点就是"单",员工薪酬不是内部自定而是由市场竞争力定的,而人要有能力来承接这个单,最后产生的价值和薪酬挂钩。很多企业包括海尔过去都是根据职务定薪,但人单酬的概念是,收入不在于职位高低,只和价值挂钩。

在这场变革中,员工变成了平台网络中的节点,部门间原有的基于制造流程的线性关系变成了错综复杂的基于"接口人"的网络关系。创新模式也由传统大企业的瀑布式转变成迭代式,创新的所有环节,从客户需求分析、项目企划、项目研发到样机试制、领先客户试用、大规模制造等步骤涉及的所有小微及人员都被要求以并联方式直接面对用户。与此同时,协同创新的方式与主体也与之前有显著差异。协同创新从线下走到了线上,从现实空间走向了虚拟空间,从企业内部协同走向了内外协同,极大地拓展了创新源、提高了创新效率。

海尔开放创新平台肩负着海尔技术创新的具体工作。在质变后的创新模式下,开放创新平台的工作方式、工作内容、运作机制也有了极大的改变。核心的研发工作由超前研发中心与线体(产业线)研发中心分担。超前研发中心(前身为海尔中央研究院）主要负责对 3~5 年内筹划上市的产品与关键共性技术研发；线体研发中心则负责短期即将上市的产品研发，主要满足用户小微的要求。由于家电产业与通信产业的基础技术差异，海尔以往很少提及技术上的颠覆式创新。而现在海尔重新定义了海尔所需要的"颠覆式创新"，即为"高性价比与高差异化"的"两高"项目。

同时，开放创新平台还拥有一系列的研发支持团队、HOPE 平台、专利平台、标准化平台等。其中，HOPE 平台的主要角色就是把全球一流的资源整合进来。平台的定位是，为创客提供产品创新全流程资源服务的一站式平台，旨在帮助创客解决创新、创业的两个问题：①"众创"——创新机会点的来源；②"众包"——创意项目商业化。而专利与标准化平台的工作主要从三个层次展开：一是争夺市场销售权和自由度，形成足够的专利储备；二是专利资产的利用，即"专利运营"；三是通过积极参与家电行业的国际标准的修订工作，推动标准设定向有利于新技术推广的方向发展，从而使海尔在相关领域获得国际话语权。

【海尔的虚拟网络寻源成功案例：海尔官网——酒柜减震】

海尔的官网有一个版块是"专利及创意合作"。这一版块主要的功能是帮助海尔完成技术寻源、专家及技术团队寻源。这个版块里提到了一些海尔的技术需求，想从国内的用户和专家资源中寻找到合适的技术解决方案或团队。

通过这个官方网站，海尔发布了新型消毒方式、酒柜玻璃防凝露技术、玻璃自清洁技术等 14 个技术需求，从后台的数据来看，海尔收集到了 40 多个技术解决方案的反馈。有的需求得到的反馈多，达 10 余个，有的则反馈较少。其中，比较成功的一个解决方案是酒柜减震的解决方案。

2014 年，自需求发布后 3 个月内，海尔获取了 10 个解决方案，经初步评估后，筛选出 1 个资源：台湾绿动能科技有限公司。冷柜经营体同意与资源进一步对接，获取样品模块进行测试，效果令人满意。

海尔就是通过这个平台以不同的方式去吸引、对接外部资源。在吸引外部资源上，官网也具有一定的局限性，比如，只能被动等待技术提供方主动回应技术需求，目标群体太窄，官网对技术需求发布的广度和宣传度不够充分。所以，海尔官网平台面临的问题是：①未建立全流程的平台体系（架构、流程、机制）；②缺乏适合的可发布的需求列表；③缺乏适合的人来评估提交的方案；④平台所涉及的人群类别有局限。

【海尔的虚拟网络寻源成功案例：Linkedin——水循环洗衣机】

海尔发现 Linkedin（领英）在技术寻源上的功能源于偶然。一位 HOPE 员工在 Linkedin 有一个账号，以 open innovation 为用户名，后来联合利华的开放式创新部门主管 Harry Barraza 就主动联系到他，咨询合作机会。而彼时，海尔正好有一个干衣机的项目在寻找合作方。就这样，海尔以干衣机项目为切入点，寻求联合利华的资源支持，同时探讨其他项目合作可行性。这样就有了印度水循环洗衣机的解决方案，以海尔的市场份额作为吸引力，锁定对方的合作。联合利华之前在印度有个公司，印度比较缺水，所以联合利华就和惠而浦合作研发一种能够节水的洗衣技术，但是后来联合利华和惠而浦的合作由于某些原因停滞，这个技术被搁置，与海尔的结识让他们一拍即合。通过虚拟网络平台，海尔主要是想锁定资源，展开战略合作，参与前端设计，共同开发，实现产品引领。海尔目前锁定资源的方式一般有：①联合开发，共建专利池；②共建专利池，供货提成；③成果转化价值分享。

【海尔的虚拟网络寻源成功案例：Ninesigma 公司——无水洗衣机】

Ninesigma 是一家众包公司，它承诺将那些面临研发难题的制造商与第三方解决方案供应商联系起来，并已经帮助超过 1000 家公司（如宝洁、海尔等）找到了解决工程或者技术问题的方法。

Ninesigma 服务客户的三个步骤：①将客户的需求定义成一个一般性的科学问题，包括提出面向建议的要求，从而可以得到诸多工业领域人员的反馈；②Ninesigma 对其拥有的超过 800 000 个解决方案提供者的数据进行梳理，寻找可以解决问题的候选名单；③Ninesigma 确定能够解决问题的最佳候选厂商，Ninesigma 就会为双方进行介绍，促进交流，直至协议达成。

海尔的超前经营体发布无水洗衣机需求，开放式创新中心通过材料供应商网络，点对点连线外部资源，但结果不理想。于是以宝洁为母本，主动联系全球最优秀的虚网平台之一 Ninesigma，以无水洗衣机项目为切入点，与 Ninesigma 签订合作协议，同时 Ninesigma 发布 RFP（requiest for proposal，建议邀请书），海尔支付了第一笔费用。两个月后，海尔收到了 Ninesigma 反馈的 14 个解决方案。据海尔相关负责人员介绍，这些解决方案确实具有较高的技术与应用价值。收到解决方案后，海尔花了一个月左右的时间筛选最适合自己的解决方案，最终敲定了 4 个，然后进行深入的点对点洽谈。由于 Ninesigma 的收费很高，而且海尔的决策流程又很长，如何系统性地与不同形式的虚拟网络平台资源对接，发布需求，是开放式创新中心目前存在的关键瓶颈。现阶段，海尔也在和类似 Ninesigma 的其他的开放式创新专业服务网站洽谈合作模式。

全新的商业模式与组织形态为海尔带来了前所未有的活力与超出想象的创新成果。用户需求导向的创新活动不仅是集团层面的战略投资行为，也成为员工小微创业的起点。例如，从海尔内部孵化的小微雷神科技，其创始人之一路凯林原本就职于海尔全球笔记本事业部，在互联网领域从业近 10 年。路凯林从海尔辞职后，于 2014 年创立了青岛雷神科技股份有限公司，并全力打造这一全新的互联网游戏品牌。从海尔"小微"开始做起，仅用了 3 年时间就迅速成为专业游戏笔记本的行业第一。

3.5 全面创新驱动海尔平台化转型

互联网时代的技术突变、市场竞争方式对传统企业的商业模式产生了巨大影响，需要一些新兴的组织形态来适应环境的变化。传统的商业运作模式主要是串联式，即研发—设计—生产—销售—消费者，消费者和企业之间的距离比较远，二者之间很少有直接的沟通。另外，在传统的环境下，企业之间存在资源限制和时空限制，而在互联网环境下，时空限制和资源限制都被突破，扩大了企业的竞争范围。

随着消费者需求的变化，传统的串联模式并不能响应新时代消费者需求的变化，需要企业运作中的各个环节都能和消费者建立联系，快速响应消费者的需求。为此，衍生出了各式的组织形式，如去中心化、去层级、去中介化及不定型的组织。但在企业转型与变革中，平台组织受到的关注度更高，因为平台组织打破了组织的边界，可以从外界吸收更多的资源和信息，解决了企业经营范围受限制、企业边界难以突破的问题，传统企业组织向平台化转型被认为是互联网时代企业能够生存且保持竞争力的必要途径。在此时代发展背景下，海尔集团在全面创新驱动下逐步实施了平台化转型。

3.5.1 全面创新管理思想及其要求

全面创新理论以价值创造为主要目标，以获取持续竞争力、培育企业的核心能力为导向，希望通过全要素创新、全员创新、全时空创新使企业获得持久的竞争优势。其中，全要素创新主要从系统观理论出发，认为只有战略、组织、文化、技术、市场、制度等要素达到全面协同才能产生好的创新绩效。全员创新要求全体人员一起参与创新实践活动，创新不再仅仅是研发或者技术人员的责任。全时空创新涉及全时创新、全空间创新、全价值链创新，这是一种创新观念、创新策略，目的是利用组织内外部的资源快速满足消费者的需求，抢占市场份额。

1. 全要素创新

根据企业实践和理论分析，在当今竞争激烈的社会竞争环境中，企业要想快速、高效地创新，必须兼顾技术要素与技术要素的协同创新，不局限于技术创新，企业创新的着眼点应是"全要素创新"，亦可称为"全方位创新"。基于上述分析，可将全要素创新概念所涉及的企业要素分为战略、技术、组织、文化、制度、市场等，与之相对应的"全要素创新"概念即是致力于提升企业创新绩效的全要素创新，框架包括思想观念创新、战略创新、技术创新、组织创新、文化创新、制度创新、市场创新和管理创新（包括人力资源、财务管理等管理方面的创新）。

此外，经浙江大学创新与发展研究中心研究，推进企业有效开展全要素创新的基础是全体员工积极参与全时、全地域、全流程的创新。全要素创新同全员创新、全时空创新三位一体形成了全面创新管理新范式，在"三全"的协同作用下，企业才能实施全面创新管理，取得创新的良好效果。

综合协同多个维度的特征，并借鉴哈肯对协同的定义，协同概念可以表述为：系统内部各要素间、要素和系统整体间、系统与系统间的一种相互作用模式和机制。协同通常通过有序架构的构建，实现"2+2>5"的整体效应和部分效应相结合的协同效应，这正是全面创新管理所要实现的价值。协同是实现系统自组织过程的根本途径。

从全要素协同的层次进行分析，由于管理中存在着不同的层次，各要素间联系也存在着层次关系。同一层次之间存在横向联系。例如，在运作层，技术和市场存在着横向协同的必要性；在管理系统层，存在着组织、管理和文化各要素间的横向联系；而在更高层次上，战略要素和思想要素则存在着横向联系。而不同层次之间则存在着纵向联系，从纵向角度进行分析，在整个组织层面上，各要素之间存在着一定的协同规律性。各要素的属性不同，因此在全要素互动中所处的位置和作用也不同。总体来说，全要素的联系和互动具有一定的层次性。依据各要素在企业创新发展中所起作用不同，可将要素分为三个层次：战略思想层、管理系统层和运作层。全要素创新的互动协同关系具体可表述为：以技术创新和市场创新之间互动为出发点，管理层多要素互动为技术与市场间的互动和协同提供支持（使之稳定化，而战略创新和思想观念创新则为前两者的互动与协同提供长远战略导向）。

因此，全要素创新成为创新管理的必然趋势。海尔深刻认识到创新行为是一种复杂性系统行为，因此要针对创新各要素进行全面创新管理。全面创新管理强调，技术要素创新与市场要素创新协同是创新管理中全要素协同的关键和重点，围绕着这两个要素的协同互动，构建并形成多层次全要素纵向协同机制和模型，多层次全要素纵向协同机制将全面创新管理实践中的全要素创新区分为三个层次：位于第一层次的是战略创新和思想观念创新；位于第二层次的是人力资源管理创新、财务管理创新、制度创新、组织创新和文化创新；位于第三层次的是技术创新和市场创新。其中，第三层次由技术要素和市场要素组成，是组织核心竞争力的主要来源,是全要素创新协同的核心。第一层次的战略要素和思想观念要素对于组织整体创新实践来说是承上启下的关键环节。在第一层次要素创新的指导下,通过组织制度、组织结构、组织文化等诸多要素的协同创新,着力推进第三层次的技术创新和市场创新,通过三个层次的协同创新,企业最终构建了自身的自主创新能力,从而谋求持续发展。

2. 全员创新

在全面创新管理的理论范式内,最终是以"人"作为创新主体。在企业中,人们总是努力做有用的事,为组织做贡献、帮助其他人。因此,全面创新管理研究指出,创新的管理者必须承认员工的创新潜能并引导他们去创新,并认识到人的创新意识和能力在企业创新中的重要性。在市场竞争中,企业只有充分发挥全体员工创新的积极性和主动性,挖掘员工的创新潜力,实现全员创新,才能持续有效地开展全要素创新、全时空创新,提高企业创新绩效。

以海尔为例,每个员工都是创新者,而不局限于研发部门的研发人员。海尔通过内部市场链机制使得人人面对市场,从制度上激发了每一个员工的创造力,使人人成为创新的SBU,海尔全员创新取得了显著的业绩。1997~2001年,海尔共收到员工合理化建议136万条,被采纳78万条,创经济效益41亿元;而且海尔很多部件、工序和器具都是以创新者的名字命名的,如保德垫圈、迈克冷柜、杨明分离法等。在激烈的市场竞争中,企业只有充分发挥从管理、研发、销售、生产、后勤等在内的所有员工创新的积极性和主动性,充分挖掘员工的创新潜力,实现全员创新,才能持续有效地提高创新绩效。正如日本知名企业家稻盛和夫所说的,不论是研究发展、公司管理,或是企业的任何方面,活力的来源是"人"。而每个人都有自己的意愿、心智和思考方式。如果员工本身未被充分激励去挑战成长目标,当然就不会成就组织的成长、生产力的提升和产业技术的发展。因此,可以认为全员创新就是指组织内所有员工,不论身在什么岗位都有权利和义务在本岗位实施创新行为、进行创新活动,使创新成为组织内所有员工工作职责的一部分,以更好地为顾客服务。因此,全面创新管理框架内企业全员创新可以定义为:创新不再只是企业研发和技术人员的专利,而应是全体员工共同的行为。从销售人员、生产制造人员、研发人员到售后服务人员、管理人员等,人人都可以成为出色的创新者。

全员创新的主要形式有鼓励员工主动收集、分析信息,发现市场,寻找项目,以及提出合理化建议等,其目的就是使每一员工在自己的岗位上充分发挥聪明才智和创造性,为企业价值增加做贡献。但这些全员创新形式对很多企业来讲,实际效果并不明显。正如Tucker(2002)指出的,当前企业全员创新的开展不仅效果不佳,反而带来企业管理的混乱和高成本,从而导致管理者实际上并不支持全体员工参与创新，甚至不希望他们有创新的念头。如今对我国企业来说，创新不只是技术方面的创新，各个部门、各个方面、各个环节都存在创新需求，因此创新也就不能再单纯地依靠和局限于研发人员，企业内所有员工都需要从事创新活动，投身到创新工作中，只有这样才能满足企业创新需求，增强企业不断向前发展的动力，使企业在竞争中立于不败之地。

3. 全时空创新

全时创新是指在基于时间竞争的环境下，公司为了取得持续的竞争优势，采取有力措施，充分利用时间资源，以缩短对客户需求的响应时间，快速地以低成本方式推出优质的新产品，从而满足客户需求，使公司赢得市场竞争优势。全时创新是一种创新策略、一种思想、一种创新观念，它要求员工时刻保持创新的意识，勇于开拓，能够用最适当的方法正确地解决问题，而不是墨守成规，因循守旧。

根据对时间资源的不同应用，全时创新主要体现为即兴创新、即时创新和连续创新。即兴创新是随兴而发，是在特定问题上的灵感的闪现、创造力的凝固；即时创新是应时而发，要求快速地、创造性地解决某一特定的问题；连续创新就是利用网络技术和信息技术，有效消除时差，让创新不间断连续进行，从而提升创新效率。相对来说，即兴创新随意性较强，是对组织日常发生的事务进行创新性的思考，并有意识地积累这些成果，以改进组织日常行为方式，并为将来可能发生的变化做好创新的准备。例如，无锡小天鹅股份有限公司鼓励员工将自己的想法写在纸条上，并集中贴到一个创意板上，并派人收集整理这些想法，从中筛选出有价值的进行创新实践。此外，还有很多公司的电子公告板（bulletin board）、论坛等都有这个作用，这方面的研究和知识管理结合较紧密，尤其与隐性知识的显性化研究密切相关。即时创新时效性较强，通常是某一变化已经产生，为了适应这一变化，要求组织能即刻适应。而在通常情况下，适应变化的方式并不是现成的，因而还需要快速地创新。这主要是通过加速信息收集、提高沟通效率、改进设计流程等一系列的手段来实现的。而持续创新是将组织中的各种创新从时间上组织起来，形成一个没有间断点的创新时间网。它使得组织的创新更加系统化，目标更加明确，并能把组织在各种创新中积累的知识有效地利用起来。

而全时空中的"空"是信息技术在全球创新网络中的应用。主要采取三种形式："虚拟团队"、"无形共同体"、各地创新的管理与协调。"虚拟团队"就是组织分散在各地研究所的科技人员成为一个团队，共同开发项目。"虚拟团队"的成功取决于以下几点：团队大多数成员已通过直接接触彼此认识；团队成员多分布在2～3个地点，团队开始工作前，对研究项目已有明确的定义；使用电子邮件、远程登录计算机、共享数据库、新型的电视会议、高级工作站技术；面对面接触，团队成员保持一定频率的互访，主要成员最好在较短的时间内周期性互访。"无形共同体"就是个人计算机通信网络的发展使得异地研究人员与研究设备连接成网络。这归于电子邮件、远程登录计算机、共享数据库、新型的电视会议、高级工作站等信息服务的提供。信息技术的使用有助于管理者协调各地的创新活动，大大提高了创新的效率。

全时空创新是全面创新管理理论的重要内涵之一。这是在现今信息技术和网络技术高度发达、知识经济蓬勃发展的时代背景下，创新管理所具有的独特的时代特征。正是信息技术、网络技术的发展，使得时间和空间越来越成为宝贵资源，企业可以加以利用从而获得竞争优势。海尔正是通过全时空创新（如蓝牙家电接借力开发），以空间换时间，大大缩短了研发周期。

因此，全时空创新作为全面创新管理理论的"三全"之一，对于指导企业通过全面创新提升竞争能力有着重要意义。全面创新管理理论将全时创新和全空创新作为一个整体进行阐述，这是因为时间资源和空间资源之间有着内在的必然联系，企业可以创新性地采用一定技术手段完成两者之间的转换，而正是两者之间的转换，为企业提供了其他竞争者所没有的宝贵资源，从而在激烈的竞争中脱颖而出。正如海尔 CEO 张瑞敏所说："我们可以利用空间消除时间，同样也可以利用时间缩短距离，消除空间。"海尔在这方面的成功例子有很多，如海尔利用网络借力开发蓝牙家电，并在美国设立研发和生产中心，正是分布于全球的研发和生产中心不间断通力合作，海尔才取得了蓝牙家电开发上的成功。

3.5.2　海尔在全面创新理论实践上取得的成果

通过全要素创新，海尔一方面整合全球科技资源进行"借力"创新，另一方面不失时机地培育自身的自主创新能力，以确保未来的持续竞争能力。此外，通过全面创新管理，海尔以比竞争对手更快的速度满足用户的个性化需求，从而培育和增强了自身的核心能力，也为之后的转型奠定了物质条件与文化思想基础。

1. 海尔的全时空创新实践

【海尔即时创新案例 1：17 小时开发"迈克冷柜"】

时任海尔美国贸易公司总裁迈克曾接到许多消费者的反映，说普通冷柜太深了，取东西很不方便。在 2001 年"全球海尔经理人年会"上，迈克突发奇想，能否设计一种上层为普通卧式冷柜，下面为带抽屉的冷柜，二者合一不就解决这一难题了吗？冷柜产品本部在得知迈克的想法后，四名科研人员通过并联流程，连夜奋战，仅用 17 小时就完成了样机。不但如此，他们还超出用户的想象，又做出了第二代产品。在当晚的答谢宴会上，当这些样机披着红绸出现在会场上时，引来一片惊叹声，接着爆发出长时间热烈的掌声。冷柜产品本部长马坚上台推介这一工商互动共同的结晶，并当场以迈克的名字为这一冷柜命名（浙江大学创新管理研究团队，2003）。

【海尔即时创新案例2：12小时创造"启荣冰吧"】

2003年1月3日，满载海尔小康新产品的专列来到江城武汉，当地的经销商和消费者对海尔小康新产品海尔冰吧表现出浓厚的兴趣，尤其是当时武汉工贸商场刘启荣经理更是对该产品爱不释手。他认为这款冰吧要是再有制冰功能就更加完美了，消费者在喝酒或喝饮料的同时还可以加冰。于是刘启荣把这一建议填到了海尔小康产品征集卡上交给了工作人员。海尔现场工作人员认为这个建议非常好，马上把海尔小康产品征集卡传真到总部，总部开发人员连夜加班进行设计。12小时后，这款被冷柜开发人员戏称为"启荣冰吧"——带有制冰机的冰吧在青岛诞生了。为了让消费者尽快了解这款产品，4日上午，这款意义深刻的"启荣冰吧"乘坐飞机直达广州。当冷柜工作人员告诉了刘启荣，这款冰吧已经上了小康专利时，他不禁感慨地说道："真想不到我无意中的一个想法就被你们在不到12小时研制开发出来，今天真正见识了什么叫'海尔速度'，什么叫'满足用户需求'，我是真服了。"

海尔对速度的理念是速度创造用户资源，即通过始终领先竞争对手一步的速度成为用户首先选择的对象。正如张瑞敏所说："和著名跨国大公司相比，论资金、技术、规模，海尔都没有优势，但海尔有比较优势，那就是速度。经销商们提一个要求时，我们会以比那些老牌跨国大公司更快的速度满足他们的要求。"海尔速度的目标是要实现"三个零"：零库存、与用户零距离、零运营成本。1999年以来海尔实施的以市场链为纽带的流程再造的目标是：物流以时间消灭空间，商流以空间消灭时间。这充分体现了海尔的速度与创新渗透在其业务流程的每一环节中。国际上彩电研发的周期一般是9个月，而海尔由于使用了并行开发策略，推行快速、倒三角开发策略，实施同步开发流程，海尔美高美（MGM）彩电不到3个月就上市了。开始同行大多还持怀疑态度，而后来的事实证明，不仅海尔美高美、海尔宝德龙、美高美二代等彩电产品相继快速推出，使同行不得不刮目相看。海尔"马上行动"的速度理念使其对市场的灵敏性和响应速度大大提高。一次，有位欲与海尔进行全面合作的日本客商在采购某型号洗衣机时提出，这个把手放得很深，不太符合日本女士的使用习惯。他当时只是说："你们下次改一改就可以了。"结果35分钟之后，海尔技术人员将刚刚手工做好的一个新把手拿给他，他非常感动地说："不用看了，有了这种创新精神和速度，与海尔的合作肯定没问题！"海尔和爱立信从2001年1月10日开始合作开发蓝牙网络家电，2001年6月10日第一阶段成果开发完成，用时5个月。而如果按照传统的开发方式，至少需要半年时间。

2. 海尔全员创新实践

张瑞敏认为，企业无边界——企业内部无边界，每个人都满足市场；企业外部无边界，整合全球资源。海尔通过整合全球的优势资源，利用分布在世界各地的信息站点和研发机构，实现了用户个性化和多样化需求的充分满足，并实现了产品的当地化设计，使海尔具备了与国际化大公司相抗衡的技术创新能力。在轰动 2001 年德国科隆国际家用电器博览会的海尔太空系列网络家电中，日本的专家、美国的技术和法国的时装设计师对家电色彩的设计，都被海尔整合在一起，各类设计开发同步进行，大大加快了创新速度。海尔集团联合美国、日本、德国等国家和地区的 28 家具备一流技术水平的公司建成了海尔中央研究院，成立时拥有环境、电磁兼容等 10 个国际一流水平的超前技术实验室和 11 个超前技术研究所，并利用全球科技资源的优势在国内外建立了 48 个科研开发实体。这些先进科技手段的应用及与国际一流科研开发机构的合作，确保了海尔可以利用最先进的技术创新手段实现科技成果的转化。截至 2019 年，海尔已在全球建立了 24 个工业园、10 个综合研发中心、10 个制造中心、66 个营销中心，形成了遍及全球的信息化网络；海尔摒弃原来封闭式、线性的低效率开发方式，创造性地实行了整合全球技术、智力资源的并行开发方式。

3. 海尔全要素创新实践

海尔全面创新管理的各创新要素的相互作用关系可归纳为：技术创新是关键，没有较强的自主技术创新能力，就失去了全面创新的前提和意义；战略创新是方向，战略创新决定了海尔发展的方向，也决定了创新管理的方向；市场创新是目标，创新的目标就是创造有价值的订单；管理创新是基础，管理创新为海尔的发展奠定了坚实的基础管理平台；组织创新是保障，流程再造提高了响应市场的速度，提高了大企业管理效率和适应市场需求的灵活性；观念与文化创新是先导，创新是海尔文化的灵魂，创新观念已深入人心，并体现为每位海尔员工的一举一动；制度创新是动力，通过市场链工资，使员工报酬完全来自市场，每个人都与市场零距离，人人都成为创新 SBU。

3.5.3 平台组织特征及其驱动因素分析

关于平台，最早是从产品开发的视角对其进行研究的，认为它是一种技术结构，可以促进产品创新设计，目前在各种情景中都会使用到平台的概念，因为它具有将各方用户群体连接起来的机制或原则。现在，平台被定义为在新兴的商业机会中能够快速重组或构建资源以满足多变市场需求的组织形态,但对平台组织进行研究的文献数量很少,而且对平台组织的理解很多倾向于交易平台或产品技术平台,这是一种结构上的简单映射,仍然没有脱离"镜像假设"的束缚。但不管从什么角度定义平台组织,它都具有两个典型的特征:强大的网络效应和演化能力。每个平台组织都有一个核心组件,同时加上一些外围组件。通过演化可以淘汰不合格者,保留下具有优势基因的个体,而网络效应给平台组织带来良性正循环以后可以提高平台的利用率,从而平台组织会有越来越多的可变组件,可变费用和创新成本都会降低,同时可以获取创业的机会。

按照服务对象的差异,平台组织可以分为外部创业平台和内部创业平台。外部创业平台也被称为产业平台,外部的企业或个人可以从平台上获取产品、技术等资源来进行创新;内部平台即内部创业平台,它是指企业一系列资源的组合,在这个平台上可以孵化出新的业务甚至是企业。

互联网时代对传统的商业模式造成了巨大冲击。例如,线上商城优质的服务和丰富多样的产品给传统线下企业(如海尔)带来了很大的压力,原有的组织形式已不能满足快速变化的市场需求。由于平台组织具有演化能力和网络效应的特征,这种去层级和去中心化的结构可以帮助组织解决很多难题,如竞争优势路径依赖问题、核心能力刚性问题等,平台组织由此流行起来。市场竞争加剧是促使组织向平台化转型的首要因素,消费者不仅关心产品的质量,更关心能否提供集成化的服务;供应商在企业的价值链上发挥着重要的作用,是驱动组织平台化的必要因素。另外,外部交易成本的增加也促使组织平台化转型,平台作为一种商业模式,可以利用网络外部性来降低参与各方的交易成本。日益兴起的生态经济研究也凸显了组织平台化的重要性,平台企业主导的创新或创业在生态经济中起着重要的支撑作用,平台能够创造价值,用户群体可以通过平台提供的界面来创造和交易价值,从而激发创新。

3.5.4　全面创新驱动下的海尔平台化转型

在 2005 年海尔推出"人单合一"模式,标志着海尔进入了全面创新阶段。从 2009 年开始,海尔在组织结构上进行了两次重大的变革,第一次是从传统的"正三角组织结构"变革为"倒三角"组织结构;从 2013 年开始,"倒三角"组织结构变革为"平台型组织"。

在金字塔形的正三角组织结构中,金字塔顶部是海尔的最高领导层,接下来是一些中层管理者和基层管理者,最底端是一线员工,他们按照上层领导的指示做事。为了实现零库存下的即需即供商业模式,海尔的组织结构就必须改变过来,让员工处于顶端直接接触用户和市场，进行自主决策。原来顶部的高层领导处于组织的最底端，中间层的领导也大幅度精简，高层领导的主要职责是确定新的战略方向，发现新的市场机会，从原来的发号施令变为提供资源和服务，同时协同内部组织关系。这种改变不再是以领导为中心，而是以用户为中心。

海尔在建立"倒三角"组织后，集团内部的8万人就逐渐变成了2000多个自主经营体，在"倒三角"组织中从上到下依次是一级经营体（一线经营体）、二级经营体（平台经营体）、三级经营体（战略经营体），每个经营体都有独立的用人权、分配权、决策权。为了能够给那些面对市场的人提供最好的资源和最好的内部关系，从而保证市场端工作顺利开展，在全面创新驱动下海尔决定进一步把"倒三角"组织变为节点闭环的网状组织，让"倒三角"彻底变成一张网，海尔整个就变成了一个平台组织。在这个平台组织中，只存在三种类型的人，即创客、小微主、平台主，每个人或者经营体都要成为这个平台组织中的一个节点，如果在平台组织中找不到自己的节点，就成为冗员，要想进入其中就必须抢单竞聘。中间层消失，串联流程变并联平台，资源无障碍进入，平台与小微之间通过目标承接、包销定制、对赌等契约关系连接在一起，他们的共同目标是创造并满足用户的需求，为用户带来增值，平台中的每个节点都能够感受到用户。

1. 智能制造平台

"互联工厂"这个概念只有海尔内部这么讲，在外界称为"智能制造"。早期海尔在注重技术创新的同时也在进行市场创新，始终坚持"用户的难题就是我们的课题"，进入互联网时代以后，海尔已经进入了全面创新阶段，更加注重市场创新和技术创新的结合。为了实现"在互联网时代要与用户零距离"的目标，海尔建立了互联工厂（智能制造平台），实现用户、行业和国家三个层面的整合，创建物联网时代的大规模定制模式（行业是大规模制造），实现全球引领。

在智能工厂实施的过程中，海尔一般先做样板，做试点。第一个智能工厂就是海尔沈阳电冰箱厂，之后开始复制，每做下一个新的智能工厂的时候，都要考虑如何在之前的基础上进行改进和迭代。刚开始也是只关注效率和智能，为了更好地连接技术和市场，后来开始逐步改变，要实现互联，主要有"三联"，即用户与全要素互联、用户与网器互联及用户与全流程互联。智能制造平台体现了海尔的价值链创新，使价值链由原来的串联变成了并联。

传统的价值链是串联的，从研发到制造再到营销，这样的方式最大的一个弊端就是流程太长，无法快速响应和满足用户的需求。因此，海尔进行了价值链创新，变串联到并联，逐步迭代优化，原来的各个组织职能部门变成了一个个节点，各个节点同时能够面对用户需求，共享用户信息，共同满足用户需求。海尔注重和用户交流，开始做物联生态的想法就是来源于用户的建议，如在冰箱上安装可以操作的屏幕，可以听课、可以买菜，为此海尔想打造一个U+的智能生态，如现在的洗衣和送水等都开始做物联生态。

为了做好生态系统，在智能制造平台上搭建了海创汇平台、U+智慧家庭平台、众创汇平台、COSMO平台等。其中，众创汇平台的主要职责是服务于海尔的定制，包括：模块化定制，如冰箱300多个零件，可以分成20个模块，大家可以根据模块进行定制化购买；众创定制，产品通过众创的方式产生，通过用户投票等机制实现，一旦达到最小批次量后，海尔就开始生产；个性化定制，为用户提供独一无二的定制化服务；智慧生活解决方案，努力提供配套的智慧生活解决方案，不是单一的产品，而是一整套家电方案。平台与用户在数据上是连通的，他们之间并不是简单的买卖关系，中间有多重合作机制，如买断、提成等不同的市场交易方式。而且，海尔鼓励用户设计方案，并给予其回报和激励，这样可以吸收外部人员的智慧，通过全员（包括内部和外部人员）创新，获取更多的创新方案和创新产品。海尔有一个经典的案例：Hello Kitty青年机，就是来自外部人员的创新，用户通过提需求，做方案，然后海尔通过协调资源，解决知识产权等问题，最后成功生产出了Hello Kitty青年机。

用户数据的收集主要是借助云平台，目前的云平台是海尔自己开发的，整体构架也是自己做的，借鉴了阿里的分布式架构，是一种开源技术，可以提供模块化微服务，小企业能够很容易地复制过来。从海尔集团的全局来看，对外方面有COSMO体系，目的是让智能制造平台能够对外分享。COSMO平台代表了一种新的制造模式，如同福特的流水线生产、丰田的精益生产模式。该平台与GE、西门子相比而言情况不同，GE的重点在装备，完全2B[①]，西门子重点是2B，也有2C[②]，而海尔则是以用户为中心，提供2B和2C两方面服务。目前COSMO平台已经得到了国际国内的广泛认可，实现了从技术引爆，到标准引爆，再到平台引领，实现了从国内引领到全球领先的超越，实现了高精度下的高效率。海尔的数据显示，以胶州空调为例，高精度方面，实现新产品开发100%用户参与设计，定制占比10%以上；高效率方面，订单交付周期缩短50%以上，效率提升50%。截至2018年，海尔COSMO平台已成功申请自主知识产权89项，成为行业内首个具备自主知识产权的中国版工业互联网平台，并在电子、船舶、纺织、装备、建筑、运输、化工等七大领域建立起新工业体系的"中国标准"，支持中国传统制造业快速转型。

海尔通过技术创新（如对产品的性能不断地迭代升级）、市场创新（如让用户全程参与设计）、组织创新（如组织平台化）、全员创新（如企业员工和用户）、全

---

① 2B，to business，客户端是企业。
② 2C，to customer，客户端是用户。

时空中的全价值链创新（如价值链从串联变成并联）等创新的结合，在创新驱动下建立的智能制造平台对用户的关注做到了极致，以用户需求为导向，在智能制造平台上已经成功孵化了众多颠覆性的原创科技产品，如 MSA 控氧保鲜冰箱、净水洗洗衣机、传奇热水器、固态制冷酒柜、小焙烤箱等，进一步巩固了海尔在家电行业的竞争力。同时，智能制造平台也极大地降低了海尔的生产费用，提高了生产效率，促进了海尔制造业的转型升级，驱动了海尔的组织向平台化转型。

2. 资源共享——开放式创新平台

开放式创新的概念最早由 Chesbrough（2003）提出，它的关键在于与外部组织要建立关系。张瑞敏坚持"不求我所有，但求我所用""最聪明的人在企业的外部"等理念，认为在互联网时代关注的不是自己拥有多少资源，而是能够利用多少外界的资源。在 2009 年的时候，在全面创新的驱动下，为了能够共享资源，海尔进入开放式创新时代，搭建了开放式创新平台。海尔在开放式创新的道路上已经走过了单纯依赖外部资源导入、对外部资源和信息进行筛选这两个阶段，目前所在的开放式创新阶段面临的问题主要是如何对外部分散的信息和内部聚焦的需求进行匹配，海尔在开放式创新资源的来源方面，内部需求导入占 80%，外部来源导入占 20%。针对外部来源的信息发散性强、用户提供的创新不够收敛的问题，海尔认为前期创意收集阶段要靠用户的发散性思维，但后期还是要靠专家对创意资源进行收敛。

考虑到当前许多创新都是多学科跨领域的，需要建立社群来掌握不同领域的动向。为了解决这个问题，海尔在开放式创新平台的基础上搭建了 HOPE 平台，它联结了许多学科领域，依靠长期面向用户的直觉对技术方案的可行性进行判断。HOPE 平台是从原来的情报部门转型来的，它也反映了海尔的组织结构在逐步地向平台化转型。

HOPE 平台拥有全球范围内庞大的资源网络，如线下专业渠道、线上平台、政府组织、大学和研究机构、创新中心、大公司、10 个综合研发中心、孵化器、VC 协会线上社群、专业数据库等；建立了创新者聚集交互的生态社区，创新合伙人计划，如领先用户（非一般用户）、设计师、科研人员和工程师等；搭建支持产品创新的一站式服务平台，如用户线上线下入口、全球创新"蛙眼"监控系统、资源情报创新合伙人（三网资源）、全球技术情报系统、全球资源数据库、创新平台对接、十大中心及三网资源渠道、情报体系、利用爬虫工具设立 700 多个关键词搜索全球资源等。HOPE 平台通过微信、微博、现场体验等线上线下方式收集用户的创意，然后设计师、工程师、技术人员等与其交互，利用全球的创新资源，设计生产出令用户满意的产品。在互联网时代的平台型组织中，卖出产品并不是交易就结束了，而是交互的又一次开始，因为产品本身就是网器，海尔通过网器对用户的需求做进一步的交互分析，对产品进行迭代升级，更好地去满足用户的需求，吸引更多的用户到平台上来交互（图3.6）。

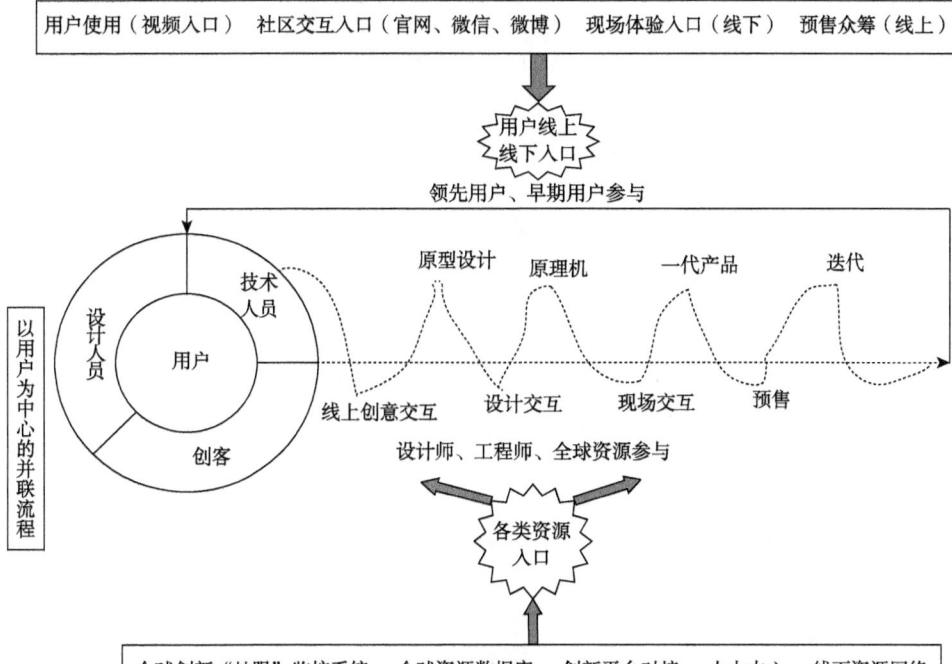

图 3.6　海尔 HOPE 业务流程

通过开放式创新平台，海尔在精准把握用户需求的基础上利用自身的技术和全球整合的技术资源进行产品创新，2018年海尔第三度入选全球最能创新企业名单，是家电企业中唯一的一个。

3. 人人都是 CEO——创新创业平台

海尔一直坚持认为人是企业最重要的资产，提出"企业即人、人即企业"。在海尔，员工的概念已经从被雇佣者、执行者演变成了创客、动态合伙人。在2005年的时候海尔就提出"人单合一"模式，引入市场机制，要求每个员工都能找到自己的"单"，员工都要到市场上去"抢单"，否则就会面临被淘汰。

为了鼓励人人都能成为 CEO，海尔为员工提供的不再是一个个固定岗位，而是提供动态的创业机会，让他们变成主动创新的创业者，最后发展成为动态的合伙人。之所以是"动态"的，主要有两个原因，一是有"单"才有人，如果"单"变了，那么"人"也可能会变，即动态的按单聚散；二是"员工"的转变，这里的员工并不局限于企业内部的人，任何地方有竞争力、有才能的人都可以通过竞单上岗。员工的转变倒逼并支持海尔的战略及组织转型，使海尔从生产制造企业转变成"制造"创客的平台，创客可以在这个平台上创新创业，海尔共享式创业平台如图3.7所示。

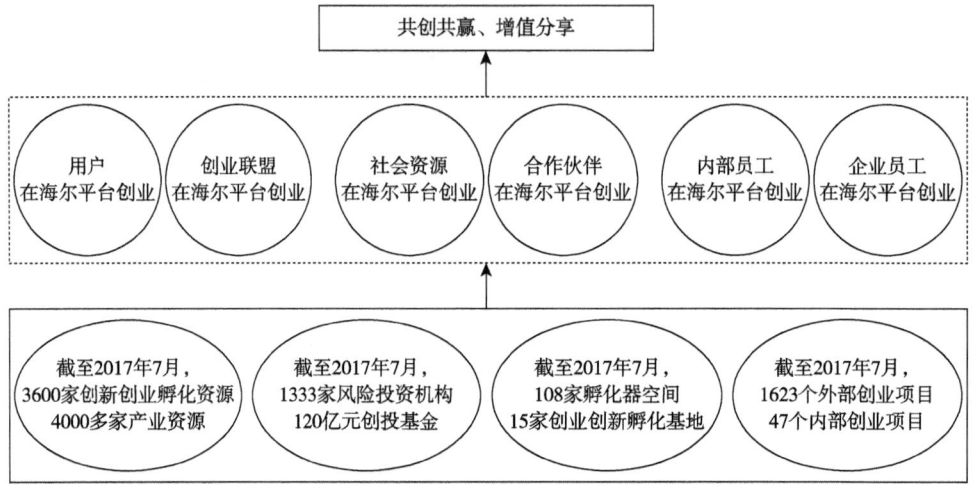

图3.7 海尔共享式创业平台（浙江大学创新管理研究团队，2018，2019）

海尔的创业平台通过不同的途径吸引了大量的创客、孵化资源、投资机构、创业项目，同时建立了创新创业孵化基地。为了更好地培养出创客，海尔实行"员工创客化"机制，主要是为了激发员工的创新活力，在海尔平台上进行创新创业的员工不仅可以到海尔的创客学院去学习、培训，对于评选筛选的项目海尔还会提供资金、人力、资源等帮助其创业，如雷神小微、水盒子小微等。若没有平台的支持，这种创业小微很难获得成功。平台为创业小微提供的帮助主要包括：提供战略方向、提供业务论证和可行性分析、提供孵化基金、提供各种外部资源、提供平台性资源等。平台上的小微具有自驱动、自演进、自优化等特点，平台与小微之间不是上下级之间的关系，而是契约关系，建立的是对赌机制，是服务与被服务的关系，是价值交换的市场关系，是同一目标下共创、共赢、共享的关系，平台的报酬来自小微。平台上的小微与小微之间的关系也是一种市场关系，遵循平台内部的市场机制，他们可以自由选择合作的对象，追求的也是共创、共赢。

海尔创新创业平台的建立是全面创新驱动的结果，涉及全要素创新、全员创新、全时空创新。主要包括：管理模式创新，如让员工变成创客、变管控为服务；文化创新，如永远以用户为是、以自己为非；制度创新，如企业付薪制变成用户付薪制；全员创新，如企业在册在线员工、合作伙伴、创业联盟等都可以进入海尔；全时空创新主要体现在拥有庞大的全球网络资源，如技术、用户创意等，可以吸引更多的创客。

3.6 结论与启示

互联网时代,许多传统的商业模式被颠覆,从以企业为中心变成了以用户为中心。基于全面创新驱动下的海尔的发展给其他企业提供了以下经验和启示。

1. 全时空创新为海尔构建了跨边界的资源获取途径

互联网时代,速度就是生命,如果不能快速响应用户的需求就会丧失很多机会,需要能够即时创新。但能够做到即时创新的组织其实很少,因为从需求创意产生到实现商业化是一个非常复杂的过程,这主要是由用户、供应商、员工等实体间的相互关系的障碍造成的。全时空创新的理念强调突破时间与空间限制在构筑企业竞争优势上的重要性,这种突破意味着企业能够更加快速、有效地集聚丰富的创新资源。对于企业的建设和发展而言,跨越时间和空间的外部资源获取途径尤为重要,它决定着企业能以多快的速度及在多大程度上响应市场需求。

2. 全要素创新为海尔提供了高效的资源配置方案

全要素创新要求组织的各生产要素有机结合、高度协同,实现整体效应大于局部效应之和的功能,其本质是创造一种更加高效的资源配置方案。对于希望将传统制造工厂转型为智能制造平台的企业而言,要摆脱强调物料投入、资金投入与人力投入的传统生产方式,就需要更新资源配置方案,调整不同生产要素之间的关系,从而创造更多的经济产出。全要素创新倡导的市场信息、生产技术、管理系统、企业文化等多要素协作创造价值的资源配置方式为桥接智能制造平台的不同功能模块提供了可行方案。

3. 全员创新塑造了海尔的新型雇佣关系

全员创新意味着创新不再仅仅是企业研发与技术人员的工作,全体员工都应该成为组织新实践与新思想的创造者,通过调动与发挥全体人员,特别是普通员工的积极性与能动性,实现企业持续发展。全员创新突出了价值创造过程中组织成员身份平等的观念,瓦解了组织层级,发展出介于雇佣与合作的新型契约关系,催生了平台化转型期间组织行动者从"员工"向"创客"的角色转换。2013年,海尔提出"人人都是CEO",2014年又进一步提出"员工创客化",目的是让每个人都能成为创新的主体。这里的员工不再仅限于企业内部的在册人员,还包括海尔的"在线员工",即海尔外部的人员,如用户、供应商等。这样完全改变了员工的角色,内部的员工从执行者变成了创业者,雇佣者变成了动态的合伙人,激发了员工的活力;外部的人员从原材料提供者、产品购买者变成了创新创业的主体。同时要求变"客户"为"终身用户",要与用户进行交互,从用户那里获取创意,让用户参与设计,如转型后出现的众创汇平台、海创汇平台、创新创业平台等。所以,全员创新为企业发展提供了符合时代要求的新型雇佣关系。

第 4 章　海尔的文化创新

当前，经济发展全面进入了全球化时代。经受了全球化浪潮深刻影响的中国企业，已经意识到我们与世界级企业之间的差距并不完全是在技术、设备、组织结构和流程等物质与组织层面，更是在文化层面，或者说文化与观念的差距才是中国企业与跨国领先企业之间的最大差距。因此，中国企业面临着从技术、设备、产品的国际化到管理、组织结构与流程的国际化，再到文化与观念的国际化的挑战。海尔等中国企业国际化的成功和不足，揭示了中国企业在弥补观念差距方面的艰难历程。一方面，显示了它们学习西方先进企业文化与吸取中华优秀传统文化的不懈努力，同时展示了它们探索中国企业创新文化全新内涵的积极进取心；另一方面，中国企业的全球化与本土化之间存在着一种相互融合的关系。中国企业必须充分吸收和利用西方成熟与优秀的企业管理、组织与文化体系，同时又必须将其融入本国特殊的物质、经济与文化环境中，才能形成自身独特的文化软实力。随着中国企业逐步走到国际前沿，这种文化软实力越来越成为企业国际竞争力的重要元素。

改革开放以后，中国的第一批企业家是幸运的，他们同时接受日本与西方（以美国为核心）两种管理文化的洗礼。以泰勒制为核心的西方科学管理理论造就了一种刚性的企业文化，非常强调严格的制度、机制、契约精神、权责分明和奖惩措施，对中国企业的规范化和市场意识的建立，摆脱国有企业的混乱状态和乡镇企业的家族式体制缺陷，是非常重要的。与之相比，日本企业以人为本的柔性管理更符合中国企业家的思维方式（大内，1981），日本企业强调的长远目标、愿景、家庭亲情和价值观等软因素的企业文化更能被中国人接受，更有利于发挥中国传统文化的优势。因此，探索中国企业在国际化过程和国际竞争力提升过程中，如何吸收国际先进文化，同时与中国传统文化相结合，培育具有中国特色的创新文化体系，是一个非常重要的课题。

4.1 创新文化的内涵与文化演化的框架

对创新文化的内涵和定义的阐述,学界从不同的角度和不同的维度展开。Thornherry(2003)的研究发现,创新文化的内涵包括鼓励探索、包容个性、宽容失败等特质,表现形式包括创新价值观、创新信念和创新意愿等;水常青和许庆瑞(2005)提出,创新文化的内涵包括精神及其外在表现,如价值观、行为规则、制度等,认为创新文化的作用是激发创新思想、鼓励创新行为和促进创新实施。Robinson和Cousins(2004)将文化类比为生物基因,将创新文化视作组织内部最为关键的精神密码。关于创新文化对企业创新的作用,许庆瑞等(2005)定义了文化场的概念。创新文化场是一个渐进形成的过程,在制度创新与管理创新的协同作用下,员工形成整体认知模式(即价值观与文化精神),并在企业愿景与战略的影响下,经过适应环境变化的调整过程,形成具有创新作用力的文化场。

归纳以上各位学者的论述,我们将创新文化定义为:促进企业形成创新动力、创新激励机制和创新能力的文化要素组合而形成的文化场。根据这个定义,我们构建了创新文化作用于企业创新的框架。在图 4.1 中,企业通过创新文化建设,形成企业的核心价值观,并将价值观贯穿在企业的认知行为模式与理念中,通过文化认同和整合,营造出企业的创新文化场,这一无处不在的文化场体现在企业的创新动力、创新激励机制和创新能力中。

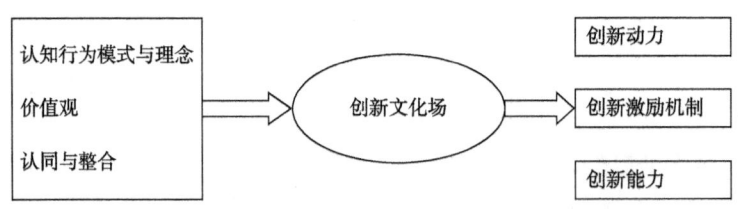

图 4.1 创新文化的理论框架

中国企业文化的形成过程也是中国现代化和改革开放的过程,在此过程中,中国传统文化和现代西方文化在冲突中融合,在竞争中互补,形成了独具特色的中国创新文化。在中国传统文化中,以宋明理学为核心的新儒家一直是其核心教义,它的一些核心要素,如权力本位和中庸,都曾经被认为是创新的阻碍因素(Zhang and Zhou,2015)。然而,近几十年中国企业的发展表明,中国传统文化因素通过适当的变革和创新后,可以成为创新的推动力。例如,权力本位可以在官僚体制下,在个人的创造性还无法充分发挥出来的情况下,通过集中力量干大事,将社会力量团结起来致力于明确的创新目标,能够推进创新的实现。同样,社会交往中基于家族血缘的人际关系不仅可以强化社会交往,而且为组织间的合作创新网络提供了微观基础。而儒家士大夫"以天下为己任"和"光宗耀祖"为目标的集体主义倾向有利于组织内成员的高度参与意愿、承诺与奉献的文化环境和管理实践的形成。

中国企业文化的演化过程可以从两个方面去理解和分析。一方面,从官僚式文化向商业文化转化。计划经济时期的官僚式企业文化在1966~1976年的"文化大革命"期间遭到很大冲击,导致"文化大革命"后期的衰败,由此形成一种无组织性的官僚式企业文化。在1978年改革开放后,开始向基于商品经济的商业文化转化。在此过程中,首先是效率优先的组织和制度建设,形成了效率性文化;其次,随着市场经济的深入发展,逐渐向适应性文化转化,而一些企业最终形成了创新性文化。另一方面,从中国传统文化主导的企业文化向中西方文化冲突、替代和融合的现代企业文化转化,并由此形成了既适合现代市场经济,同时继承了传统优秀文化要素的独具特色的中国创新文化。

改革开放前的中国经济,在高度集权的计划经济体制下,经过"文化大革命"和经济的停滞,既没有建立起官僚体制和市场竞争的普遍规范,也没有形成社会共识,社会整合无法达成,整个社会成为一盘散沙的混乱状态。同时,中国传统儒学的能动性在逐渐丧失。改革开放后,中国的经济体制改革开始了两个方面的文化变迁和制度建设:一是普遍性的市场规范和组织规范的建设;二是权力的下放与分散化。

但是,由于传统文化的阻碍与计划经济体制的惯性,到数字经济蓬勃发展的今天为止,中国多数企业的创新文化还没有能够形成,其原因有两个方面:一方面,由于"文化大革命"在一定程度上削弱了中国政府与企业的组织整合能力,国家和组织层面的能力构筑都没有很好地实现;另一方面,国家与企业整合能力的缺乏使企业没有形成组织共识,没有形成员工对企业组织的忠诚,由此无法形成基于集体主义的创新文化。但从另一个角度来看,这也使中国企业形成了较好的工作弹性与活跃的创业经济,这在广东与浙江的民营企业中充分地体现出来,由此形成了与市场共生的网络型组织关系。

近年来,创新文化的重要性及其建设在我国的重要地位日益凸显。从国家政策层面上看,2006年《国家中长期科学和技术发展规划纲要(2006—2020年)》颁布,其中创新文化的建设被列为重要任务之一。胡锦涛同志也在全国科学技术大会上强调了创新文化的重要性,认为应该以"创新文化孕育创新事业,创新事业激励创新文化"。他提出"扎实完成建设创新型国家的重大战略任务","增强自主创新能力"，"发展创新文化"①。因为创新文化是实现国家自主创新之路的驱动力和软实力之源。在 2015 年，习近平同志就深刻地认识到，"创新是引领发展的第一动力"②，要在全社会营造鼓励人才创新的良好氛围。他在讲话中明确指出："创新是一个民族进步的灵魂，是一个国家兴旺发达的不竭动力，也是中华民族最深沉的民族禀赋。在激烈的国际竞争中，惟创新者进，惟创新者强，惟创新者胜"③。"一年之计，莫如树谷；十年之计，莫如树木；终身之计，莫如树人"。要在全社会大力营造勇于创新、鼓励成功、宽容失败的良好氛围，为人才发挥作用、施展才华提供更加广阔的天地，让他们人尽其才、才尽其用、用有所成④。他将中国 40 年来高速发展的根本动力总结为思想引领和观念创新，他指出："40 年来，中国人民始终与时俱进、一往无前，充分显示了中国力量。中国人民坚持解放思想、实事求是，实现解放思想和改革开放相互激荡、观念创新和实践探索相互促进，充分显示了思想引领的强大力量"⑤。

随着中国的改革开放，西方技术、文化和制度逐渐引入中国。同时，"文化大革命"在中国传统文化和现代社会生活之间创造出一个巨大的真空，导致随后的文化发展并不是渐进的和平滑的，而是以巨大多样性的文化来源和文化维度冲击着中国社会。从这个意义上看，中国再一次获得了文化多样性的优势，春秋战国时期的自我批判、自我学习和自我改进的百家争鸣现象又得以出现。通过西方文化引进和传统文化的复兴，中国社会又一次回到了各种思想学派共存的局面。伴随着东亚经济增长奇迹，儒家思想又一次得以流行，其他中国传统思想如道家、阴阳家和禅宗也得以共存。中国文化的演化过程充分说明中国文化并不是固化的，而是不断演化的，是和多样性文化要素相互作用的融合过程（Zhang and Zhou，2015）。

那么，中国应该继续发扬集体主义、强调合作与协同、强调长期发展、强调能力构筑、具有渐进创新优势的东方传统文化？还是应该转换为以个人自由、强调差异与进化、强调多样化、具有破坏性创新优势的西方（以美国为代表）创新文化？二者有结合的可能吗？二元性组织或二元性文化有可能在中国形成吗？显然，中西方的价值观与行为模式存在一定的矛盾，而现代创新文化正是需要具有内在矛盾与张力的文化体系（Trompenaars and Hampden-Turner，1998）。我们需要

---

① 《胡锦涛在全国科学技术大会上的重要讲话》，http://www.gov.cn/ldhd/2006-01/09/content_152487.htm。
② 《习近平参加十二届全国人大三次会议上海代表团审议》，http://military.cnr.cn/kx/20150305/t20150305_517898242.html。
③ 《习近平：在欧美同学会成立 100 周年庆祝大会上的讲话》，http://cpc.people.com.cn/n/2013/1021/c64094-23277634.html。
④ 《习近平以创新点燃改革引擎》，http://www.xinhuanet.com/2018-08/13/c_1123260544.htm。
⑤ 《习近平在博鳌亚洲论坛 2018 年年会开幕式上的主旨演讲》，http://www.xinhuanet.com/politics/2018-04/10/c_1122659873.htm。

结合中国传统文化的集体主义和西方文化的分权化民主，结合中国传统的长期导向对长期稳定的追求和西方短期导向对变化与创新的追求，也需要结合中国传统文化的特殊行为模式和西方文化的普遍行为规范。

文化二元性理论说明中国传统文化不一定阻碍创新，具体的效应取决于企业如何管理这些文化因素来达到其商业目标（Zhang and Zhou, 2015），这种观点打破了通常对中国传统文化的模式化观念。如果说创新就是通过引入新的思想和方法来改变某些事物，那么中国企业面对的各种矛盾会促使管理者去寻找不同的方式和路径，特别是当线性和演绎的逻辑无法达到目标时，矛盾更能够激发管理者的创新思维。这时，来自中国传统哲学的归纳式思维可以支持管理者进行类比推理，这种思维方式相比西方文化主导的逻辑思维，具有更大的灵活性和创新性。

在案例研究中，我们看到中国成功的企业管理者善于平衡各种矛盾，具体体现在善于平衡长短期发展，既能够致力于从创新获取利润，也能够致力于长期投资和能力构筑。在"文化大革命"后，许多中国企业的第一代领导人都能感受到社会主义市场经济这一矛盾的意识形态，都逐渐学会在这样一种矛盾的情境中生存和发展。中国管理者都学会在引进西方文化和继承传统文化，在社会主义意识形态和资本主义市场经济的争议、模糊和混合模式中生存和工作。在这样的环境中，创新和创造性是企业生存和发展的必要条件，因为原来的计划经济模式不再有效，而简单地引进和模仿西方企业管理模式也无法奏效。不仅是产品创新和工艺技术创新，生产过程创新、组织创新和战略创新都成为中国高绩效企业的日常创新行为。这些创新行为已经渗透到组织的学习能力和自主创新能力中，使这些企业的抱负远大的领导人能够找到应对混沌市场和过渡经济的独具特色的方式。例如，张瑞敏很早就认识到，中西企业之间的最大差距不是技术，而是文化、理念、组织和企业战略。

因此，张瑞敏每天都在进行战略追问：如何通过战略创新来实现差异化。与此同时，他致力于建立一种拥抱创新的变革文化，并且相信成功来自不断变革的信念。而战略所带来的稳定方向性和创新所要求的不稳定发散性的矛盾，决定了海尔成功的本质在于它同时在变大和变小，一方面通过战略聚焦获取巨大的规模性优势，另一方面通过分散化创新获取灵巧的灵活性优势。

4.2 海尔文化的创新与变革过程

从 20 世纪 80 年代开始，张瑞敏就不断吸收日本和欧美先进企业的管理模式，日本的松下曾经是20世纪80年代时他眼中的管理楷模；20世纪90年代以后，美国的GE成为他新的学习典范；2000年以后，硅谷模式成为张瑞敏的理想模式，但随着硅谷公司的不断壮大和他不断深入的思考，张瑞敏发现硅谷也存在一个悖论现象：创新使公司增长而壮大，但壮大以后就会逐渐丧失创新力。就如微软、亚马逊和Facebook这些美国和硅谷创业的典范，开始都以不断的购并，形成自己的行业垄断，使新兴的创业公司很难有颠覆它们的机会。苹果公司也在乔布斯去世以后，逐渐失去了创新的方向和创新动力。因此，张瑞敏一直在问为什么会这样，他思考的并不是大公司还是小公司的问题，而是如何让公司始终保持创业精神和创新文化（郝亚洲，2018）。

对张瑞敏影响很大的一本书是拉里·唐斯保罗·纽恩斯的《大爆炸式创新》，其中所描述的熵阶段的死寂、静止和绝望是他极力想让海尔避免的境地，极力避免海尔在这样的失去创造性的情景下窒息而亡，而这种情景所展示的西方企业创新力的丧失正是西方管理模式发展的必然结果。

到第二次世界大战结束时，美国已经成为超级经济强国。美国之所以能够取代英国、超越德国，很大程度上是得益于美国在19世纪末和20世纪初开创的美国经济模式，这一经济模式主要体现为由福特创造的大规模流水线生产组织方式和泰勒倡导的科学管理思想，以及随后出现的企业组织的官僚制结构和"看得见的手"的职业经理人制度。组织的管理和流程也日益规范和严格，造就了一批安分守己、严格按规矩办事的"组织人"和"单面人"，即对企业忠诚、在企业中长期踏实谨慎地工作、沿着企业内职业阶梯逐步提升、在退休后可获得足够的养老金和医疗福利的企业员工。西方文化中的理性思维也已经走到极致，而其过于机械化和效率化的结果就是彻底把人变成了生产工具，人被机器和流程所异化。用数字和理性决策的科学管理可以很好地解决效率和秩序的问题，但却无法解决人的主动性和创造性的问题，这就是大公司持续走向封闭、丧失创新力的原因。

张瑞敏认识到，要解决这一难题，必须重新唤醒人们的价值意识，激发员工的创造性和主动参与意识，这才是管理创新的正确方向。在破解西方的碎片式理性思维时，日本企业的全面质量管理理念、欧美后现代管理理念如量子管理模式、老子的"上善若水，水善利万物而不争"的道家思想都成为张瑞敏的思想基础，成为海尔企业理念的纲。

张瑞敏的管理思想并非单纯地引进欧美思想，也非单纯继承传统东方思想，而是兼收并蓄自成一家，其核心可以总结为基于变通的系统辩证思维、复杂性思维、演化动态思维和非线性的生态与网络化思维。对中国文化中变通思维的继承和对西方后现代创新与演化思维的深刻理解，使张瑞敏不断吸收中西方各种管理思想，不断调整、改进和集成，因为基于包容的系统思维既是中国传统思想的核心，同时网络化的生态思维也是 21 世纪西方商业思维的创新之核。在西方的两分法下，股东利益与用户利益和员工利益是完全对立的，非人格化的规范管理与人格化的人本管理也是完全对立的，于是股东最大化成为西方企业管理的核，这是西方理性思维的必然结果。而在辩证思维下，阴阳互补，天地人合一。股东利益、用户利益和员工利益是互补的和同一的系统要素，而系统之纲在于人，人是所有利益和价值的最终源泉。人的价值创造才是其核心，才是撬动组织的深层动力（郝亚洲，2018）。

海尔的竞争机制从根本上保证了海尔文化的进取性（周国华，1999）。海尔用人机制的着眼点在于让员工在日常的生产或管理过程中能够不断地发掘自身的潜能，不断改进、不断升华。海尔人认为，只要有良好的机制让每一个人都能发挥自身的主动性和创造性，久而久之就会成为一种习惯和一种氛围，使创新成为企业文化的重要组成部分。因此，海尔的用人机制通过激发海尔人的竞争意识来营造创新动力：让每个人都有自己的发展空间，鼓励每个人在自己的岗位上有所发明、有所改进，如此使得发明创新蔚然成风。为了使不断变革的创新理念渗透到每一个员工心中，海尔形成了独特的学习型文化。这种文化充分表现在海尔每周六的中层以上干部的例会上，这是一个典型的批评与自我批评的学习方式，张瑞敏的"官差辅导"对海尔思想观念的变革和文化渗透起到了关键的作用。例如，在网络化战略阶段的周六例会上，张瑞敏不断对平台主们强调"用户""交互"，不断重复的观念讲解、交流和讨论，使管理人员对"人单合一"的理解逐渐深入。这样的观念转变的确是一场革命，是海尔传统官僚体系中的管理者在向自主运营的平台主转变过程中的一场思想革命。他们一方面必须从生产流水线和营销流程中走出来，直接感知市场和资源，直接与渠道商、用户和资源所有者进行交互；另一方面，他们必须走出长期在科层体制中形成的权威位置，成为企业内外部创客和小微们的服务者和支持者。

组织变革这样一个进化过程，如果完全依据基于自然选择的进化，也会带来巨大的风险，包括误入陷阱的风险、方向性错误的风险和失败成本过大的风险。例如，海尔在几十年的发展过程中形成了明确的战略愿景和强大的执行力文化，这是海尔能够发展壮大的基本保障。但在 2005 年以后，海尔开始向强调个人主义的创业文化和创新引领转变，这显然会侵蚀和消磨执行力文化和战略愿景，而失去了战略愿景，也就可能失去发展方向，失去执行力的组织就可能走向无序与混乱。在这一不断侵蚀执行力和同时保证进化过程的战略协调性的变革中，海尔的文化场始终是以向心文化的协调一致为主、部分兼容了离心文化的变异性的创新文化构造。

海尔文化创新在企业技术创新管理中的作用体现在：①通过文化氛围的营造，培养员工个人的创新素质；②在此基础上，通过整合企业员工的创新能力，并且在企业内各创新要素的协同作用下，形成创新文化场，从整体上提高企业的创新绩效。观察海尔的创新体系，我们发现海尔企业文化作用于企业各创新要素（战略创新、组织创新、制度创新、管理创新、市场创新、技术创新），并形成创新动力、创新激励和创新能力的方式，与"场"效应极为类似（许庆瑞等，2005）。如果说组织是一个具有物质世界特性的平台，那么企业文化就是将组织平台凝聚在一起的量子场，而员工和用户就是在场中不断波动的量子。如果说泰勒管理模式就是试图用科层组织结构和管理控制来使这些量子成为在预定位置或路径上运动的被动客体，那么海尔管理变革的终极目标就是恢复量子的主动性动能。

在海尔核心价值观中有三个维度（王钦和赵剑波，2014）：是非观（以用户为是，以自己为非）、变革观（不断持续的创业和创新）和利益观（基于"人单合一"的员工与用户双赢），分别涉及管理模式的变革标准、路径和模式三个方面。

企业只有不断求变，才能够跟得上用户需求的变化，因为用户检验是最重要的变革标准。自以为非的价值观在具体实践中的贯彻是一个辩证的过程，需要不断由"非"来验证"是"。海尔价值观的"变革观"维度指明了战略变革的基本路径是创业和创新。海尔在变革过程中，为了激发员工的创新与创业动力，首先解决了机会公平和分配机制问题。而机会公平和分配机制变革的关键是在海尔价值观的"利益观"维度，这由两个方面构成（王钦和赵剑波，2014）：一是分享机制，成员根据完成的"单"也就是创造的用户价值，获得相应的超利分享；二是个人自主性，"人单合一"模式使每个员工都有一个清晰的目标，有助于提升员工对于管理变革的认同，增强了参与变革的动力。

因此，海尔的成功，不在于它发明了多少管理工具和技巧，而在于它形成了一套创新动力机制。一直以来，企业文化管理都被认为是一种软性管理手段，但如果把海尔文化的作用方式与场效应相结合，我们会发现海尔的创新管理就是通过"文化场"的效应获取成功的。"文化场"作用于各创新要素的"创新力"源自"全员创新"，并通过不断调整的组织过程将各要素调整到了激发状态。

基于上述对文化场概念和海尔全面创新要素在"全员创新"氛围中形成过程的分析，许庆瑞等（2005）和郑刚等（2008）给出了海尔文化场形成过程模型（图4.2）及其作用原理。以海尔为典型代表的中国企业的学习型文化已被管理学界广泛称道，但关于这一文化特性源自何处的讨论却存在很大分歧。许多研究发现，中国传统儒家文化的教育理念是现代中国企业学习型文化的基石。中国文化的低确定性规避容易使人们形成谦虚，以及对模糊性的容忍和反思的性格，由此提供了自我调整的学习和知识创造的机会，这些显然都有利于创新。另外，中国文化中较高的权力距离意味着对权威的尊重与服从，这在一定程度上的确会阻碍个人的主动性和创造性。但如果组织领导具有长远的创新性的战略愿景，那么高权力距离就会有利于组织战略的实施和实现。华为和海尔都充分证明这一点，虽然大部分员工和管理者都不能及时理解和领会领导人的愿景和战略，但对权威的尊重使他们能够严格执行领导人的战略计划。

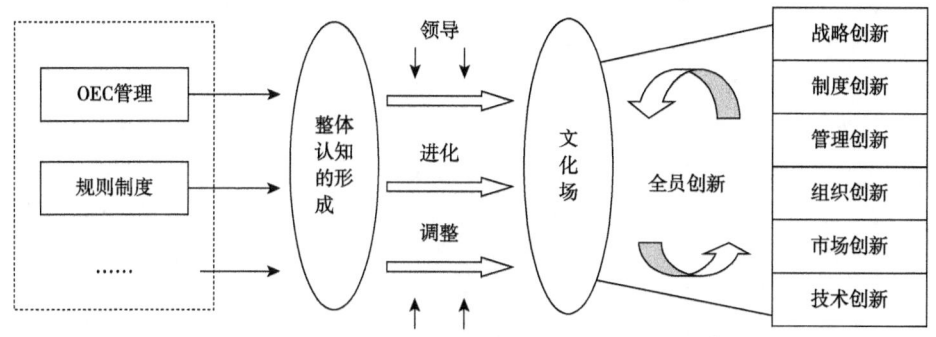

图 4.2 海尔文化场形成过程模型

与此同时，海尔也推动了心智模式的变革，通过"人单合一"的管理模式，开始从服从于老板转换到服从用户需要（Zhang and Zhou，2015）。而且海尔还成功地将这一文化变革引入并购的日本企业中，改变了日本企业长期形成的年功序列制。在海尔并购三洋的过程中，他们预先研究了三洋失败的原因。他们发现，三洋的人员素质比海尔高，研发能力不比海尔弱，三洋的市场经验非常丰富，那么为什么会亏损？答案其实很简单，就在于文化。日本是典型的东亚文化，是儒家文化的一个变体，其最主要的体现就是唯尊是从，只要是领导说的话，员工一定照办，但却可能违背了市场需求。因此，海尔并购之后，一方面首先进行文化改造，将遵从领导改为"唯用户是从"。另一方面，将日本企业强大的团队精神与海尔的自主创业精神结合，让每个团队进行独立自主经营。这样变革的结果是，在收购八个月后三洋就止亏为赢。

中国文化的集体主义精神对创新的阻碍是源于它强调统一性和一致性，不鼓励人们的标新立异和脱颖而出，由此无法形成多元化和多样性的创新氛围。但在中国的网络化合作商业环境中，集体主义有利于支持形成国际合作、战略联盟和组织内创业行为，有利于支持团队创新和合作创新的开展。Zhang 和 Zhou（2015）在对海尔的研究中就揭示了统一的集体主义精神在海尔鼓励员工满足市场需求、技术创新和组织变革中的作用。在这个过程中，海尔一方面需要不断打破传统文化的束缚，但另一方面又需要通过一种新的方式与传统文化结合。这里充分体现了文化模式中各因素之间的矛盾性和互补性，而正是这样一种不断出现的矛盾冲突及对其解决过程中形成的协调，使传统文化和西方文化不断地融合，形成适应经济发展的独具特色的创新文化。在矛盾冲突和协调的过程中，海尔企业文化保持了相对的稳定性与一致性。海尔的企业文化体现了中国文化传统和中国国情，虽然部分接受了西方的创新文化,但不可能像美国文化那样过度张扬个人主义与个人英雄主义。"海尔中国造"就是海尔希望向社会公众传布的弘扬中华文化的体现。

海尔从"规则意识"和"日清日高"到"自主经营体"和"人人都是CEO",再到"创客"和"开放生态",这一系列观念的演进都遵循着个性解放和激发创新活力的逻辑。创客的个人主义和个性解放的观念与中国传统的儒家文化的确有难以兼容的难题,但张瑞敏并没有由此完全抛弃中国传统文化。进入全球化和网络化战略阶段以后,他开始从道家思想中寻找文化变革的基因,他希望通过《淮南子》的"因循而任下,责成而不劳"而达到老子所说的"太上,不知有之"的境界。海尔创新过程也是企业家和管理者的升华过程,企业家对各种资源要素进行整合,以实现创新,依靠的并非权力,而是意志、人格和眼界。管理者必须放下权力的包袱,才能完全成为一个依赖于市场动态的人。企业家和管理者另一个需要转换的观念是家长观念和江湖情义,他们认为自己有责任对员工的生存负责,只有放弃这样的家长观念,转换为对市场负责,才能消解自己的权力意识,将权力通过信息流回归到用户手中(郝亚洲,2018)。

张瑞敏说:"我经常思考这样一个问题,改革开放为海尔带来的最本质、最核心、最打动人的东西是什么?我认为是四个字:观念革命。改革开放为我们提供了一次改变对整个外部世界的看法和思维方式的机会。也可以这么说,海尔30多年的成就,主要不在于有形的东西,而在于无形的东西,这就是观念、思维方式的全新变革。"张瑞敏推崇无形之文化的根源是老子的《道德经》,他的座右铭是"天下万物生于有,有生于无"(胡咏,2002a)。在他看来,这一万物之源的无,就是道,就是无形的文化。

海尔各家工厂的墙上都张贴着写有"海尔精神"和"海尔作风"的标语。海尔精神是"敬业报国,追求卓越",讲求个人价值与集体利益、国家命运融为一体。海尔作风是"迅速反应,马上行动",这有点类似于服从命令听指挥的部队作风。海尔有一个企业文化中心,正是这一中心,将海尔精神和海尔作风灌输给每一个员工,带进每一个并购和加盟的企业中,培养员工树立起纪律和质量意识。虽然有这样一个专门的文化部门,但海尔的"首席文化官"其实就是张瑞敏本人。他认为,塑造文化是最重要的领导责任。因此,张瑞敏就像一个智者,不断地传道、授业、解惑,使员工接受企业文化,把员工自身价值的体现和企业目标的实现结合起来。张瑞敏是海尔的精神领袖,也是海尔文化的创造者和传播者,是具超凡魅力的领袖人物。海尔企业文化变革与中国许多企业一样,都必然是自上而下地进行的,因为它要克服来自传统文化和计划经济思想巨大的阻力,所以需要领导人的权力集中和超凡魅力作为变革的基础。

因此,中国传统文化和计划经济时期的高权力距离意识和改革开放时期逐渐形成的企业家文化的融合，形成了一种特殊的文化模式，这种模式虽然保留了传统企业的一些不足，但却能够有力地支持企业变革和创新的开展。

从20世纪80年代中期开始至2019年，海尔经历了五个战略阶段。与此相伴随的是海尔的五个文化创新阶段，因为海尔的发展是创新引领的战略变革过程，而海尔的创新总是以观念和文化的创新为引导，由此不断推动技术创新、市场创新和组织制度创新的全面创新。第一阶段是在1984～1991年，在海尔的名牌化战略实施过程中，海尔形成了质量与规则文化；第二阶段是1991～1998年，在海尔的多元化战略实施过程中，形成了市场适应性文化；第三阶段是1998～2005年，在海尔的国际化战略实施过程中，形成了基于战略愿景的创新型文化；第四阶段是2005～2012年，在海尔的全球化战略实施过程中，伴随着开放创新平台的建设，形成了跨文化融合的开放式创新文化；第五阶段是2012年至今，伴随着海尔的网络化战略，开始形成创客、交互与生态、共创、共赢的生态意识和基于"人单合一"模式的创客主导的创新生态文化。表4.1概括了海尔文化创新的五个阶段的特征。

表4.1 海尔文化创新的发展过程及其特征

文化演变阶段	认知与理念	价值观	认同与整合
质量与规则文化	质量意识与规则意识	产品价值	质量标准与行为规范
市场适应性文化	市场意识和服务意识	市场价值	文化和品牌驱动多元化的产业整合
基于战略愿景的创新型文化	市场驱动和创新驱动的意识	用户价值与国际品牌价值	与用户为中心的国际化市场链
跨文化融合的开放式创新文化	利用多元化的开放式创新资源	以用户价值引领的倒三角价值体系	自主经营体构成的网络协同的闭环状组织
创客主导的创新生态文化	创客、交互与生态、共创、共赢的生态意识	通过网络与生态为用户创造价值，实现员工价值与用户价值的统一	用户驱动、开放网络平台整合的生态系统

4.2.1 名牌化战略时期的质量与规则文化

在20世纪80年代中期，中国大多数企业都还在进行原始积累，尽快获取利润是大多数企业最迫切的追求，海尔却制定了"先谋势，后谋利"的战略思维，由此超越了产品经营和市场扩张的传统思维，完成了从产品经营到品牌经营的观念转变，形成了以建立品牌的方式开拓市场，由经营品牌而扩张产业，走出了一条独具特色的战略发展道路。

1984年，张瑞敏刚接手的青岛电冰箱总厂引进德国利勃海尔的电冰箱生产技术。在此过程中，张瑞敏通过去德国考察利勃海尔，不仅感受到了德国先进的技术和科学合理的管理流程，更重要的是感受到德国优秀的管理观念，他最震撼的是德国人对质量的一丝不苟，对细节的精益求精。当然，他不是简单地接受德国管理，而是将德国管理与当时中国人更熟悉的日本企业管理进行比较。他发现，德国和日本的质量管理虽然都非常杰出，但管理模式却大不相同。日本企业的质量管理主要依靠团队，靠团队成员的齐心协力。而德国却是每个人分工清晰，各负其责。与张瑞敏一起去德国考察的杨绵绵也是感触颇深，德国工人的精益求精精神给了她同样的心灵震撼。她后来回忆说，技术引进播下了一粒种子，一粒开放的种子，促使我们进行了一系列的改革。这种认真做事的精神，在海尔以后的事业发展中，发挥了巨大的作用（胡咏和郝亚洲，2015）。

这个时期海尔的战略是在市场上创立海尔的冰箱名牌，但如何才能创出名牌产品呢？张瑞敏首先提出追求卓越的观念，"要么不干，要干就要争第一"。那么，如何才能做到业界第一？海尔是从产品质量做起。那时候，中国从日本引入了全面质量管理，但大多不成功，主要原因是多数企业都只注重全面质量管理的形式与流程，而忽视它背后所蕴含的思想观念。而海尔在推广之前，就认识到全面质量管理的精髓是：质量意识。于是，在海尔推广全面质量管理时，首先推广的不是质量统计方法和质量管理流程，而是如何转变员工的质量观念，强化员工对质量重要性的认识。针对当时中国业界和海尔普遍存在的问题，海尔首先树立的观念是"有缺陷的产品就是废品"。但一开始，这一观念并没有得到多数员工的认同，因为当时中国是产品供不应求的供方市场，只要产品生产出来，就算有一些质量瑕疵，也能卖得出去。因此，张瑞敏需要一个契机把质量意识在员工中牢固地树立起来，这就是发生在1985年的"砸冰箱"事件。面对76台质量不合格的冰箱，张瑞敏和总工程师杨绵绵主动承担责任，扣了自己的工资，并与全体员工一起，目睹了用大锤砸毁76台冰箱的过程。这个事件，现在想来是不可思议，但在当时的情况下，张瑞敏是顶住了上级主管部门和许多员工不理解的压力，坚持其信念毫不动摇的情况下才完成的壮举。因为他认识到，必须彻底破除小生产意识，使员工的思想深处受到触动，认识到产品质量的确关系到企业的命运。一个员工回忆说，它炸碎了我们陈旧的质量意识，使我们认识到，有了质量，我们才有了现在的一切（胡咏，2002a）。

20世纪80年代，张瑞敏上任之初，发现企业简直就是一盘散沙。工人在工作时间经常抽烟喝酒，甚至在车间随地大小便。为了转变企业风气，海尔公布了"十三条"劳动纪律，其中包括不准在车间大小便、不准迟到早退、不准在工作时间喝酒这样一些今天看起来令人发笑的条款。海尔在管理上的成功就是从最基础的纪律和规则做起，然后就是"抓反复，反复抓"。张瑞敏认为，一些现象反复发生，其根源是基础管理的薄弱，服从纪律的工作意识淡薄。因此，张瑞敏特别强调对人的管理，强调集体事业感，强调纪律，逐渐把人的行为规范化和惯例化，甚至不惜倡导部队上下级之间的绝对服从。

海尔文化的绩效在业界可谓耳熟能详，无论是 OEC 管理法使企业走上名牌战略之路，还是用无形的文化资产盘活有形的"休克鱼"企业，以及后来的"人人都是 SBU"和市场链作用的发挥等，都通过实实在在的经营业绩的提高证明了企业文化在企业发展中的重要作用。OEC 管理法通过精细化的管理规范为企业培养了一批高素质的员工，这是现代制造企业得以形成的基础。OEC 管理法是源于张瑞敏将"吾日三省吾身"的中国传统自律方法、传统文化理念和西方科学管理的定岗考核方法相结合，同时借鉴日本和中国计划经济时期国有企业形成习惯的班前班后小结，形成的一套适合当时中国企业发展实际的管理模式。

海尔在文化建设的过程中充分发挥了全体员工的主动性，鼓励所有员工就企业管理过程中的现象或感想自己作画、写出心里话，即所谓"画与话"，既寓"管理"于乐，又在这个过程中培养了员工的创造性，对员工智力素质的提高可以说不无裨益。在现代企业制度中，企业文化建设的一个重要环节即是硬性管理制度的制定与执行，海尔也不例外。与众不同的是，海尔实施的是精细化管理方案，体现为制度规章条目设计的缜密，以及在执行过程中员工和管理者的一丝不苟。张瑞敏熟悉中国人的秉性，知道中国人做事的最大毛病是不认真，做事不到位。海尔的 OEC 管理法是通过制度细则的制定、管理人员的严格执法和员工的自觉执行才得以成功实施，而在这其中，最重要的是萦绕在企业全体人员（上至领导者下至中层管理人员和前线员工）头脑中的"日事日毕，日清日高"的观念。在海尔实行 OEC 管理法初始，并没有显现出直接效果，而是在长此以往的制度环境中，海尔人才修炼成了独特的海尔精神气质，也才能用神奇的文化资产激活管理上处于死亡状态的"休克鱼"企业。通过 OEC 管理法，海尔建立起使信仰落地的制度，使海尔的价值观贯穿到了它所有员工的日常工作中。

海尔创立之初的企业文化具有明显的企业家文化特征，几乎所有的管理理念和方法都来自张瑞敏，而张瑞敏颇有点家长作风。大多数员工一开始只是被动地接受和服从，企业气氛不够活跃，缺乏自主性和创新性的文化氛围。那么，如何克服这种"一人企业"可能带来的弊端？张瑞敏很快就认识到，需要建立制度文化来替代个人权威，利用企业的规章制度来保证和强化创新文化，激发员工活力。张瑞敏写过一篇散文，题为《海尔是海》，一方面寓意海尔接纳人才需要大海一样的胸怀，另一方面寓意每一位员工都像一个水分子，"紧紧地凝聚在一起，不分彼此形成一个团结的整体，随着海的号令执着而又坚定不移地冲向同一个目标"（胡咏，2002b）。

4.2.2 多元化战略时期的市场适应性文化

到20世纪90年代初,虽然海尔已经成为国内冰箱业的名牌,但随着市场竞争的日益激烈,国内市场也从产品稀缺逐渐转变为产品过剩的状况,发展空间受到严重的局限。在此情况下,海尔与国内其他企业一样,都致力于通过多元化来寻求更大的发展空间。但与大多数企业不同的是,海尔不是简单盲目地扩大规模,而是致力于激活国内已有的庞大生产能力。于是,利用在品牌建设和管理规范化过程中积累的无形文化资产,海尔通过兼并成功激活了红星电器、广东顺德市爱德洗衣机厂等企业,用最低成本使自身走上了多元化的发展道路。海尔在名牌化战略阶段建立起来的管理模式和品牌形象,在之后的市场竞争和企业多元化扩张战略中发挥了极其重要的作用。

从1991~1993年,海尔通过在白色家电领域内的相关多元化,进入了一个超常规发展的阶段。海尔首先兼并了本市的青岛电冰柜总厂和青岛空调器总厂,然后在1995年,兼并了红星电器,这就是著名的"海尔文化激活休克鱼"的案例。兼并时,海尔派去的第一批人不是如通常的企业兼并那样来自财务部,而是来自海尔文化中心。海尔文化中心的工作人员向红星电器员工宣讲海尔之道,将海尔的经营理念和管理模式注入红星电器,快速激活了其工作活力。虽然兼并当月还亏损700万元,但第二个月就减亏,到第五个月实现盈利100万元。美国哈佛大学商学院海尔案例的主要撰写人佩恩教授认为:"海尔成功的关键因素是它的企业文化。如果没有正确的文化,海尔就无法把那些僵化而固定的资产转变为顾客、员工、投资者及整个社会不断增加价值的取之不尽的源泉"(胡咏和郝亚洲,2015)。1997年,海尔运用企业文化、海尔品牌和OEC管理法等无形资产跨地区兼并了广东顺德市爱德洗衣机厂,当月签约、当月投产,一个月出产新产品。同年,海尔同样以无形资产注入莱阳市家用电器总厂、西湖电子、国营风华电冰箱厂、合肥黄山电子集团公司,通过合资、合作和兼并等方式,激活了沉睡的人力资源和组织资源。这样,海尔用七年时间,在"东方亮了再亮西方"的理念指导下,通过企业文化和品牌的延伸,以及管理模式的注入,成功实施了多元化扩张和市场空间的扩展,形成了拥有全系列家电产品群的强大的企业集团。

随着中国产品市场从供不应求转变为供过于求,家电业市场竞争日趋激烈,各家电企业也开始注重产品质量,产品质量成为企业发展的基本要求,而这时海尔却把重点转向服务,形成了"用户永远是对的"的服务理念与"国际星级服务一条龙"的全方位承诺。海尔这一理念通过一个著名的广告语"真诚到永远"得以广泛传播,这一广告语的成功在于它以令人感动的情感投入揭示了海尔的服务理念，它所传达的，不仅是海尔与用户之间基于产品和服务的一种交易关系和一种契约承诺，更是一种人与人之间的真诚情感和信任。

张瑞敏在国内厂商还在竞相卖产品的时候，就认识到服务的重要性，海尔也就成为中国最早开始从纯粹的制造型企业向制造与服务整合型企业转型的大公司。服务型企业与制造型企业相比，需要完全不同的理念和文化，海尔提出的"卖信誉而不是卖产品"的理念就是一种服务文化的体现。在多元化战略阶段，海尔文化管理开始从质量意识转换到市场意识和服务意识，然后进一步转换到创新意识。这一转换的关键是在企业内渲染的一种创新氛围：在员工素质得到提高的基础上，鼓励员工"时时、事事创新"，把企业创新的难题通过无形的任务分解，化整为零到每位员工身上，激发员工的主人翁意识、自主性和创新活力。在此基础上，通过企业内部的市场化运作，将用户需求通过市场压力传导到所有员工心里，使企业各部门所有员工都被市场意识牢牢抓住。因此，员工在"创新加市场"的指导下，开发出了许多极具市场潜力的产品，"大地瓜"和"小小神童"洗衣机的研制开发都是非常生动的例子。

海尔文化及企业精神就是在这种软性的环境培育与硬性的制度执行中逐渐树立并不断提升的。如果用全面创新管理的框架、内涵来解读，就是企业的文化创新与制度创新的协同与互动，海尔员工的创新素质在企业文化与制度管理的协同作用下不断得到提升，在个人创新能力提高的基础上积蓄了企业持续创新的能力。从海尔领导者努力营造的企业氛围中我们可以观察到，它从"全员"素质入手进行管理的文化模式其实是一种"人本文化"，即认为人是企业中最活跃的因素，其人本思想的核心是人生而具有主动性和创造性。人本管理认为公司的力量不仅在于员工的能动性，而且在于"对个人价值的坚定信赖"。"人本"管理的思路确实抓住了企业发展的最根本的"人"的因素，而海尔是如何将每个人的能力整合为组织的创新合力，不断推动企业攀升，这是我们在思考海尔现象时十分感兴趣的一个问题（许庆瑞等，2005）。在整理、归总海尔管理运行的框架时，虽然提出了全面创新管理模式，以及其各创新要素的提炼与分析，但美中不足的是在"全员创新"和"全面创新管理"的运作机制中缺少了一环，即员工的个体能力如何在全面创新管理框架的执行中与各创新要素相关联？以何种方式相互作用？无疑文化在其中是一个关键的要素，但文化是通过什么样的作用方式来实现这一功能的，这才是海尔文化创新的核心所在。

之前关注全面创新管理的创新要素之间的关系时，研究人员考虑的是以"技术创新"为核心，其他要素的创新则通过协同技术要素来促进创新绩效，而较少考虑各要素之间交叉的协同关系，尤其是当固定了"技术要素"为全面创新的核心后，反而限制了本应是发散式的研究思路。在分析海尔的创新型文化时，我们发现创新型文化不仅直接作用于企业的技术要素（如挖掘技术人员的创新思维等），更多、更大的作用是通过"全员创新"的管理思路作用在其他创新要素上，继而再间接地作用于企业的技术要素（许庆瑞等，2005）。战略创新从根本上讲是企业家的问题，张瑞敏的创新观念人所共知，我们所熟知的这些有创造性的管理理念，在海尔内部推行的企业精神、价值观等可以说都来自张瑞敏的创新型思维，正是具备了这样一位推行"创新管理"的企业家，海尔才能取得如此成就。创新战略从制定到实施，所需要的是具备创新型思维的管理者和员工，才能把制定创新型战略和创造性地完成战略目标的任务持续地进行下去。

组织变革应成为现代企业的日常事务，不能再像以前一样，组织结构稍作调整就会人心惶惶，无法开展正常的工作。无论是渐进式的日常组织调整的"小动作"，还是曾实施的基于流程的组织改造"大手术"，由于具备了高素质、适应变革的创新型员工，海尔的组织调整总是既能产生效益，又很少会遇到员工层面的阻力。制度是死的东西，再好的制度也需要人来实践，也只有在海尔形成了严于律己的观念后，并且是在全企业范围内每位员工都能领悟到企业文化的真谛，制度的执行才会不失偏颇。市场创新要从两个角度来看，一是企业员工处处从市场角度出发提出创新思路，不断挖掘潜在市场，二是海尔战略走到了市场化运作这一步骤时，正是有了大量高素质员工的储备，海尔才能成功实施"人人都是SBU"机制。因此，在市场要素中，海尔文化培育出的"创新加市场"型的员工队伍当然应是成功的首要因素。

4.2.3 国际化战略时期的创新型文化

到20世纪90年代末期，随着中国加入WTO的临近，国际家电巨头纷纷到中国办厂，中国市场的竞争日益白热化。跨国公司携其雄厚的品牌、技术、资金和管理优势，在中国市场"攻城略地"，许多中国企业不断被它们兼并或破产。在严峻的形势下，张瑞敏认为外国的技术、资金、管理都可以引进，为我所用，但自己的品牌不能丢，民族精神不能丢。海尔的敬业报国不仅仅是一句情感化的口号，而是企业利益上的需要，更是生存空间的需要、民族工业的需要（胡咏，2002a）。因此，海尔必须尽快做大做强，一方面利用已经为国人熟知的品牌信誉，站稳国内市场；另一方面，海尔必须走出国门，与跨国公司在国际市场同台竞争，树立国际品牌。为了进入国际市场，海尔的战略创新是国际化的三步走战略，先难后易的国际品牌战略和国际化设计、国际化制造和国际化销售的三位一体的本地化模式。为了实现国际化战略，海尔进行了市场链的管理模式创新，通过以信息体系为基础的流程再造，形成面向客户需求的订单的信息流、物流和资金流的整合。在全球化品牌战略阶段，海尔进行了进一步的战略创新：整合全球资源来打造地方化的品牌。

在企业创新过程中,一个常见的问题是总把创新任务集中在少数一些重要的技术人员身上,这样做的不良结果是重要的技术人员流失后核心技术就无法控制,继而无法保证企业的核心竞争力,也使企业的创新限于远离市场的研发人员,无法快速响应市场的需求变化。在市场需求的变化程度和市场竞争的激烈程度与日俱增的今日,最接近市场端的员工应该能产生比技术人员更符合市场需求的创新思路来。重视挖掘每位员工的创新能力,是海尔创新管理的独特之处。海尔高效的创新绩效,完全是依靠了一支具有奉献精神和创新意识的高素质员工队伍,在科学的全面创新管理的指导和执行中才得以实现。其中,创新型的企业文化通过作用于人,并在此基础上作用于各创新要素,使创新力通过各创新要素的运作融合为企业整体的创新能力,形成了企业可持续的核心竞争力。

海尔在前两个阶段形成了规则意识和遵守纪律的观念。但问题是:严格的纪律约束可能会破坏企业内部上下级之间的相互信任,弱化员工的主人翁意识,并压制员工的创造性思考。张瑞敏非常清楚制度约束和纪律意识是组织有序运行的必要保证,但走向极致却会成为组织失败的根源。他对此有清醒的认识,海尔实现了从无序管理向严格制度管理的迈进,这为海尔的发展壮大奠定了基础,但只有逐渐向自主管理过渡,才能使企业真正走上可持续发展的道路。泰勒的科学管理不相信人的主动性,认为只能通过科学化、标准化的严格规章制度,通过物质激励手段,才能让员工努力工作。而张瑞敏相信人本管理所崇尚的人具有主动性的观念,仅仅把人当作生产资源去完成一些规定的动作,会阻碍人的主动性和创造性的发挥。

张瑞敏的解决办法就是把"要我干"变成"我要干"。海尔一方面倡导集体主义价值观,同时希望激发出个人的主动性和创新精神。这一切,都充分体现出海尔在追求集体价值和个人价值之间、在严格的规则意识与自主创造性之间,找到了一种适当的平衡。于是,在OEC管理法实施后期,海尔开始出现了自主管理的趋向。工厂车间里原来供员工反省用的"6S大脚印"改变为表扬杰出员工的舞台的过程,就是这一转向的一个最好的体现。海尔最初建立"6S大脚印"时,其出发点是用这种公开亮相的惩罚来刺激员工的不甘落后心理,而到1998年后,各部门陆续改为让当日最佳绩效的员工"踩脚印"介绍经验,营造一种互补互学、积极向上的氛围(齐淮东等,1999)。

企业成长到一定规模后,不良的企业文化会缓慢地、不知不觉地产生,即"大企业病",其基本症状是:职能机构增多,权力环节丛生,规章制度和条条框框越来越多,影响信息和问题的上传下达,降低了对市场和环境的反应灵敏性,官僚主义和部门化程度加深,员工的工作热情下降,创造性越来越受到抑制。许多管理学家和管理者认为这些是大企业不可避免的问题。但海尔却认为,在信息时代,这些问题的本质是制度和管理没有跟上市场创新和技术创新的步伐，制度创新和管理创新没有与市场创新和技术创新同步。

于是，在1998年后，为了克服"大企业病"，海尔大力推进"市场链"的企业流程再造，将企业的所有工作都以市场利益关系有机地联系起来，让市场的压力传递到企业的每一个角落和每一个员工，使他们能够对市场需求保持足够的敏感性，使市场意识和服务意识起到引领各部门工作的作用。海尔将OEC管理法的日清日高和市场链管理模式的个性化结合起来，一方面使企业的内部流程形成了一个以信息流为核心的闭环系统：信息—产品开发—制造—售前服务—售后服务—信息；另一方面通过企业机制与市场机制的整合，使外部市场竞争效应内部化，使用户需求信息和压力快速流入企业内部闭环系统，解决了企业创新过程中信息流通不畅的难题，为海尔国际化战略的实施奠定了扎实的组织基础。

市场链的思想基础是源头论。在计划经济时代，有句话叫作"大河有水小河满"。在市场经济时代，海尔认为员工不应是等待大河水的小河，而应该是活水源头。只有把每个员工的积极性都调动起来，成为喷涌的源头，企业才会充满活力。海尔的生产链管理变革就是为了深化员工自主管理，激发员工的自主性和创造性，由此形成了员工追求革新发明的原动力。在生产链管理的基础上，海尔进一步提出了"人人都是SBU"的口号，使每个员工直接面对生产链上的用户，不断挑战自己，成为创新的主体和价值创造的主体。张瑞敏创造市场链管理机制，也是基于他对中国人性和中国式管理的洞察（胡咏，2002b）。他认为，市场链管理恰好与中国文化传统相契合。中国传统企业文化和商业文化中有"宁做鸡头，不做凤尾"的说法，多数中国企业家和管理者不喜欢官僚化的环境，喜欢按照自己的意愿办事。而市场链管理模式，正可以使几万海尔员工成为具有自主性的"老板"。

然而，海尔的组织变革并非简单的通过市场链机制的分权化过程，张瑞敏也不是一个简单地照搬某种西方流行管理时尚的人，而是根据环境变化和企业经营过程中的问题不断调整和创新的实用主义者。在1999年，海尔对组织结构进行了战略性调整，把原来分属于每个事业部的财务、采购、销售业务全部分离出来，整合成独立经营的商流推进本部、物流推进本部、资金推进本部，实行全集团的统一营销、统一采购和统一核算。同时把人力资源开发、技术质量管理、信息管理、设备管理等职能部门从各个事业部分离出来，整合成为独立经营的服务公司，形成整合的支持流程体系。显然，海尔的变革并不是一个简单的分权化过程，而是一个分权化和集权化的辩证过程。这一辩证过程的精髓在于中庸之道，即一味地分权和一味地集权都不是理想的管理方式，企业的管理变革必须因势而变、因势利导，根据环境的变化和企业战略的需要，不断地在分权和集权之间调整自己，找到最有效的位置，实现最有效的适应性。

虽然海尔通过个人 SBU 和市场链的设计激励创新，形成具有高度市场适应性的文化和基于战略愿景的创新型文化，但其依靠领导人超凡魅力的家长式权威和高度结构化的流程形成的强力文化与市场适应性的分散化人人创新文化产生了一定的矛盾。这种矛盾管理机制，虽然阻碍了海尔内部创业的发展与自主性的真正实现，但却使海尔不至于滑向混乱的无序状态。

4.2.4 全球化战略时期的多元融合的开放式创新文化

2000 年以后，日本电子产业逐渐失去了竞争力，到 2010 年，日本电子产业巨头如索尼、夏普和松下出现了巨额亏损，曾经在此前 20 年如日中天的日本电子企业已经风光不再。与此同时，中国家电产业快速发展壮大，逐渐取代了日本企业在国际市场上的位置。但是，在国际化过程中，海尔等中国企业却遇到了巨大的困难和发展的瓶颈，即品牌的瓶颈、组织管理的瓶颈和技术的瓶颈。虽然海尔已经发展成为国际化大公司，但却一直没有形成与这一规模相匹配的业务流程、组织结构、品牌和企业文化。海尔充分认识到，日本企业的衰落和海尔所遇到的瓶颈，都可以归结为一种"大企业病"的体现，一种大型企业难以适应环境变化的组织僵化的表现。为了解决这一瓶颈问题，在 2007 年，海尔又开始了新一轮的再造。

海尔从 1998 年开始的国际化战略采用以自主品牌开拓国际市场的思路，即先难后易的思维模式，首先在发达国家设厂，通过产品本土化建立品牌声誉，然后逐步扩展到其他国家。但这一战略也走了许多弯路，在美国赔了差不多九年。海尔发现，跨国公司的本土化存在一些难以克服的问题，主要表现为文化融合难题和品牌认知难题。而一味强调本土化会丢失海尔文化和其品牌内涵，会导致海尔失去核心竞争力。因此，海尔进行了全球化战略的调整，从自主品牌开拓海外市场向直接收购国际品牌转变。同时，海尔的全球化并购和组织整合需要完成跨文化融合，必须使海尔文化与当地文化融合起来，才能形成既具有国际化又体现本地化的竞争优势（胡咏和郝亚洲，2015）。

2011 年 10 月 18 日，海尔与三洋签订并购协议，收购其白电业务。日本企业集体主义的团队精神，在年功序列制和终身雇佣制下根深蒂固，成为日本企业崛起的文化基础。但在全球化和信息化时代，日本传统的企业文化遇到越来越大的挑战，很难应对不断加快的技术创新、个性化需求和全球化价值链整合的需要。因此，海尔并购三洋的成功，关键在于改变日本传统的企业文化和制度，将"人单合一"模式注入其组织中。但海尔也不是简单地取消日本传统的文化和管理模式，而是将海尔文化与日本企业文化融合。一方面，发挥日本传统企业文化的优势，继续发扬其团队精神和精益求精的工匠精神；另一方面，将海尔以用户为中心、以市场为导向的强调个人自主性的开放式创新文化注入其中，实现 1+1>2 的叠加效应。

伴随着信息技术革命在中国的扩散和用户个性化需求的趋势，海尔的企业价值体系也随之变化，从追求产品价值的创造转变到追求用户价值和员工价值的创造，海尔开始从单纯的制造型企业向制造和服务融合型企业的战略转变。海尔的变革首先是基于对全球市场需求的变化，即从大众标准化需求到个性化需求的变化，这一变化导致用户对大规模标准化生产的旧工业范式的不满。在中国，这一需求变化同时伴随着中国在 20 世纪 90 年代以后改革开放的深化和市场经济的确立。在此过程中，中国社会经历了深刻的思想解放，包括对传统计划经济和官僚主义体制的调整，对市场经济的重新认识，提倡在竞争中发挥个人的主动性和创造性。为了实现这一战略转变，海尔开始了连续不断的管理模式和组织模式的变革，从等级制的组织模式、封闭独立的创新模式和强调员工忠诚为特征的工业经济范式转变为水平化的平台与小微组织模式、开放的创新模式和鼓励员工流动与创业为特征的网络经济范式。

为了充分地面向用户需求和发挥所有员工与利益相关者的创新潜力，海尔创造了"人单合一"的管理模式。为了使用户第一、用户至上的服务理念真正落到实处，真正在每一个员工的工作中体现，就必须有相应的制度和组织变革。虽然管理学界和业内都一致认同用户至上的理念，但在企业经营实践中却鲜有真正落实。张瑞敏认识到造成这一矛盾状况的根本原因是传统科层制组织结构，于是海尔通过组织结构倒置的组织创新，成功地使用户至上的理念得以落地。在这之前，世界上所有大型企业都是公司董事长和高管处于顶端的金字塔形组织结构，这样的结构注定了员工都以上级的指示为行动指南，虽然都明白用户需求的重要性，但这些需求却被金字塔形的组织结构屏蔽了，注定无法成为员工行为的直接指南。因此，海尔设计了倒置的组织结构图：用户在上，然后是与用户或产品直接接触的一线员工，如设计、生产、销售和服务人员；再下面是为一线员工提供支持和服务的支持业务员工，最下面是其他人员，如公司高管等。

在 2005 年海尔全球经理人年会上，张瑞敏提出了"人单合一"的管理模式。"人单合一"的核心精神是人与用户需求的高度融合，是对前一个阶段的市场链流程再造和"人人都是 SBU"的组织创新的整合和提升。"人单合一"模式是对"人人都是 SBU"和市场链的具体化和结构化，是一种实现"人人都是 SBU"的组织和制度创新。其中，海尔对员工的评价体系是基于个人绩效（而不是团队绩效）和以结果为导向，这充分体现了海尔提倡的员工自主性和绩效导向的价值体系，即以市场为中心，实施"三个彻底主义"：在市场上是彻底的订单主义，在分配上是彻底的成果主义，在目标上是彻底的第一主义。这一管理创新彻底改变了价值分配关系，每个人的价值体现在他为用户创造的价值中，而不取决于他的职务。同时，"人单合一"模式将价值创造置于市场链流程的核心，张瑞敏希望海尔由此形成共赢的企业理念，就是价值的协同创造和价值的分享。在这样的理念指导下和"人单合一"模式的激励下，海尔逐步形成了这样的共赢局面：员工为用户创造价值，领导帮助员工创造价值，然后按照贡献来分享价值。

2010年，海尔在"1000天再造"开始的三年后，明确提出了"人单合一2.0"的管理模式。然而，"人单合一"模式的实施是一件难度极高的任务，用张瑞敏的话就是要"和中国人的习惯作斗争"，而且是和劣质的企业文化作斗争。同时，为了使组织适应再造后的信息化业务流程，海尔在全球推出了独一无二的"自主经营体"，在此基础上，又进一步衍生出"利益共同体"和"平台"的概念。"人单合一"模式和自主经营体的提出，使海尔超越了西方管理模式所遵循的基于非合作博弈的契约关系和委托代理关系，超越了员工与企业博弈的狭隘性，而是注重员工与用户之间的心理契约和情感承诺，形成员工与用户合作博弈、利益共享的情感共同体和利益共同体。张瑞敏提出"人单合一"的管理模式，就是要解决员工与用户的隔离这一工业经济时代的核心难题。"人单合一"的解决之道就是，用组织的方式让员工感知用户需求，而为了使员工有感知用户需求的主动性和动力，员工就要成为自主经营的创业者，只有创业者才会努力做到与用户零距离交互。

然而，人人都是SBU也可能造成相互竞争、相互拆台的混沌局面。于是，海尔为了使"人单合一"模式有序实施，平台型企业就是海尔努力打造的方向，这个转变的核心是从传统企业的封闭结构观念向开放式网络结构观念的转变。这样的平台型企业是一个开放的系统，通过整合全球资源去满足用户需求，平台上所有的人员都是按单聚散，不断重组和重构，形成开放式全球化创新体系。这个体系的思想理论基础是张瑞敏所说的管理理论发展的第三个阶段，即能本管理（胡咏和郝亚洲，2015）。第一阶段是物本管理，其最有代表性的理论是泰勒的科学管理，它是以机器和生产线为中心，无法发挥人的主动性和创造性。第二阶段是人本管理，其最出色的是日本的丰田管理模式和全面质量管理，而其背后是日本企业的团队精神和集体主义企业文化。第三阶段是能本管理，其中的"能"不仅是知识经济时代个人的创造能力和创新能力，更是在全球化和网络化时代，信息技术赋能形成的开放式网络系统的协同性。能本管理核心思想和思维模式是利用信息网络，将企业内部员工、内部与外部世界完全连接起来，形成开放式的动态平衡系统，在每个自主性的员工和用户之间，形成正反馈的闭环系统。

为了实现这一不断反馈的闭环系统，海尔进一步把以用户为中心的"倒三角"组织结构转变为节点闭环的网状组织，使直接面对用户的一级经营体之间、一级经营体和为它们提供资源的二级经营体及合作方之间，构成一个相互自主协同的闭环状组织。这一自主协同是通过按单聚散、自动连接所形成的动态网络实现的。海尔的这一切管理模式的变革都是在一个思维变革的基础上实现的，这就是从封闭创新到开放创新、从控制型组织到自主创新型组织的思维变革。

4.2.5　网络化战略时期的创客主导的创新生态文化

信息技术的发展使人类开始离开工业经济和工业社会，进入信息经济与信息社会。但是，工业时代形成的商业模式和商业思维仍然没有完全改变，员工作为异化的"组织人"，仍然在封闭保守的企业科层组织中挣扎；企业仍然通过资源垄断、技术与知识产权垄断和残酷的竞争性策略在市场中寻求生存之路；企业家仍然是在熊彼特所定义的征服欲望、建立私人王国的梦想、追求成功和冒险的狂热中体现自己的超人意志。而信息网络技术的本质却指向新的方向：开放、连接、交互、共享和生态，这是信息时代商业模式的核心理念。美国硅谷在 20 世纪 70 年代开始了新商业模式和组织模式的探索，这在英特尔、谷歌等公司中充分地体现出来，之后在日本京瓷公司的阿米巴管理模式中进一步得以深化。但是，所有这些探索都还没有彻底摆脱工业时代商业模式的束缚，仍然在科层式控制和网络式自主管理之间徘徊。海尔正在实践的"开放、网络、交互与生态""共创、共赢的社群"的"人单合一"模式正试图改变人、组织和企业家精神，试图彻底超越工业时代的科层制管理模式，向着信息时代的商业文明迈出了坚实的一步。战略大师加里·哈默尔就认为，海尔进行这样的商业模式和组织管理模式变革，是对西方经典管理理论的颠覆。

经过前两个战略阶段的市场链流程再造和"倒三角"的组织变革，张瑞敏发现，海尔并没有真正实现与用户的零距离交互，因为科层和传统职能体系仍然存在，"人单合一"没有能够真正落地。在科层和职能体系的传统组织模式中，当今世界上最具竞争力的是英美的自由市场经济，也称为"盎格鲁-撒克逊模式"。这种模式推崇股东价值最大化，它的理论基础是科斯定理和委托代理模型，而其最大的问题是由信息不对称性所导致的道德风险，这在 2008 年美国金融危机中充分显示出来。张瑞敏（2017）写道："人单合一"模式最早受到专家质疑，认为其违反科斯定律，其实不是我颠覆科斯，而是因为科斯定律在那一个时代是对的，互联网时代必须要变革。

另一种经济模式是以德国为代表的莱茵模式，这种模式追求企业与员工等利益相关者之间的共治，在经济利益和社会安定之间、在私人利益和国家公共福利之间寻求平衡。日本管理模式比较接近莱茵模式，不过更加强调集体主义和企业组织的稳定性。但具有多重利益和多重目标的莱茵模式和日本模式导致企业活力与创造性不足、决策拖延、相对封闭、对环境不够敏感等问题,难以适应网络化时代的开放式创新和产品快速迭代。因此,企业与员工、用户等利益相关者之间的利益冲突,以及网络化、全球化的开放市场环境与封闭组织结构之间的冲突,成为当今企业所面临的主要矛盾。这两个方面的主要矛盾,导致英美模式和莱茵模式都无法解决网络化时代的"共创共赢"问题。在张瑞敏看来,解决这两个主要矛盾必须彻底颠覆传统的科层化职能组织结构,将处于稳定均衡状态的组织推向混沌边缘。在组织的混沌边缘上,公司作为资源的系统协同平台,既要保持吸引资源,协同平台上各方行动的向心力,又要让各方主体保持独立自主的离心力。这两种力量的平衡就是网络化时代的"张力法则"(郝亚洲,2018),而"人单合一"就是体现这一张力法则的组织模式。

促使海尔进行网络化变革的一个重要原因,就是市场需求复杂化后,导致企业经营目标的不确定性和多样性,因此企业必须快速准确地瞄准目标(海尔称为"打飞靶")。这就要求企业从简单性管理范式向复杂性管理范式演进,海尔"人单合一"的管理变革,就是以互联网时代的复杂性管理范式,去变革工业化时代的简单性管理范式(姜奇平,2013a)。简单性管理范式就是通过科层组织和系统控制响应环境的线性变化的机械性反应范式,而复杂性管理范式是以灵活的自主性组织应对复杂多变的环境。全球化、信息化与互联网时代给企业环境带来的最大改变,是需求、技术的持续性和稳定性一去不复返了,使市场环境的复杂多变成为常态;给企业组织带来的最大变革,是从科层化、结构化和封闭性的简单机械组织,转变成具有自主性、复杂灵活性与开放性的组织。20世纪的大多数企业的管理变革,无论是美国企业的流程再造和日本企业的全面质量管理,还是中国从计划经济向市场经济转变,以及海尔企业内部市场机制的引入,都是以简单组织系统适应简单市场环境。而21世纪的企业管理变革,要求以复杂组织系统动态响应复杂市场环境。海尔模式创新的独特性在于,以高度动态变化的"人单合一"模式,实现内部组织的复杂性,以此应对外部环境的复杂性。实际上,从20世纪末,西方管理学界就在倡导复杂性组织和处于混沌边缘的组织,但至今鲜有成功的案例,其中的原因很可能是组织复杂性带来的不经济性。从海尔变革过程和取得的成就来看,"人单合一"模式有可能解决复杂性的不经济性问题,这在一定程度上体现了互联网时代的新经济规律:从复杂不经济,发展为复杂经济(姜奇平,2013b)。

2012年,海尔开始进入网络化战略阶段,网络化战略包括网络化的市场和网络化的企业。对于网络化的企业,张瑞敏用三个"无"来概括其特征:企业无边界,以自主经营体为基本细胞的生态圈;管理无领导,形成自治的小微公司,而用户才是真正的领导;供应链无尺度,每一个节点都是具有自主性的小微或平台企业。张瑞敏希望海尔管理模式达到的,是《易经》中乾卦的最高境界——群龙无首，也就是道家所追求的治理境界——无为而治。张瑞敏提出，实现"人单合一"有三个要求：观念创新、流程创新和企业文化。"人单合一"的精髓就是"自以为非"的文化。与其说"自以为非"是在否定自己，不如说是在不断地重新认识自己，否定不是目的，达到自知之明才是其目的。海尔正是因为拥有否定自己和认识自己的勇气和信念，才能不断超越自己，不断进行观念创新、战略创新和管理创新。只有彻底颠覆传统的组织概念，才能真正形成三"无"企业组织。如果从道家的观念来理解海尔（郝亚洲，2018），可以说文化是"道"，战略是"德"，即道的行动路径体现，而组织是"器"，即文化之道的物化。

另一个重要的观念转换是从非合作博弈到合作交互。非合作博弈是一个利用信息不对称实现个人利益最大化的过程，往往会带来逆向选择或道德风险这样的不利状态。而合作交互更多的是寻求公平与共识，更可能带来双赢的价值增值过程。因此，海尔提出了"无交互，不海尔"的网络化战略，实现所有小微与用户之间、平台与小微之间、平台与全球资源之间进行跨空间和跨时间的交互，由此创造用户价值，并达到价值的公平分配。在网络化时代，企业核心能力的概念发生了根本性变化，20世纪90年代出现的核心能力概念是基于企业内部的资源和知识，是企业得以在竞争中获胜的能力基础。而开放的网络化时代更重要的是外部连接能力，这是一种生态意义上的网络整合能力（或称生态能力）。当然，网络整合能力与内部核心能力是相辅相成的关系，内部核心能力是形成外部连接的网络整合能力的基础和条件，而外部连接能力可以成为放大核心能力的杠杆。企业核心能力概念的变化是海尔强调交互的网络化战略的思想基础，也是张瑞敏不断强调"世界就是我的实验室""利用全球创新资源为我多用"等观念的理论基础。

伴随着"企业平台化"的是"员工创客化"。一群创客按单聚在一起，就形成了"小微"，这是一种全新的市场主体，是"创客化"的自主经营体，如雷神笔记本、空气盒子、水盒子等。但也有的"小微"，如原来的生产厂或车间，就更多地在于其激励作用的精神意义，是为了激发起员工的创业精神，营造创新文化，使员工逐步成长为真正具有颠覆能力的创客，因为海尔进行网络化转型的目标就是要颠覆整个制造业体系。从"自主经营体"到"人人都是CEO"，再到"人人创客"，其最终目的是将那些习惯了在大公司循规蹈矩的员工，变为具有强大的自我驱动力、不断为用户创造价值、拥有创业创新能力的创客，实现彻底的海尔式颠覆：从制造产品到制造创客。如果说"自主经营体"和"人人都是CEO"还基本上局限于海尔内部，那么"人人创客"就完全是开放生态的产物，超越了组织边界，进入广阔的组织社区和市场生态之中。

海尔的网络化和生态化建设不仅是在企业内部和国内关联企业之间，更是在海尔的全球化的平台、资源和客户之间展开。针对世界各国的文化价值观和管理模式各不相同、难以进行简单融合和统一的问题，张瑞敏提出了海尔的"沙拉式"

的多元文化体系。沙拉里有各种蔬菜，它们保持各自的形态，但沙拉酱是统一的。海尔在全球化过程中，一直采用的是本地化战略，也就是由当地人在当地研发、生产和销售产品。海尔尊重各分公司当地的文化传统，不强迫它们接受海尔的文化传统，但"人单合一"是统一的沙拉酱（张瑞敏，2017）。这是因为"人单合一"模式是具有普遍意义上的价值体系，它尊重每个人的价值和选择，这是任何国家、任何民族的人都可以接受的。各国的文化都可以存在于海尔组织中，都能够在经营管理中发挥作用，但这些不同的文化传统却在海尔的"人单合一"模式的沙拉酱中交互融汇。因此，沙拉式文化体系的本质就是通过"人单合一"模式让不同国家、不同文化和不同种族的人，都有机会成为创业家，都有机会发挥他们的创造性和潜在价值，成为自主性的创客。在海外并购中，海尔始终坚持以文化融合为基础，实现海尔模式与国外品牌的有机融合。例如，海尔并购日本三洋白电后，并没有强制改变日本文化中的团队文化和强执行力特点，而是通过"人单合一"模式，让每个人找到自己的市场，不是执行上级指令，而是执行用户指令，使亏损八年的三洋八个月就止亏。

进入网络化战略阶段以来，海尔将企业文化定位在"创客"文化上，开展了"创客大赛"与"创客咖啡"等活动，创业文化氛围日渐浓厚，员工的创业和创新活力得到激发。在海尔的战略变革、价值体系和创新模式的变革过程中，文化变革和社会价值观的变化起到了重要的催化作用。而在此过程中，海尔文化中心在组织和管理变革中起到了核心作用，伴随着海尔几次战略转型，它主要通过《海尔人》传达变革理念、树立变革典范、推动组织转型与创新。在海尔网络化战略之后，文化中心和海尔大学也积极寻求转型，从原来的以信息汇总和信息发布为主转变为内外部信息交互的管道，成为传达和宣传新观念、新价值观和新管理模式的信息和思想平台。2013年，文化中心提出新的愿景——制造陪伴感，并通过能与用户零距离交互的新媒体，营造海尔服务的温情感和归属感。这一愿景是为了消解海尔作为传统家电制造业的冰冷品牌形象，使海尔树立陪伴员工和用户的温情形象，为海尔从产品品牌向服务品牌的转型奠定文化基础。海尔新媒体，与海尔开放创新平台和COSMO平台一起，正在塑造海尔生态社区，使海尔员工、用户和关联企业形成对海尔社区的依赖感和认同感。

从原来的组织金字塔倒转为用户至上的倒金字塔组织，几乎是世界上所有大企业领导人的梦想，无论是IBM的郭士纳还是GE的韦尔奇，都从心底认可张瑞敏的思路，但他们都认为短期内无法做到（郝亚洲，2018）。海尔可以做到，大概是因为其强大的执行力文化和以张瑞敏的超凡魅力为基础的企业家文化。显然，海尔作为一个组织的整体性依赖于张瑞敏的灵商来建构，根据左哈尔对灵商的阐释，这是一种看到更大格局及广泛关系的能力，一种能够看到相互作用、相互重叠、相互影响的事物之间联系的能力，一种以系统性思维思考的能力。拥有整体性思维使他能够从有限游戏中看到无限游戏的潜力，能够更深层次地理解问题，为公司带来无限的创新机会。正是拥有整体性思维的张瑞敏对网络时代组织模式的认知，才使海尔有了向量子组织模式演化的可能。但海尔要真正成为量子组织，就必须确保组织系统的整体性及所有部分之间进行自发的关联。这种整体性是使组织成员黏合在一起的支撑力，也就是组织共享的愿景和价值观。

4.3　结论与启示

海尔创新文化和文化变革的特色可以总结如下。

（1）不断进行观念的自我颠覆，以观念颠覆和文化创新来引领企业的创新发展。海尔的战略创新、制度创新、组织创新和技术创新都是在文化创新的基础上实现的，思想观念的创新和价值观的重塑是一切变革的动力和源泉。

（2）文化创新与战略变革和组织管理创新的协同。一方面，文化创新需要适应环境变化和企业战略变革的需要；另一方面，文化创新必须落实在组织结构、流程和管理创新中。思想观念和价值观的创新必须落实到组织和管理中，形成巨大而无处不在的文化场，才能发挥出其巨大的能量，也才能为员工所广泛接受，才能持续地成为企业工作的导引。

（3）变与不变的辩证法。一方面，在变革过程中，海尔保留了中国传统文化和计划经济时期有利于企业发展的文化要素，另一方面也在不断地消除中国传统文化和计划经济时期不利于企业发展的文化要素，同时不断地引入现代西方文化因素，并适当地将中国文化要素和西方要素融合起来，形成适合当代中国商业环境的独具特色的创新型文化。

虽然海尔已经形成了独具特色的创新性文化体系，但伴随着网络化和生态化的变革过程，海尔文化体系仍然处于变革过程中，许多矛盾和冲突仍然未能彻底解决，具体表现在两个方面：①自主性、适应性离心文化与战略愿景引导的向心文化之间的矛盾冲突。显然，今天的海尔仍然以基于战略愿景的结构化向心型创新文化为主，兼容了高度市场适应性文化，这样一个文化体系比较适合于渐进创新、模仿创新和集成创新，而很难产生原创，也很难适应网络经济下的颠覆性创新。海尔面临的难题是如何在市场适应性与基于战略愿景的可持续性之间形成创新引领的框架，真正激励全体员工的创新潜力，在渐进创新与突破型创新上达到平衡。②基于个人主义的、量子式的创客文化与基于集体主义的、交互协同的执行力文化之间的矛盾冲突。海尔可以做到西方企业无法做到的管理变革，是因为其强大的执行力文化和以张瑞敏的超凡魅力为基础的企业家文化。不过，这种执行力文化和企业家文化在网络化变革过程中与以创客为中心的创新创业文化会发生冲突。

量子管理理论的创始人左哈尔认为，经过平台化、小微化和创客化的组织变革，海尔已经具备了量子的组织结构，但还没有完全走出近代资本主义的牛顿式文化。如果这样的状态延续下去，海尔也可能陷入文化碎片的危险中。因为在海尔新的组织结构下，小微和创客更关注自身的成功，而不是海尔作为整体的成功。左哈尔认为量子管理的核心并不仅是独立自主的量子，而是量子之间的互动和对话，进而产生创造性的演化，涌现出公司整体的创造性和协同性。但海尔的平台与平台之间、平台与小微之间的交互与对话仍然不足，它们之间的互动仍然没有涌现出整体性和系统协同性（左哈尔，2017）。她认为，海尔的创客文化鼓励每一个员工成为自主的领导者的同时，也存在着一种形成自私文化的危险，每个人都追求自己的利益最大化，可能就没有人关心公司整体的利益，无法形成牺牲小我而为整体奉献的精神（左哈尔，2017）。

因此，海尔虽然具有个人创造力的文化，但这却是基于个人利益的负向驱动力来实现的。为了成就整体创造性和系统协同性的公司，海尔需要由更高层次的愿景和价值观驱使。海尔目前的整体性和系统协同性，几乎完全是基于张瑞敏突出的远大个人视野和服务社会的价值观，这是张瑞敏超凡魅力的企业家精神所引领的海尔的文化认同。但海尔管理变革的成功，海尔量子管理模式的真正实现还需要海尔形成不依赖于张瑞敏本人的被广泛认同的愿景和文化价值观，由此才能形成内外部广泛存在的交互、对话和协同机制，形成超越追逐个人利益的集体认同感。

海尔过去30多年的发展和演变，很大程度上是从计划经济时代中国企业的工程师文化到市场文化的演变，从强调竞争与垄断的封闭式创新到强调合作与联盟的开放式创新的转变。海尔在20世纪80年代引进德国利勃海尔的技术和著名的"砸冰箱"事件就是工程师文化建立的里程碑，这为企业建立文化整合奠定了基础。整合是由企业家-工程师的同盟所推动形成的，其基本的规则和话语是专家治国论，即最适合的组织方式是官僚主义科层制和严格的纪律。这使专家治国论的制度化成为最有力的组织意识形态，成为公司最重要的文化特征。蕴含在其后面的基本假设是，技术考虑应该压倒市场原则。工程师被认为是公司的英雄，因为他们掌握核心技术和创新能力，所以他们成为企业发展的关键力量，而更重要的是他们所肩负的公司使命：为国家的社会经济发展做出贡献。

随着20世纪90年代市场饱和和竞争的加剧，工程师文化开始被市场文化所取代，海尔等许多中国企业的标杆企业也从德国和日本企业转向美国企业，特别是美国GE的服务化和金融化转型成为当时中国乃至世界企业的榜样，而德国和日本企业致力于技术能力建构的创新模式被看作过时的战略进而被抛弃。这个转变过程也是整个中国经济和中国企业的一个现代化的进化过程，市场意识、竞争意识、营销意识、服务意识和品牌意识逐步形成，促进中国企业的发展壮大和走向世界。张瑞敏领导的海尔一直走在中国企业发展的前列，在很多方面引领了中国企业的发展。因此，我们可以说，张瑞敏是中国企业界的先知先觉者，是中国商业意识和现代企业文化的开创者之一。伴随着中国商业意识和企业文化的兴起，海尔自然也就成为中国企业的代表，这也是海尔品牌长期高居中国企业品牌价值前列的重要原因，也是海尔在中国消费者心中的地位难以取代的重要原因。

但是，任何事情都有其两面性，都会出现物极必反的现象。海尔等中国企业在形成现代企业理念和企业文化的过程中，就如20世纪70年代的许多美国企业一样，也在一定程度上丢失了工程师文化和工匠精神，同时丢失了自主创新的精神和自主发展的能力。许多中国企业在与国际接轨的过程中，在拥抱和接纳全球标准、广泛利用国外技术和资源的过程中，失去了独立自主的自我。为了获得短期的利润和快速占领市场，许多企业成为国外企业核心技术和核心产品平台的使用者和贩卖者，失去了掌控核心技术和核心知识产权的雄心。另外，市场文化和开放创新模式为这种行为提供了看似合理的阐释。现在看来，海尔既是这一转变的受益者，也是其受害者。海尔过去30多年的高速发展证明了这一转变的合理性和有效性，但海尔过去10年所遭遇的发展困境，特别是国际化推进的缓慢也许证明了这一转变所带来的问题同样巨大。当前，在家用电器产业处于向智能家电演变的关键时期，这一困境显得尤为明显。海尔在10年之前就提出了发展智能家电的战略方向，但至今仍没有实现大跨步的突破性进展，除了有产业发展和技术标准统一等客观的问题外，海尔自身在其相关技术领域耕织不深也是重要原因。

幸运的是，从2018年开始张瑞敏和海尔的领导人已经意识到问题的症结所在，并且已经开始调整海尔的战略思维，在核心技术的研发上已经开始布局。但任何重大的战略调整都是困难的，特别是当这一调整涉及企业经营思想和企业文化的重大转变时，就会更加困难。因此，海尔也许还会经历一段时间痛苦的调整期。但我们相信，张瑞敏的个人权威和领导力一定能够推动海尔渡过这一难关，带领企业走向新的辉煌。

第5章 创新引领下的海尔能力提升

中国的制造业正处于转型升级阶段，发达国家跨国公司对中国制造企业的知识与技术封锁是一种常态，制造业垂直专业化分工并没有实现中国制造企业升级的目标，相反还会陷入发达国家的俘获型产品价值链条中，从而遏制产业升级的步伐。为此，中国应该走具有自己特色的自主创新道路，推出一系列科技体制改革重大举措，在开放的环境中形成自己的核心技术，不断提高自身的创新能力，加强创新驱动系统能力整合，逐步发展成核心能力。2014年，习近平同志在中国科学院第十七次院士大会、中国工程院第十二次院士大会上强调"实施创新驱动发展战略，最根本的是要增强自主创新能力，最紧迫的是要破除体制机制障碍，最大限度解放和激发科技作为第一生产力所蕴藏的巨大潜能。"[①]十九大报告中，习近平同志强调"创新是引领发展的第一动力，是建设现代化经济体系的战略支撑"[②]。2018年5月，习近平同志在两院院士大会的讲话中强调，"以关键共性技术、前沿引领技术、现代工程技术、颠覆性技术创新为突破口，敢于走前人没走过的路，努力实现关键核心技术自主可控，把创新主动权、发展主动权牢牢掌握在自己手中"[③]。

5.1 海尔创新能力提升的路径

海尔创新能力的提升是伴随着海尔不同时期由环境变化引起的矛盾转化而产生的，海尔早期面临的主要矛盾是产品质量与市场需求之间的矛盾。要想拥有自

---

① 《习近平：在中国科学院第十七次院士大会、中国工程院第十二次院士大会上的讲话》，http://cpc.people.com.cn/n/2014/0610/c64094-25125594.html。
② 《习近平：决胜全面建成小康社会 夺取新时代中国特色社会主义伟大胜利——在中国共产党第十九次全国代表大会上的报告》，http://www.xinhuanet.com/politics/19cpcnc/2017-10/27/c_1121867529.htm。
③ 《习近平：在中国科学院第十九次院士大会、中国工程院第十四次院士大会上的讲话》，http://www.xinhuanet.com/politics/leaders/2018-05/28/c_1122901308.htm。

己的品牌，那么海尔必须拥有自己的核心技术，而当时的海尔基本上没有什么先进的生产技术。为了克服这个困难，海尔用了 6 年时间，通过委派技术人员学习、在实践中摸索等方式，通过消化吸收，再植入海尔的创新基因，以差异化的产品质量立足于市场，成为国内家电领域的领先者，主要表现为单一的技术能力。

接下来海尔面对的矛盾逐渐由产品质量与市场需求之间的矛盾转化为产品类型单一与需求多元化之间的矛盾及旧的组织结构与创新效率需求间的矛盾，海尔采取的措施是促进技术与市场的融合，组织、管理、制度等方面的融合，主要表现为组合创新能力。

随着公司规模的扩大，组织结构也变得越来越复杂，企业发展与企业惰性之间的矛盾表现得越来越突出，如管理因素、制度因素、市场因素、技术因素、组织因素等方面之间都存在矛盾。各战略阶段的主要矛盾、主要创新与主要能力如表 5.1 所示。

表5.1　各战略阶段的主要矛盾、主要创新与主要能力

战略阶段	主要矛盾	主要创新	主要能力
名牌化战略阶段	产品质量与市场需求之间的矛盾	单一技术	单一技术能力
多元化战略阶段	产品类型单一与需求多元化之间的矛盾	组合创新	组合创新能力
国际化战略阶段	旧的组织结构与创新效率需求间的矛盾		
全球化战略阶段	家电市场供需的矛盾	全面创新	全面创新能力
网络化战略阶段	企业发展与企业惰性之间的矛盾		

为了协调各个方面的矛盾，海尔由前面的单一技术能力、组合创新能力发展到全面创新能力，其实这对创新能力的发展来说是一个量变到质变的过程，如图 5.1 所示。

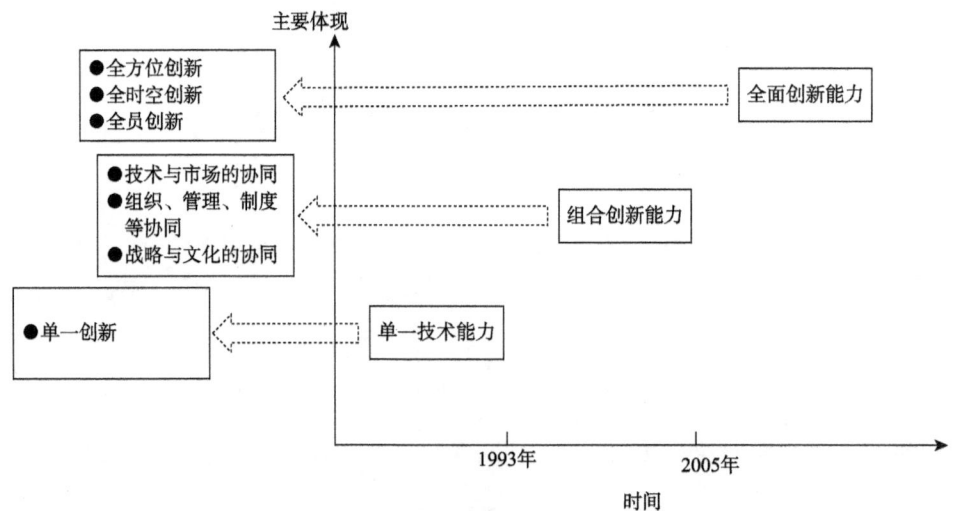

图 5.1　海尔创新能力提升路径

5.1.1 单一技术能力: 20世纪80年代末~1993年

1984~1991年实施了名牌化战略,在这一时期,冰箱是海尔主要的产品。为了提高冰箱的技术生产能力,张瑞敏制定了"起步晚、起点高"的技术引进原则,如青岛电冰箱总厂在1984年决定与德国利勃海尔公司签约,并从利勃海尔公司引进电冰箱生产线技术,这是当时亚洲第一条四星级冰箱生产技术。在20世纪80年代末、90年代初,中国家电行业在技术或设备上出现了一个奇怪的现象,即陷入了"引进—落后—再引进—再落后"的怪圈,但此时海尔集团高层已经意识到这个问题的严重性,不能仅仅依靠引进成套的技术标准,这只是一种纯机械式的引进,自身必须具有改造核心知识的能力。于是决定采取在实践中探索、在利用中学习的方式,技术人员在接下来的6年时间里不断被选派到德国利勃海尔公司接受培训,目的是希望能在生产线使用过程中掌握一些关键技术,通过不断地消化吸收使自己具有核心技术的复制能力。这段时间,海尔吸收了国外的2000多项冰箱方面的先进技术知识,为海尔后期建立全面质量管理体系提供了技术支持。海尔在这一阶段的创新能力主要是通过引进国外的先进生产技术和设备,然后通过在实践中探索、在利用中学习的方式进行消化吸收,在此基础上进一步植入海尔的创新基因,同时注重产品的质量,从而成为国内家电市场领域的领先者。在单一技术能力阶段,海尔取得的主要成果如表5.2所示。

表5.2 单一技术能力阶段的主要成果

年份	1988年	1989年	1990年	1991年	1992年	1993年
成果	海尔冰箱以最高分获得中国电冰箱史上的第一枚金牌	海尔冰箱在提价的同时,市场占有率仍在上升	获得"金马奖""国家质量管理奖",通过了美国UL认证	合并了青岛电冰柜总厂和青岛空调器总厂	海尔通过ISO 9001国际质量体系认证	在上海证券交易所挂牌上市交易

5.1.2 组合创新能力: 1994~2005年

随着主要矛盾的转变,集团的战略也发生了改变,在企业发展的过程中,高层意识到单一技术能力的作用是有限的,仅仅依靠单一的技术能力并不能满足企业发展的需要。海尔高层开始注意到组合创新的重要性,企业要想进行良性发展,其创新能力就需要经常以组群的方式出现,通过它们的有机结合和协同作用促进企业高效、持续地发展。通过组合创新可以把企业的核心能力转化为市场优势，从而提高自身的技术创新能力，同时组合企业的一些要素（如组织、管理、制度、市场、技术等）培育和形成企业的核心能力，组合创新与核心能力二者之间的相互关系如图 5.2 所示。

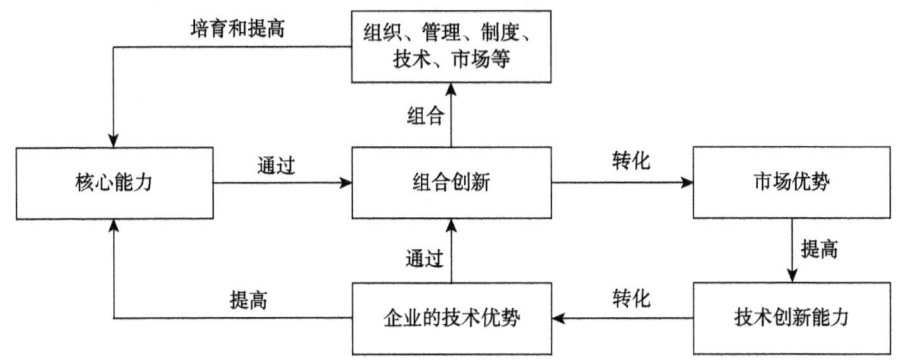

图 5.2　组合创新与核心能力之间的相互关系

郭斌等（1997）指出组合创新是一种受技术因素和组织因素制约的系统性协同创新行为，可以分为三个层次，即工艺创新与产品创新组合、重大创新与渐进创新组合、隐性创新效益和显性创新效益组合。在这里，我们把海尔的组合创新能力主要分为两个阶段，即组合创新的前期（1994～1998 年）和组合创新的后期（1999～2005 年），并从三个层次来分析海尔的组合创新能力，即业务层次、组织管理层次、思想文化层次，它们分别对应着技术与市场的组合，组织、制度、管理等的组合，战略与文化的组合，如图 5.3 所示。

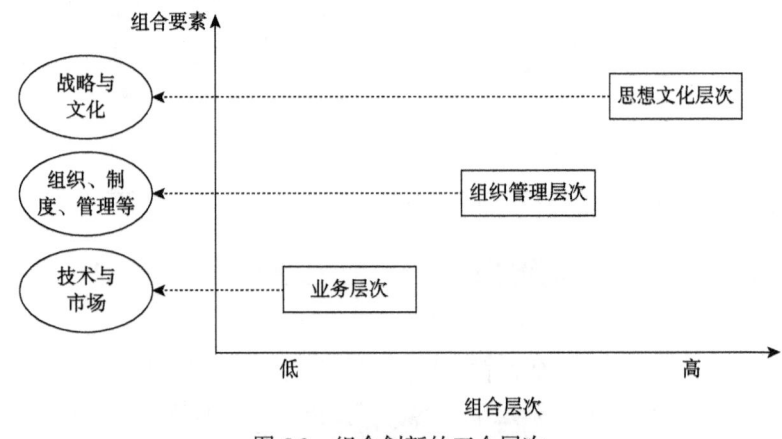

图 5.3　组合创新的三个层次

1. 技术与市场的组合

市场驱动创新，一直是海尔的强项。海尔重视市场调查与研究，重视用户意见，通过不断积累资料，利用市场间的差异性、自身的创新理念和技术来提高自己的产品市场。例如，在冰箱方面，不同地区的消费者对冰箱喜好不同。其中，宽大、粗犷的冰箱产品受到北京市场消费者青睐，而瘦窄、秀气的产品在上海市场上容易被消费者接受。

海尔为了满足市场上不同消费者的需求，结合自身的技术分别推出了不同样式的冰箱产品，如在上海市场，海尔推出了一种瘦窄型的"小王子"冰箱。在洗衣机方面，上海机械学院两位教授抱怨洗衣机笨重，在狭小的房间里不方便移动，同时价格也高。海尔的决策者敏锐地抓住了这一市场信息，他们不仅重视这一信息，还对这一信息内的问题进行了大量的市场调查和研究，最终公司人员通过在技术上的改进和研发，成功设计出了"小小神童"洗衣机，此款洗衣机在市场上销售量很大，获得了巨大的成功。

与此类似的还有印度市场上的"不弯腰冰箱""大地瓜洗衣机"等产品。海尔通过市场能力和技术能力上的组合创新，大大提高了自己的核心能力。海尔的技术与市场组合前后的模式分别如图 5.4 所示。

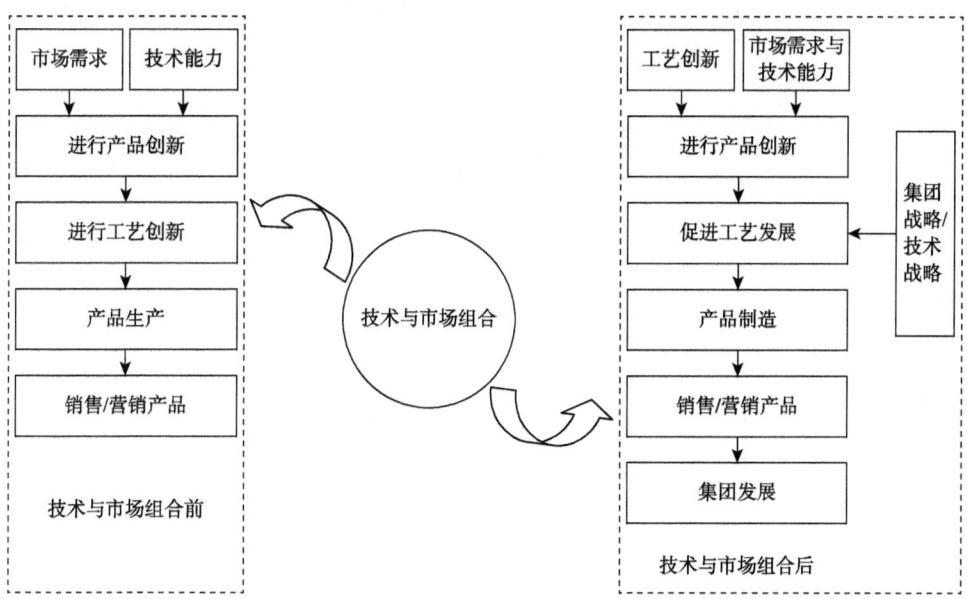

图 5.4　技术与市场组合前后的模式

在市场与技术组合前的模式中，我们可以看出技术和市场是脱节的，二者之间没有融合在一起，且此时是工艺创新追随产品创新，这种模式很可能会导致企业生产出来的产品并不是市场上需要的产品。市场与技术组合后的模式与市场与技术组合前模式相比，技术与市场紧密结合，而且工艺创新超前产品创新，生产出来的产品更加符合市场和消费者的需要。

2. 组织、制度、管理等要素的组合

在海尔的名牌化战略阶段，海尔推行全面质量管理，主要目的是重塑员工的质量观念。海尔进入多元化战略阶段以后，海尔的扩张速度非常快，企业在内部管理上遇到了极大的挑战，企业的管理制度跟不上市场发展的速度。为了进一步提高员工的执行力和效率，张瑞敏提出了 OEC 管理法，核心含义是全方位地要求对每个人每一天所做的每一件事进行控制和清理，概括起来就是"日事日毕，日清日高"。OEC 管理法中的"日清日高"体现的是一种渐进式、阶梯式的改善思想，认为只有一个好的过程才能产生一个好的结果，将以前单纯对结果的管理转为对工作过程状态的控制。

在进入"三步走"的国际化战略阶段后，海尔意识到自己和跨国公司的巨大差距，必须依靠速度和创新来赶超跨国公司，要激发每一位员工的斗志和激情，防止出现"大企业病"的情况，由此提出了"模拟市场"这一新的概念。通过把外部市场的压力转化为内部员工的压力，原来内部之间管理与被管理的关系、上下级的关系就变成了一种市场关系，让企业里的每一名员工都能充分感受到外部市场的压力，因此提出了"市场链机制"。为了使市场链机制能够充分地实行，海尔进行了全面和系统的流程再造，将传统的职能管理变成市场关系，颠覆了传统的组织结构，在 1998~2003 年，海尔的组织结构就调整了 42 次，这也是海尔实行市场链机制的第一个阶段。

在这个阶段中，海尔主要以"三化"为原则，即信息化、扁平化、网络化，通过"三化"整合各种资源，使整个组织结构能更好地适应市场。海尔市场链机制的第二个阶段以"三主"为主，即主体、主线、主旨，让每一个员工从管理的客体变为主体，管理者的角色转变成经营者的角色，从用户那里得到订单并满足用户的需求，此时每个人都成为 SBU，每个人都成为一个创新的主体。市场链机制的实施，提高了海尔响应快速变化的市场和满足用户个性化需求的能力，加快了研发、创新的速度，各种成本得到明显降低，国际竞争力显著增强。

3. 战略与文化的组合

在企业持续创新支撑体系中，战略创新是方向，文化创新是先导，企业的长期发展和持续创新都离不开战略的指导作用，战略创新可以为企业提供更好的前进方向，有效促进部门之间的协同，文化创新对企业员工的观念有重要影响，"敬业报国，追求卓越"的思想扎根于海尔每个员工心中。

20世纪90年代后期到2005年，通过人人都是SBU、市场链和信息化的再造，形成了基于战略愿景进行协同的创新型文化。在20世纪末期，海尔抓住了企业兼并重组的机会，为了扩大企业的规模，实行了兼并重组战略。1998年前后海尔兼并了红星电器、广东顺德市爱德洗衣机厂、合肥黄山电子集团公司等企业。当时很多企业发现兼并容易整合难，海尔独创了自己兼并整合其他企业的方案，即激活"休克鱼"的方式。海尔发现那些被兼并的企业，它们失败的原因不是在资金和技术方面，而是企业的管理方面存在问题，此时的海尔具有成熟的管理思想，建立了自己的企业文化，可以通过"无形资产去盘活有形资产"的方式去使得那些被兼并的企业重新发展。同时，海尔集团创造与发展的"高层经理人员定期学习班"、每周的三次例会（周一的战略会、周三的小微样板会、周六的平台会），这是海尔特有的学习文化，在学习班和三次例会中，领导带头学习并结合工作讲解管理与创新的哲理，共同分析决策与创新中存在的深层次矛盾，制定确实可行的战略，解决企业实际问题。

海尔通过对能力的组合创新，经过一个时期的发展，已经取得了良好的成绩，各部分创新指标得到明显的提高，具体如表5.3所示。

表5.3 组合创新能力后期研发业绩和市场反应速度

创新指标	1999年	2001年	2002年	2003年	2005年
新产品产值率	80%	大于80%	大于82%	大于85%	大于85%
平均每个工作日产品数	1	1.3	1.5	1.8	1.8
流动资金周转率	118天	88天	83天	78天	小于78天
国内采购周期	10天	7天	5天	3天	小于3天
订单处理时间	7天	1天	小于5小时	1小时内	1小时内
每个工作日申报专利数	2.2	2.5	2.6	2.67	2.8

资料来源：浙江大学创新管理研究团队2006年海尔调研报告

5.1.3 全面创新能力：2005年至今

全面创新管理实质是组合创新管理上的进一步发展。海尔的成功离不开它的"全面"管理理念，为了更快更好地满足市场上用户的个性化需求，提高创新的绩效和核心能力，海尔逐步实施了以全方位（战略、组织、制度、管理、市场、技术、文化）创新为基础、以全时空创新和全员创新为主要特色的全面创新管理，全面创新管理与核心能力的关系见第1章图1.5。

企业的经营绩效、核心能力、全面创新管理三者之间存在密切的正相关关系。全面创新管理的实施有助于提高企业和全体员工的创新能力、创新动力、创新思想、创新速度，在此基础上企业的创新绩效也会随之得到提高，如果创新绩效提高的同时能满足用户的个性化需求，那么企业的市场竞争力无疑会提高，进而企业经营绩效得到提高。在全面创新管理框架中，全方位创新是内容，全员创新是主体，全时空创新是实现的形式，它们三者的相互关系如图5.5所示。

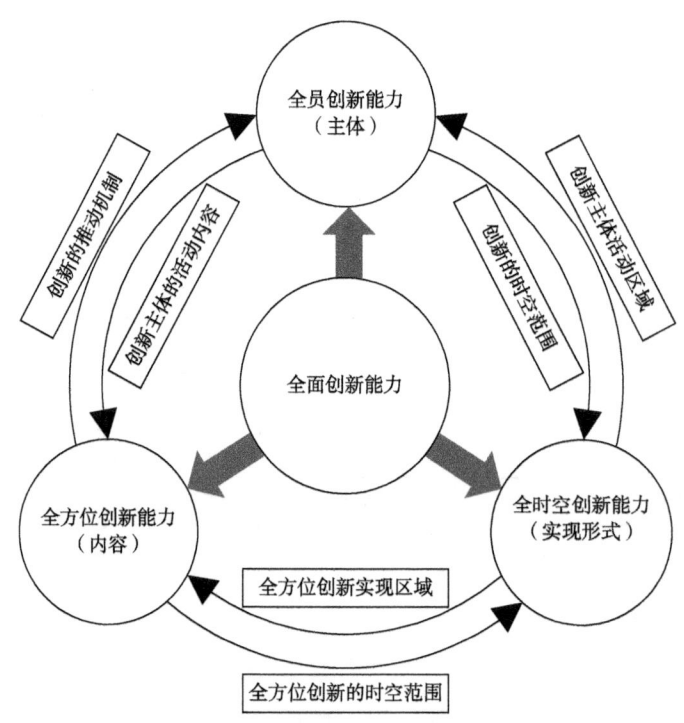

图 5.5 全面创新能力内容及相互关系

1. 全方位创新能力

海尔的全方位创新主要是指战略、组织、制度、管理、市场、技术、文化这些要素的创新，通过对这些要素的创新来提升海尔的能力，这里主要叙述海尔的技术创新和组织创新。

技术创新是关键。海尔的技术创新建立在全方位开放创新平台上各要素创新的融合。海尔总能在市场出现大量需求之前生产出用户所需要的产品，而且会不断地对产品进行更新迭代，更新迭代的速度有时甚至超过了用户的想象。根据我们的调查和分析,海尔能取得这样的突破,是因为海尔在进行技术创新时不仅抓住技术要素,还把组织、战略、文化、制度等要素考虑在内,整合各个创新要素进行技术创新,进行良性互动、协同匹配。海尔技术创新能力和规模能够不断实现升级,技术创新能够取得成功离不开两个坚实的基础——软件基础和硬件基础。海尔充分利用和整合技术资源,在自己技术能力的基础上有效利用外力,尽可能地实现自主研发和借力开发相结合,在全球范围内构建外部创新网络中心来支撑内部的创新体系。同时,在企业内部塑造创新文化,鼓励全员参与创新,各个部门协同创新,为海尔的创新奠定坚实的基础。基于全方位创新平台的技术创新及其支撑体系如图 5.6 所示。

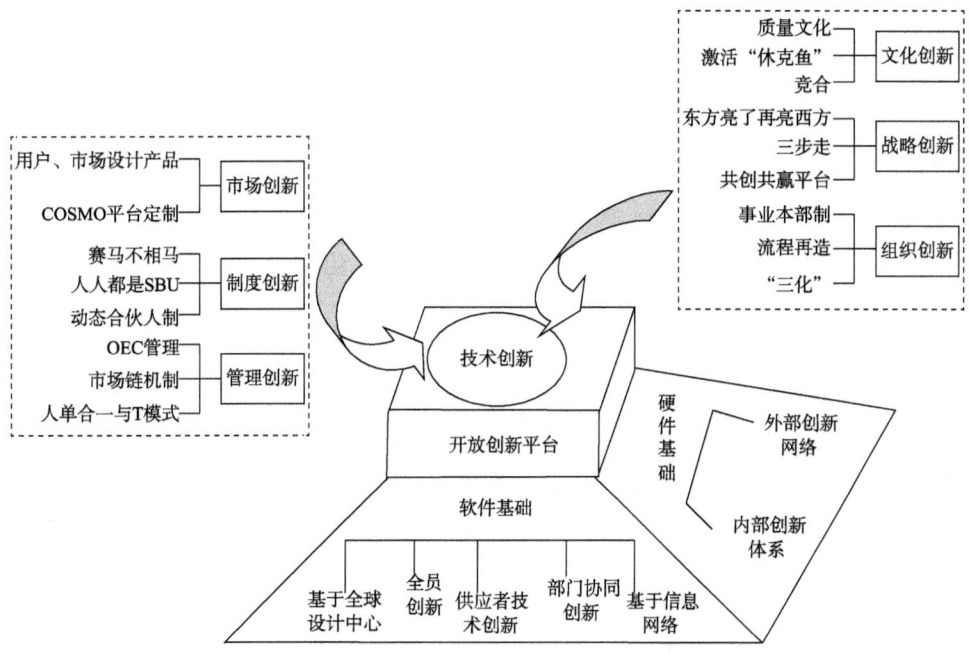

图 5.6　基于全方位创新平台的技术创新及其支撑体系(许庆瑞,2007)

组织创新是保障。战略决定组织结构,组织结构服务于战略,海尔在不同的时期提出了不同的战略,它的商业模式也在不断地变革,从"流程再造"到现在的"人单合一"模式,承接这些变化的中间载体就是组织结构。海尔的组织结构从传统的"正三角"变成"倒三角",再到目前的"节点闭环网状组织",如图 5.7 所示。

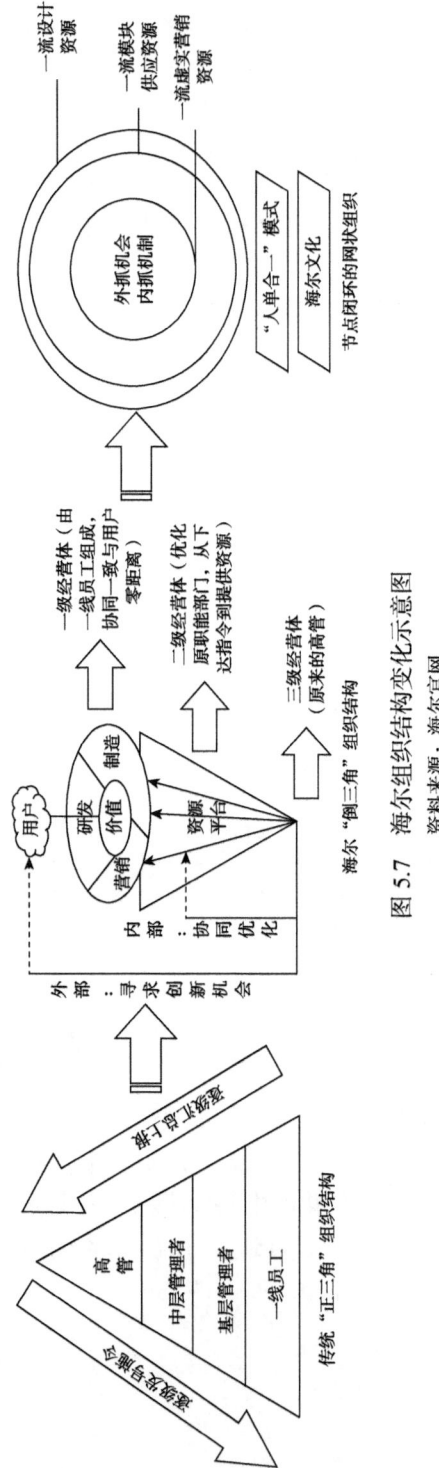

图 5.7 海尔组织结构变化示意图

资料来源：海尔官网

在金字塔形的"正三角"组织结构中，金字塔顶部是海尔的最高领导层，接下来是一些中层管理者和基层管理者，最底端是一线员工，他们按照上层领导的指示做事。为了实现零库存下的即需即供商业模式，海尔的组织结构就必须改变过来，让员工处于顶端直接接触用户和市场，进行自主决策。原来的高层领导处于组织的最底端，中间层的领导得到大幅度精简，高层主要的职责是确定新的战略方向，发现新的市场机会，从原来的发号指令变为提供资源和服务，同时协同内部组织关系。这种改变不再是以领导为中心，而是以用户为中心。2009 年开始，海尔在建立"倒三角"组织后，集团内部的 8 万人就变成了 2000 多个自主经营体，在"倒三角"组织中从上到下依次是一级经营体（一线经营体）、二级经营体（平台经营体）、三级经营体（战略经营体），每个经营体都有独立的用人权、分配权、决策权。

为了能够给那些面对市场的人提供最好的资源和最好的内部关系以保证市场端工作的顺利开展，海尔决定进一步把"倒三角"组织变为节点闭环的网状组织，让"倒三角"彻底变成一张网，海尔整个就变成了一个平台型组织。在这个平台型组织中，每个人或者经营体成为这个网状组织中的一个节点，如果在网状组织中找不到自己的节点，就成为冗员，要想进入其中就必须抢单竞聘。各级经营体之间通过目标承接、资源互换、包销定制等契约关系连接在一起，他们的共同目标是创造并满足用户的需求，为用户带来增值，网中的每个节点都能够接触到用户。用户的网是动态的，因为用户的需求在不断地变化，所以海尔组成的这张网也是动态的，实行的是动态合伙人制，优胜劣汰。

2. 全时空创新能力

海尔对速度的理念是：用户资源是靠速度来赢得的，要运用速度来抢占市场，成为用户第一选择对象。海尔把实现"三个零"作为目标，即实现零运营成本、与用户零距离、零库存，所以在早期就提出了以市场链为纽带的流程再造。海尔实施同步开发流程，实现 24 小时不间断接力式开发，大大缩短了产品上市的时间，为海尔赢得了用户和市场。例如，海尔的宝德龙、美高美彩电三个月就上市了，而当时国际上的彩电研发需要九个月的时间。

全球化是海尔的一项核心能力，2018 年海尔在全球拥有 10 个综合研发中心，15 个生产基地。截至 2018 年，海尔的亚洲研发中心在工业设计专利和技术专利上累计获得 477 项，日本的研发中心在工业设计专利上的数量也达到 195 件，其中洗衣机为 104 件，冰箱为 91 件（浙江大学创新管理研究团队，2019）。海尔认为，如果想在某个地区的市场取得成功，那么就必须借助当地优势发展经营能力，正如张瑞敏所说的"世界就是我的人力资源部，世界就是我的研发部"。海尔的每个研发中心都要求必须依托当地的优势各自进行创新，致力于研发行业领先的产品。比如，海尔在新西兰建立的斐雪派克研发中心，已经研发出处于全球领先地位的产品，如洗碗机、压缩机、直驱变频电机等。其中，搭载直驱变频电机的洗衣机因为具有安静平稳的运行优势，创造了在洗衣机上立起 2 米高"硬币塔"的吉尼斯世界纪录，而另一种产品（搭载直驱变频电机的滚筒洗衣机）短短一年半的时间里在澳大利亚的市场份额从不到 1%迅速增长到 22%，跃居当地市场第一。截至 2017 年，据不完全统计，斐雪派克研发中心已经获得了 966 项专利技术，出现了仅凭 1 项技术一年就创造了 3 亿元销售额的罕见现象。

为了整合全球的创新资源，海尔在 2009 年建立了 HOPE 平台。HOPE 平台是海尔开放创新体系的核心，通过开放创新的理念、流程、方式将海尔和外部创新进行融合，从而为用户解决问题。HOPE 平台早期的业务主要是解决技术难题，而随着对跨产业技术和新兴技术的需求越来越高，HOPE 平台业务范围也逐渐扩大。网络化战略阶段，HOPE 平台的主要工作是整合全球资源及探索全球新资源，目前海尔拥有三张全球的资源网，分别是全球一流模块化供应商资源网、全球一流研发资源网、全球用户资源网，通过整合这三张资源网来满足用户需求。在 HOPE 平台人才碰撞和资源整合的作用下，已经催生了一些新的产业，如无线供电产业等。

3. 全员创新能力

海尔一直坚持认为企业最有价值的资产是员工的创新，应该为员工的创新提供空间和资源，从早期的 OEC 管理法到人人都是 SBU，再到现在的人人创客，这些都体现了海尔对员工创新的重视和激发。张瑞敏认为具有创新精神的人不仅存在于企业的内部，企业的外部也存在着大量具有创新精神的人，如果能把他们的创新思想为海尔所用，那么海尔必然能取得突破性的发展。因此，海尔的全员创新能力不仅是指企业内部员工的创新能力，还包括企业外面的合作伙伴和用户创新的能力，采取"在线+在册"的形式，其中"在线"是指与海尔签订劳动合同的员工，"在册"是指在海尔网站上进行注册的供应商、用户等群体。

互联网时代的商业模式要求与用户零距离，海尔内部称之为"端到端"，一端指内部的员工，另一端则是用户，为此海尔提出了从"客户"到"用户"的转变，虽然二者之间仅仅只有一字之差，但含义却截然不同。客户可能与企业只会发生一次交易，只是产品终端的消费者，而用户则会参与产品的设计和体验，他们变成了产品的设计者、生产者和消费者。海尔非常重视用户创新，提出了"用户黏性""用户乘数"等概念，希望借助用户的智慧来推动海尔创新能力的提升。其中，海尔的 COSMO 平台是围绕用户创新和用户价值的智能制造体系，包括了用户体验、下达订单、订单受理、柔性制造、售后服务等多个环节。与德国的西门子、美国的 GE 相比，他们更注重"黑灯工厂"及制造过程的自动化，而 COSMO 平台的主要特点是将制造体系与用户创新和用户体验相连接，从而打造出和消费者零距离的体系，将客户变成海尔的终身用户。通过与用户交互，海尔将用户创新能力转化成了自己的创新能力，如海尔在市场上推出的"天樽空调""云熙二代洗衣机"等产品都来自用户的创新思想，这些产品的推出都极大地提高了海尔的核心能力和市场竞争力，图 5.8 显示了海尔在全面创新能力时期取得的成就。

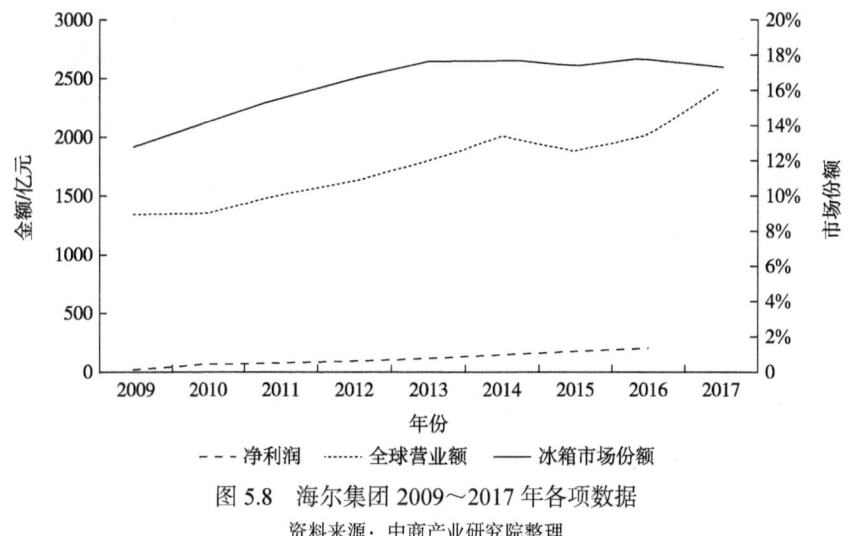

图 5.8　海尔集团 2009~2017 年各项数据
资料来源：中商产业研究院整理

从图 5.8 可以看出，海尔的全球营业额、净利润、冰箱市场份额基本呈现逐年上升的趋势。2017 年海尔集团的收入是 2419 亿元，与 2016 年相比增长 20%，与此同时净利润的增长达到了 41%，是 2009~2017 年海尔增长最快的一年。海尔能取得这样的成就，与海尔创新能力的提升密不可分。

5.1.4　结论与启示

通过对海尔集团 30 多年创新能力实践的纵向案例研究，本书梳理了海尔集团创新能力提升的路径。海尔创新能力是一个动态积累的过程，是内外部因素共同作用的结果，是一系列汲取和内化核心技术源的过程。通过"干中学""用中学""研发中学""互动中学"等组织学习方式，对内外部的知识进行有效整合，转化为自己的核心能力，进而推动海尔创新能力的升级。早期，由于市场和技术的不断发展，市场、技术、组织、制度、文化等之间的不协同日益凸显，海尔的高层人员及时意识到仅靠单一的技术能力并不可行，必须从单一的技术创新能力转向组合创新能力，最后发展到互联网时代的全面创新能力，这是一个从量变到质变的过程。

目前，中国很多企业都在进行转型升级，走着自己的创新道路，但创新能力不足是普遍现状，亟须提升自身的创新能力。由海尔创新能力提升的过程可知，要素协同与创新能力的提升之间存在密切联系，不同层次的创新能力要有不同层面的要素协同相适应，多维度要素组合可实现创新能力的提升，推动非核心能力向核心能力转化，随着要素参与度增加，企业创新能力可以由单一能力向复合能力发展，表现为企业从技术创新能力、市场创新能力等，向组合创新能力和全面创新能力发展。组合创新具有多种层次，企业在不同的发展阶段要采取相应的组合创新形式，从而发挥组合创新能力对提升企业创新能力的推动作用。全面创新管理是组合创新管理的进一步发展，虽然并非任何企业都能克隆海尔的全面创新管理模式，但其全面协同、系统化的理念却是每个企业都可以借鉴的有效内核，可以使全面创新能力真正地成为企业的核心能力。

5.2　海尔创新能力的优势体现

为了了解海尔创新能力的全貌，浙江大学创新管理研究团队利用问卷对海尔全面创新能力进行度量。全面创新管理理论是最为全面的测量能力的理论，它包括创新的多个维度，如战略创新、组织创新、市场创新、技术创新、管理创新、文化创新、制度创新等，有利于对企业创新能力进行全面了解。基于全面创新管理理论，本书对海尔的创新能力进行了多维度测量，以观测海尔创新能力的全貌。

5.2.1　创新能力的纵向度量

2005年海尔进入了全面创新管理阶段，为了解2005~2015年海尔全面创新能力的发展状况，浙江大学创新管理研究团队对在职时间较长的海尔中高层管理人员发放"企业各部门创新能力的问卷调查"，问卷中各个题项包含2005年前后与2015年前后两个时间阶段，以从中高层视角了解海尔2005~2015年在技术、市场、战略、人力、财务、文化等方面能力的发展情况,对2005~2015年海尔创新能力的发展进行比较。问卷发放和回收情况如表5.4所示。

表5.4 能力概况问卷发放与回收情况

发放对象	发放问卷/份	收回问卷/份	有效问卷/份
中高层管理人员	72	55	52

基于问卷结果,对海尔全面创新能力的构成进行对比,其中能力包含核心能力、关键能力、基础能力三个部分,每种能力均由技术、市场、战略、人力、财务、文化六个指标构成,基于此绘制2005年及2015年海尔多要素能力提升情况的雷达图,见图5.9。总体看来,与2005年相比,2015年海尔全面创新能力中的技术、市场、战略、人力、财务、文化六个能力要素水平均有显著提升,创新能力的提升在一定程度上得益于海尔组织结构的变化,海尔的组织结构从传统的"正三角"变成"倒三角",再到目前的"节点闭环网状组织",这种改变极大地提高了组织的灵活性,激活了内部员工的创新能力。

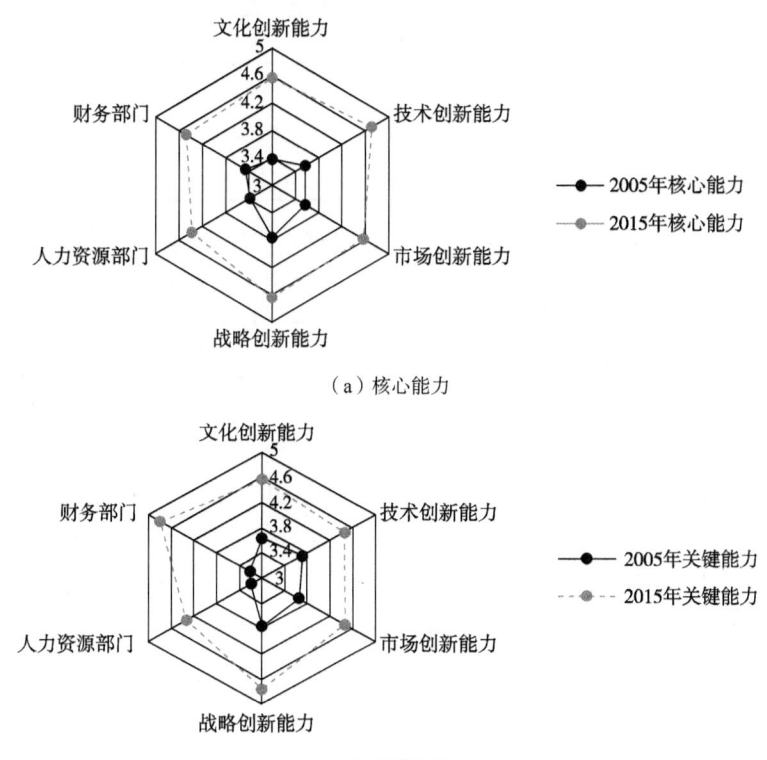

(a) 核心能力

(b) 关键能力

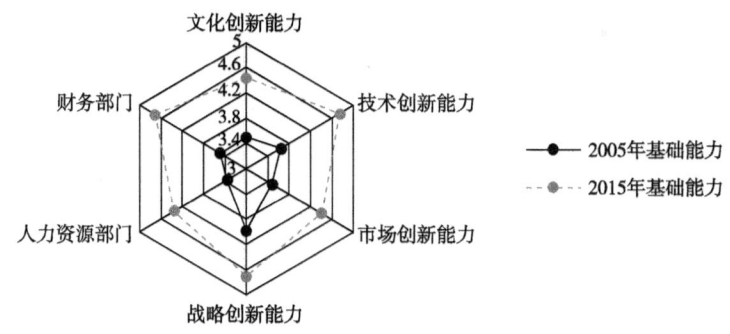

(c) 基础能力

图 5.9 2005 年及 2015 年海尔全面创新能力发展情况

核心能力：仅本企业掌握。关键能力：行业少数企业掌握。基础能力：大部分企业掌握

同时，我们对各要素能力增长情况进行了统计，以观测 2005 年及 2015 年海尔创新能力发展的重要影响因素，如表 5.5 所示。

表5.5 各要素能力增长水平

能力构成	文化	技术	市场	战略	人力	财务
核心能力	35.21%	32.00%	31.00%	30.00%	31.43%	27.05%
关键能力	25.49%	27.88%	40.30%	26.58%	35.82%	37.30%
基础能力	26.53%	30.72%	28.40%	20.00%	29.79%	35.25%

可以看出，技术、市场、战略、人力、财务、文化各要素下创新能力均有显著提升，最高增长 40.30%，最低增长 20.00%。市场关键能力提升幅度最大，其中包括"捕捉用户需求""与领先用户合作""市场预测能力"三个题项，这与海尔一直坚持市场引领创新密切相关，海尔认为用户的难题就是海尔的课题。战略基础能力增长最为缓慢，其中包括"短期的战略计划能得到高效率地执行""有专门的战略组织和人员"两个题项，这部分增长缓慢，并不代表海尔不注重短期战略计划的执行，只是相对于短期战略而言，海尔更加注重长期战略。至 2019 年，海尔已经经历了五个战略阶段的发展，每个阶段都历时七年的时间，海尔很注重长期战略的制定和执行，同时原有的战略管理部门已经变成一个职能小微，在人员数量上进行了删减，但仍然存在战略组织和人员，所以此部分也增长较缓慢。

5.2.2 创新能力的横向比较

为了能在全国范围内比较海尔与同行业竞争对手在创新能力之间的差距，浙江大学创新管理研究团队 30 多年来在创新能力方面一直进行着关注和研究,在进行典型企业调研的同时,也对大样本企业数据进行收集,以问卷的形式了解我国企业创新能力的构成与发展。问卷内容主要包括企业技术创新能力、市场创新能力、战略创新能力、组织创新能力、全时空创新能力、全员创新能力等模块。2007年,浙江大学创新管理研究团队对浙江省企业进行能力调查,回收有效问卷 393份,其中大型企业有效问卷 39 份。2015 年,在上次问卷基础上,浙江大学创新管理研究团队在东北和浙江省内再次对企业的创新能力进行问卷发放,回收有效问卷 44 份,其中大型企业有效问卷 33 份。经过 8 年的时间跨度,我们发现了能力构建的一些基本规律:企业的能力构建过程是从非核心能力到核心能力的序进积累过程。此次,我们将从海尔收集到的相关问卷与 2007 年及 2015 年我国部分地区大型企业创新能力水平进行对比,如图 5.10 所示。

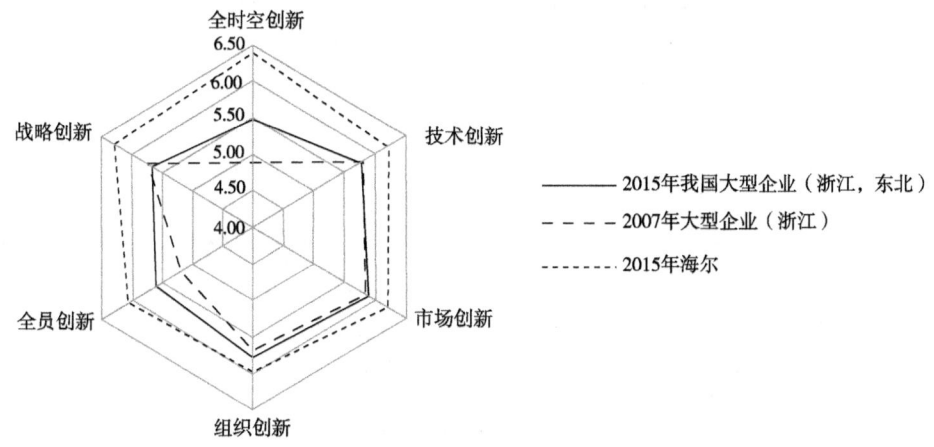

图 5.10　2015 年海尔全面创新能力与 2007 年及 2015 年我国部分地区
大型企业创新能力对比

可以看出,海尔 2015 年的创新能力水平在企业技术创新能力、市场创新能力、战略创新能力、组织创新能力、全时空创新能力、全员创新能力等所有维度均高出同行业竞争企业。其中,全时空创新水平远远高于同行业其他企业,得益于海尔对速度的追求,即用户资源是靠速度来赢得的,运用速度来抢占市场,成为用户第一选择对象。在早期海尔就实施同步开发流程,实现 24 小时不间断接力式开发,截至 2019 年,全球已建立 66 个营销中心,10 个综合研发中心,21 个工业园,108 个制造基地,在全球范围内已基本实现了"三位一体"的网络布局。组织创新能力与其他大型企业相差不大,很多企业已经意识到传统的组织形式不能满足企业面临的开放环境,大家都十分注重组织方面的变革。

值得说明的是,在 2007~2015 年,海尔和全国大型企业(浙江,东北)在全员创新能力方面也提升明显,当然这里的"全员"既包括企业内部的员工,又包括非企业员工。互联网时代的商业模式要求与用户零距离,因此,海尔提出了从"客户"到"用户"的转变,虽然二者之间仅仅只有一字之差,但含义却截然不同。客户可能与企业只会发生一次交易,只是产品终端的消费者,而用户则会参与产品的设计和体验,他们变成了产品的设计者、生产者和消费者。海尔非常重视用户创新,提出了"用户黏性""用户乘数"等概念,希望借助用户的智慧来推动海尔创新能力的提升。

5.2.3 普通员工视角下的创新能力

为了解企业创新能力的详细情况,浙江大学创新管理研究团队对海尔内部各部门的普通员工发放"提升企业创新能力的研究"问卷,从下至上了解企业创新能力的具体发展情况。调查涉及的企业普通员工在职时间普遍较短(4年以内),故普通员工问卷仅仅关注2017年海尔与同行业竞争对手相比的能力水平。问卷发放和回收情况如表5.6所示。

表5.6 创新能力具体情况问卷发放与回收情况

发放对象	发放问卷/份	收回问卷/份	有效问卷/份
普通员工	196	159	147

基于问卷结果,对员工感知的创新能力水平进行统计,基于此绘制企业多要素能力提升情况下海尔全面创新能力发展情况的雷达图,如图5.11所示。

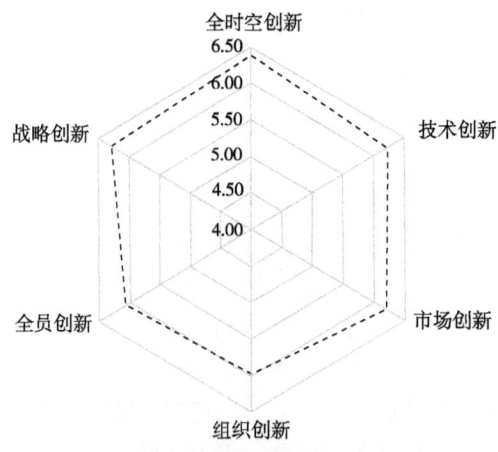

图5.11 2017年海尔全面创新能力发展情况

1）技术创新能力

海尔技术创新能力在"产品平台构建""制造能力""技术整合能力""利用外部技术知识"方面表现突出，这主要因为现阶段企业采取开放式创新平台 HOPE 策略，即强调技术的资源整合。同时，海尔在几个方面存在显著不足，如研发人员数量不足、缺乏独有的核心技术、缺乏行业关键技术、设备改进能力不足。首先，研发人员是企业技术创新的重要生产力，产品的技术更新需要强有力的研发队伍作为支撑，从问卷结果可以看出企业研发人员不足的问题较为明显，而这进一步导致了企业核心技术和行业关键技术的缺乏、设备改进能力不足。技术创新能力的构成如图 5.12 所示。

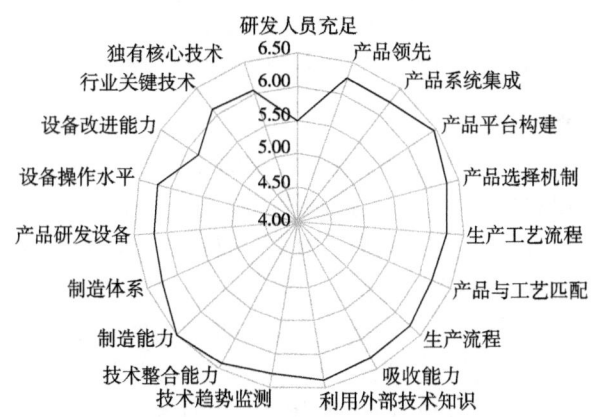

图 5.12　2017 年海尔全面创新能力——技术创新能力发展情况

2）市场创新能力

海尔在从名牌化战略发展到国际化战略的过程中涌现出许多的市场创新理念，如"只有淡季的思想没有淡季的市场""创新就是要抓住商机""重做蛋糕""打价值战，不打价格战"等，在这些理念的指导下，海尔超越简单的营销"4P"模式，提出自己的一套市场创新方法，其本质可以表述为"创造市场与顾客"。在国际化战略阶段，提出"走出去，走进去，走上去"的战略，30%以上的利润要来自母国以外，以差异化开创蓝海市场。在网络化战略阶段，让顾客成为主动参与产品设计和研发的用户，基于 COSMO 平台实现产品的大规模定制。市场创新能力在"了解用户潜在需求""了解用户需求愿景""关键用户反馈""客户长期关系"方面表现突出，且重视售后服务，同时关注市场长期发展。同时，在几个方面存在显著不足，如"营销环节服务于企业""营销环节服务于产品和业务""新产品新服务"的支撑作用较差，产品议价能力也有待提升，市场创新能力的构成如图 5.13 所示。

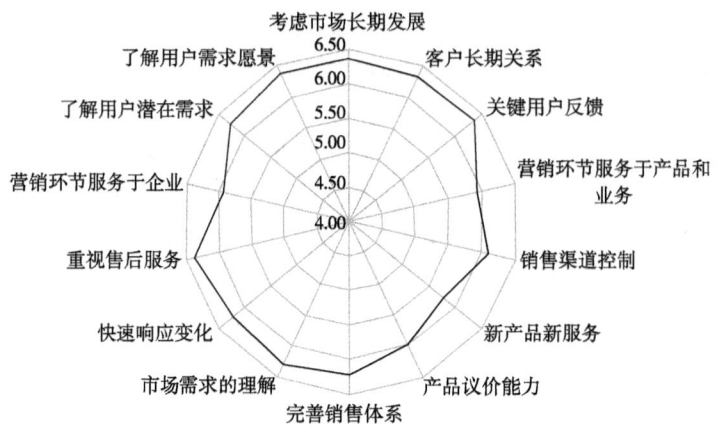

图 5.13　2017 年海尔全面创新能力——市场创新能力发展情况

3）组织创新能力

与技术创新能力和市场创新能力相比，组织创新能力的得分较低。其中，组织创新能力在"组织结构扁平化""鼓励跨职能部门间信息共享程度""信息技术手段使用"方面均有良好表现，同时，高管团队对创新的推动较为积极。这与此阶段海尔的"人单合一"的战略部署相一致，希望打破原有职能部门之间的壁垒，加强部门之间的沟通。然而，在"部门之间沟通准确性""部门职责清晰""员工及时总结"等方面得分较低。可以看出员工对企业的组织规划有较高水平的认知，但执行效果存在明显不足。组织创新能力的构成如图 5.14 所示。

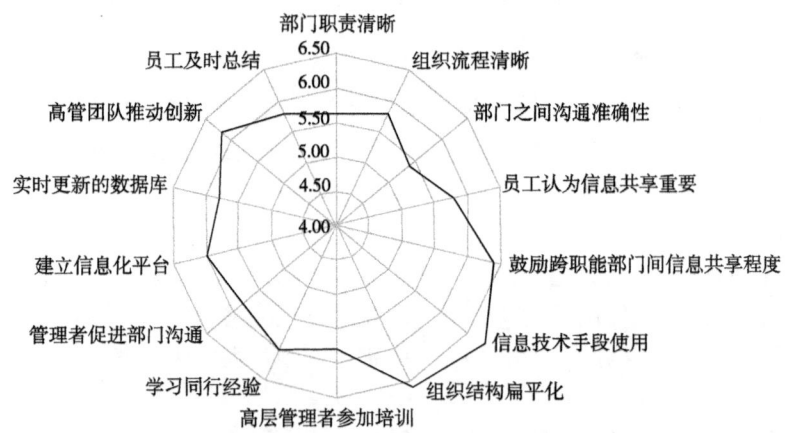

图 5.14　2017 年海尔全面创新能力——组织创新能力发展情况

4）战略创新能力

在企业持续创新支撑体系中，战略创新是方向，企业的长期发展和持续创新都离不开战略的指导作用，战略创新可以为企业提供更好的前进方向。海尔

第5章 创新引领下的海尔能力提升

战略创新方面，以张瑞敏为首的企业领导层具有极强的前瞻性，在不同的时期总能制定出正确的战略，给海尔的发展指明方向。战略创新能力的构成如图5.15所示。从图5.15可以看出，"领导的战略思维""领导的战略实施能力""风险控制""多层次的战略规划能力"均得分较高，员工对战略的准确理解和战略意图明确程度也较好。但是，战略制定、修正和落实存在显著不足，这与上面组织创新的落实缺口存在相同的问题，因为战略决定组织结构，组织结构服务于战略。

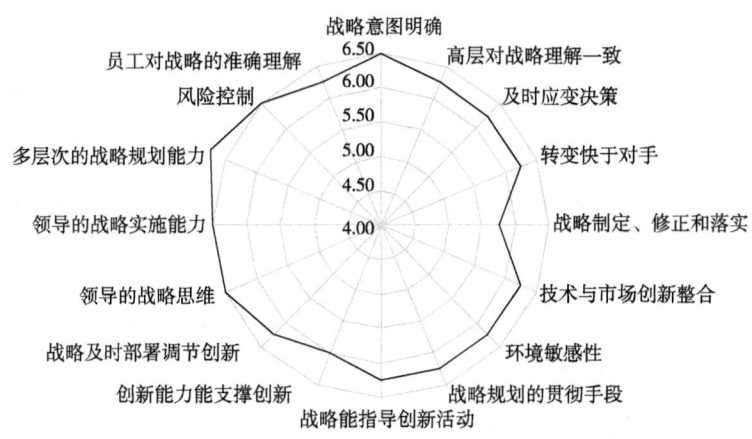

图 5.15　2017年海尔全面创新能力——战略创新能力发展情况

5）全员创新能力

海尔一直坚持认为企业最有价值的资产是员工的创新，应该为员工的创新提供空间和资源，从早期的OEC管理法到人人都是SBU，再到现在的人人创客，这些都体现了海尔对员工创新的重视和激发。全员创新中"高层领导支持"和"员工建议被采纳实施"方面得到较高分数，可以看出管理层对全员创新的支持。但同时，在"员工的创新责任感""鼓励员工学习""师徒制度"等方面亟待加强，可以看出虽然领导对员工参与创新持积极态度，但员工的参与积极性存在显著不足。全员创新能力的构成如图5.16所示。

6）全时空创新能力

互联网时代一个典型的特征就是速度要快，海尔为了快速整合全球的创新资源，在2013年建立了HOPE平台1.0，HOPE平台的主要工作是整合全球资源及探索全球新资源。目前海尔拥有三张全球的资源网，分别是全球一流模块化供应商资源网、全球一流研发资源网、全球用户资源网，通过整合这三张资源网来满足用户需求。全时空创新中"开放式创新策略"与"关键用户反馈"表现较好，

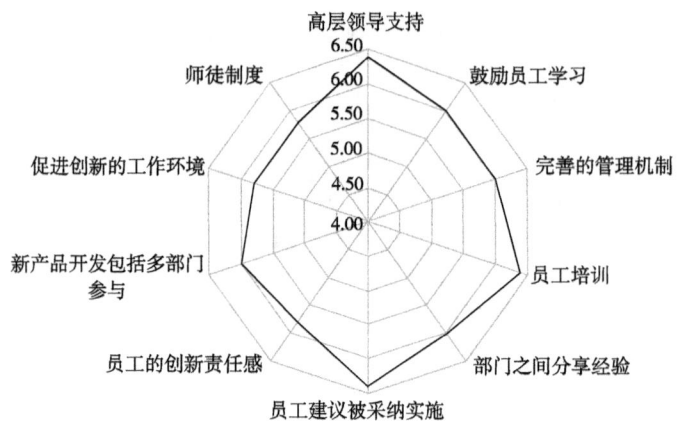

图 5.16　2017 年海尔全面创新能力——全员创新能力发展情况

同时，与大学和研究机构的合作关系较好，但与供应商（"上游厂商提供的培训""供应商处获得的想法"）、同行竞争者（"与同行业企业合作开发"）和中介机构（"行业协会提供的信息培训"）的合作关系表现较差，应该加强与产业链上合作者的关系，并尽可能地与同行业企业合作开发，降低产品开发成本。全时空创新能力的构成如图 5.17 所示。

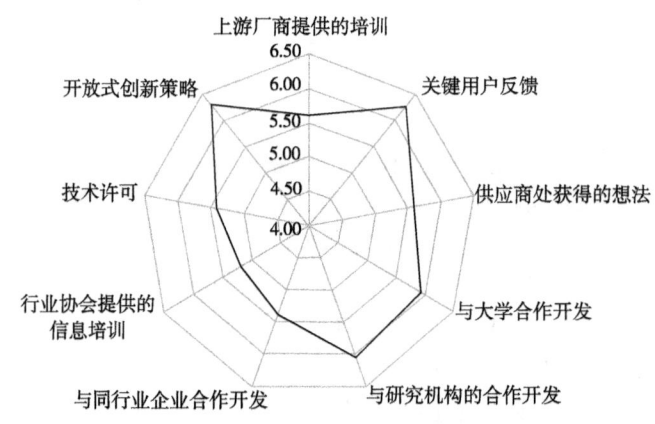

图 5.17　2017 年海尔全面创新能力——全时空创新能力发展情况

5.2.4　结论与启示

通过对调研统计数据进行分析，本书得出如下结论：第一，至 2017 年，海尔的各项创新能力都得到了不同程度的提升，特别是市场创新能力、组织创新能力、全员创新能力等几个方面提升幅度很大。第二，海尔 2015 年的创新能力水平在企业技术创新能力、市场创新能力、战略创新能力、组织创新能力、全时空创新能力、全员创新能力等所有维度均高出同行业竞争企业，但比较好的地方是其他企业的创新能力也都在提升，这表明我国大部分的企业都注重创新，而且它们的创新能力正在逐渐提高。第三，针对创新能力中存在不足的地方，如员工缺乏创新积极性、企业缺乏核心技术能力、部门间沟通准确性差、与供应商合作关系不好等问题，企业可以采取相关的措施来解决这些问题，如为员工创新提供制度保障和良好的创新氛围、利用开放式创新获取资源进而转化成自己的核心能力、组织扁平化缩小沟通之间的距离、构建有效的协同机制、建立网络型的生态体系等。第四，企业创新能力的发展是一个逐步提升的过程，一般是从单一的技术创新能力到组合创新能力，最后发展为全面创新能力。

5.3 海尔核心能力的培育与提高

海尔核心能力的提升是伴随着海尔不同时期由环境变化引起的矛盾转化而产生的，技术创新能力的提升呈现出螺旋结构。海尔早期面临的主要矛盾是产品质量与市场需求之间的矛盾。要想拥有自己的品牌，海尔必须拥有自己的核心技术，而当时的海尔基本上没有什么先进的生产技术，所以只能通过技术引进，然后再消化吸收。当进入内部研发和外部合作的阶段后，企业规模也在不断扩大，企业发展与企业惰性之间的矛盾越来越明显，技术创新与组织因素、制度因素、管理因素等之间都存在矛盾，同时海尔面临着外界环境发生变化及内部资源枯竭的状况，于是海尔从战略引领变成了创新引领，进入了以技术创新为主的全面创新阶段。随着外界环境的不断变化，特别是技术和市场的剧烈变化，海尔及时调整了自己的技术创新方向，进入了以技术资源整合能力为核心的开放式创新阶段，不过在此过程中海尔仍然保留着原始技术创新能力。2017年度互联网创新百强榜，海尔集团位居榜首，连续9年蝉联全球白电第一品牌，全球市场占有率为10.6%，以1786.76亿元的品牌价值连续16年蝉联"中国最有价值品牌"榜首。2018年海尔入选"中国最具影响力雇主"排行榜，位列第三。作为中国乃至全球家电行业的领军企业，海尔通过技术创新体系的搭建、HOPE平台的支持，以及战略创新、组织创新、管理创新、制度创新及文化创新等非技术要素的全面协同，实现了海尔技术创新能力的积累与发展，专利数量不断增加，质量水平不断提高，各阶段专利情况如图5.18所示。

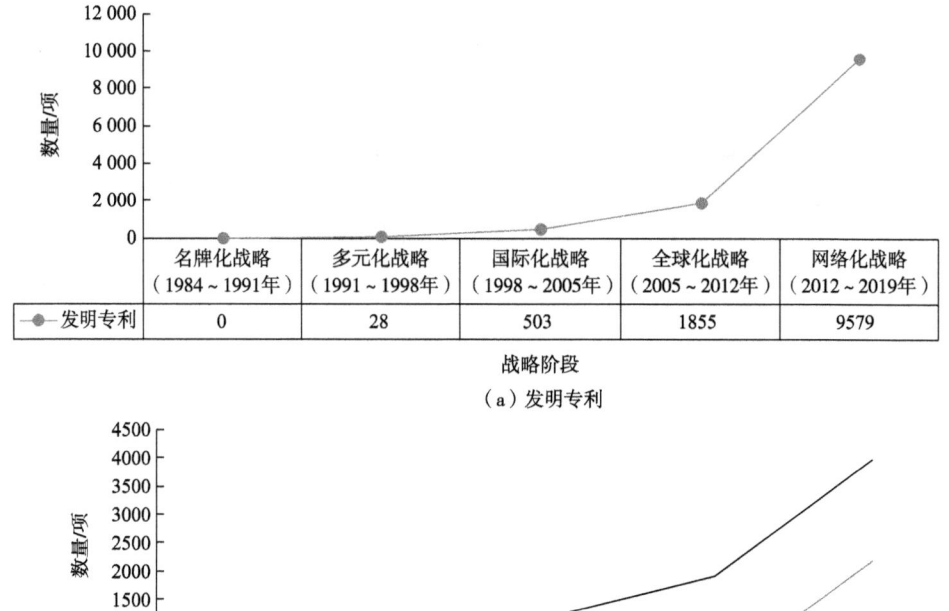

图 5.18 海尔集团各战略阶段专利情况
资料来源：海尔内部调研

5.3.1 创新能力与核心能力的关系

企业技术创新能力是企业核心能力的核心内容，企业核心能力的提高，关键是要实现企业技术创新能力的提高与积累（毛义华等，2000）。通过技术创新可以得到核心技术，生产出核心产品，但技术创新能力的积累和提高，并不能立即地、自觉地转化为企业的核心能力，它必须与战略创新能力、组织创新能力、管理创新能力、市场创新能力、资金能力和技术创新能力等之间进行有效组合，核心能力的本质是企业特有的知识资源，其载体是企业内部的个体与组织，组织能否最大限度地激活自身的资源，取决于组织的权变能力、学习能力、自组织能力。在知识经济时代，学习型组织的建立，组织结构的不断变革完善，是技术创新能力转化为核心能力的制度性保证。资金作为创新活动实现的"血液",解决其筹集和运用等资金决策问题,是技术创新能力转化为现实核心能力的物质保证。只有实现它们之间的有机结合,才能最大限度地激活和利用核心能力,因此,应该把核心能力的培育和提高过程中的技术创新与其他非技术创新过程结合起来进行系统研究。创新能力与核心能力关系模式如图 5.19 所示。

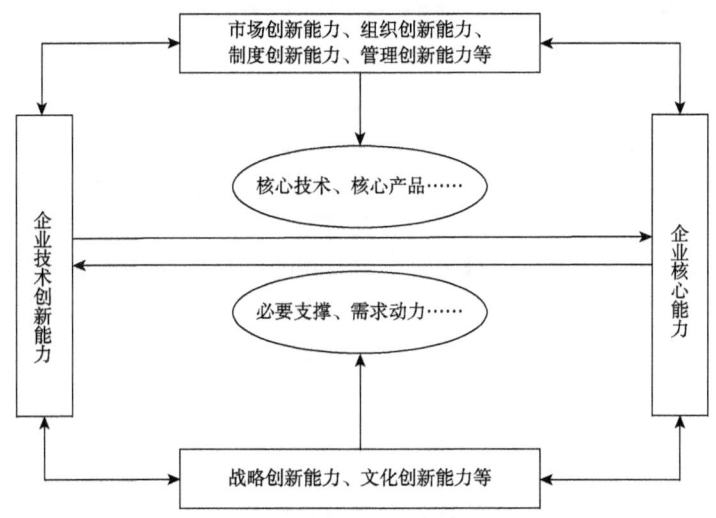

图 5.19 创新能力与核心能力关系模式简图

5.3.2 技术引进与消化吸收

1984～1991 年海尔实施了名牌化战略,在这七年的时间里,冰箱是海尔主要的产品。为了提高冰箱的技术生产能力,张瑞敏制定了"起步晚、起点高"的技术引进原则。例如,青岛电冰箱总厂在 1984 年决定与德国利勃海尔公司签约,并从利勃海尔公司引进电冰箱生产线技术,这是当时亚洲第一条四星级冰箱生产技术(许庆瑞等,2018)。海尔并不是简单纯粹地引进别人的技术,也派人到国外学习,在 6 年的时间里派出了很多的技术人员到利勃海尔公司接受培训,希望破除当时中国家电行业陷入的"引进—落后—再引进—再落后"的怪圈。这期间,海尔吸收了国外的 2000 多项冰箱方面的先进技术知识,在冰箱技术方面有了很大的积累,这也成为后期海尔冰箱技术能够不断发展的基础。在 20 世纪 90 年代初,海尔兼并红星电器,当时红星电器的洗衣机能够排在洗衣机行业的前三位,但它的技术完全是从夏普引进的,后来经过海尔领导层的管理,慢慢才改变了这种状况。海尔在这一阶段的技术能力主要是通过引进国外的先进生产技术和设备,然后消化吸收发展起来的,自己并没有掌握自主的技术能力。

5.3.3 以技术创新为核心的全面创新

此阶段,技术创新能力的发展主要通过内部研发和外部合作与兼并的模式实现,但以内部研发为主。技术创新能力是核心能力的基础,企业的技术创新管理涉及很多因素,它是一项复杂的系统工程。由于产品技术和市场时刻在发生变化,面对如此剧烈动荡的技术和市场环境,企业要想保持可持续的竞争力,只有以技术创新为核心,着力发展基于核心能力的全面创新管理才能快速稳健地提升核心能力。海尔总能在市场出现大量需求之前生产出用户所需要的产品,而且会不断地对产品进行更新迭代,更新迭代的速度有时甚至超过了用户的想象。根据调查和分析,海尔能取得这样的突破,是因为海尔在进行技术创新时不仅抓住技术要素,还把组织、战略、文化、制度、管理、市场等要素考虑在内,整合各个创新要素进行技术创新,进行良性互动、协同匹配。海尔技术创新能力和规模能够不断实现升级,技术创新不断取得成功离不开两个坚实的基础(软件基础和硬件基础),在自己技术能力的基础上有效利用外力,尽可能地实现自主研发和借力开发相结合,同时,在企业内部塑造创新的文化,鼓励全员参与创新,各个部门协同创新,为海尔的创新奠定坚实的基础,如图 5.20 所示。

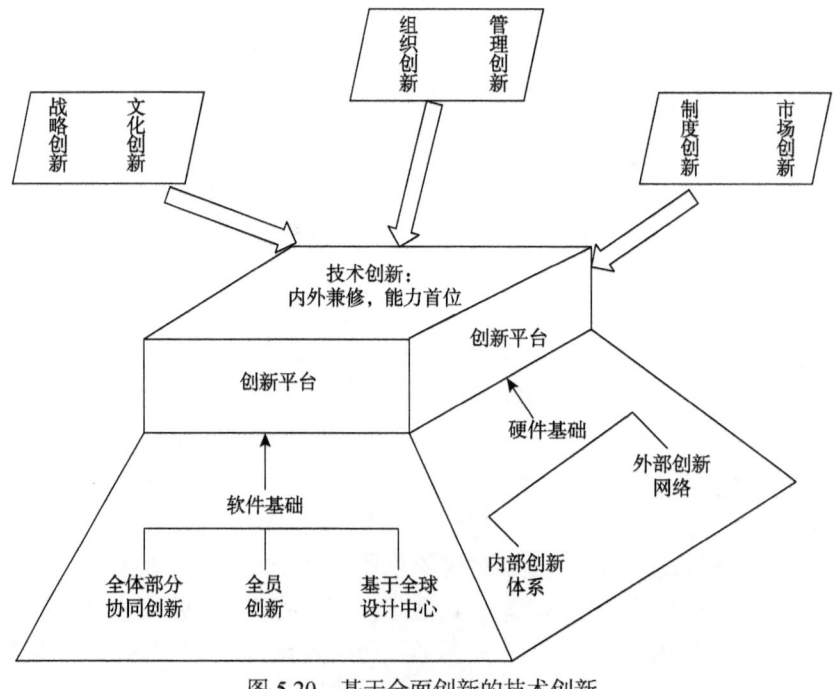

图 5.20 基于全面创新的技术创新

下面以海尔集团几种重要洗衣机的创新过程为例来说明全面创新能力的提升对技术核心能力的影响。根据官方统计，截至 2017 年底，海尔在洗衣机行业的发明专利稳居第一位，已经在多个国家连续几年销量第一，如表 5.7 所示。

表5.7 海尔洗衣机全球销量第一

项目	中国	越南	澳大利亚	巴基斯坦	尼日利亚
连续几年第一	20 年	15 年	7 年	6 年	4 年

截至 2017 年，海尔洗衣机在全球市场份额中已经连续九年第一，每年的市场份额都会比第二名高出很多，如图 5.21 所示。

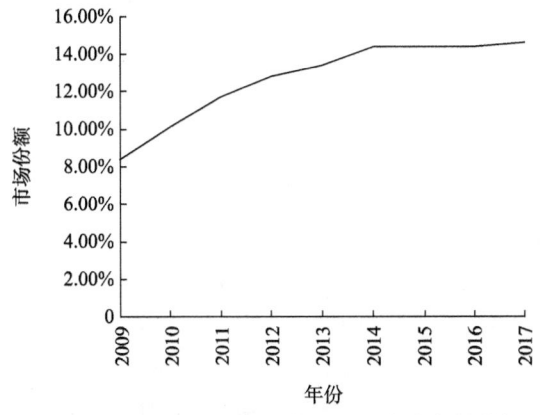

图 5.21　2009~2017 年海尔洗衣机全球市场份额
资料来源：欧睿国际数据

海尔在洗衣机方面通过创新持续颠覆，具有多款产品的原创技术，创造出一个个蓝海市场，引领着洗衣机行业的变革与发展。2017 年，海尔的 3 项科技获得第 19 届中国专利奖金奖，行业最多并且是行业内仅有的一个两次获得专利金奖的品牌。同时，在 ISO 的专家席位中，洗衣机行业只有海尔一家。海尔通过自主研发成功掌握了洗衣机行业的核心技术，在洗衣机行业专利质量上冠绝全球。

1. 小小神童洗衣机的研发过程

海尔洗衣机的前身是红星电器，1984 年红星电器就开始引进夏普的技术，但当时自己并没有研发的能力。它曾经是我国三大洗衣机生产企业之一，最终由于管理经营不善被海尔兼并。海尔兼并红星电器之后，和夏普的合作就不怎么紧密，从 1995 年兼并的时候开始，洗衣机在行业内的地位就已经下降到全国倒数。当时一到夏天洗衣机厂就关门，销售人员都在家，公司也开始休假。海尔领导层对此现象感到困惑，决定进行市场调研，后来通过用户调研，发现用户夏天没有合适的洗衣机可以用。1996 年上海机械学院两位教授给海尔发来一封信，主要的思想是房屋面积狭小，加上洗衣机笨重，导致洗衣机不方便移动，同时觉得洗衣机价格昂贵，为此提出想要生产一种老年人用的洗衣机。这样的一封信印证了海尔正在做一款体积较小又方便移动的洗衣机的选择是正确的。一段时间后，洗衣机就从原来的40多公斤（1公斤=1千克）变为17公斤，体积也比较小，这就是后来的小小神童洗衣机。

海尔当时兼并红星电器并没有消耗多少金钱方面的成本，主要是利用了自己在管理方面的能力，利用软实力盘活了它，海尔把这种文化创新思想称为激活"休克鱼"。在夏天洗衣机厂都关门的情况下，海尔进行了市场调研，坚持"只有淡季的思想没有淡季的市场"的文化理念，注重用户需求，通过技术引进、消化吸收研发出小小神童洗衣机，提升了海尔在洗衣机方面的技术能力。

2. 双动力洗衣机的诞生

2003年以前世界上有三大样式洗衣机，第一代是1911年美国式洗衣机，优点是可以把衣服洗得很干净，缺点是浪费水，而且占空间；第二代是1928年欧洲人发明的滚筒洗衣机，优点是洗衣服比较均匀，用水量小，缺点是把水加热提高洗衣粉活性会浪费电；第三代是1953年三洋发明的波轮式全自动洗衣机，优点是不仅洗涤速度快，还洗得特别干净，缺点是衣服容易交缠在一起。通过研究前面三种洗衣机的特点，海尔发现它们有一个共同点，都是由一个电机带动其他机械装置旋转的。当时海尔洗衣机部门的工作人员就试图整合三种洗衣机的优点，在它们的技术基础上融入自己的技术发明一款双动力洗衣机，通过将搅拌棒放置到筒壁上，使转速减小到50转/分，一个动力驱动桶，一个动力去驱动波轮，从此就诞生了海尔自主研发的双动力洗衣机。双动力洗衣机出来之后被纳入到国家洗衣机的标准，于2003年获得了山东省科学技术进步奖二等奖，提交申请之后已经在很多国家获取了专利权。

双动力洗衣机的诞生，跟外部建立的合作关系和海尔的组织创新、制度创新、管理创新等密不可分。1998年海尔成立海尔中央研究院，致力于家电核心及关键共性技术的自主研发。海尔中央研究院联合美国、日本、德国等国家和地区的28家具备一流技术水平的公司，通过技术合作、联盟建成综合性科研基地，主要功能是开发超前技术和新领域技术，并负责在国际范围内建立信息中心和技术分中心，及时获取国际最新的科技和市场信息。1998年海尔开始了以市场链为主的流程再造工程，2003年，又进行了内部市场链的流程再造，提出人人都是SBU，这种管理创新和制度创新激发了员工的创造力，让大家都能积极地参与到市场上，及时地掌握市场上的技术信息和用户需求。没有海尔中央研究院的成立，就不能集成洗衣机方面的技术能力，海尔洗衣机的自主研发能力也很难实现突破，同时海尔在管理和制度上的创新进一步促进了技术能力的提升。双动力洗衣机在洗衣机市场上保持了十几年的高市场份额，给海尔带来了丰厚的利润，也使海尔在洗衣机方面保持了长久的竞争优势。

3. 芯变频洗干一体机的技术出现

2011 年，日本三洋电机株式会社的九家子公司被海尔正式收购，三洋电机隶属于松下集团，具有先进的技术，其中收购的业务中就包括了洗衣机业务。2012 年，新西兰企业斐雪派克被海尔收购，斐雪派克主要生产的产品之一也是洗衣机。2012 年，海尔利用原有的技术积累和兼并获得的洗衣机技术研发出了芯变频洗干一体机，获得年度洗衣机红顶奖，成为当年洗衣机行业唯一获得红顶奖的产品。这款洗衣机采用了海尔原创的 S-Drive 芯变频驱动系统和全球首创的"S-D 芯变频"技术，拥有超强洗净度、低辐射、智能添加剂、全球最静音等多项颠覆性技术。

海尔洗衣机能够不断地进行原始技术创新，海尔的战略创新起了重要的作用，若没有实行企业兼并战略，也许就没有芯变频洗干一体机技术的出现。当然技术创新能力的提高，也跟海尔的组织创新、市场创新、制度创新、管理创新等多方面的创新分不开。2012 年开始，海尔进入了网络化战略阶段，组织结构扁平化程度更高了，变成了网络化的组织结构，每个人都相当于网络的一个节点。部门逐渐被小微取代，每个人都必须有自己的客户，与市场紧密接触，让顾客成为用户，让用户充分参与到产品的设计开发中来，产品的设计研发从原来的串联变成并联，既节省了研发时间，又节省了成本，不会出现研发出来的新产品没有市场的现象。

从海尔洗衣机的发展历程可以看出，海尔认识到技术创新不只是一个或两个部门的事情，而是一个技术、市场、组织与制度等多要素共同参与的过程。重视创新技术要素和非技术要素之间的协同，企业才能兼顾短期盈利和长期能力发展之间的悖论问题。唯有全要素、全时空、全员的全面创新才能助力海尔追赶国际一流家电企业，提升创新效率与创新质量，让技术创新能力逐渐成为海尔的核心能力。海尔原创技术产品被对手模仿次数达 100 多次，如图 5.22 所示，这也验证了海尔能够引领全球家电行业的创新。

5.3.4 以技术整合能力为核心的开放式创新

此阶段，技术创新能力的发展主要通过技术引进与自主研发相结合的模式，以外部技术整合引进为主，即开放式创新。研发战略的具体实施是开放式创新，共有三个阶段，第一阶段是建平台，目的是找资源；第二阶段是把用户和资源

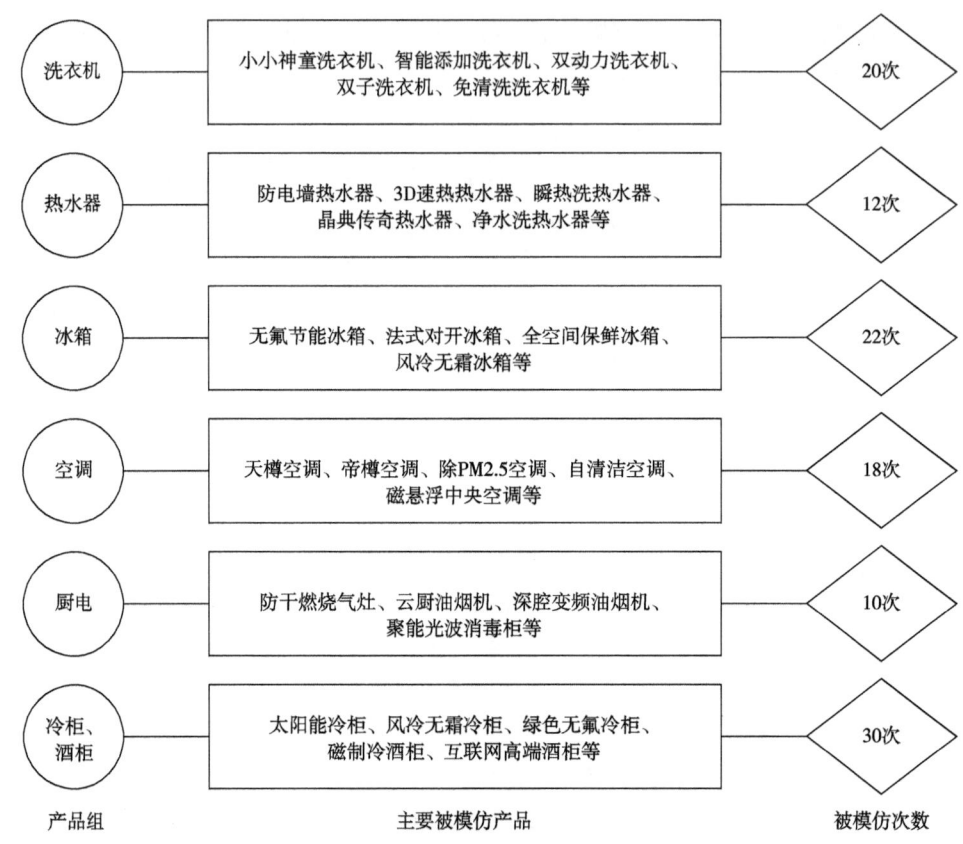

图 5.22 海尔原创技术产品被对手模仿情况

资料来源：2018年暑期海尔内部调研

都拉入平台进行交互；第三阶段是围绕用户需求聚合技术创新资源，及时准确地寻找到想要的技术资源。海尔集团基于"世界就是我的研发部"理念在2009年成立了HOPE平台，2013年，海尔HOPE 1.0上线，标志着海尔进入了开放式创新阶段。HOPE平台是一个创新者聚集的生态社区，是一个全球范围的庞大资源网络，也是一个支持产品创新的一站式服务平台，其发展历程如表5.8所示。

表5.8 HOPE平台发展历程

时间	定位
2009~2012 年	海尔研发资源中心
2012~2014 年	HOPE 1.0 上线
2014~2015 年	HOPE 2.0 上线
2015~2016 年	微洞察、平台服务
2017~2019 年	全球系统、中长期竞争力

HOPE 平台在 2009 年成立时，只有 6 个人，经过多年的发展，2017 年有将近 50 个人，而 2018 年到了 57 人，后续还会不断有新成员加入。随着内外环境的发展变化，HOPE 平台也有了新的定义，如表 5.9 所示。

表5.9　HOPE平台的主要功能

新的定义	内容
全球范围的庞大资源网络	线下专业渠道、线上平台、政府组织、大学和研究机构、创新中心、大公司、10 个综合研发中心、孵化器、VC 协会线上社群、专业数据库等
创新者聚集交互的生态社区	创新合伙人计划：领先用户（非一般用户）、设计师、科研人员和工程师
支持产品创新的一站式服务平台	用户线上线下入口、全球创新"蛙眼"监控系统、资源情报创新合伙人（三网资源）、全球技术情报系统、全球资源数据库、创新平台对接、十大中心及三网资源渠道、情报体系、利用爬虫工具设立 700 多个关键词搜索全球资源等

1. 构建核心能力的创新资源和创新体系

创新合伙人是海尔重要的创新资源，包括领先用户（非一般用户）、设计师、科研人员和工程师。现在也在努力构建创新合伙人社群，通过微信群、社交平台等方式调动创新合伙人的积极性。同时，借助 10+N 的研发布局，HOPE 平台可以从全球整合技术资源。10 代表全球 10 个综合研发中心，N 代表创新资源，同时还有 5 个创新中心，有以色列、美国硅谷、新加坡、日本、中国上海等国家或地区创新中心，未来还要在韩国、中国深圳建立创新中心。

1) HOPE 与 10 个综合研发中心的协同

HOPE 和全球 10 个综合研发中心的合作更多是全球研发中心帮助 HOPE 在当地找一些技术源，这个时候其实相当于外部的合作伙伴。若要在德国找技术，并不全都依赖于德国的研发中心，而会通过很多渠道，这时全球 10 个综合研发中心就相当于内部的合作伙伴。刚开始海尔会设定很多激励机制，只要找到了技术就可能会先给一定的费用，如果应用了这个技术还会给更多的费用。这样，技术提供商会觉得在海尔有很大的市场，能够得到他们想要的回报。但是现在已经改变了，现在技术的分享是一个双赢的过程。国外的很多公司都很愿意把技术往中国转移，但是它们不知道该怎么把技术在中国落地，而 HOPE 就相当于技术转移的中介，会按比例收取一定的费用。那些与 HOPE 合作的伙伴都是通过精心筛选的，每个至少都会考察半年，而且是动态优化的，这样就可以掌握世界上最新的技术，比如在日本和韩国曾经有过七八个合作伙伴，但现在能够长期保持合作的只有两三个。HOPE 平台的合作伙伴不仅是动态优化的，而且会把合作伙伴分为不同的等级，第一等级，HOPE 可能就不会付费给它们，只有通过推荐一定数量的技术得到升级成为第二级以后才能每年获取一定的费用，接下来就是第三级，HOPE 可以帮助其技术落地，找到技术购买方，当 HOPE 有技术方面的需求时，合作伙伴也必须帮忙解决，这也是后期 HOPE 考核合作伙伴的一个指标。

2）HOPE 与产业线和小微研发的协同

HOPE 与各个产业线之间的协同是非常好的，衔接也是比较密切的，HOPE 和产业线之间的对接都是有专人负责的，并且有完善的机制来确保对接活动。与产业线对接的人虽然属于研发中心，但他们会一直在产业线那边工作，一个月至少会和产业线的开发部长交流一次，称为月中会。交流的内容主要是关于产品的创新，如现有产品如何改进、下一代产品是什么、未来的机会点是什么等。其中，现有产品改进主要由各产业线完成，HOPE 主要关心下一代产品是什么，关注 3~5 年后市场上市的产品，而未来的机会点则是企业战略问题。

HOPE 与内部小微研发的协同是一个双向选择的过程，是一种内部市场关系。小微需要的技术可以从海尔的 HOPE 平台这里找，也可以从外部找，但是一个基本的要求就是要兼顾集团的战略方向，比如厨电方面的小微它们需要的技术基本都会与 HOPE 合作。而冰箱和洗衣机方面的小微二者也不同，冰箱方面的小微跟 HOPE 合作很密切，很依赖 HOPE，但是洗衣机方面的小微却不是如此，它们可能更多地会从外部寻求帮助。例如，2018 年，海尔通过跟外部合作（主要是利用外部的芯片），推出了空气洗洗衣机，在各种材质烘干的温度、湿度及风向等方面做了很多的研究，从设计和工艺上做了很多的改变，对洗衣机进行了再次创新。

2. 开放式创新下核心能力的形成与提高

开放创新中心的主要职责是为集团寻找技术资源，海尔产品发展中需要的一些技术不会自己研发，而是全球去找。根据集团各个产业线发展的需要，在技术规划的过程中先确定需要哪些技术，然后从全球各地搜寻最先进技术输入到海尔相关部门，并与海尔产品线研发结合。但海尔也清楚地认识到，仅仅依靠外部的技术是不可持续的，不能形成自己的核心能力。因此，必须保留自己的研发能力（如海尔在 2017 年成立了自己的工程师实验室），不能因为开放创新丧失自己的核心能力。在国外寻找到好的技术，如果没有交流的能力，就没办法对接，另外也要做产品技术的转化，很多技术不能拿来直接用，需要对其转化，这时候如果没有自己的技术积累，就无法运用外部的资源。

在开放式创新模式下，海尔形成了强大的技术资源整合能力，这种整合能力是别人无法模仿的，逐渐成为海尔的核心能力，主要表现在以下几个方面。其一，技术众包需求的拆解，别人短期之内学不到。技术的拆解是很难的，HOPE 做了很多努力寻找国外的专家帮助建立技术拆解技术，避免了盲目的试错，现在海尔有了内部的技术拆解专家，内部已经有一百多人考取了国家创新工程师证书，且已经形成技术拆解兴趣小组。目前，小项目自己可以做，比较大的技术拆解项目还必须请外边的专家。其二就是技术资源的接纳能力和技术承接的能力。当有一个好的技术来的时候怎么对其进行辨识并跟自己的技术结合,将这个技术使用好,怎么样在内部打通流程,制造出新的产品,这些都很关键,对此海尔已经具有一套完整的方案。其三是技术数据资源的搜寻能力。市场机会转瞬即逝,在信息化时代对数据资源的搜寻能力有时候决定了企业的命运,HOPE 拥有丰富的网络资源,可以快速地找到需要的相关信息技术资源,提升了响应市场的能力,可以使企业尽可能地抢占市场获取利润。

截至 2019 年,海尔的全球开放创新体系已经成功孵化了众多颠覆性的原创科技产品。如 MSA 控氧保鲜冰箱、净水洗洗衣机、NOCO 传奇热水器、固态制冷酒柜、小焙烤箱等,这些原创产品以用户需求为导向,整合全球资源形成个性化解决方案,一上市便深受用户喜爱,不断巩固了海尔在全球家电行业的前沿位置。通过开放式创新,海尔在精准把握用户需求的基础上利用自身的技术和全球整合的技术资源进行产品创新,2018 年海尔第三度入选全球最创新企业名单,是家电企业中唯一的一个,2017~2018 年海尔品牌价值和创新成果如表 5.10 和表 5.11 所示。

表5.10　2017~2018年海尔品牌价值

序号	具体内容	序号	具体内容
1	2017 年度互联网创新百强榜,海尔集团居榜首	5	2017 年海尔连续九年蝉联全球白电第一品牌,市场占有率为 10.6%
2	2017 年,海尔以 1786.76 亿元的品牌价值连续 16 年蝉联中国最有价值品牌榜首	6	2017年海尔集团下 Haier 和 GE Appliances 牌空调终结了伊莱克斯在美国的垄断地位,以 27.2% 的市场份额位居当地市场第一
3	2018 年 BrandZ 中国出海品牌 50 强,海尔品牌影响力 578,蝉联家电行业第一	7	截至 2018 年,海尔连续十三年明查暗访用户口碑第一
4	海尔入选 2018 年"中国最具影响力雇主"排行榜,位列第三,居"电子、电器、电气设备"行业之首	8	海尔居 2018 最具创新力的物联网解决方案榜首

表5.11　2017~2018年海尔创新成果

序号	具体内容	序号	具体内容
1	海尔智慧家电通过 OCF[①]认证	9	COSMO 获批首家国家级工业互联网示范平台
2	海尔空调推出全国首个"无霾休息站"	10	AWE[②]海尔发布智慧家庭成套解决方案成果
3	海尔 12 款产品进入 iF 国际设计奖	11	海尔第六次获国家级企业管理创新成果奖
4	海尔发布全球首台物联自清洁空调,切入智慧校园	12	全国首个场景式智慧家庭定制体验店在海尔落成
5	全球首款卡萨帝风动能油烟机正式下线	13	海尔洗衣机成立行业首个共享洗衣联盟
6	海尔空调联合中国标准化研究院发布中国首个人体热舒适性模型	14	海尔牵头制定的 3D 打印国家标准发布
7	海尔主导的 10 项智能家电领域标准获批	15	中央空调小微牵头制定的《多联机更新行业应用标准》发布
8	海尔产品获智能体验等 7 类 Leader 创新奖		

---

① Open Connectivity Foundation,国际开放互联联盟。
② Appliance & Electronics World Expo,中国家电及消费电子博览会。

5.3.5　结论与启示

核心能力的培育与提高是一个复杂的系统工程，需要经历相当长的时间。通过对海尔集团 30 多年创新能力实践的纵向案例研究，本书梳理了海尔集团技术创新能力提升的路径。海尔技术创新能力提升是一个动态积累的过程，是内外部因素共同作用的结果，是一系列汲取和内化核心技术源的过程（许庆瑞等，2013）。海尔的技术创新能力沿着"技术引进消化吸收—以技术创新为核心的全面创新—以技术资源整合能力为核心的开放式创新"的路径，逐渐把技术创新能力演变成核心能力。从海尔核心能力的培育与提高过程中可以得到以下启示。

（1）创新引领思想的及时落地。海尔的战略颠覆、组织颠覆、机制颠覆很好地体现了创新引领思想，海尔提出"没有成功的企业，只有时代的企业"，表明海尔一直在"求变、创新"。海尔每七年进行一次战略调整，经历了名牌化战略、多元化战略、国际化战略、全球化战略、网络化战略，每一次的战略调整都很好地响应了时代发展要求。组织上的颠覆主要表现在从直线职能制到事业部制，再到网络化结构，很好地解决了"大企业病"的问题。机制上的颠覆主要是从企业付薪到用户付薪，要求每个员工都体现自己的价值，实现用户价值。海尔一次次的创新，使得它的创新能力在逐步地提高，特别是技术创新能力得到不断积累。

（2）优化集成企业技术创新系统。根据全面创新管理理论，创新要素可以分为三个层次：基础层（技术、市场要素）、中间层（组织、管理、制度要素）、最高层（战略、文化要素）。在不同技术创新发展阶段，创新能力的要素组合是不同的。从前面分析结果可以看出，海尔在发展初期，通过引进消化和吸收外部资源知识建立发展基础，并紧跟市场需求，通过工艺改进、流程设计等在模仿和改进中提高自身技术创新能力，这个阶段海尔技术创新和市场创新之间协同是海尔技术创新能力发展的起点，这是微观集成。随着企业发展，海尔技术创新能力已经具有一定的基础，能够吸引外部资源，集成外部先进技术，与其他企业建立战略联盟，与大学等科研机构建立长期的伙伴合作关系，这是中观集成。原始技术创新能力的形成，是一个长期而艰难的过程，需要企业战略指导，并以创新型文化促进持续创新，这是宏观集成。因此，企业的技术创新系统是各种资源、技能、管理系统、运行机制等的有机整合。

（3）开放式创新和核心能力积累的有效平衡。外部资源是为了借力，借力不是为了拿来，借力是为了超越。通过开放式创新，海尔逐渐从追随者变为领先者，但需要进一步降低外部知识搜索的偶然性和不确定性给研发带来的负面影响，因此技术上的储备就变得非常必要。海尔在开放式研发系统中的目标是争取在每完成一个项目之后,在下一个类似的项目中能降低对外部技术力量的依赖,所以在开放式创新中海尔坚持开放和自己技术能力建设相结合。在2017年海尔在超前研发中心建立了自己的工程师实验室,这是一个非标的高柔性的实验室,能够很好地提高技术研发的效率。同时,海尔还建立了八个共性技术团队,目的是在积累研发能力的同时使其不断地提高。这些技术团队的目标是利用全球研发中心的技术资源,在全行业内做到第一,即开发相同的项目可以用最快的速度、最低的投入成本做好。正是因为海尔有效地平衡了开放式创新和技术创新能力的积累,海尔才能够不断地整合全球研发中心的技术资源,让其逐渐变成自己的核心能力。

5.4　海尔能力提升的机制

海尔创新能力提升的机制是伴随着海尔不同时期由环境变化引起的矛盾转化而产生的,创新能力从单一的技术能力到组合创新能力,最后发展到全面创新能力,为了更好地服务不同阶段的创新能力,海尔的机制也在紧跟变化。本书中所写的机制主要包括领导机制、组织机制、学习机制、人才培养机制、协同机制五个方面,各种机制表面看起来是独立的个体,其实它们内在之间是相互影响、相互作用的,如图5.23所示。

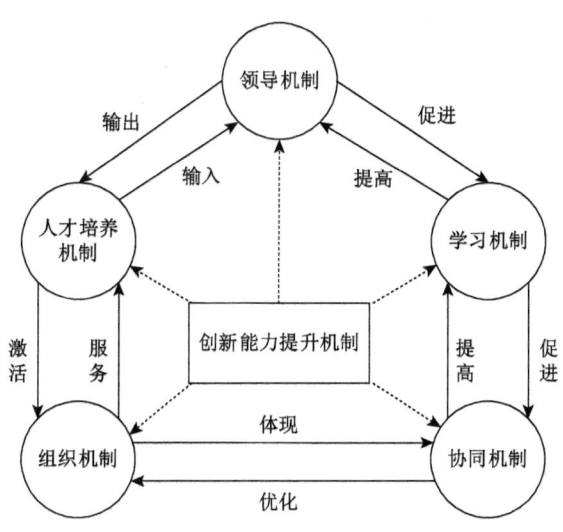

图 5.23　创新能力提升机制的关系模式图

领导机制可以为企业输出人才，而通过人才培养机制又可以为企业领导层输入更多优秀的人才；学习机制可以提高领导层的各种能力，领导者可以为员工学习提供条件，促进学习机制的提升；组织机制的变化为人才培养服务，提供了所需的软环境，而人才培养机制激活了组织机构，因为它需要更加灵活的组织形式；组织之间的学习、组织内外的学习有助于企业的整体协同，协同可以进一步提高学习机制的效能；协同的开展使得组织结构变得更加合理且更有效率，组织机制的不断变化也更好地体现了协同机制的作用。

5.4.1 领导机制

海尔通过30多年持续的创新，实现了从小到大、从大到强的发展，这与以张瑞敏为首的海尔领导层优秀的创新精神和创新能力分不开。一直以来，他们凭借着坚韧的毅力持续推进管理创新、持续推动着海尔全面创新发展，不断地提高海尔整体的创新能力，如图5.24所示。

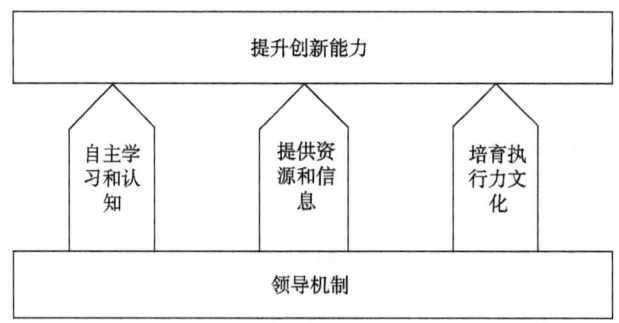

图 5.24 领导机制在创新能力提升过程中的作用

1. 领导者自主学习和认知促进海尔创新能力提升

张瑞敏准确的战略思维离不开他持续高效的学习，他饱读古今中外经典作品，且将书中哲学转化为自成体系的管理思想。他不仅在创新实践中学习，而且注重创新理论学习，如德鲁克、波特等的西方管理及战略理论，以及庄子、孙子等的中国古代哲学思想。老子所讲的"物壮则老"与熊彼特"创新就是创造性破坏"实际上是表达相同的创新思想，使学贯中西理论的张瑞敏成为这些创新先哲的追随者。例如，张瑞敏受《孙子兵法》势胜战略思想的影响，确立了自己的基本经营哲学，即先谋势而后谋利。经营战略的核心就是谋取企业长远发展的有利之势。现在海尔"人单合一"模式、"小微模式"等战略思想的提出就是这种"先谋势而后谋利"的体现。在全球化的市场上，海尔是后来者，处于弱势，仅仅依靠自己的力量来获取需要的全部资源花费大、效果差,而建立战略联盟是一条捷径。张瑞敏在《宏观维基经济学》中看到了"世界就是你的研发部"这句话,他认为应该利用当地市场、技术等资源,真正实现海外市场本土化"设计—生产—制造"三位一体的战略格局,创建全球化品牌。截至 2019 年,海尔已在全球建立了 24 个工业园、10 个综合研发中心、10 个制造中心、66 个营销中心。

张瑞敏不仅具有超群的市场经济意识,还具备学者的缜密思维和博采众长的能力;不仅有超强的企业文化驾驭能力,还是海尔企业创新的导师和教练。在海尔,以张瑞敏为首的企业高层领导亲自走上讲台,不仅宣传企业的创新思想、讲解企业创新的意义与前途,还作为培训讲师为管理人员提供培训课程,提高各级主管的管理技能和创新能力。正因为如此,海尔企业创新具有前瞻性、有效性和持续性。

2. 领导者为海尔培育创新能力提供了资源和信息基础

海尔的领导者是海尔与外部组织连接的重要桥梁,能够及时促进海尔对外部创新资源的吸收和利用。创新活动的开展需要投入大量的资源,领导者可以帮助企业获取创新发展的关键资源,这些资源包括知识、政府、技术、人才、市场、资金、政策支持等。在 20 世纪 80 年代末、90 年代初,中国家电行业在技术或设备上出现了一个奇怪的现象,即陷入了"引进—落后—再引进—再落后"的怪圈,此时海尔集团领导层已经意识到这个问题的严重性,不能仅仅引进成套的技术标准,这只是一种纯机械式的引进,自身必须具有改造核心知识的能力。于是决定采取在实践中探索、在利用中学习的方式,技术人员从 1984 年开始连续 6 年不断被选派到德国利勃海尔公司接受培训,目的是希望能在生产线使用过程中掌握一些关键技术,通过不断地消化吸收使自己具有核心技术的复制能力。在这段时间里,海尔吸收了国外的 2000 多项冰箱方面的先进技术知识,极大地提高了海尔在冰箱上的核心技术能力。20 世纪 90 年代国家鼓励企业兼并重组,海尔坚持用第三只眼睛瞄准政策,领导层及时掌握了这一信息资源,抓住了企业兼并重组的机会,为了扩大企业的规模,海尔实行了兼并重组战略。1998 年前后海尔兼并了红星电器、广东顺德市爱德洗衣机厂、合肥黄山电子集团公司等企业。通过兼并重组的方式,海尔的整体实力得到了明显的提高。

进入 21 世纪以后,海尔一直紧跟时代的步伐。2000 年,张瑞敏应邀参加瑞士达沃斯世界经济论坛,回来后提出了"不触网,就死亡"的趋势判断,在此基础上,张瑞敏于 2005 年提出"人单合一",目的是利用互联网让每一个员工找到自己的市场和用户,将管理聚焦在员工和用户两大要素的"端到端,零距离"。"人单合一"理论和发展模式得到西方学界和管理界的高度关注,被认为是超前的但符合时代环境和发展趋势的、引领的管理理论和商业模式。为了紧跟互联网时代的步伐，张瑞敏在 2012 年宣布海尔进入了网络化战略阶段，未来海尔要发展成为一个共创共赢的平台生态圈，利用互联网这个信息资源口去吸纳世界各地的优秀人才，2013 年海尔的 HOPE 1.0 平台正式上线，HOPE 平台是海尔开放创新体系的核心，通过开放创新的理念、流程、方式将海尔和外部创新进行融合，从而为用户解决问题。HOPE 平台成立以来已经催生了一些新的产业，如无线供电产业等。领导者通过提供资源和信息使海尔在技术、市场、人才、政策等方面都获得了很大的优势，海尔的创新能力得到进一步的提升。

3. 领导者塑造创新能力培育的执行力文化

企业在开展创新活动的过程中一定会面临各种各样的风险，通常至少会面临来自三个方面的风险（赵晓庆和许庆瑞，2011）：第一，市场环境动荡给创新带来的风险，例如，成熟技术错过进入市场的有利时机和竞争者对企业新产品的模仿都会对创新的结果产生影响；第二，技术创新本身的危险，如可能会因为自身技术知识积累不足、技术的复杂性或者对相关条件预判失误等因素造成创新失败；第三，企业无法通过自身的努力来及时适应外部制度环境的改变。

正因为创新会存在风险，创新投入不一定能取得回报，所以很多企业不敢轻易地去尝试创新。但海尔的领导层始终认为"创新可能会死，不创新一定是等死"，因此，海尔非常鼓励员工进行创新，从而使企业具有良好的创新文化。张瑞敏指出，在海尔，人是企业中最活跃的因素，只有发掘了每一位员工的创新能力，企业才能做好、做大、做强。也只有从每一个人入手，才能确保海尔的持久发展。海尔经理们的最重要的任务就是充分调动每一位员工的创新积极性，为海尔的发展献计献策（浙江大学创新管理研究团队，2004）。为了培育全员的创新能力，20 世纪 90 年代后期，通过人人都是 SBU、市场链和信息化的流程再造，海尔形成了基于战略愿景进行协同的创新型文化。1997~2001 年，海尔员工共提出了 13.6 万条合理化的建议，其中 7.8 万条被采用，直接创造的效益达到了 4.1 亿元（浙江大学创新管理研究团队，2002）。在 1998 年企业兼并重组的浪潮中，海尔以激活"休克鱼"的文化创新方式，成功整合了自己兼并重组的企业。2000 年前后，海尔在新产品开发中实施了型号经理制，在该产品范围内型号经理享有充分的自主权、支配权，承担完全的责任，从而充分发挥了他们的能动性与创新性。这样不仅留住了人才，创新人力资本还得到了大幅度的提升。进入网络化战略阶段（2012 年）以后，海尔又提出"人人创客"，每个人都具有创新的能力。为了表彰具有创新精神的员工和自主经营体，海尔设立了三个重要的奖项：金锤奖——奖励那些在变革中敢于挑战传统思维和观念，具有创新精神的员工；金榕树奖——起源于榕树独木成林的精神，鼓励员工扎根用户，围绕着需求进行创新；金网奖——主要鼓励那些在支持员工创业和创新方面做出贡献的高级经理人。

领导层通过自主学习的方式使得自身的认知能力和创新能力得到不断的提升,领导层认识到学习的重要性以后,必然会在企业内部培育一种学习的创新文化,不断地鼓励全体员工创新学习,对构建良好的学习机制具有推动作用,同时对创新人才培养机制的实施起了极大的促进作用。海尔领导层培育出的创新学习文化已经成为海尔的一项核心竞争力,为海尔培育出了许多优秀的人才,促进了海尔创新能力的提升。领导层能力的调查问卷分析结果如图 5.25 所示。

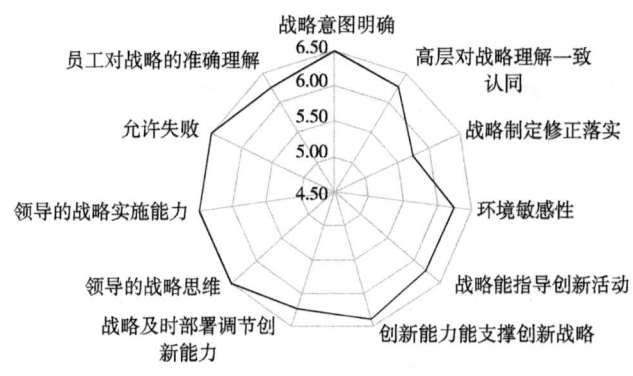

图 5.25　2017 年海尔领导层能力状况

领导层培育了创新的文化环境,鼓励员工进行创新活动,并且允许员工失败,他们对外界的环境具有极强的敏感性,具有很强的战略思维,能够制定出正确的战略。战略引领创新,创新促进能力发展,同时创新也需要能力来支撑,海尔领导层通过战略来指导创新活动,提升创新能力,通过创新能力来支撑创新战略。

5.4.2　组织机制

海尔在不同的时期提出了不同的战略,战略的有效实施离不开组织机制的作用。为了适应快速变化的市场,企业就需要不断地打破旧的组织机制,建立新的组织机制,使自身能够一直处于一种有序的非平衡状态,尽可能使新的组织机制符合当前创新行为的要求,为创新人才的培养提供软环境。

在名牌化战略阶段,海尔通过建立直线职能制来实施全面质量管理。进入多元化战略阶段以后,海尔的规模和产品业务领域逐渐变大,原来的直线职能制制约了企业的进一步发展,此时海尔采用了事业本部制,提出了 OEC 管理模式。1998年以后,海尔进入了流程再造阶段,海尔对原来的组织进行再次"革命",在流程再造的 5 年中，其组织结构按形势需要打破了 40 多次，重建 40 多次，海尔的业务流程再造，不仅是海尔组织机制的再造，更有观念再造、知识再造；通过流程再造，海尔的组织结构变得更加扁平化和信息化，构建了矩阵式组织结构，成立了四个推进部来整合全球的资源，建立了新的组织运行机制，提出了 SBU 模式，要让每个人都成为创新的主体。海尔通过组织机制上的创新，极大地提高了自身在国际上的竞争力。为了构建无边界的组织，海尔从 2006 年开始，在组织结构上进行了两次重大的变革，第一次是从传统的"正三角"组织结构变革为"倒三角"组织结构；从 2013 年开始，"倒三角"组织结构变革为"平台型组织"。在这个平台组织中，只存在三种类型的人，即小微成员、平台主、领域主。每个人或者经营体都要成为这个网状组织中的一个节点，如果在网状组织中找不到自己的节点，就成为冗员，要想进入其中就必须抢单竞聘。中间层消失，串联流程变并联平台，资源无障碍进入，各级经营体之间通过目标承接、资源互换、包销定制等契约关系连接在一起，他们的共同目标是创造并满足用户的需求，为用户带来增值，网中的每个节点都能够接触到用户。用户的网是动态的，因为用户的需求在不断变化，所以海尔组成的这张网也是动态的，实行的是动态合伙人制，优胜劣汰，极大地调动了全体员工的创新积极性。

海尔的组织结构在不断地迭代升级，组织形式变得越来越灵活，效率也在不断提升，一方面组织结构的改变可以为人才培养机制提供更好的服务，另一方面组织结构的改变也是组织内外环境协同的一种表现。海尔每周六的高级经理人培训，其实就是一种非常有效的领导机制、学习机制和协同机制融于一体的组织形式。总之，海尔组织机制的变化为创新能力的提升提供了保证。

5.4.3 学习机制

动态能力的主要观点就是认为企业是一个知识的集合体，知识的学习和积累有助于提高领导者和员工的能力，有助于企业的整体协同，可以提高企业的创新能力，从而进一步形成企业的核心能力（张军等，2014）。

海尔从一个濒临倒闭的小厂发展成为一个年销售额 2000 多亿元的跨国企业，这与海尔人做事情的态度和不断学习的精神密切相关。海尔在兼并其他企业的时候，派去新企业的员工不是技术人员，而是海尔文化中心的员工，通过文化渗透来传播海尔的经营理念，以无形资产盘活有形资产，成功地实现了产品的多元化。可见海尔是一家非常注重学习的企业，具有良好的学习氛围和学习能力。海尔中央研究院、海尔大学、海尔商学院在早期海尔员工的学习中发挥了重要的作用。其中，海尔中央研究院的主要作用是做超前、国际水平的探索性技术创新学习，培育企业核心的、前沿的和系统的技术创新能力，为其他部门的产品开发提供必要的技术支持，并整合企业内外的技术研发资源，领导和管理企业研发网络，负责产品生命周期及企业技术创新流的管理。海尔大学和海尔商学院则为海尔员工提供创新能力的基础培训及知识共享，更重要的是提高企业非技术创新能力，以GE克劳顿培训中心为榜样，成为海尔员工思想锻造的熔炉和中国企业界的"哈佛大学"，以及海尔创新思想孕育与传播的发源地。

随着海尔战略的转变，海尔大学的职能变得更加丰富，2014年海尔大学根据"人人创客"的理念转型，同时基于网络化战略的落地进行创客系统培训。其培训体系主要是创客加速体系，针对创业过程中的不同环节和时期设立了不同的培训部门，包括创客的培养、创意交互展示、创意落地、产品试制生产、产品投资和产品销售。同时，海尔大学还是内外员工学习的纽带，一方面向社会输出海尔创客模式，把战略、组织、商业模式、平台驱动、创客和文化等对外输出，另一方面，在扩大海尔创业平台影响力的同时吸引外部优秀创客到海尔平台上创业，通过创客文化交互及沉淀等营造创客文化氛围，驱动创客转型。战略的改变也引起了组织结构的变化，现在的海尔领导层只存在三类人，即领域主、平台主、小微主。

为了使不同层级的人能够互相学习交流，海尔每周都会举行三次会议，且张瑞敏都会参加。周一为战略会，主要是海尔的领域主（高层）参加，规模十几人，首先是自己发表观点，接下来是其他人对此进行评论；周三为小微样板会（基层），每周会选取样板小微进行宣讲，其他参会的小微进行讨论和评判，同时也要对自己小微的相关情况做出介绍，有的小微做得很成功，有的小微经营失败了，通过交流，可以获取经验和教训；周六是平台会（中层），针对自己平台下一步的发展，与大家交流探讨如何做，做到哪里。每周的三次会议，可以让处于不同层级的人互相学习，及时掌握海尔的发展情况，为后期各个层级制定自己的战略提供依据。

领导层之间的互相交流学习、员工之间的相互讨论、领导层与基层员工的定期交流互动，这些都是学习的表现。学习机制的构建不仅可以提高领导者的领导能力和创新能力，基层员工也获得了发挥自己才能的机会，在一定程度上消除了高层和基层之间信息传递的距离和时间，有助于提高基层员工的创新积极性，使得领导层和基层能很好地协同起来创新。

海尔的领导支持员工创新、鼓励员工学习等这些都表现较好，这与领导机制中的领导层培育创新的文化密切相关；员工具有促进创新的工作环境，员工的创新责任感强，部门之间能够及时分享经验，员工建议能够被采纳实施，这几个方面都与组织机制的实施密不可分，特别是组织的扁平化和平台化，给员工创新和部门之间交流提供了很好的软环境。

5.4.4 人才培养机制

人始终是海尔管理的第一要素，是企业最重要也最宝贵的资源，员工的创新是企业最有价值的资产。人是目的不是工具，人与组织是共同成长的利益共同体，每个人价值实现最大化，组织价值才能实现最大化，这些在海尔都得到了充分的证明。海尔的成功在一定程度上可以说是人力资源开发和利用上的成功。张瑞敏一直强调领导者的主要职责不是去发现人才，而是要去建立一个能够培养人才的机制，给每个人相同的竞争机会，发挥自我价值。人才培养机制巩固了海尔领导层的实力，为海尔领导层输送了大量的优秀人才，还激活了组织结构，使组织变得更加灵活。在不同的战略阶段，海尔对人才的培养拥有不同的机制，核心思想也一直在变化。

20 世纪 80 年代，中国企业普遍面临纪律松懈、管理混乱的问题，当时的海尔正处于创名牌阶段。张瑞敏上任厂长以后，做的第一件事就是抓纪律、改观念，制定了著名的"管理十三条"。名牌化战略阶段实际上就是海尔的创牌阶段，核心是要创造高质量的产品，对员工的管理主要体现在强调纪律、执行、纠偏、改进，要生产出符合质量标准、符合国际标准、符合国家标准、符合德国标准的产品，要把标准化的思想植根于员工心中。海尔进入多元化战略阶段以后，实行了"赛马不相马""三工并存、动态转换"的人才培养机制。传统的"伯乐相马"制度并不能最大限度地选拔出优秀人才，"赛马"理念则可以通过公平、公开、公正的竞争机制，以员工创造的市场价值和效用来评价员工创造价值的大小，这样有利于优秀人才的涌现。

1992 年，海尔在人力资源制度上进行了创新，在合同制的基础上将员工分为三个等级，即试用员工、合同员工、优秀员工，并且按照 1∶4∶5 的比例实行差别待遇。根据考核评比的结果，对那些绩效好的员工进行"上"转，绩效差的员工"下"转，甚至是被淘汰。这种人才竞争机制的引进，为海尔留下了优秀的人才。1997 年，海尔首次提出"海尔中国造"口号。海尔于 1998 年进入国际化战略阶段。为了克服海尔内部一些人员的惰性，海尔进行了基于市场链的流程再造，提出了"人人都是 SBU"的经营模式。市场引入组织内部以后，原来上下级之间的关系就变成了市场关系，每个员工都可以感知到市场的温度，极大地提高了员工的积极性，也提高了海尔在市场上的竞争力。

2006 年是海尔全球化品牌战略阶段的元年，当时家电市场上供大于求的矛盾日益突出，"大企业病"的表现也越来越明显，为此海尔在 2007 年发起了一场为期 1000 天的再造，构建与市场对接的整套信息化系统，采取了"1+1+N"的人才模式，并于 2010 年将原来所有部分划分为 2000 多个自主经营体。员工从过去被动地听领导指挥，变成了和领导一起听用户指挥、创造用户的需求，在满足用户需求的过程中来实现自己的价值，其实这个机制就是"人单合一"。

随着互联网时代的到来，海尔进入了网络化战略阶段，张瑞敏提出，要让海尔员工"人人都是 CEO"，要有强大的自我驱动、自我管理的能力。2014 年，在明确了海尔的发展方向是"平台型组织"后，张瑞敏进一步提出了"人人创客"的口号。在员工创客化的基础上，海尔实行了按单聚散、官兵互选的"动态合伙人制"，员工从原来的被雇用者、执行者，变成了创业者、合伙人，调动了员工的创新积极性，提高了员工的创新能力。

一方面人才培养机制的建立可以为海尔输入更多符合海尔价值观的优秀人才，增强海尔人才队伍的力量；另一方面为了让培养的人才能够拥有一个良好的软环境，人才培养机制可以激活组织，使组织结构不断地朝着良性方向发展，进而使组织人员的创新能力得到不断提升。

5.4.5 协同机制

海尔创新能力的提升依靠的是一个有机协同的整体，通过协同不仅可以优化组织的结构，还可以提升企业的学习能力。协同是海尔创新能力提升的重要手段，只有通过创新要素组合协同、组织不同层级的协同、组织内外协同，才能构建有效的协同机制最大限度地提高企业创新能力。协同机制的三种表现形式如图 5.26 所示。

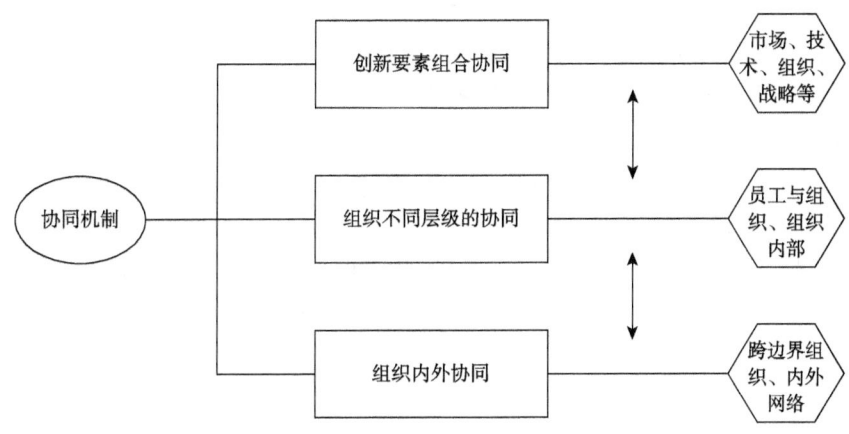

图 5.26 协同机制的三种表现形式

1. 创新要素的组合协同

为了获得良性发展，企业创新能力经常以组群的方式出现。创新能力的有机结合和协同能够促进企业高效、持续地发展。海尔高层开始注意到协同创新的重要性，通过协同创新可以把企业的核心能力转化为市场优势，从而提高自身的技术创新能力，同时组合协同企业的一些要素，如组织、管理、制度、市场、技术等，可以培育和形成企业的核心能力，而战略与文化的协同属于要素协同中的最高层次。

1）技术与市场要素的协同

进入互联网时代以后，海尔采取了线上+线下的模式，建立了社群讨论区，可以及时地了解用户需求的变化，确保自己生产出来的产品具有市场价值。为了达到与用户零距离的目标，海尔建立了COSMO平台，它是围绕用户价值的智能制造体系，包括下达订单、订单受理、柔性制造、售后服务等多个环节。与德国的西门子、美国的GE相比，COSMO平台更注重"黑灯工厂"及制造过程的自动化，它的主要特点是将制造体系与用户相连接，从而打造出和消费者零距离的体系，将顾客变成海尔的终身用户。

通过与用户交互，海尔将用户创新能力转化成了自己的创新能力，如海尔在市场上推出的"天樽空调""云熙二代洗衣机"等产品都来自用户的创新思想，这些产品的推出极大地提高了海尔的核心能力和市场竞争力。调查问卷分析结果显示，海尔具有很强的技术能力和市场能力。

在技术能力和市场能力中，技术整合能力、产品平台搭建能力、吸收能力等突出，这与海尔构建的HOPE平台有关。制造能力强主要是建立了智能制造的COSMO平台。在了解用户需求愿景、了解用户潜在需求等方面的能力也十分突出，这主要是因为海尔拥有庞大的社群交互中心，能够及时准确地获取用户的需求。营销环节服务于企业、能够快速响应市场变化的能力也较强，这与组织结构的扁平化有关，更与市场和技术的紧密协同密不可分，市场为技术提供方向，技术服务于市场。

2）组织、制度、管理等要素的协同

名牌化战略阶段，海尔推行全面质量管理，主要目的是重塑员工质量观念。多元化战略阶段，海尔提出OEC管理法，体现的是一种渐进式、阶梯式的改善思想。国际化战略阶段，海尔提出了SST和SBU，使每个人都成为一个创新的主体。全球化战略阶段，公司的组织结构由原来的直线职能制变成了矩阵制，这样使得组织的扁平化程度更高，信息流通得更快。2005年，海尔提出了"人单合一"模式，要求每个员工直接去接触用户。为了实现这个管理模式，海尔给了员工更大的自主权，让他们可以在一定程度上进行自主决策。进入网络化战略阶段（2012年）以后，海尔的组织结构完全被颠覆，实现了"三化"，即企业平台化、组织小微化、员工创客化,而且赋予每个小微独立的决策权、用人权、分配权,这样极大地调动了员工的积极性和创新性。

3)战略与文化的协同

海尔的文化基因是创新。在 20 世纪末期,海尔抓住了企业兼并重组的机会,利用激活"休克鱼"的方式成功兼并了 18 家企业,通过"无形资产盘活有形资产"的方式使得那些被兼并的企业重新发展,同时增强了海尔的实力。2011 年,海尔利用同样的思想收购了三洋,仅仅用了 8 个月就扭亏为盈。同时,周一的战略会、周三的小微样板会、周六的平台会,这是海尔特有的学习文化,在学习班和三次例会中,领导带头学习并结合工作讲解管理与创新的哲理,共同分析决策与创新中存在的深层次矛盾,制定切实可行的战略,解决企业实际问题。在 30 多年的发展过程中,各创新要素的相互有效协同,极大地提高了海尔的创新绩效,积累和发展了海尔的核心能力,从而推动了海尔的持续发展。

2. 组织不同层级的协同创新

企业创新活动的开展可以在不同层级的位置实现,从员工个人、团队到组织,这种个体与群体之间,以及组织与组织之间存在不同的界面,而不同层级之间协同就是实现从员工与组织整体之间的配合和协调。

2000 年以前基于市场链的流程再造、信息化的流程再造,2005 年的"人单合一"模式,2007 年的 1000 天再造,这些都体现了员工和组织、组织和组织之间的协同。海尔从 2012 年开始进入了网络化战略阶段,海尔的组织形式变成了自主经营体,三级自主经营体成为创新的基本单元(表 5.12)。

表5.12 三类经营体的角色和职责

经营体的类型	主要角色和职责
三级经营体(战略经营体)	制定新的战略 发现并创造新的市场机会 负责各类自主经营体的升级换代 及时消除二级经营体的"差距"
二级经营体(平台经营体)	给一级经营体提供资源和服务 对三级经营体提供的服务进行评价 及时消除一级经营体的"差距"
一级经营体(一线经营体)	快速响应并满足用户的需求 识别并创造用户的需求 对二级经营体提供的服务进行评价

一线经营体直接面对用户,为所负责的用户群创造价值。一线经营体又分为三类,其中市场经营体提供差异化的用户解决方案,型号经营体创造差异化的产品和服务满足用户需求,线体经营体提供即需即供的供应链服务,这三类经营体之间依靠"包销契约"的方式实现协同。在各线经营体内部,员工和经营体之间

实行动态合伙人制，每个员工随时都会面临被淘汰的情况。平台经营体为一线经营体提供资源和专业的支持，战略经营体，即原来的领导者，主要负责制定战略和发现新的机会，同时为经营体配置资源，帮助一级和二级经营体达到目标，这三级经营体之间依靠"服务契约"的方式实现资源协同。在自主经营体中，通过建立"包销关系""动态合伙人制""服务契约"的方式，调动了内部员工和各级经营体的自主性，提高了组织的整体创新能力。

3. 组织内外协同

企业通过合作可以获得外部的资金和技术支持，通过技术、知识、营销、管理等方面的优势合作，实现专业化分工和规模经济，从而快速获得新技术、迅速开拓新市场（全利平和蒋晓阳，2011）。创新能力的构建过程，要以外部环境动态为参照和匹配目标，及时将外部环境作为新要素导入企业内部，并与企业现有的资源和能力进行结合。

海尔从成立开始就非常注重与外界的交流和学习，从1984年开始连续6年派送员工到德国的利勃海尔学习先进的电冰箱技术，在引进、消化、吸收的基础上，结合自身的技术，不断进行创新，经过几年发展，海尔在白电行业迅速崛起。20世纪90年代末，海尔抓住国家实行的企业兼并重组政策，成功地扩大了自己的经营范围。在开放式创新时代，海尔更加意识到光靠自己的创新能力远远不够，必须借助外界的力量才能取得更好的发展。在互联网时代，时空不是问题，距离不是问题，海尔探索搭建开放创新模式，截至2019年，海尔构建了10个综合研发中心，通过内部1150名接口人，紧密对接10万多家一流资源、120多万名科学家和工程师，组成了一流资源的创新生态圈。每个研发中心都是一个连接器和放大器，可以和当地的创新伙伴合作，形成了一个遍布全球的网络。为了能够有效地利用各个研发中心的资源，2009年海尔建立了开放式创新平台——HOPE。目前来看，HOPE平台的主要工作是整合全球资源，通过与外界的研发中心协同来提升海尔的创新能力，如图5.27所示。

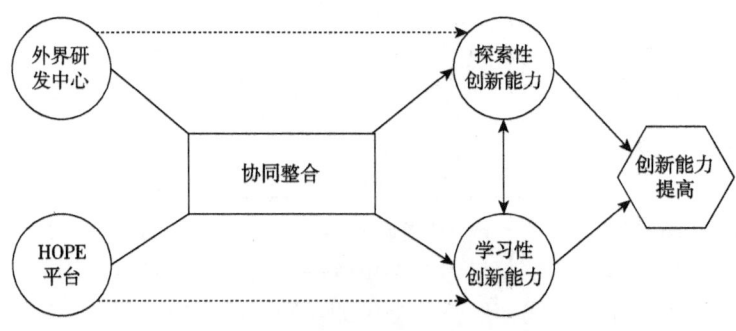

图 5.27 内外创新网络协同提升创新能力

协同机制的建立可以最大限度地利用内外部资源，发挥所有与海尔有关的部门和人员的作用，整合各方面的力量来实现企业的目标。同时，协同机制的实施可以激发并促进全员学习，不断地优化组织结构，为培养出更多的人才提供了平台。

5.4.6　结论与启示

第一，当前创新，特别是全面创新管理日益成为一个系统工程，作为系统推动和协调的主要机制之一的领导机制在全面创新管理实践中发挥着非常重要的作用。虽然在组织中有很多因素影响创新能力的提升，但是我们有理由认为领导及其行为对创新能力的形成和提高有着特别重要的影响。领导者是创新与变革的代理人，无论是渐进性创新，还是根本性创新，领导者一般都被认为是推动创新、领导变革的关键因素，在创新能力的培育和形成过程中发挥着至关重要的作用。

第二，海尔组织机制模式的成功之处在于以市场作为企业创新的焦点，把创新与冲突中心引向市场竞争，把市场作为创新者与员工冲突的缓冲地带，这样既保护了企业创新的倡导者和推动者，也阻断了中国人传统的人际关系在企业改革时的负面作用，建立了以企业利益高于员工个人或小团体利益的创新文化氛围。

第三，打造一个学习型的组织，是现代企业经营管理发展的大趋势。海尔不断地在企业中营造一种平等、和谐、求学、上进的氛围，坚持"以人为本，学习为魂"的思想，让员工结合企业的发展战略来学习知识，不断地充实自己。海尔在学习中十分注重互动，因为互动就像是一个强大的磁场，可以把具有不同创新能力的人结合在一起，其中，互动的关键是领导，而员工则是互动的主体。

第四，要盘活一个企业，首先要盘活人。为了最大限度地激发员工的创新能力，海尔在早期就建立了"人人是人才，赛马不相马"、"三工并存、动态转换"、官兵互选的"动态合伙人制"等人才培养机制，这些既是人才培养和竞争机制，又是海尔的激励机制，形成了一种崭新的符合海尔发展模式的用人价值观，充分地调动了员工的积极性和创新能力。

第五，协同是海尔实现创新的一个重要手段（表5.13），通过创新要素的协同、不同层级的协同、内外部网络的协同，海尔的创新能力上了一个新台阶。协同机制的建立保证了海尔对内外部资源的充分利用，实现了"1+1>2"的协同效应。

表5.13 海尔集团发展历程及各创新要素的协同

项目	Ⅰ 创建名牌	Ⅱ 多元化发展	Ⅲ 国际化发展	Ⅳ 全球化品牌	Ⅴ 网络化战略
范围	内部	市场开拓	全球开拓,二次创业	整合全球资源	共创共享共赢平台
时间	1984～1991年	1991～1998年	1998～2005年	2005～2012年	2012～2019年
焦点	秩序-质量	多品种、规模与成本	速度与创新	资源、品牌、创新	创新、创业
战略创新（思想创新）	名牌战略	多元化战略；先谋势，后谋利；东方亮了再亮西方	"走出去"；从制造业向服务业转移；三个"1/3"	以效率打造全球第一竞争力,创造世界级全球化海尔品牌	致力于成为互联网企业,打造共创共赢新平台
制度创新	班前会制度★；周六高级经理人培训（协同机制）	三工并存、动态转换；赛马不相马的激励制度；合理化建议制度▲	研发投资制度-负债开发制度；人人都是SBU★	激励机制加强	动态合伙人制★；竞单上岗,按单聚散
文化与观念创新	要干就要争第一（质量文化）★；精细化、零缺陷；"三只眼"理论①	真诚到永远；敬业报国,追求卓越,激活"休克鱼";永远战战兢兢,永远如履薄冰	出口创牌；先难后易；"与狼共舞";竞合	创造资源、美誉全球；速决速胜；设计市场而不是设计产品；木桶新论	员工创客化★；企业平台化★；用户个性化★
管理创新	全面质量管理；日清日高管理（1989年）★"6S大脚印"；ISO9001认证	责任链；自主管理班组；强制性管理到自主管理	内部模拟市场化；市场链 SST★；端对端,与客户零距离	人单合一★；T模式	"人单合一"共创共赢
组织创新	直线职能制	成立技术中心,张瑞敏任主任★；事业本部制★；联合舰队	流程再造★；网络化流程结构▲一站到位的服务	网络化流程结构	企业平台化:平台+小微+创客★
市场创新	靠卓越的质量赢得市场	迅速反应,马上行动★；只有淡季的思想没有淡季的市场；星级服务；卖信誉而不是卖产品	创造有价值订单；打价值战,不打价格战；三位一体的本土化经营	走出去,走进去,走上去；30%以上的利润要来自母国以外市场；以差异化开创蓝海	"顾客"转向主动参与产品的设计和研发的"用户"；基于COSMO平台实现产品的大规模定制
技术创新	引进德国冰箱技术并消化吸收；模仿创新	二次创新、自主（合作）创新★；创新的途径就是创造性的模仿和借鉴,即借力	整合全球创新资源；国际化、超前性、整体性；基于全面创新管理的全方位创新▲	整合全球资源自主创新；基于全面创新管理的全方位创新★	基于HOPE平台的全价值过程创新；基于全面创新管理的全方位创新★

资料来源：在许庆瑞（2007）所著《全面创新管理——理论与实践》基础上稍作补充

注："★"表示该阶段中主要的要素创新；"▲"表示协同的重要创新

---

① "三只眼"理论具体内容指张瑞敏曾说过,企业必须长三只眼,第一只眼睛盯住内部管理；第二只眼睛盯住市场变化；第三只眼睛盯住国家宏观调控政策。这里只是为了说明企业管理要注意内部管理、市场变化和国家政策。

5.5 企业能力提升的相关对策

企业创新能力和核心能力的提升对企业转型升级非常重要,为了逐步提升企业的创新能力及核心能力,结合前面的研究结论,本书提出以下几点提升企业能力的对策。

5.5.1 尊重人的首创精神是提升企业创新能力的根本

人是创新诸要素中最活跃的因素,市场经济中各种竞争归根到底是人才的竞争。只有充分发挥员工和用户的作用,才能产生企业的创新能力,并形成良好的创新氛围。

企业应该始终坚持以人为本的核心价值观,尊重、培养和激励员工,给员工成长空间,鼓励员工立足岗位创新,并以相应的制度环境作保障,激发员工的个性创造力和各个层次员工的个人积极性,同时尽可能地调动用户参与企业的创新,对那些提出好的创意思想的用户给予奖励。没有大量的员工和用户的积极参与,单纯依靠少数专业研发人员无法持续开发出高质量的创新成果。只有充分调动员工和用户的创新积极性,才能够激发出更多的创意,才能够从中发掘出有潜力的众多创新思想,并最终发展成能够为企业在市场上赢得竞争力和经济效益的新产品或新服务,以此来不断地提升企业的创新能力。

5.5.2 建立网络型的生态体系

在封闭式创新模式下,企业通过资助大规模的研究实验室来开发技术,以此作为新产品来源的基础,从中获取高额的边际利润。但在当今知识经济和网络经济的时代中,封闭式创新模式已经不能适应企业新的生存环境(胡斌等,2015)。

首先,知识已不仅仅富集于企业研究部门,而是广泛存在于产品价值网络中的各个节点中;其次,技术人才的流动性越来越大,这意味着,一个企业越来越难以长期拥有所需的技术人才,技术市场的资源供应越来越丰富;最后,产品生命周期的迅速缩短导致了对创新速度的要求越来越高,成功的创新不仅在于创新的质量,更在于创新的速度。

为此应该引入开放式创新,构建网络型的生态体系,加强与利益相关者之间的合作关系,可以通过利用外部资源或整合外部资源,开发出自己的核心技术能力,加快创新速度来抢占市场,提高企业的竞争能力,进而提升企业的整体创新能力。为了整合全球的创新资源,海尔在 2013 年建立了 HOPE 1.0 平台。HOPE 平台是海尔开放创新体系的核心,通过开放创新的理念、流程、方式将海尔和外部创新进行融合,从而为用户解决问题。在 HOPE 平台人才碰撞和资源整合的作用下,已经催生了一些新的产业,如无线供电产业等。但在这个过程中,企业应该平衡自主创新和开放式创新之间的关系,不能过度依赖外部的资源,企业应该拥有自己的核心技术能力。

5.5.3 从单一技术创新到组合创新再到全面创新

很多企业早期面临的主要矛盾是产品质量与市场需求之间的矛盾,要想拥有自己的品牌,那么就必须拥有自己的核心技术,所以在刚开始它们主要表现为单一的技术创新。随着企业的发展,它们面对的矛盾逐渐由产品质量与市场需求之间的矛盾转化为产品类型单一与需求多元化之间的矛盾及旧的组织结构与创新效率需求间的矛盾,这时可以采取的措施是促进技术与市场的融合,组织、管理、制度等方面的融合,主要变现为组合创新。

当企业规模不断扩大时,组织结构也变得越来越复杂,企业发展与企业惰性之间的矛盾表现得越来越突出,如管理因素、制度因素、市场因素、技术因素、组织因素等方面之间都存在矛盾。为了协调各个方面的矛盾,企业应该由前面的单一技术创新、组合创新发展到全面创新,其实这对创新能力的发展来说是一个量变到质变的过程。海尔创新能力的提升就是伴随着海尔不同时期由环境变化引起的矛盾转化而产生的,它从单一的技术创新能力到组合创新能力,最后发展为全面创新能力。

5.5.4 构建有效的协同机制

协同是创新的手段,企业创新活动的开展可以在不同层级的位置实现,从员工个人、团队到组织,这种个体与群体之间,以及组织与组织之间存在不同的界面,而不同层级之间协同就是实现从员工到组织整体之间的配合和协调。

为了获得良性发展,企业的创新能力经常以组群的方式出现,通过创新能力的有机结合和协同作用能够促进企业高效、持续地发展。协同机制的建立可以最大限度地利用内外部资源，发挥所有与企业有关部门和人员的作用，整合各方面的力量来实现企业的目标。同时，协同机制的实施可以激发并促进全员学习，不断地优化组织结构，为培养出更多的人才提供了平台。海尔创新能力的提升依靠的是一个有机协同的整体，协同是海尔创新能力提升的重要手段，只有通过各个创新要素的协同、组织不同层级的协同、组织与外部环境的协同，才能构建有效的协同机制最大限度地提高企业创新能力。

第6章 创新时代背景下创新人才的培养

本章内容主要包括三个部分：第一部分以海尔集团为例，研究海尔创新人才培养的路径和机制；第二部分主要叙述浙江大学创新管理研究团队如何在许庆瑞院士的带领下培养创新人才；第三部分主要从宏观角度阐述创新人才培养的模式和对策。

创新人才是国家经济发展中的重要驱动力量，具有某些典型的特征，如极强的创新意识、创业动力、敢于冒险和持之以恒的精神等，能够把一些创造性的构想转变为商业价值。政府层面也一直都在强调创新对国家发展的重要性，创新是引领发展的第一动力。中国经济正处于转型时期，从过去30多年的高速增长变为现在的中高速增长，经济结构正在优化升级，创新成为新经济发展的重要动力，经济的可持续发展需要创新赋能。在数字经济时代，传统制造企业的经营方式受到极大的挑战，企业面临巨大的转型压力，而企业能否转型成功关键在于能否发挥人的主观能动性，尤其是创新方面的能力。因此，创新人才的培养不管是对企业的发展还是对整个国家的发展都显得尤为重要。虽然，我国目前在创新人才培养方面也取得了一定的成就，但跟发达国家相比差距还是很大，不管是创新水平和创新效率都处于明显的劣势。为了缩减与他们的差距，我们需要从国家、政府、企业、高校、科研院所等多主体去培养创新人才。

6.1 海尔集团创新人才培养的路径分析

企业要想在新常态下获得发展，就必须改变原来的那种"野蛮生长"方式，不能仅仅依靠大规模投入，单纯追求规模效益。企业亟须通过创新来推动自身的发展，实现生产要素的最佳配置。人才作为生产的第一要素，要使其能够不断地创造价值，实现增值。创新性人才是企业最宝贵的资源，是保持竞争力的必要条件，是企业能够良好发展的保障。在不同的战略阶段，海尔对创新人才的培养提出了不同的要求，如图 6.1 所示，战略在变，企业员工的创新能力也要随之变化，人才培养要紧跟时代的步伐，为企业的发展提供人力支撑。

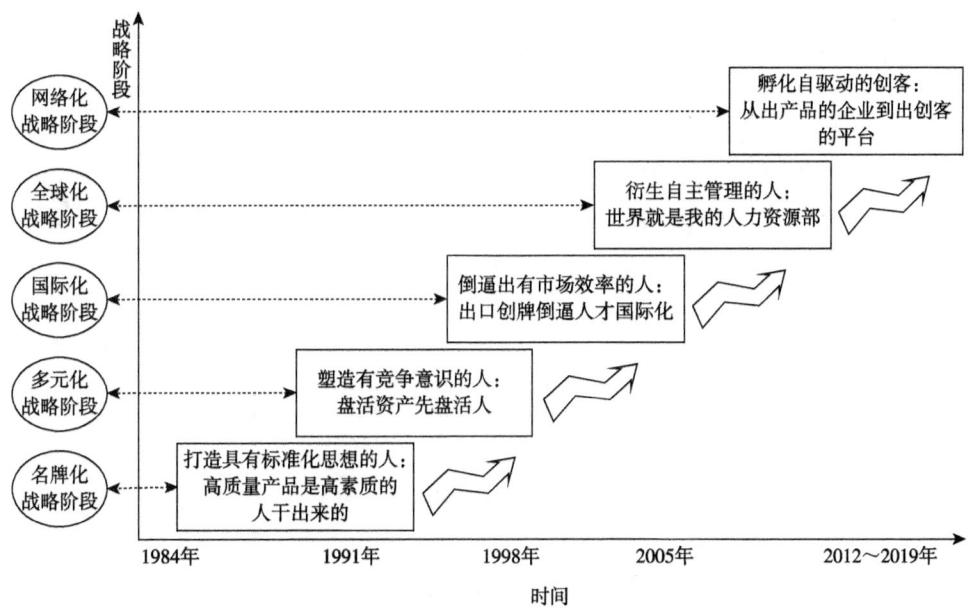

图 6.1　海尔创新型人才培养路径

6.1.1　名牌化战略阶段：打造具有标准化思想的人

海尔成立初期面临着纪律松懈、消极怠工、破坏生产工具、偷拿产品、管理混乱等情况，张瑞敏担任厂长以后就决定立规矩、抓纪律，他认为只有及时改变这种状况才可能使工厂得到进一步发展。几天以后，人力资源管理部门公布了著名的"管理十三条"及工人违规后的处理方案。据几位工作时间长的员工回忆，当时的"管理十三条"对员工的消极懈怠、不作为思想起到了根治作用，甚至可以说没有这个管理条例制度的实施就没有现在的海尔。

1984 年对海尔来说是具有纪念价值的一年，由于自身生产技术的能力有限，海尔决定从德国的利勃海尔引进冰箱技术来弥补自己的技术短板。由于从最初就确立了高质量的产品标准，海尔很快意识到仅仅引进别人的技术还不够，有了好的技术并不一定能生产出好的产品，于是进一步引进了两个标准，一个是 DIN 标准，另外一个是 ISO 国际标准。技术和标准引进以后怎么落实，怎样提高员工的素质和生产能力，使员工生产出高质量的产品，成为海尔的一大难题。海尔借鉴泰勒制，提出了 OEC 管理法——"日事日毕，日清日高"，在学习"丰田模式"的基础上，独创了"6S"管理制度。为了在薪酬上体现出公正、公平，海尔实施了"3E"卡考核制度，实行计件工资制，清除"搭便车"的现象，打破"吃大锅饭"的体制，这种措施极大地调动了员工的积极性。同时，"砸冰箱"事件使员工有了更强的用户意识和质量意识，确立了用户思维的思想理念，使得海尔在 1988 年就获得了国家质量奖金奖，成为中国冰箱行业的领军者。

海尔制定的名牌化战略实质是它的创牌阶段，依据的核心思想是"高质量的产品是高素质的人干出来的"，所以当时十分强调纪律、分工、职责、流程、纠偏、改进等方面，实行严格的质量否定制度，形成了全面质量管控体系，建立了用户思维和质量意识，使员工拥有了一整套标准化的思想，并且内化成了自我管理的工具、手段。

6.1.2　多元化战略阶段：塑造有竞争意识的人

1991 年海尔集团正式成立，实行了兼并策略，如兼并红星电器、合肥黄山电子集团公司、广东顺德市爱德洗衣机厂等工厂，标志着海尔进入了多元化战略阶段。随着生产产品的种类越来越丰富，海尔遇到了人才瓶颈，急需各种类型的人才来发展企业。在《海尔是海》这本书中，张瑞敏提出要广揽五湖四海的人才，要能够自我净化，素质方面要逐渐地提高和升华，要淘汰平庸者和懒惰者。为此，海尔开展了一次主题为"千里马与伯乐"的讨论大会，提出了"赛马不相马"的口号，这样可以给员工提供更多的公平竞争的机会。从"相马"变成"赛马"，有利于涌现出更多优秀的人才，海尔可以从中挑选出更多的优秀人才。通过这种公平、公开的竞争机制，员工的创新潜能得到激发。在赛马机制的影响下，海尔有一批年轻人脱颖而出，成为海尔后期得以快速发展的基石，如现在海尔集团的轮值总裁周云杰和梁海山、首席财务官谭丽霞等。

1992 年海尔在人力资源方面进行了制度创新，实行"三工并存、动态转换"的制度。在合同制的基础上将员工分为三个等级，即试用员工、合同员工、优秀员工，并且按照 1∶4∶5 的比例实行差别待遇。根据考核评比的结果，对那些绩效好的员工进行"上"转，绩效差的员工"下"转，甚至是辞退。通过这种人才竞争机制的引进，为海尔留下了优秀的人才。1996 年海尔继续颁布"各类人员培养和升迁"条例，人员培养可以通过不同的途径，主要包括：生产员工、专业职务、管理职务。但这三条培养和升迁路径并不是孤立存在的，它们之间存在交叉。

所有的人员在上岗之前都要通过竞聘环节，只有优秀的人员才能进入工作岗位，进入岗位以后会受到各方面的监督，即使工作上没有出现错误，但如果没有突出的业绩，仍然可能会受到批评，甚至是降职。同时，每一个领导在上任期满以后会被调到其他的岗位工作，主要是防止出现拉帮结派的现象，另一个目的是尽可能地使这种领导型的人才能够掌握较全面的工作内容，为储备高级人才打好基础。

多元化战略阶段的海尔通过引入竞争机制来选人和用人，通过制度上的创新增强了员工的竞争意识，让海尔成功地度过了人才缺乏的困境。海尔的竞争和淘汰机制大致可以概括为"竞聘升迁、在位受控、届满调换、末尾出局"。在这个阶段，海尔遵从"盘活资产先盘活人"的理念，打造出了多个有特色的产品，如洗衣机、冰柜、空调等，获得了一批消费者的青睐。

6.1.3　国际化战略阶段：倒逼出有市场效率的人

海尔提出"海尔中国造"的口号，表明国际化逐渐被提上日程。1998年，海尔进入国际化战略阶段。在刚进入国际化战略阶段的时候，海尔面临着双重压力：国内家电企业的低价格竞争，国外家电巨头通过各种方式进入我国市场。为了应对国外企业的挑战，就要使自己也成为国际化的企业，成为一匹"狼"，这样才能够"与狼共舞"，因此海尔走上了二次创业的道路。当时海尔的销售额仅是惠而浦和三洋的1/2，索尼的1/5，西门子的1/6，三星的1/9，面对如此巨大的差距，海尔发现差距的根本原因是拥有的人才不同，因此海尔决定从培养人才方面缩短差距。

1998年海尔进行了基于市场链的流程再造，把市场关系引入企业内部，让企业的每个人都能直接跟市场接触，组织内部的上下级关系变成市场关系，提高了组织的灵活性和员工的创新积极性，使企业能够以最快的速度满足用户的需求。在流程再造的基础上，2001年海尔探索出SBU的模式，要求人人参与经营，事事都要创新。在SBU模式下，员工不能再无偿使用企业提供的各种资源，如果员工想要使用企业的资源，如材料、设备等，都要支付费用。为了能够支付这些费用，员工就要进行创新，运用创新的思维方式去经营和使用企业的资源，使资源能够不断增值，增值就能获得报酬，亏损则要进行赔偿。海尔国际化战略阶段时提出三步走（走出去、走进去、走上去）的目标，但国际化人才匮乏，特别是国际市场建立以后，懂规则、善经营人才的短缺问题更加突出。为了解决这个问题，海尔决定采取"项目组+少外派+当地化"的创新人才培养模式，主要的思想是在总部成立项目组，然后派出少数的几个人到国外参与项目，大部分的人员来自当地，利用当地人来工作，让本国的人员再慢慢地融入当地，熟悉当地的法律，与当地文化融合，通过内外结合的方式培养适合国际化的创新人才。

国际化战略阶段的海尔面对内外双重压力，从改造员工思想开始，经历了基于市场链的流程再造、SBU 模式，提高了企业响应市场的速度，激发了员工的创新潜能。通过出口创牌倒逼人才国际化，培养出懂规则、善经营、具有市场竞争意识的创新人才，他们为海尔国内外事业的发展做出了巨大的贡献。

6.1.4　全球化战略阶段：衍生自主管理的人

2005 年海尔进入了全球化战略阶段，虽然当时的海尔已经连续四年获得了"中国最有价值品牌"的荣誉，但仍然面临着家电市场供大于求的矛盾，而且当时的利润空间很低，利润如同"刀片一样薄"。互联网时代的到来，逐渐消除了信息不对称的情况，用户掌握的信息越来越多，主动权慢慢地从企业转向用户。同时，海尔集团的规模在不断地扩大，"大企业病"的弊端表现得越来越明显。为了消除"大企业病"，海尔提出了"人单合一"模式，其中人指员工，单指用户的价值。这种模式要求每个员工都能找到自己的"单"，都能为用户创造价值，从而实现自己的价值。

2010 年，海尔开始打造内部自主经营体，自主经营体的组成人数不固定，可以是一群志同道合的人，也可以是独立的个人。海尔的组织结构也已从"正三角"变成了"倒三角"。

组织变成自主经营体以后，员工之间没有了上下级关系。领导变成了服务和资源的提供者，他们的主要工作是帮助一线经营体整合资源，员工从过去被动地接受命令，然后执行命令，变成了领导和员工共同创造用户需求，每个人都要寻找自己的"单"，否则就会面临被淘汰的命运。

全球化战略阶段的海尔，通过组织结构的颠覆，吸引了很多外部的人才进入，让世界都变成了海尔的人力资源部，为海尔注入了新鲜的血液。同时，员工的自主性得到进一步增强，他们不再需要别人的监督，而是主动地去寻找属于自己的"单"，去创造用户的需求，他们变成了一群自主管理的创新人员。

6.1.5　网络化战略阶段：孵化自驱动的创客

2012 年海尔进入网络化战略阶段，这是大数据时代、社群时代、众筹时代、物联网时代等，这个阶段的特征是"复杂而不确定"。在 2014 年的时候，海尔就提出要实现"管理无领导"和"员工创客化"，要把海尔从一个制造产品的企业转变成培养创客的基地。

其实与创客类似的概念在 2013 年就开始出现了,当时在推行"人单合一 2.0"的时候,海尔提出的口号就是让每个员工都成为自己的 CEO,即"人人都是 CEO",要求员工要有自我管理、自我驱动的能力。但"人人都是 CEO"和"人人创客"在有些地方是不同的,"人人都是 CEO"当时提出的视角主要是针对内部的员工,"人人创客"的范围更大,这里的人不再局限于企业内部的员工,它是一种更加开放的状态,外部的人员也可以进入海尔创新创业。

网络化战略阶段,海尔有五种创客孵化模式,如表 6.1 所示,海尔创客的孵化具有人力社会化、资本社会化的典型特征。

表6.1 海尔创客孵化五种模式

创客孵化模式	内容形式
内部孵化模式	海尔内部员工借助海尔资源创业
众筹模式	通过网络平台让用户参与创业
脱离母体孵化模式	脱离海尔、凭借自己整合资源创业
大众创业模式	海尔外部人员进入海尔内部创业
万众创新模式	整合创意与资源、对产品进行创新

为了加快创客的培养,海尔人力资源平台通过线上线下平台的方式吸引内外优质资源,逐步形成了如图 6.2 所示的线上线下创客孵化加速平台。

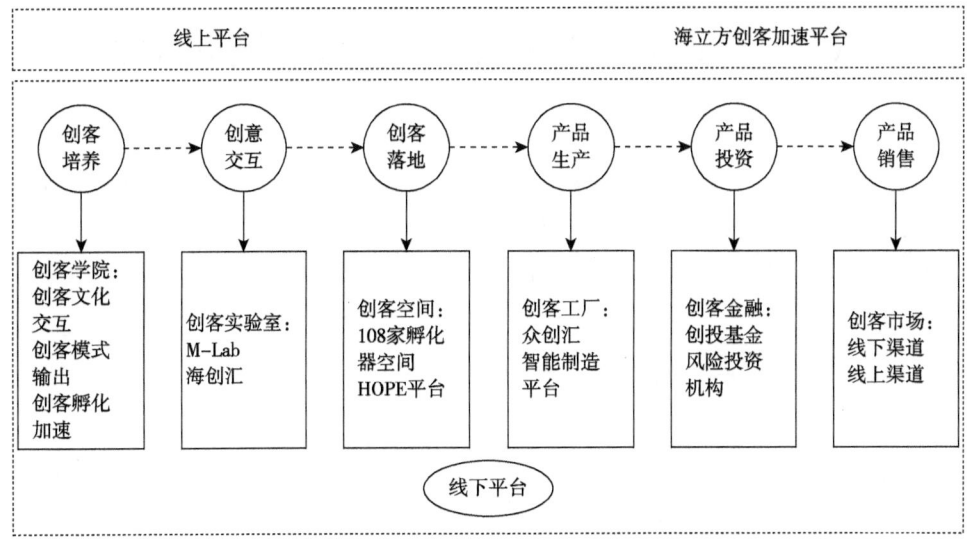

图 6.2 线上线下创客孵化加速平台

资料来源:海尔内部调研

网络化战略阶段的海尔已从出产品的企业变成出创客的平台,员工都成了创客,每个员工都成为独立创造价值的主体,人的自主性和能动性更加突出,尤其是创新性得到极大的提高。员工与组织是平等的伙伴关系,是相互雇佣关系,个人的资本价值不断提升的同时平台也获得了增值,因此也是共创共享关系。在海尔战略大方向的引领下,员工自组织、自创业、自驱动,通过签订对赌契约、"官兵互选"、竞单上岗等方式寻找自己的"动态合伙人",构建动态的合伙人制,进行自主决策,自主创新,寻找高"单",获取高酬。

从以上研究可以看出,海尔对创新人才的培养是根据组织内外部环境变化而变化的。早期的员工基本是以听从命令、被动执行为主,严格按照组织的制度工作,在制度范围内进行创新。随着外部市场环境的变化,组织的结构及一些制度对组织和员工的发展都产生了阻碍,为了提高效率,获取更高的效益,激发员工的创新潜能,海尔从战略上对组织结构进行了调整,同时改变了培养员工的方式。员工拥有了一定程度的自主权,他们需要自己去开拓市场,可以根据自己的创新方法去完成工作。进入互联网时代以后,组织进一步对员工进行了放权,特别是提出"人单合一"模式以后,赋予了员工完全的独立自主权,员工变成了一个完全自主决策的独立个体,变成了自驱动的创客。他们需要不断进行创新去实现自己的价值,甚至要创造自己的价值并努力使其增值。通过这种集权到放权,最后到赋权的方式,海尔员工的创新思想在不断地进化,创新能力不断地得到提高。

6.2 海尔集团创新人才培养的机制

创新人才的培养离不开机制的保障作用,各种机制的制定可以为创新人才的培养提供良好的发展空间,营造人人参与创新的氛围,有利于加快创新人才的发掘和成长,每种机制都可以贯穿在创新人才培养的整个过程中。

6.2.1 领导与治理机制

领导者的认知和治理能力促进了员工创新能力的提升,海尔的领导层在张瑞敏的带领下始终在不断地获取新的知识。他们认为企业应该是一个有序的但非平衡的结构,要不断地打破企业原有的平衡状态,员工要不断否定自己原来的成功,创建一个动态的平衡,在这个动态否定的过程中,员工可以重塑自己的战略思维。当发现组织结构阻碍了员工的成长时,领导层就会果断对组织结构进行变革重组，使员工获得发展自己的空间。海尔在考核评价员工的时候遵循"三不"原则，即不讲关系、不看学历、不讲过去。无论你的家庭背景和社会关系多么厉害，都不会影响到组织对个人的考核评价，只看你为企业带来的效益，而且过去的成就不能放在当下评价的范围内，如果现在不能胜任自己的工作就会被淘汰，毫无情面可讲。在这种机制下，员工都能感觉自己有机会晋升，积极性倍增。海尔的领导层都会给员工树立"说了不等于做了，做了不等于做对了，做对了不等于做到位了，今天做到位了不等于永远做到位了"的理念。如果员工犯了错误，领导者要承担80%的责任，他们会比员工受到更严厉的批评，甚至是惩罚，这就是海尔提出的80/20原则。网络化战略阶段的海尔，虽然说大家之间都是平级关系，但仍然存在领导层的概念，如小微中的小微主、平台中的平台主、领域中的领域主，因为一个组织没有一个领导，就会没有一个战略方向，不利于员工的成长。所以，海尔现在还坚持每周开三次会议，每次会议会有不同的人员来参加，在会议中做得好的员工会得到表扬和奖励，工作上不达要求的员工会受到批评，甚至是解雇。通过这种竞争机制，员工会变压力为动力，主动去学习，获取知识，进行创新。

6.2.2 组织学习与积累机制

海尔认为培训是培养人才的重要手段，一直把对员工的培训工作放在首位，没有经历过培训环节的员工不能上岗工作，而且会认为他们是企业的一种负担，只有经过培训的员工才是企业的资产。不管是领导层还是一线员工，海尔都会根据每个人的实际情况帮助其设计职业生涯，制订出个性化的培训方案，并提供丰富且充实的培训内容。领导层员工接受培训的过程，其实也是获取知识和传播知识的过程，不仅通过学习充实了自身的管理知识、提高了管理能力，而且在"干中学"和"用中学"的过程中，在不断积累的知识和资源基础上所做出的决策可以使企业获得独特的竞争优势（Garvin，1993；孙锐和张文勤，2013）。海尔内部具有完善的培训软环境和教师师资网络，进行授课培训的人员必须有相应的资格证，他们对员工的培训成绩进行考评，最终考核结果与员工将来的工资挂钩，从而提高了参加培训人员的积极性和创新性，每个人都会尽可能地拿到最优评价。早期，海尔在外部以青岛海洋大学的教师队伍为依托，同时与国内外很多家咨询机构、知名企业、高等院校等建立培训学习网络。引进先进的管理和教学经验以后，海尔外部培训师就会编写案例库当作MBA[①]教学的案例，这样不仅积累了很

---

① master of business administration，工商管理硕士。

多知识，还达到了资源共享的目的。例如，早期海尔和利勃海尔合作，派出一些人员到国外学习，这些人员带回国外先进的技术，通过技术方面的不断积累，几年以后，海尔的电冰箱产业成为国内的领军者。知识的积累还表现在另外一个方面，新加入海尔的员工都会在老员工的带领下工作。铁打的营盘流水的兵，刚毕业的博士或者硕士基础知识很好，都是知识丰富的年轻人，但是缺乏技术和项目经验，于是海尔就会聘请两位老专家，加速团队的成长。老专家一方面要做好研发项目，另一方面要梳理研发过程形成报告，并对新职员进行培训。比如，100万元用于研发，另外的100万元用来进行工具开发、手册编写之类的，这样就可以积累下很多项目经验和知识。专家在带团队的同时也存在着个人任务指标，如培训多长时间，带多少人员，讲多少次课等，这些都作为考核专家的指标。通过这样的积累机制，员工的创新潜能可以不断地得到激发。

在双创时代，海尔大学对创新人才的培养发挥了重大的作用。这个快速变化的时代给我们带来挑战的同时也催生出很多新的机会，特别是海尔推出"人单合一"模式以后，对于员工来说最重要的就是怎样通过创新把搜集到的好的想法和创意及自己的一些想法转变为商业结果，这需要企业对员工做很多商业形式的辅导。此时的海尔大学提供了很好的学习机会，它会告诉员工怎样去进行商业实践，怎样把创意转变成商业成果。海尔大学利用微课大赛连接了大量外部优秀的资源，学员可以在这上面自己寻找课程，这样自主学习的意愿高，一段时间后也会看到成果。目前海尔大学也对外部人员进行培训，培训重点包括两个方面：第一个方面是对"人单合一"模式的深层次理解，把拥有的案例沉淀，同时结合一些海尔内部的实践案例；第二个方面是关于触点网络的建设，这个工作是机器无法完成的，因为触点网络感知是一种有深度、有广度、有温度的体验。因此，海尔大学在对外赋能上发挥了很重要的作用，对培养创新创业人才做出了突出的贡献。

6.2.3 协同与整合机制

协同是海尔培养创新人才的重要手段，通过创新要素组合协同、组织不同层级的协同、组织内外的协同，构建有效的协同整合机制才能最大限度地激发员工的创新潜能。

海尔一直坚持"用户的难题就是我们的课题"的理念，注重市场和技术的协同，非常重视收集用户的意见，因此，海尔的员工都会具有不同的能力。例如，研发技术人员不仅具有产品开发设计能力，还具有很强的市场嗅觉能力，通过与用户的交流来获取创新的灵感，从而为用户带来更好的产品，如早期的"大地瓜洗衣机""不弯腰冰箱"就是这样生产出来的。名牌化战略阶段实行的全面质量管理，多元化战略阶段的 OEC 管理法和市场链机制，国际化战略阶段的 SBU 模式，全球化战略阶段的流程再造，网络化战略阶段的"三化"（信息化、扁平化、网络化）和"三无"（企业无边界，管理无领导，供应链无尺度）等，这些都体现了海尔组织、制度、管理等要素的协同，它们对员工思想的塑造，创新能力的培养发挥了巨大的作用。战略与文化的协同对海尔员工创新能力的影响也非常突出，创新一直是海尔的基因，海尔已经形成了与战略愿景进行协同的创新型文化，做任何事情，员工的思想中都呈现出创新的要求，在这种氛围中工作的员工，创新思想已经牢牢树立在他们心中。

为了充分调动且激发出员工的创新积极性，海尔的组织结构在不断地变革创新：直线职能制—矩阵制—事业本部制—"倒三角"组织结构—网络化的节点组织结构，这种变化使员工与组织之间的距离越来越近，员工的创新思想得到释放，可以按照自己的想法去做一些事情，通过不断地试错来获取知识和经验，为后面的创新活动奠定好基础。截至 2019 年，海尔构建了 10 个综合研发中心，通过内部 1150 名接口人，紧密对接 10 万多家一流资源、120 多万名科学家和工程师，组成具有一流资源的创新生态圈。在这个过程中，海尔内部的员工通过与外部的人才进行交流，能够获取很多新的知识，可以开阔他们的视野。海尔建立的很多平台吸引了大量的创新人才，如通过海创汇来与用户交互，让粉丝在上面提出自己的想法，然后海尔在这个基础上对信息进行筛选、汇总，找出能够帮助企业发展的信息。员工在收集整理信息的过程中，增强了对数据、信息的识别能力，可以借助这些思想来创新，使自己的价值得到增值。

6.2.4 激励机制

对员工的激励主要分为物质激励和非物质激励。早期的海尔，对领导层采取的是薪酬+奖励的办法，领导人的薪酬和奖金跟他们的综合评估、工作能力、工作业绩挂钩，消除了"身在其位、不谋其政"的现象。营销人员的报酬要向市场索取，当时引入的市场链就是索酬的一种途径，以市场链功效激励员工则要求他们的价值取向与服务对象的需求一致，通过创新来创造市场、创造需求，进而完成有价值的订单。科研人员采用项目承包制，取消月薪，但可以提前支取基本的生活费用，薪酬主要包括月度、季度、年度奖金、基本工资模块、股份奖励，但薪酬不是企业直接下发的，而是需要科研成果能够成功转化为市场效益。一线生产员工的激励与他们的劳动数量正相关，实行的是计件工资制，这样降低了管理的难度，调动了员工的积极性，激发了员工的工作热情。另外，海尔还建立了全方位的爱心工程，提供五项保险，设立婚假、探亲假，提供优质的工作餐，让员工对企业有一种归属感，让他们心甘情愿为企业付出，通过创新提高自己的工作效益。在非物质激励方面，海尔也采取了多种方式，如立体式的精神奖励，如果哪个员工创意得到了认可，则生产出来的产品就会以他的名字命名，极大地激发了员工的创新潜能；设立"海尔奖"，这个奖项由总裁亲自颁发，是海尔人才最权威的奖励。

进入全球化战略阶段，特别是网络化战略阶段以后，海尔的激励方式发生了很大的改变，由过去的企业付薪转变为用户付薪，可以说是对原有激励机制的颠覆。这个阶段的海尔推崇的是"我的增值我分享"，为了体现这一思想，海尔推出了"人单酬"激励制度，根据"单"的完成质量来获取报酬（图6.3）。

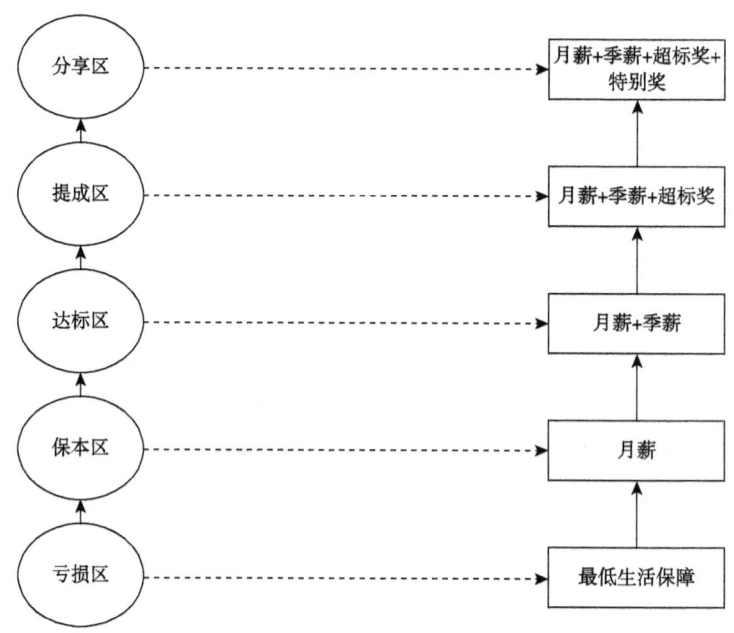

图 6.3　用户价值竞争力模型

亏损区的员工只能得到自主经营体发放的最低生活保障，因为他们的业绩低于行业平均水平；保本区的员工业绩达到了行业水平，可以拿到自主经营体发放的月薪；达标区的员工完成了预先算赢目标，可以拿到这个季度的薪酬；提成区的员工业绩高于行业水平，实现了行业领先，可以拿超标奖；分享区属于用户价值竞争力的最高级别，位于分享区的员工完成了第一竞争力目标，在拿到超标奖的基础上还可以拿一些特别奖。价值竞争力有利于实现最大限度激励员工的效果，因为他们要自负盈亏，员工转化为独立经营主体，调动了他们的工作热情，提高了他们的创新能力。

综上，不同培养模式的机制体现如表 6.2 所示。

表6.2 不种培养模式的机制体现

战略阶段	培养模式	保障机制
名牌化战略阶段	打造具有标准化思想的人	质量意识、制度约束、建立战略联盟、计件工资制、爱心工程
多元化战略阶段	塑造有竞争意识的人	引入市场链、"三工并存、动态转换"、"三不"原则、赛马机制
国际化战略阶段	倒逼出有市场效率的人	竞争机制、重视员工培训、学习积累、建立培训网络
全球化战略阶段	衍生自主管理的人	组织变革、流程再造、要素协同、组织内外协同、服务契约、包销契约
网络化战略阶段	孵化自驱动的创客	组织变革、官兵互选、鲶鱼机制、增值分享、"三化"（信息化、扁平化、网络化）和 "三无"、企业大学赋能、PK 竞单、用户付薪

6.2.5 结论与启示

1. 打造创新人才培养的双螺旋结构

在名牌化战略阶段，海尔实行了全面质量管理，为了达到质量和服务的最优，需要打造"具有标准化思想的人"。为了解决产品单一不能满足用户需求的矛盾，海尔提出了多元化战略，引入了市场链机制，重视培养具有竞争意识的创新人才。面对国内外双重压力的时候，海尔制定了国际化战略，目标是培养出懂规则、善经营、具有市场效率的创新人才。全球化战略阶段的海尔鼓励员工成为自主管理的人，对组织进行了彻底的变革，调动了员工的能动性。网络化战略阶段的海尔成为培养创新创业人才的基地，员工变成了"自驱动的创客"，个人的创新潜能得到极大的释放。

2. 良好的机制为创新人才提供自我发展的空间

海尔认为企业不仅要重视创新人才的培养，更要提供一种公平公正的竞争机制，这样培养出来的人才能脱颖而出，如海尔提出的"赛马不相马""有多大的跟头就会有多大的舞台"等理念都能为创新人才培养提供才能展示的空间。同时，海尔还营造了一种动态的人才管理环境，如员工被分为三种类型，这些类型之间是相互转换的，做得好就会升职，反之就会降职，即"三工并存、动态转换"。在这种体制下，海尔员工的自主性逐渐增强，人是目的不是工具的思想得到彻底的彰显，海尔增强员工自主性的变革历程如图 6.4 所示。最初只是以员工的名字来命名，鼓励创新；到班组管理和 SBU 时他们可以决定自己的价值创造；全球化战略阶段的自主经营体和网络化战略阶段的创客小微，让每个人成为自己的 CEO，知道怎么创造价值，为谁创造价值。

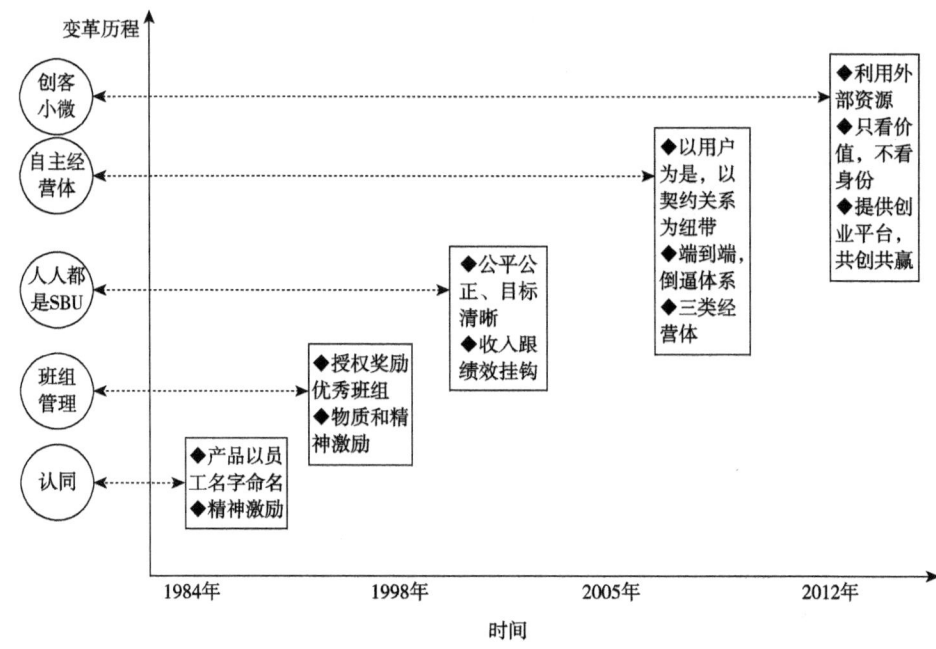

图 6.4 增强员工自主性的变革历程

3. 强大的创新人才整合能力

海尔遵从的"世界就是我的人力资源部"的理念是其进行人才资源整合的根源,海尔很早就从外部引入经验丰富的人才来给内部的人员进行培训,通过与外部建立战略联盟,让内部的员工能够进入外部组织学习。例如,在国外建立的硅谷研究所就与很多大公司建立了合作关系,员工从它们那边学到的技能对海尔后期的发展发挥了重要的作用。在国际化和全球化战略阶段,海尔雇用了大量的当地人去经营企业,让他们带着海尔内部派过去的员工熟悉当地的工作环境,吸收当地的文化思想,在熟悉当地的用户消费习惯以后再对工作进行改进、创新。网络化战略阶段的海尔,开放程度更高,外部的创新性人才都可以被海尔所用,当然最重要的是通过吸收外部人才帮海尔内部培养了大量的创新人才。

6.3 创新人才培养的模式

中国经济发展仍面临很多问题与瓶颈,经济转型升级仍存在较多障碍,核心技术和设备受制于人,创新型人才还无法满足转型经济发展需要,创新型人才短缺，原有的人才培养模式受到了挑战，亟须建立新的创新人才培养模式。

6.3.1 我国创新人才培养模式现状

1. 政府主导的学校教育模式

这种模式主要是指由政府提供资金，开展基础教育和不同种类的职业技术教育（如高中、中专、大专、大学等学校教育），这被认为是当前最普遍采用的人才培养模式。但这种模式在城市和农村、东部和西部之间存在明显的差异，由于经济发展不平衡，在农村和城市、西部和东部不同地区投入的教育经费和教育资源的配置方面存在明显的差距，城市地区和东部地区处于优势地位。如果这种现状得不到改善，会导致在经济不发达地区的人的职业技能偏低，就业稳定性差，长期下去就会出现一个恶性循环，这些地区的创新创业的能力和后劲越来越不足。

2. 政府、企业与高校共同参与的职业技能培训模式

这种模式通常被称为联合培养模式，其中企业为主体，高校参与、政府主导，企业负责提供各类职业培训服务，旨在培养受训者的职业技术能力，从而进一步提高其创新创业能力。通过这种人才培养模式，可以尽可能地统筹城乡人力资源，挖掘和发挥各类人的优势。

但从该模式培训实施的效果来看，结果并不理想，主要原因是在培训中存在一些不好的现象，如培训内容普遍针对性不强，培训的方式陈旧、缺乏创新性，培训的网点数量不够，培训经费投入不足等问题。另外，培训主体缺乏创新，不能对企业、高校及一些产业化组织的带头人等多种主体的资源进行整合利用，没有建立多渠道、多层次的培训体系，不能满足创新创业者的学习需求。为此我们提出了创新时代背景下创新人才培养的"三核"驱动模式和对策，如图6.5所示。

6.3.2 创新人才培养的三种新模式

创新时代背景下，为了进一步促进我国创新人才的成长与发展，一方面要对原有培养模式不断完善，另一方面还应当构建立体多元的创新人才培养模式。

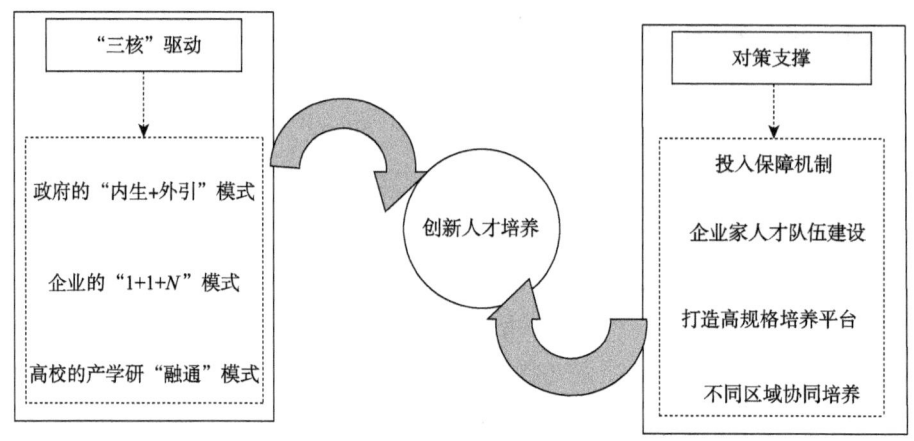

图 6.5 创新人才培养的"三核"驱动模式和对策

1. 政府实行"内生+外引"培养模式

1）加强经济不发达地区的教育体系顶层设计与规划

国家应该在政策层面加大不发达地区的教育和职业培训力度，在财政上给予地方政府和学校补贴，加大教育事业投入，扩大基础教育设施建设，提高学校教学质量，提高优质教育资源覆盖面和可获得性，大力发展各种职业技术教育，逐步推进职业技术教育免费，提供"互联网+"专项培训，不断完善教育培训体系，给职业院校学生提供更多更好的教育机会和途径。通过学校和职业技术教育，掌握创新资源开发和利用的技能，使自己所学到的知识迅速转化为生产力，共同参与创新创业项目的开发，提升职业素质和创新创业能力，培养出符合经济转型升级时代要求的实用型和创新型人才。

2）加强创新人才培养中的国内区域合作和国际合作

目前我国创新人才格局分布不合理，呈现出东部强、西部弱的局面，我国西部大部分省区市创新人才极度短缺，创新资源和创新动力都不足。为此，应加大对西部地区政策上的支持，积极探索西部大开发合作培养创新人才的新模式，通过创新项目合作和人才交流来带动地方经济发展，为西部地区创新人才提供更多的创新资源和发展平台，吸引更多优秀的创新人才。创新时代背景下，创新人才培养模式不仅要注重国内区域合作，还要注重国际合作。互联网把世界连接成了一个整体，消除了时空上的距离，而大数据技术、云计算、物联网技术的出现，进一步缩短了我国与其他国家间的距离，为我国创新人才培养提供了更为广阔的机遇和视野。当前，各地方政府应该依托共同开发的科技创新园区、产业创新基地等平台，充分利用各国在金融资本、先进技术等方面的交流与合作，推动我国创新人才的培养和国际转移，培养和引入拥有数字技术、具有广阔的国际视野、符合经济转型升级时代发展需求的高素质创新人才。

2. 企业推行"1+1+N"创新人才培养模式

在这个模式中,第一个 1 叫"外 1",代表创新经济领域的专家;第二个 1 叫"内 1",代表企业内部的管理者;N 代表团队。通过这种模式,企业可以让一位外部的杰出的创新经济领域专家培养出一名内部的优秀数字管理者,进而培养出一个创新经济领域的出色团队。企业这种培养创新人才的模式并不是单纯地从外部引入"空降兵",而是采取类似"外部导师"的模式,因为这种模式并不是让外部的创新专家替换内部的人员,而是让两者合作,发挥各自的优势,促进内外人才的融合。外来的创新专家可以给企业带来新的创新技术指导和信息,内部人则熟悉企业的文化和运作机制,可以使新的人才培养模式很好地融入企业中。

1)建立持续发展战略和容错机制

企业要想培养创新人才就不能热衷于短期的利益,因为培养创新人才需要持续地投入(赵曙明和白晓明,2016)。如果企业只注重短期利益,那么它们就不允许冒险行为,更不能容忍失败,这样就不能保证企业的持续发展。同时,在重视短期利益的企业里,通常不鼓励员工创新,员工创新可能会影响他们在当前工作上的投入时间,工作效益必然会降低,会对企业当前利益产生不好的影响。而且培养创新人才并不一定就能培养成功,肯定会存在风险,如果没有培养成功就会造成当前利益上的损失,结果同样是不利于获取短期利益。因此,企业必须建立持续发展战略,给予创新人才培养团队足够的资源,支持创新人才培养活动。持续发展战略对创新人才培养的作用机理如图 6.6 所示。

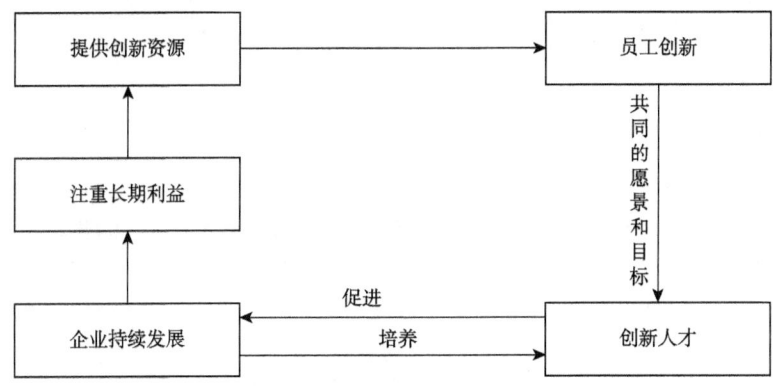

图 6.6　持续发展战略对创新人才培养的作用机理

在创新人才培养的过程中,企业要鼓励创新专家和员工敢于承担风险,建立容错机制。不管创新是否成功,对他们的这种敢于创新和敢于承担风险的行为都要进行一定程度上的奖励。只有在这样鼓励创新的环境里,才能最大限度地激发员工的实践创意。要正确看待在创新人才培养过程中的错误和失败，它们可能会造成经济损失，但如果能从失败中学习，就能避免类似错误再次发生，确保下次成功。容错机制对培养创新人才的作用机理如图 6.7 所示。

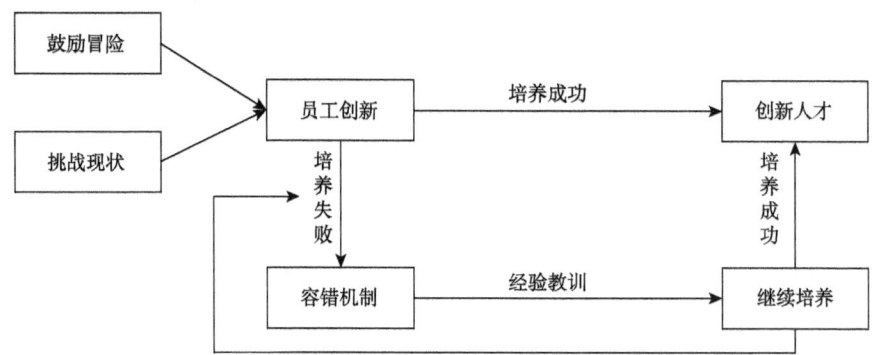

图 6.7 容错机制对培养创新人才的作用机理

2）鲶鱼机制和官兵互选机制

企业在培养创新人才的过程中，不能仅仅是提供创新资源和建立容错机制，还应该给予他们一定的压力，因为每个人都有惰性，尤其是当人们缺乏外部监督时，惰性就会疯狂地生长。为此企业应该将"鲶鱼机制"和"官兵互选"结合起来，在创新人才培养团队中置入一些有竞争力的个体来加速团队成员的竞争，刺激团队的士气，以提高团队整体的创新活力，不管是外部的数字经济专家还是企业内部的员工，只要大家觉得能力不够随时都可以进行替换，可以去选择自己合适的领导和团队。通过营造一种公平竞争和积极向上的氛围，将外部监督和自我监督结合起来，以保持整个创新人才培养团队的激情和创新活力，提高创新人才培养成功的概率。

3. 高校实行产学研"融通"培养创新人才模式

互联网时代边界越来越模糊化，企业、高校及科研院所应该紧密地连接在一起，构成一个整体，有效地促进产学研融合。李克强在 2018 年 3 月 5 日的第十三届全国人民代表大会第一次会议上的政府工作报告中提出，"鼓励企业牵头实施重大科技项目，支持科研院所、高校与企业融通创新，加快创新成果转化应用"[①]。在 2018 年 4 月的国务院常务会议中李克强进一步指出，"决定对职务科技成果转化获得的现金奖励实行个人所得税优惠，使创新成果更好地服务发展和民生"[②]。

---

① 政府工作报告——2018 年 3 月 5 日在第十三届全国人民代表大会第一次会议上，http://www.gov.cn/xinwen/2018-03/22/content_5276608.htm。

② 李克强主持召开国务院常务会议 确定推行终身职业技能培训制度的政策措施等，http://www.gov.cn/premier/2018-04/18/content_5283760.htm。

培养各种创新人才始终是高校的第一科研成果，应该积极推动产学研"融通"创新，全面加速创新技术创新成果的转化应用和数字经济"双创"人才的培养。

首先是"融"，即融合，消除企业、高校及科研院所之间的"割裂"现象，使它们三者之间能够融合发展。"融"是"协同"的概念，通常体现在企业、高校及科研院所如何在某些具体的创新项目或创新产业上实现协同。其次是"通"，也就是"畅通"。在现实情况中，不同机构完全融合是行不通的，因为它们有不同的使命、目标和任务，如企业做产业化、高校做基础研究、科研院所基本上是做应用研究或技术研究，所以实现从创新技术到创新产业化的过程关键是要"通"。过去的"融合创新""协同创新"，往往是指以技术创新为主体，实现技术从实验室走向产业化。而如今，社会发展到数字经济时代，单靠技术本身来解决其中的障碍，已经进入"瓶颈"。经济转型升级时代的融通创新不同于过去的融合创新和协同创新，它要求能够推动并实现从物到人的结合，为此高校迫切需要联合多方机构（如企业、政府、科研院所等）共同构建多种支持"融通创新"培养人才的新模式，以网络化思维和开放的平台化方式办学，从而建立起开放的创新人才培养生态系统。

1）搭建创新人才融通的平台和运营机制

实现创新人才培养的融通，首先是高校本身要尽可能地培养出优秀的创新人才，与外部实现融通，同时要从外部引入专业的创新产业管理团队或优秀的创新技术管理者（并不是完全地把他们招进学校，而是和他们协同办学，如 MBA 特聘导师）来与高校进行融通。其次，创新科学研究与创新教学要能够进行融通，把高校打造成创新企业的人力资源平台，对那些在学院里建立自己的创新人才培养中心的企业给予优惠政策，如许多高校现在实行的专业学位与科学学位教育，更好地促进了理论与实践的结合。最后是科研方面的创新人才融通，鼓励企业与高校共同参与创新人才的培养，这样高校培养出来的创新人才更符合社会发展的需要，更符合新时代所需，例如，浙江大学设立的全球浙商研究院，与许多国内知名企业（如海尔、华为、阿里巴巴等）搭建了合作平台，经常将优秀企业家请上讲台，请他们共同参与学校数字课程的设计等，实现高校数字创新人才培养与企业发展所需创新人才的无缝对接。

2）知识和思想的融通

知识的创新体现着知识的融通，它要求老师们要时刻关注并结合社会实际情况教学，做研究时扎根中国最新实践，写出高水平的论文，把论文写在祖国的大地上，从而使我们创造的知识能够"顶天立地"，实现融通与成果转化。例如，最近几年浙江大学管理学院不断推进与能够引领未来创新产业发展趋势的企业合作对话，成立了一系列创新联合研究中心，目的就是扎根中国最新实践做研究，通过与创新领域龙头企业的融通创新，探索出中国高校自己的创新人才培养模式。

高校不仅是创新人才培养的摇篮，还是引领社会发展的思想库和智库。为了满足经济转型升级发展的需要，要把高校的创新技术研究平台打造成智库平台，并不断地将创新研究成果转化为现实可应用的思想和方法。同时，应该定期举办一系列品牌化的创新高端论坛与高端国际会议，通过这些论坛或者国际会议大家可以更好地交流合作，从而获取更多新的创新思想，为创新人才的培养注入更多的新鲜血液。

6.4 创新人才培养的对策建议

6.4.1 全面推进"创新人才+"行动及创新人才投入优先保障机制

对经济创新方面的人才提前开展需求预测，动态发布创新人才集聚政策，组建创新发展专家委员会，对创新经济方面的技术开发、基础研究等问题发挥战略咨询作用。同时，加大对创新型科技人才的集聚，完善领军型创新人才和创新创业团队的引进培育计划，增加创新人才评估环节。一方面要整合现阶段的创新人才培养工程，另一方面保证各领域各部门能够协同，做好相互衔接的工作，建立覆盖创新人才不同发展阶段的新型培养体系，对现有职称评价标准进行完善，使职称评价与创新人才培养之间能够有效结合。在创新人才绩效管理方面，采取二次追加投入和依据绩效淘汰的有进有出的动态培养机制。为了给创新人才提供一个良好的环境，政府应该在财政上加大对创新人才培养的投入力度，对那些重大创新科技基础设施建设给予支持，构建创新人才引进经费的稳定增长机制和资金管理上的使用评价机制，鼓励高校及科研院所引进高端创新人才，统筹安排各产业各个部门间对创新人才经费的使用，形成集成支持。

6.4.2 推进不同区域创新人才协同培养

首先，推动城乡创新人才一体化发展。积极促进经济发达地区和经济欠发达地区在创新领域的人才合作交流，大力实施创新人才柔性开发计划，通过制定一些政策（如经济补贴、职称评聘）来引导创新领域方面的创新人才到欠发达地区工作，扩大创新领域创新人才的数量，增强创新产业人才的储备强度。组织或选派创新专业工作者和创新领域专家团队到经济欠发达地区开展创新技术的辅导，对创新产业项目对接帮扶，帮助创新人才进一步成长。其次，积极融入长三角地区创新人才一体化发展。依托浙江清华长三角研究院及一些技术研究院，对接环太湖高校、科研院所、企业等，设立集成应用、成果转化协同创新中心，在创新高新产业领域加强创新人才项目合作交流。促进长三角地区创新人才市场相通、创新人才工程互认，开放共享那些重大创新科技资源，扩大创新众创空间，推动不同区域的创新人才共同发展。

6.4.3　加强创新企业家人才队伍建设

组织创新产业领军企业家到国外去学习和考察，跟国外在创新方面具有丰富经验的企业进行对接合作，成立创新企业家战略咨询会，开展创新企业家薪火传承行动，利用他们的经验来培养出更多优秀的创新人才。鼓励和支持龙头创新企业对创新技术、创新市场及创新人才进行整合，优化创新人才整体布局，建立更多的创新人才孵化器，通过干中学、互动中学等方式提升创新企业家在经营管理和培养创新型人才方面的能力，为企业培养创新人才营造一个良好的氛围，鼓励员工创新。为了发展壮大创新企业家人才队伍，应该综合运用创新产业基金和政府采购等工具，在创新人才培养项目申报、创新人才团队建设、创新产业对接等几个方面提供相应的支持服务，建立有效的创新企业家人才评价机制，鼓励和推荐那些优秀的创新企业家到高校及科研院所去兼职。

6.4.4　打造高规格的创新人才培养平台

为了使学校及科研院所培养出来的人才能够及时地融入社会发展，一方面应该打造高水平学校，可以进一步调整优化高校某些学科专业的结构，特别是创新学科专业，聚焦优势特色的创新学科建设，增强创新专业人才的培养力度。支持建设国家"双一流"大学，创建国内学科高水平大学，面向全球公开招募创新学科院系负责人，加快构建与国际接轨的高校领导运行机制，增强高校领导队伍的力量。另一方面要建立高质量的科研院所，鼓励并扶持创建军民融合的创新人才研究院，积极推进军队创新人才科技成果转化，深化创新人才管理试验区建设，加快形成具有国际竞争力的"双创"人才集聚和人才激励机制，加快创新开发者、创客等人才队伍建设。同时，在中心城市建设高水平科研院所，如浙江西湖高等研究院（西湖大学的前身）和之江实验室，目的就是创建世界一流研究型大学和科研院所，争创国家实验室，努力打造成为具有世界领先水平的创新基地，力争在创新人才、创新要素、创新能力等方面处于国内领跑水平，共同推进创新人才平台建设和运营。

6.4.5　结论与启示

针对创新时代背景下我国创新人才培养的现状和存在的问题，本书提出了创新时代背景下"三核"驱动模式，分别从政府、企业、高校三个主体的角度提出了创新人才培养的三种新模式。虽然这三种模式是从三个主体的角度提出来的，但它们之间其实也是相互影响，交织在一起的。政府在培养创新人才方面主要承担了两个使命：首先是提供资金和政策保障，自主培养创新人才；其次还应该尽可能地引进国外优秀的创新人才。这种"内生+外引"的模式能够很好地嵌入外界的创新经济创新人才培养，同时能很好地平衡自主培养创新人才和开放式创新人才的培养。企业实行的"1+1+N"培养模式打破了企业的创新人才边界，利用互联网思维建立创新人才生态圈，为企业在全球范围内整合优秀的创新人才提供了宝贵的经验。高校是引领社会发展的思想库和智库，通过推行产学研"融通"模式，可以使高校培养出来的创新人才更好更快地融入社会的发展，能够很好地学以致用，实现理论和实践的无缝对接。好的模式需要相应的对策来支撑，通过全面推进"创新人才+"行动及创新人才投入优先保障机制、推进不同区域的创新人才协同培养、加强创新企业家人才队伍建设、打造高规格的创新人才培养平台等措施，为创新人才的培养提供了良好的硬件基础和软环境。

第 7 章 海尔管理创新经验总结

从 1984 年发展至 2019 年，海尔的发展经历了"由小变大""由大变强"的过程，在品牌价值、经营能力、创新能力、管理模式创新等方面都取得了行业内令人瞩目的成绩，如今的海尔已经由过去的传统家电企业转型为平台型的生态企业，我们团队认为，支撑海尔由小变大、由大逐渐变强最重要的因素是管理创新的发展。而管理创新发展又植根于创新引领、战略导向、海尔文化、人才培养及能力提升等具体的路径中，形成了海尔管理创新发展独特的基本经验。

7.1 注重发挥战略的导向作用

明确而清晰的战略是企业在竞争中取胜并保持生机和活力的重要前提（许庆瑞和陈重，2001），海尔的战略在其发展过程中发挥着十分重要的导向作用，主要有两个明显的特征。

（1）海尔的发展战略具有超前性。在时代发展过程中，超前的战略思维已经成为决定企业自身生存和发展的最为迫切和关键的因素，对于企业的生产经营，未来不再是市场需要什么就只生产什么，而应该具有超前思维，运用超前的战略思维来推动企业的经营活动。

（2）海尔对内外部环境变化的高度敏感有力地促进了战略创新。海尔的战略创新是其对内外环境高度敏感的结果。时代背景、市场因素等一系列外部因素的变化和企业发展过程中内部因素的变化相结合，促使企业家不断地进行战略创新，打破企业发展的阻碍因素，促进企业持续发展。

7.2　全面创新驱动发展

互联网时代,许多传统的商业模式被颠覆,从以企业为中心变成了以用户为中心,基于全面创新驱动下的海尔的发展给其他企业提供了以下经验和启示。

(1) 全时空创新为海尔构建了跨边界的资源获取途径。全时空创新的理念强调突破时间与空间限制在构筑企业竞争优势上的重要性,这种突破意味着企业能够更加快速、有效地集聚丰富的创新资源。对于企业的建设和发展而言,跨越时间和空间的外部资源获取途径尤为重要,它决定着企业能以多快的速度及在多大程度上响应市场需求。

(2) 全要素创新为海尔提供了高效的资源配置方案。全要素创新要求组织的各生产要素有机结合、高度协同,实现整体效应大于局部效应之和的功能,其本质是创造一种更加高效的资源配置方案。全要素创新倡导的市场信息、生产技术、管理系统、企业文化等多要素协作创造价值的资源配置方式为桥接智能制造平台的不同功能模块提供了可行方案。

(3) 全员创新塑造了海尔的新型雇佣关系。全员创新意味着创新不再仅仅是企业研发与技术人员的工作,全体员工都应该成为组织新实践与新思想的创造者,通过调动与发挥全体人员,特别是普通员工的积极性与能动性,企业实现持续发展。全员创新突出了价值创造过程中组织成员身份平等的观念,瓦解了组织层级,发展出介于雇佣与合作的新型契约关系,催生了平台化转型期间组织行动者从"员工"向"创客"的角色转换。

7.3　从创新驱动到创新引领

创新驱动是战略引领下的要素驱动,创新作为实现战略的必由手段服务于战略目标的达成,不同的战略选择决定了不同的创新驱动方式。而创新引领将创新的重要性、必要性提升到企业经营的思想和文化中,形成了相对稳定的企业价值观,创新作为直面环境、直面用户的必由手段服务于用户价值的实现,可以说,创新引领嵌入在企业经营哲学中指导企业具体实践,其地位和重要性高于战略引领。

海尔经历了由创新引领下的创新驱动到创新引领的大的创新范式的变迁。由创新驱动到创新引领的创新范式的变迁，不是一蹴而就，而是一个持续的过程，海尔集团在其经历的名牌化战略、多元化战略、国际化战略、全球化战略阶段基本依靠创新驱动，而在网络化战略阶段，则正在探索创新引领高质量发展的路径。

7.4　持续的文化创新

海尔创新文化和文化变革的特色可以总结如下。

（1）不断进行观念的自我颠覆，以观念颠覆和文化创新来引领企业的创新发展。海尔的战略创新、制度创新、组织创新和技术创新都是在文化创新的基础上实现的，思想观念的创新和价值观的重塑是一切变革的动力和源泉。

（2）文化创新与战略变革和组织管理创新的协同。一方面，文化创新需要适应环境变化和企业战略变革的需要；另一方面，文化变革必须落实在组织结构、流程和管理创新中。思想观念和价值观的创新必须落实到组织和管理中，形成巨大而无处不在的文化场，才能发挥出其巨大的能量，同时才能为员工所广泛接受，才能持续地成为企业工作的导引。

（3）变与不变的辩证法。一方面，在变革过程中，海尔保留了中国传统和计划经济时期有利于企业发展的文化要素，另一方面也在不断地消除中国传统和计划经济时期不利于企业发展的文化要素，同时不断地引入现代西方文化因素，并适当地将中国文化要素和西方要素融合起来，形成适合当代中国商业环境的独具特色的创新型文化。

7.5　不断提升创新能力

企业创新能力和核心能力的提升对企业转型升级非常重要，纵观海尔发展历程，海尔满足用户需求的根本是不断提升创新能力，其主要路径可以总结如下。

（1）尊重人的首创精神是提升企业创新能力的根本。人是创新诸要素中最活跃的因素，市场经济中各种竞争归根到底是人才的竞争，只有充分发挥员工和用户作用，才能提高企业的创新能力，并形成良好的创新氛围。

（2）建立网络型的生态体系。构建网络型的生态体系，加强与利益相关者之间的合作，可以通过利用外部资源和整合外部资源，开发出自己的核心技术能力，加快创新速度来抢占市场，提高企业的竞争能力，进而提升企业的整体创新能力。

（3）从单一技术创新到组合创新再到全面创新。为了协调各个方面的矛盾，企业应该由前面的单一技术创新、组合创新发展到全面创新，其实这对创新能力的发展来说是一个量变到质变的过程。海尔创新能力的提升就是伴随着海尔不同时期由环境变化引起的矛盾转化而产生的，它从单一的技术创新能力到组合创新能力，最后发展为全面创新能力。

（4）构建有效的协同机制。为了获得良性发展，企业创新能力经常以组群的方式出现，通过它们的有机结合和协同作用才能促进企业高效、持续地发展。协同机制的建立可以最大限度地利用内外部资源，发挥所有与企业有关部门和人员的作用，整合各方面的力量来实现企业的目标。

7.6 重视创新人才培养

企业要想在新常态下获得发展就必须改变原来的那种"野蛮生长"方式，不能仅仅依靠大规模投入和单纯追求规模效益。企业亟须通过创新来推动自身的发展，实现生产要素的最佳配置。人才作为生产的第一要素，要使其能够不断地创造价值，实现增值。创新型人才是企业最宝贵的资源，是保持竞争力的必要条件，是企业能够良好发展的保障。

（1）打造创新人才培养的双螺旋结构。在名牌化战略阶段，实行了全面质量管理，为了达到质量和服务的最优，需要打造"具有标准思想的人"。为了解决产品单一不能满足用户需求的矛盾，海尔推出了多元化战略，引入了市场链机制，重视培养具有竞争意识的创新人才。面对国内外双重压力的时候，海尔制定了国际化战略，目标是培养出懂规则、善经营、具有市场效率的创新人才。全球化战略阶段的海尔鼓励员工成为自主管理的人，对组织进行了彻底的变革，调动了员工的能动性。网络化战略阶段的海尔成为培养创新创业人才的基地，员工变成了"自驱动的创客"，个人的创新潜能得到极大的释放。

（2）良好的机制为创新人才提供自我发展的空间。海尔认为企业不仅要重视创新人才的培养，更要提供一种公平公正的竞争机制，这样培养出来的人才能脱颖而出，如海尔提出的"赛马不相马""有多大的跟头就会有多大的舞台"等理念都为创新人才培养提供才能展示的空间。同时,海尔还营造了一种动态的人才管理环境。

(3)强大的创新人才整合能力。海尔遵从的"世界就是我的人力资源部"的理念是其进行人才资源整合的根源,海尔很早就从外部引入经验丰富的人才来给内部的人员进行培训,通过与外部建立战略联盟,让内部的员工能够进入它们的组织学习。

参 考 文 献

白长虹，刘春华. 2014. 基于扎根理论的海尔、华为公司国际化战略案例相似性对比研究[J]. 科研管理，35（3）：99-107.

编写组. 2017.《中共中央关于完善社会主义市场经济体制若干问题的决定》辅导读本[M]. 北京：人民出版社.

伯格曼 R A，麦金尼 W，梅扎 P E. 2018. 七次转型：硅谷巨人惠普的战略领导力[M]. 郑刚，郭艳婷译. 北京：机械工业出版社.

布朗 S L，艾森哈特 K M. 2001. 边缘竞争[M]. 吴溪译. 北京：机械工业出版社.

曹仰锋. 2014. 海尔转型：人人都是CEO[M]. 北京：中信出版社.

陈劲，尹西明. 2019. 范式跃迁视角下第四代管理学的兴起、特征与使命[J]. 管理学报，16（1）：1-8.

程书博. 2007. 人单合一：海尔集团CEO张瑞敏的全球化竞争新思维[M]. 北京：中华工商联合出版社.

迟双明. 2003. 激活休克鱼：感动中国的张瑞敏与海尔文化[M]. 北京：中国言实出版社.

大内 W. 1981. Z理论——美国企业界如何迎接日本的挑战[M]. 孙耀君，王祖融译. 北京：中国社会科学出版社.

邰振廷. 2003. 海尔物流创新模式：一流三网[M]. 北京：中国时代经济出版社.

谷照明，闫红玉. 2002. 海尔：中国的世界名牌[M]. 北京：经济管理出版社.

郭斌，许庆瑞，陈劲，等. 1997. 企业组合创新研究[J]. 科学学研究，15（1）：12-17.

海尔企业文化中心. 2005. 海尔品牌之路[M]. 青岛：青岛出版社.

郝亚洲. 2018. 海尔转型笔记[M]. 北京：中国人民大学出版社.

胡斌，李黄鑫，李含伟. 2015. 企业技术创新网络与自主创新能力互动机制[J]. 中国科技论坛，（4）：63-67.

胡咏. 2002a. 海尔中国造之竞争战略与核心能力[M]. 海口：海南出版社.

胡咏. 2002b. 海尔中国造之企业文化与素质管理[M]. 海口：海南出版社.

胡咏. 2008. 海尔的高度[M]. 杭州：浙江人民出版社.

胡咏，郝亚洲. 2015. 海尔创新史话（1984～2017）[M]. 北京：机械工业出版社.

姜奇平. 2013a. 海尔经验是复杂性管理经验[J]. 互联网周刊，（20）：70-71.

姜奇平. 2013b. 海尔经验与丰田经验的区别[J]. 互联网周刊，（22）：70-71.

刘海兵. 2018. 创新背景下的管理：影响、内涵与职责[J]. 广西财经学院学报，31（3）：33-40.

刘海兵. 2019. 创新情境、开放式创新与创新能力动态演化[J]. 科学学研究, 37（9）: 1680-1693.
刘海兵, 许庆瑞. 2018. 后发企业战略演进、创新范式与能力演化[J]. 科学学研究, 36（8）: 1442-1454.
刘杰. 2014. 海尔做错了吗？[J]. 中外管理,（11）: 60-62.
马浩. 2018. 战略管理学说史：英雄榜与里程碑[M]. 北京：北京大学出版社.
毛武兴, 陈劲, 王毅. 2006. 动态环境中企业核心技术能力的演化过程研究——以朗讯科技与华为技术的技术能力演变为例[J]. 管理工程学报, 20（1）: 124-129.
毛义华, 许庆瑞, 魏江. 2000. 基于项目组合的企业技术核心能力培育[J]. 科学学研究, 18（2）: 90-96.
梅亮, 陈劲, 李福嘉. 2018. 责任式创新："内涵-理论-方法"的整合框架[J]. 科学学研究, 36（3）: 521-530.
潘云良, 苏芳雯. 2007. 海尔管理教程[M]. 北京：中共中央党校出版社.
裴劲松, 李现曾, 陈菲. 2001. 哈佛MBA中国经典案例——哈佛视野中的海尔集团[M]. 北京：国际文化出版社.
彭炜, 于英川. 2001. 多元化经营与海尔成长战略[J]. 经济与管理, 15（10）: 18-19.
齐淮东, 刘国良, 王福亮, 等. 1999-01-09. 海尔告诉我们什么[N]. 大众日报,（01）.
全利平, 蒋晓阳. 2011. 协同创新网络组织实现创新协同的路径选择[J]. 科技进步与对策, 28（9）: 15-19.
人民日报评论员. 2018-05-30. 坚定信心矢志不移自主创新——二论学习贯彻习近平总书记两院院士大会重要讲话[N]. 人民日报,（01）.
水常青, 许庆瑞. 2005. 企业创新文化理论研究述评[J]. 科学学与科学技术管理, 26（3）: 138-142.
宋佳楠. 2016. 这些微观细节能说明海尔转型走歪了吗[J]. 销售与市场（渠道版）,（9）: 68-74.
苏芳雯. 2005. 海尔人话海尔[M]. 青岛：青岛出版社.
孙健. 2002a. 海尔的管理模式[M]. 北京：企业管理出版社.
孙健. 2002b. 海尔的企业文化[M]. 北京：企业管理出版社.
孙健. 2002c. 海尔的企业战略：关于一个中国企业成长的最深入研究[M]. 北京：企业管理出版社.
孙健, 王东. 2007. 中国四大企业的管理模式：从海尔、联想、华为、万向到现代管理的中国式经验[M]. 北京：企业管理出版社.
孙锐, 张文勤. 2013. 重大项目实践、组织学习机制与创新人才培养研究[J]. 科学学与科学技术管理,（3）: 136-144.
孙志毅, 乔传福. 2004. 我国制造业企业国际化战略模式选择探析[J]. 中国软科学,（8）: 102-108.
王大刚, 席酉民, 周云杰. 2006. 海尔全球化品牌战略：人单合一[J]. 科学学与科学技术管理, 27（10）: 142-146.
王大洲. 1999. 持续创新与企业成长——海尔集团公司的成长历程及其启示[J]. 科研管理, 20（1）: 36-42.
王钦, 赵剑波. 2014. 价值观引领与资源再组合：以海尔网络化战略变革为例[J]. 中国工业经济,（11）: 141-153.
王玉. 1997. 企业进化的战略研究[M]. 上海：上海财经大学出版社.
吴画斌, 陈政融, 许庆瑞. 2019. 企业创新能力提升的机制——基于海尔集团 1984—2017 年纵向案例研究[J]. 中国科技论坛，（3）：80-91.

吴晓波，许冠南，刘慧. 2003. 全球化下的二次创新战略——以海尔电冰箱技术演进为例[J]. 研究与发展管理，15（6）：7-11.

吴兴杰. 2018. 华为式创新与海尔式创新[J]. 企业管理，（3）：44-48.

许庆瑞. 2007. 全面创新管理——理论与实践[M]. 北京：科学出版社.

许庆瑞，陈重. 2001. 企业经营管理基本规律与模式[M]. 杭州：浙江大学出版社.

许庆瑞，李杨，吴画斌. 2018. 企业创新能力提升的路径——基于海尔集团1984—2017年的纵向案例研究[J]. 科学学与科学技术管理，39（10）：68-81.

许庆瑞，吴志岩，陈力田. 2013. 转型经济中企业自主创新能力演化路径及驱动因素分析——海尔集团1984～2013年的纵向案例研究[J]. 管理世界，（4）：121-134.

许庆瑞，谢章澍，郑刚. 2004. 全面创新管理的制度分析[J]. 科研管理，25（3）：6-12.

许庆瑞，郑刚，喻子达，等. 2003. 全面创新管理（TIM）：企业创新管理的新趋势——基于海尔集团的案例研究[J]. 科研管理，24（5）：1-7.

许庆瑞，朱凌，王方瑞. 2005. 海尔的创新型"文化场"——全面创新管理研究系列文章[J]. 科研管理，26（2）：17-22.

许庆瑞，朱凌，郑刚，等. 2004. 全面创新之道——海尔集团技术创新管理案例分析[J]. 大连理工大学学报（社会科学版），25（1）：6-10.

俞雷. 2009. 追寻商业中国：觉醒的时代[M]. 北京：中信出版社.

张军，许庆瑞，张素平. 2014. 知识积累、知识激活与创新能力关系研究[J]. 中国管理科学，（10）：142-148.

张瑞敏. 2001. 创新是海尔持续发展的不竭动力[J]. 企业管理，（10）：45-49.

张瑞敏. 2017. 海尔：人单合一对接物联网[J]. 企业管理，（12）：11-13.

张瑞敏. 2018. 浅谈"人人都是创客"[DB/OL]. http://ah.ifeng.com/a/20180625/6678944_0.shtml [2018-06-25].

赵曙明，白晓明. 2016. 创新驱动下的企业人才开发研究——基于人力资本和生态系统的视角[J]. 华南师范大学学报（社会科学版），（5）：93-98，190.

赵晓庆，许庆瑞. 2011. 战略执行与创新能力提升的动态分析[J]. 浙江大学学报（人文社会科学版），41（2）：181-190.

浙江大学创新管理研究团队. 2002. RCID海尔调研报告.
浙江大学创新管理研究团队. 2003. RCID海尔调研报告.
浙江大学创新管理研究团队. 2004. RCID海尔调研报告.
浙江大学创新管理研究团队. 2005. RCID海尔调研报告.
浙江大学创新管理研究团队. 2013. RCID海尔调研报告.
浙江大学创新管理研究团队. 2014. RCID海尔调研报告.
浙江大学创新管理研究团队. 2017. RCID海尔调研报告.
浙江大学创新管理研究团队. 2018. RCID海尔调研报告.
浙江大学创新管理研究团队. 2019. RCID海尔调研报告.

郑刚，朱凌，金珺. 2008. 全面协同创新：一个五阶段全面协同过程模型——基于海尔集团的案例研究[J]. 管理工程学报，22（2）：24-30.

周国华. 1999. 海尔文化研究（上）[J]. 中外企业文化,（10）: 12-14.

朱凌. 2008. 创新型企业文化的结构与重建[M]. 杭州: 浙江大学出版社.

左哈尔 D. 2017. 量子领导者: 商业思维和实践的革命[M]. 杨壮, 施诺译. 北京: 机械工业出版社.

Amit R, Schoemaker P J H. 1993. Strategic assets and organizational rent[J]. Strategic Management Journal, 14（1）: 33-46.

Andrews K R. 1971. The Concept of Corporate Strategy[M]. Home wood IL: Dow Jones-Irwin.

Ansoff H I. 1957. Strategies for diversification[J]. Harvard Business Review, 35: 113-124.

Ansoff H I. 1965. Corporate Strategy[M]. New York: McGraw-Hill Press.

Bain J S. 1954. Economies of scale, concentration and the condition of entry in twenty manufacturing industries[J]. American Economic Review, 44: 115-391.

Barney J B. 1991. Firm resources and sustained competitive advantage[J]. Journal of Management, 17（1）: 99-120.

Barney J B, Felin T. 2013. What are microfoundations?[J]. Academy of Management Perspectives, 27（2）: 138-155.

Barney J B, Ketchen D J, Wright M. 2011. The future of resource-based theory: revitalization or decline?[J]. Journal of Management, 37（5）: 1299-1315.

Carl S. 1989. The theory of business strategy[J]. The RAND Journal of Economics, 20（1）: 125-137.

Carroll A B. 1979. A three-dimensional conceptual model of corporate performance[J]. Academy of Management Review, 4（4）: 497-505.

Chandler Jr A D. 1962. Strategy and Structure: Chapters in the History of the American Industrial Enterprise[M]. Massachusetts: MIT Press.

Chesbrough H W. 2003. Open Innovation: The New Imperative for Creating and Profiting from Technology[M]. Boston: Harvard Business Review Press.

Chesbrough H, Crowther A K. 2006. Beyond high tech: early adopters of open innovation in other industries[J]. R&D Management, 36（3）: 229-236.

Chesbrough H, Schwartz K. 2007. Innovating business models with co-development partnerships[J]. Research-Technology Management, 50（1）: 55-59.

Christensen C M, Raynor M E. 2003. Why hard-nosed executives should care about management theory[J]. Harvard Business Review, 81（9）: 66-74.

Christensen C R, Andrews K R, Guth W. 1965. Business Policy: Text and Cases[M]. Home wood IL: RD Irwin.

Cohen W M, Levinthal D A. 1990. Absorptive capacity: a new perspective on learning and innovation[J]. Administrative Science Quarterly, 35（1）: 128-152.

Collis D J. 1994. Research note: how valuable are organizational capabilities?[J]. Strategic Management Journal, 15: 143-152.

Conner K R. 1991. A historical comparison of resource-based theory and five schools of thought within industrial organization economics: do we have a new theory of the firm?[J]. Journal of Management, 17（1）: 121-154.

Crossan M M, Apaydin M. 2010. A multi-dimensional framework of organizational innovation: a systematic review of the literature[J]. Journal of Management Studies, 47（6）: 1154-1191.

Danks S, Rao J, Allen J M. 2017. Measuring culture of innovation: a validation study of the innovation quotient instrument（part 2）[J]. Performance Improvement Quarterly, 29（4）: 427-454.

Dosi G. 1982. Technological paradigms and technological trajectories[J]. Research Policy, 11（3）: 147-162.

Drucker P F. 1956. The Practice of Management[M]. New York: HarperCollins US.

Drucker P F. 1967. Effective Executive[M]. New York: HarperCollins US.

Ettlie J E, Bridges W P, O'Keefe R D. 1984. Organization strategy and structural differences for radical versus incremental innovation[J]. Management Science, 30（6）: 682-695.

Felin T, Foss N J, Ployhart R E. 2015. The microfoundations movement in strategy and organization theory[J]. The Academy of Management Annals, 9（1）: 575-632.

Felin T, Zenger T. 2014. Closed or open innovation? Problem solving and the governance choice[J]. Research Policy, 43（5）: 914-925.

Fellows R, Liu A M M. 2012. Managing organizational interfaces in engineering construction projects: addressing fragmentation and boundary issues across multiple interfaces[J]. Construction Management and Economics, 30（8）: 653-671.

Fouraker L E, Stopford J M. 1968. Organizational structure and the multinational strategy[J]. Administrative Science Quarterly, 13（1）: 47-64.

Garvin D A. 1993. Building a learning organization[J]. Harvard Business Review, 71: 78-92.

Gassmann O. 2006. Opening up the innovation process: towards an agenda[J]. R&D Management, 36（3）: 223-228.

George G, McGahan A M, Prabhu J. 2012. Innovation for inclusive growth: towards a theoretical framework and a research agenda[J]. Journal of Management Studies, 49（4）: 661-683.

Hargadon A. 2003. How Breakthroughs Happen: The Surprising Truth about How Companies Innovate[M]. Boston: Harvard Business Review Press.

Junge M, Severgnini B, Sørensen A. 2016. Product-marketing innovation, skills, and firm productivity growth[J]. Review of Income and Wealth, 62（4）: 724-757.

Kaplan S, Murray F, Henderson R. 2003. Discontinuities and senior management: assessing the role of recognition in pharmaceutical firm response to biotechnology[J]. Industrial and Corporate Change, 12（2）: 203-233.

Kelly M. 2009. Not Just for Profit[J]. Reflections the Sol Journal, 10（1）: 9-19.

Keupp M M, Gassmann O. 2009. Determinants and archetype users of open innovation[J]. R&D Management, 39（4）: 331-341.

Laursen K, Salter A. 2004. Searching high and low: what types of firms use universities as a source of innovation?[J]. Research Policy, 33（8）: 1201-1215.

Learned E P, Christensen C R, Andrews K R, et al. 1965. Business Policy: Text and Cases[M]. Homewood: Irwin.

Leifer R, MdDermott C M, O'Connor G C, et al. 2000. Radical Innovation: How Mature Companies Can Outsmart Upstarts[M]. Boston: Harvard Business Review Press.

Lichtenthaler U. 2010. Technology exploitation in the context of open innovation: finding the right 'job' for your technology[J]. Technovation, 30: 429-435.

Lichtenthaler U. 2013. The collaboration of innovation intermediaries and manufacturing firms in the markets for technology[J]. Journal of Product Innovation Management, 30（S1）: 142-158.

Liu A, Fellows R. 2012. Culture and innovation[C]//Akintoye A, Goulding J S, Zawdie G. Construction Innovation and Process Improvement. Oxford: Wiley-Blackwell: 63-94.

Menguc B, Auh S, Yannopoulos P. 2014. Customer and supplier involvement in design: the moderating role of incremental and radical innovation capability[J]. Journal of Product Innovation Management, 31（2）: 313-328.

Miles R E, Snow C C. 1978. Organizational strategy, structure and process[M]. New York: McGraw-Hill.

Mina A, Bascavusoglu-Moreau E, Hughes A. 2014. Open service innovation and the firm's search for external knowledge[J]. Research Policy, 43（5）: 853-866.

O'Connor G C. 2008. Major innovation as a dynamic capability: a systems approach[J]. Journal of Product Innovation Management, 25（4）: 313-330.

O'Reilly C A, Tushman M L. 2004. The ambidextrous organization[J]. Harvard Business Review, 82（4）: 74-81.

Owen R, Macnaghten P, Stilgoe J. 2012. Responsible research and innovation: From science in society to science for society, with society[J]. Science and Public Policy, 39（6）: 751-760.

Penrose L S. 1959. Self-reproducing machines[J]. Scientific American, 200（6）: 105-114.

Porter M E. 1980. Competitive Strategy[M]. New York: The Free Press.

Prahalad C K, Hamel G. 1990. The core competence of the corporation[J]. Harvard Business Review, 68（3）: 275-292.

Rass M, Dumbach M, Danzinger F, et al. 2013. Open innovation and firm performance: the mediating role of social capital[J]. Creativity and Innovation Management, 22（2）: 177-194.

Robinson T T, Cousins J B. 2004. Internal participatory evaluation as an organizational learning system: a longitudinal case study[J]. Studies in Educational Evaluation, 30（1）: 1-22.

Rumelt R P. 1974. Strategy, Structure and Economic Performance[M]. Boston: Harvard University Press.

Schoeffler S, Buzzell R D, Heany D F. 1974. The impact of strategic planning on profit performance[J]. Harvard business review, 52（2）: 137-145.

Schumpeter J A. 1934. The Theory of Economic Development[J]. Cambridge: Harvard University Press.

Spithoven A, Clarysse B, Knockaert M. 2010. Building absorptive capacity to organise inbound open innovation in traditional industries[J]. Technovation, 30（2）: 130-141.

Su Y S, Tsang E W K, Peng M W. 2009. How do internal capabilities and external partnerships affect innovativeness?[J]. Asia Pacific Journal of Management, 26（2）: 309-331.

Schiederig T, Tietze F, Herstatt C. 2012. Green innovation in technology and innovation management-an exploratory literature review[J]. R&D Management, 42 (2): 180-192.

Teece D J. 2014. The foundations of enterprise performance: dynamic and ordinary capabilities in an (economic) theory of firms[J]. Academy of Management Perspectives, 28 (4): 328-352.

Teece D J, Pisano G P, Shuen A. 1997. Dynamic capabilities and strategic management[J]. Strategic Management Journal, 18 (7): 509-533.

Thornberry D M. 2003. Fostering a culture of innovation[J]. Proceedings of the United States Naval Institute, 129 (4): 44-48.

Trompenaars F, Hampden-Turner C. 1998. Riding the Waves of Culture[M]. 2nd ed. New York: McGraw-Hill Education.

Tucker R B. 2002. Driving Growth Through Innovation[M]. San Francisco: Berrett-Koehler Publishers Inc.

Vanhaverbeke W, van de Vrande V, Chesbrough H. 2008. Understanding the advantages of open innovation practices in corporate venturing in terms of real options[J]. Creativity and Innovation Management, 17 (4): 251-258.

von Schomberg R. 2011. Towards responsible research and innovation in the information and communication technologies and security technologies fields. Social Science Electronic Publishing. Available at SSRN: https://ssrn.com/abstract=2436399.

Wernerfelt B. 1984. A resource-based view of the firm[J]. Strategic Management Journal, 5 (2): 171-180.

Winter S G. 2003. Understanding dynamic capabilities[J]. Strategic Management Journal, 24 (10): 991-995.

Zahra S A, George G. 2002. Absorptive capacity: a review, reconceptualization, and extension[J]. Academy of Management Review, 27 (2): 185-203.

Zhang Y Y, Zhou Y. 2015. The Source of Innovation in China: Highly Innovative Systems[M]. London: Palgrave Macmillan.